发展中的公共行政

（第二版）

蒋云根　　金华　编著

东华大学 出版社

图书在版编目(CIP)数据

发展中的公共行政／蒋云根,金华编著.—2版.
—上海:东华大学出版社,2011.9
 ISBN 978－7－81111－941－1

Ⅰ.①发…　Ⅱ.①蒋…　②金…　Ⅲ.①行政学—继续
教育—教材　Ⅳ.①D035

中国版本图书馆 CIP 数据核字(2011)第 197287 号

责任编辑　吴川灵
封面设计　高　非

发展中的公共行政

(第二版)

蒋云根　　金华　编著

东华大学出版社出版

(上海市延安西路 1882 号　邮政编码 200051)

新华书店上海发行所发行　句容市排印厂印刷

开本:850×1168　1/32　印张:12.25　字数:307 千字
2011 年 10 月第 2 版　　2015 年 1 月第 2 次印刷
印数:3 000－4 000
 ISBN 978－7－81111－941－1/D・005
定价:28.00 元

目 录

第一章　发展视野下的公共行政 ……………………………… （1）

　一、国外行政改革与公共行政发展 …………………… （1）

　二、从新公共管理到新公共服务 ……………………… （28）

　三、公共精神:公共行政的价值导向 ………………… （49）

第二章　公共预算:激励与约束 …………………………… （63）

　一、作为经济人角色的政府 …………………………… （66）

　二、公共性:公共预算改革的价值目标 ……………… （69）

　三、高绩效的公共预算制度 …………………………… （74）

　四、国外公共预算监督实践及启示 …………………… （83）

　五、我国公共预算存在的问题及改革目标 ………… （95）

第三章　政府绩效管理与绩效评估 ……………………… （105）

　一、政府绩效管理及其法制化建设 ………………… （105）

　二、政府绩效评估 …………………………………… （118）

　三、政府绩效评估的动力机制 ……………………… （147）

　四、政府绩效审计 …………………………………… （159）

第四章　公共政策创新 …………………………………… （173）

　一、公共性:公共政策的价值导向 ………………… （173）

　二、发展中的公共政策研究 ………………………… （183）

　三、公共政策制定:过程与原则 …………………… （190）

　四、公共政策过程中的公民参与 …………………… （193）

　五、公共政策的民意评估与回应 …………………… （208）

第五章　公共事业民营化改革 …………………………… （215）

　一、公共事业民营化改革的动力 …………………… （218）

　二、国外公共事业民营化改革实践 ………………… （220）

三、我国公共事业民营化的改革与发展············（226）

四、加强对公共事业民营化的法制规范···········（234）

第六章　公共行政责任培育 ··················（244）

一、责任政府与政府责任···················（247）

二、公共行政人格：责任与信念 ···············（255）

三、以德行政：后官僚制对官僚制的超越 ·········（263）

四、公共行政人员所面临的道德责任挑战 ········（271）

五、行政伦理法制化是实现以德行政的关键环节····（276）

六、优化内在的道德约束机制················（283）

七、完善官员财产申报制度·················（286）

八、从制度上完善官员引咎辞职的动力机制·······（298）

第七章　公共服务型政府：发展中的制度创新 ·······（311）

一、公共服务：问题与创新 ·················（314）

二、公共服务型政府的价值目标···············（321）

三、制度与机制：建设公共服务型政府的途径 ·······（350）

四、进一步提升基层政府公共服务的供给能力········（372）

第一章　发展视野下的公共行政

一、国外行政改革与公共行政发展

自20世纪70~80年代以来,以英国、美国为代表的西方国家率先推行了新一轮的行政改革,这场改革先后波及到欧洲大陆国家、澳大利亚、新西兰和日本,进而在一些转轨国家、新兴工业国家和发展中国家也出现了类似的改革趋势。就西方国家而言,尽管改革的起因、议程、战略、策略以及改革的目标、范围、规模、力度有所不同,但改革的主要动因,在于当时这些国家都普遍面临一系列新的社会问题,主要表现为:(1)政府机构臃肿,财政支出庞大,引起公众不满。二战后,在福利国家导向下,政府承包了社会公众"从摇篮到坟墓"的一切,由此导致政府机构不断扩张,对资源的消耗日益增长。为支付大量的公共开支而实施的重税政策,也引发公众的不满。(2)社会问题的增多与政府能力的下降所引发的矛盾。工业化发展既推动社会进步,也会带来一系列的社会问题,包括社会治安、环境污染、失业、教育、交通、贫富分化等等,而政府官僚体系的种种弊病日趋严重,也使公众对政府的治理能力产生了怀疑。传统的公共行政理论无法解释这些新问题,更无法为当代政府管理实践尤其是政府改革提供有效的理论指导。

此外,自20世纪70年代起,一些具有保守主义倾向的政党在西方国家执政,使主流意识形态开始讨伐福利国家政策,形成一种亲市场、反国家的趋势,主张将企业精神引入政府管理过程,打破政府垄断公共事业管理的格局,推行公共事业管理民营化的实践等等。

上述情况的发生与存在,直接导致这些国家的政府采取措施,探索公共事务管理的新模式。加上70年代以后,西方社会科学在经历了长期的分化、初步的融合之后,跨学科、交叉综合研究成为社会科学研究的主要趋向。各种与政策管理密切相关的学科都取得了长足的发展,出现大量的新流派、新理论和新方法,并开始围绕如何解决政府管理方面的问题而交叉、融合,从而拓宽了政府管理研究的视野,为突破传统的行政管理研究确立了必要的理论基础。

总体来看,在20世纪的最后20多年,伴随着全球化、信息化、市场化以及知识经济时代的来临,西方各国进入了公共部门管理尤其是政府管理改革的时代。无论是英美、欧洲大陆国家,还是在南半球的澳大利亚和新西兰,乃至亚洲的日本,都相继掀起了政府改革的浪潮,包括在一些转轨国家、新兴工业国家和大部分发展中国家也出现了同样的改革趋势。尽管西方各国政府改革的起因、议程、战略、策略以及改革的范围、规模、力度有所不同,但都具有一个相同或相似的基本取向,这就是采用经济管理、商业管理的理论、方法及技术,引入市场竞争机制,致力于提高公共管理水平及公共服务质量。

在这种社会背景以及社会科学发展双重力量的推动下,客观上要求建立一种以政府和其他公共部门管理问题为核心,融合各种相关学科和知识的新的公共管理的知识框架,以适应当代公共管理实践发展的迫切需要。这场具有历史意义的行政改革,超越了政党、主义、意识形态、政治制度的界限,在全球范围内得到相当广泛的认同和呼应。大致说来,至今还在进行中的这次行政改革表现出五个方面的主要趋势:

公共行政的民主化:公共行政的民主化主要有两方面内容,即权力分散和放松规制。权力分散,体现出权利向社会和公民回归的社会历史趋势。权利分散的好处是反映了人性追求自我价值实现的普遍本质,使政府更接近人民;减少繁文缛节和提高行政效率。日本的地方分权是一种范例。日本于1995年推出了历史性的"地方分权推进法",并成立地方分权推进委员会来促其落实。具体措施是废除中央干预的两大基础,即废除中央政府委托地方政府的行政事务,清理和缩小中央对地方政府的财政补贴,从而强化地方的财政独立。同时在总理府设立"国家地方纠纷处理委员会",公平独立地处理中间的矛盾,建立中央与地方平等的协作关系,推进地方分权,遏制中央干预。放松规制,伴随各国政府职能的扩张,规制功能逐渐走向初衷的反面,成为限制企业发展和公民自由的工具。放松规制成为这次行政改革中的主要内容之一。美国和日本可视为这方面的典型。美国放松规制的具体措施:(1)对某一行业的全部规制比如价格、进入、退出以及经营空间等的控制,统统取消;(2)对某一个方面或领域实行弹性管理,类似价格的浮动管理、行业进入数量限制的取消和资格的保留等;(3)对某一产业特定部分的规制放松;(4)设立经济规制的"成本与效益分析机制"和社会规制的"风险分析程序",将规制关注的焦点从过去的中间过程转向实际结果的控制;(5)设立专门的领导机构,负责对联邦各机构新规则的审查,不审查不得颁布,并对以往所有规章条例在清理的基础上或修改或废除。

公共部门的民营化:一些国家在改革中对国有企业和事业单位这类公共部门的民营化改革是"政府瘦身"的重要举措。其中韩国和日本的举措比较突出。韩国政府采取了对原有国有企业分类的办法来实施民营化改造。第一类,企业性强的公有企业果断进行民营化;第二类,公共性强的公有企业继续保留,同时根据现状,施行大幅度的结构调整和经营管理改革;第三类,对那些企业性与公共性兼而有之的企业,经过评估剥离以后,将企业性强的部分或完全出售,或委托民间经营;而对公共性比较强的部分,则参照企业性的标准和经验来加以调整和改革。实际运作结果是,生产能力占 GDP8%～9%的所有 26 家国企总公司及其 82 家分公司中,各有九成被政府实施了民营化改制和经营革新改造。在改革实施不足两年的时间里,韩国国企资产股份向海外出售所得收入已达 46 亿美元,国内出售所得为 27 亿美元。在纳入完全民营化范围的国有企业中,既包括电信、电力、天然气、供暖、输油管道、烟草人参这类垄断性企业,还包括韩国重工业集团、韩国化工制造业集团、韩国金融集团、国定教科书出版集团和浦港钢铁集团这类国企巨舰。

公共管理的企业化:公共管理实行企业化的目的,在于将企业文化有针对性地、有条件地移植到公共行政当中,从而改善政府工作的效率。它所针对的一种对象是不能进行完全民营化的国有企业事业单位,另一种对象是政府内部可以独立提供公共服务的行政执行部门。在诸多措施中,公司制改革和绩效评估制度的引进受人瞩目。关于公司制改革,在英国、芬兰、新西兰、加拿大、葡萄牙、丹麦、爱尔兰、荷兰、土耳其、韩国、日本等国被普遍推广。针对政府里面那些既不能撤销又不能出租,同时又可以与核心决策职能分开并具备一定规模和明确服务业务的部门,各国尝试将其从原来的部委整体机构中独立出来进行公司化运作,在主管部的政策指导下专门履行具体公共服务的供给职能。通过竞争产生的机构主管获得有关人事、财政、领导、工资与福利等方面的独立管理权限,同时又要接受与行政待遇挂钩的管理绩效考评。在这些公司化的改革中,政府借鉴和模仿了企业所惯用的人力资源管理方法、主管人员的产生方法、灵活的工资制度和业绩奖励办法以及效益管理方法。

公共服务的市场化:把市场竞争机制引入公共服务,是各国行政改革普遍追求的目标。具体措施有非垄断化与竞争、强制推动竞争、公共部门与私营部门竞争以及公共部门之间的竞争。(1)非垄断化与竞争新机制的建立主要通过二个途径:一是在原有独

4

家国有服务部门之外再成立承担相同职能的新部门;二是在垄断性强弱分析基础上,对电力、铁路、自来水、天然气等公共服务行业内部不同业务部门进行拆分剥离,将基础设施以外的部分实施竞争性管理。(2)强制性推动竞争机制的建立主要通过三个途径:一是强制开放比如电网、煤气输送管道、输油管道、铁路等带有自然垄断性的基础设施,使其成为同类服务供应者可以租用的"共用承载器";二是对强制开放的基础设施的收费即出租价格及其透明度由政府确立硬性要求;三是标尺竞争,核心原则是分割经营的若干公共部门的产品与服务价格上限取决于同类公司的平均单位成本,而不是分割前的运营成本。(3)公共部门与私营部门竞争机制的形成主要通过两个途径:一是政府确定某种公共服务项目的数量和质量标准,对外承包给私营企业或非盈利机构;二是市场检验,要求至少有两个以上的内部单位与外部竞争者一起进行管理服务的竞争,并且要求参与竞争的内部单位,必须提供完整的过程性的成本信息。(4)公共组织之间的竞争机制,主要通过制造内部市场来实现。

公共运营的信息化:公共运营信息化的核心是电子政务。电脑网络将政府部门与企业、公民联为一体,不仅大大节省了管理者的管理成本,也节省了被管理者的时间及费用。企业和个人可以通过政府的服务网络足不出户地办理,如申报纳税、查询企业增值税号、向统计局上报外贸统计资料、申请政府贷款、查阅政府文献、向政府咨询相关事宜等许多事务。

在这场波及众多国家的行政改革浪潮中,英国的"公民宪章"运动与美国的"重塑政府"运动受到人们的特别关注。

英国的"公民宪章"运动。英国是"新公共管理"运动的发源地之一。1979 年撒切尔夫人上台以后,英国保守党政府推行了西欧最激进的政府改革计划,开始这种以注重商业管理技术,引入竞争机制和顾客导向为特征的新公共管理改革。商业管理技术在英国公共部门的引入始于 1979 年,并以雷纳(Rayner)评审委员会的成立为标志。出身于私人部门的雷纳在内阁中主持一个项目小组,负责对公共部门的绩效进行调查评估。在整个 80 年代,英国采取了一系列改革措施:发起了反对浪费和低效益的运动;大力改革公共部门的工会;实行大规模的民营化;对地方政府的预算开支实行总量控制;要求所有的地方建筑和公路建设项目实行公共部门与民营部门公开竞标。1983 年"财政管理创议"启动,建立起一个自动化的信息系统来支持财政管理改革;1987 年著名的《下一步》(Next Steps)报告(全名是《改变政府管理:下一步行动方案》),提倡采用更多的商业管理手段来改善执行机构,提高公共服务的效率。该报告指出:长期以来,缺乏真正的压力以迫使政府机构改善绩效,提高工作效率;以往所重视的是标准化的程序而忽视公共服务的提供;白厅注重的是高级文官的政策咨询功能而非管理功能。为了解决这些问题,该报告建议把整体的部(委)分解成若干机构,这些机构在主管的部(委)的政策指导下,履行公共服务和有效管理的职责;以管理主义的技术和程序培训职员,并且所有活动都是在一位高级主管的领导下进行。"下一步"机构的创立一开始是零碎的,但发展迅速。到 1995 年,英国 75% 的文官都属于这种"下一步"机构。"新公共管理"的顾客导向和改善服务的特征,特别明显地体现在 1991 年梅杰政府的"公民宪章"的白皮书上;而引入市场竞争机制这一特征则明显地体现在 1979 年以来英国公共公司以及公共机构的私有化浪潮之中,也反映在 1992 年梅杰政府的"为质量而竞争"的政策文件上。这些措施促使提供公共物品和服务的公共部门接受市场检验;各公共部门之间、公共部门与私人部门之间为公共物品和服务的提供展开竞争,尤其是通过公开投标,赢得竞争并提供优质服务的单位才能生存与发展。

　　在公共服务部门推行"公民宪章"是英国保守党领袖梅杰于

1989 年上台执政以来在行政改革方面所采取的重要措施。1991年7月英国政府以白皮书的形式提出"公民宪章",目的在于促使政府各行业、各部门提高效率,改进服务,重塑政府在公众中的形象。梅杰就任首相后不久就曾表示"宪章"应成为"英国 90 年代公共生活的主题","成为整个 90 年代政府决策的中心"。这反映出梅杰政府对提高政府服务质量和水平的决心。该措施实行 18个月后,梅杰政府在《关于"公民宪章"的第一份报告》的文件中再次重申,"它将是英国重大行政改革的 10 年项目"。

"公民宪章"反映着作为服务型政府对公众的承诺,它的核心就是"要求人们站在公共服务接受者的角度来评判公共服务的优劣,并为公共服务的接受者提供一种程序,以帮助他们直接参与公共服务的改进"。具体内容包括以下几个方面:

第一,"公民宪章"要求政府各部门、各行业、各机构制订、检查自己的服务标准,并作出"服务承诺"。各部门、各机构的服务标准和承诺相当具体,如警察部门对报警后应在多长时间内派人赶到现场,医院对病人等待应诊的时间限制,铁路部门火车的正点率以及其他部门对前来办事人员所作出的时间许诺等等。顾客有权依据各部门、各机构以及提供公共服务的企业所制订的服务宪章的有关标准获得自己所需要的服务。

第二,"公民宪章"要求公共服务的提供者做到礼貌服务,不能有任何歧视,如"病人服务宪章"规定:要"保证尊重病人隐私、尊严和宗教信仰,对有特别需要者要满足他们的特别需要"。

第三,"公民宪章"要求"公共服务置于公众的监督之下",以保证政府部门、机构以及与公共服务相关的企业所提供的公共服务的质量。其方法是,增加政府部门、行业、机构提供公共服务的透明度。各部门、各机构的服务宪章要明确规定服务项目、服务标准、服务程序,提供服务者有义务向服务的接受者讲清所提供服务的内容,由谁经办、怎样办、花费如何,顾客在接受本项服务中的权利,以及顾客在对本项服务感到不满意时可以采取哪些方式进行投诉,出现问题后可以采取什么样的补救办法。

第四,"公民宪章"要求公共服务应在尽可能的情况下为服务的接受者提供可供选择的机会,如在医疗和教育方面,病人可以选择自己满意的诊所,孩子的家长可以选择自己喜欢的学校。

第五,"公民宪章"要求各部门、各机构建立适当的顾客申诉、投诉程序,以保证顾客在受到不适当对待时要求得到补偿的权利,如乘客因列车误点或因取消班次而受到损失时,有权得到适当补偿。英国政府为保证顾客投诉的权利特别设置了投诉专线电话。

第六,"公民宪章"最重要的一条原则是,"政府提供的公共服务的质量必须与公民所支付的价值相当"。为实现这一原则,"公民宪章"特别强调了"扩大政府服务竞争范围是保证服务质量改善的根本"思想。这种思想还在政府专门发表的白皮书《为质量而竞争》(Competing for Quality)中作了特别的讨论。该文件为中央政府部门、国家卫生系统和地方政府机构制订了新的目标,要求政府各部门、各机构对进一步扩大市场检验范围作出评估,以将更多的政府服务内容和项目推向市场。"公民宪章"这一举动意在促使更多的私营部门参与提供公共服务的竞争,以优化公共服务的质量,更好地满足公众的需要。

在英国政府强有力的推动下,全国性的行业和部门都相应制订出各自的服务宪章,其中影响较大的有"旅客服务宪章"、"病人服务宪章"、"父母服务宪章"、"法院服务宪章"、"求职者服务宪章"等等,而地方政府部门、行业、机构的服务宪章也陆续出台,大有覆盖各行各业之势。英国政府也为各类宪章的制订、出台和落实在组织上逐步作了相应准备,其主要措施有:(1)在内阁办公厅下设一个"公民宪章"小组(A Citizen's Charter Unit),由它直接向兰开斯特公爵郡大臣汇报有关"公民宪章"运动的进展情况。该小组还得到授权,对那些不符合《公民宪章》白皮书要求的部门、机构以及与公共服务相关的企业所制订的服务宪章草案进行否决;(2)设立电话专线——宪章热线,帮助公众了解各类服务宪章的内容和顾客的权益,并接受公众投投诉;(3)从1993年起成立了一个中心任务小组(Central Task Force),对各类服务宪章进行检查,以确保各个公共服务部门都建立起相应的投诉制度;(4)为了使已实行服务宪章的部门和机构保持优质服务,"公民宪章"小组从1992年起实施奖励优质服务计划,并将实施服务宪章的部门、机构的政府文职人员的工资与实际效绩挂钩。

"公民宪章"运动的目标旨在提高政府公共服务的质量,这一点在《公民宪章》白皮书和《为质量而竞争》白皮书中已作了充分说明。通过分析"公民宪章"的内容可以看出,梅杰政府为实现这一目标而设想了三种机制保证:(1)竞争——通过公众对公共服务的选择来实现;(2)强制性要求——政府的干预;(3)公民监督——公众投诉和有关服务质量的信息反馈。由这三种机制形成合力,共同保证公共服务的正常运转,满足公众对公共服务的要求。

"公民宪章"运动发起以来,基本上能按照既定的目标开展,但各项措施在实施过程中也暴露出一些问题。就服务宪章的落实情况看,问题主要集中在以下几个方面:(1)各行各业所订服务标准的适度性问题。以英国三大铁路干线各自制订的服务宪章为例。服务标准制订得是否适当,关系到服务质量的改善。若服务标准订得太低,则公众的要求得不到满足;若服务标准订得太高,则服务的提供者又可能没有足够的能力。根据英国铁路监察机构中央交通协商委员会提供的"铁路旅客服务宪章"执行情况报告,英国东南铁路网的"铁路旅客服务宪章"执行情况最令人满意,但与其他铁路网的"旅客服务宪章"的标准相比,其标准偏低。三大铁路网中城市铁路干线的"旅客服务宪章"执行情况最差,造成这种情况的原因是由于其标准订得太高所致。(2)关于公共服务应向公众提供可供选择的机会这一点局限性很大。目前,与英国公众联系最为密切的 2 个公共服务部门是医疗和教育。在医疗方面,由于私人从业情况的存在,所以政府在这方面提供的服务面临较强的竞争,公众选择的余地较大;而在教育方面,要想让家长为孩子选择称心如意的学校就不容易。诸多因素使公众在这一服务上无法进行选择。(3)服务质量的提高与缺乏新的资源投入之间的矛盾较为突出。英国之所以进行行政改革,其中最重要的一点就是要减少政府的财政资源投入。这就意味着"公民宪章"中各项服务的改善必须在现有资源条件下通过挖潜来实现。这在实际操作上有相当难度。以英国城市间铁路干线为例,造成列车误点的主要原因是设备老化。有关铁路专家认为"该干线要提高正点率,首先就得更换已经使用了近 30 年的老爷机车",否则提高正点率就是一句空话。

此外,围绕着"公民宪章"运动的开展,英国学术界也展开了激烈的争论,反对派的批评意见主要涉及:(1)"公民宪章"中使用"顾客"或"公共服务的使用人"等名词来替代民权和经济权的拥有者——公民的做法既不符合传统的民主概念,也易造成概念上的混淆,这样会使公共服务受益者的范围大大缩小,从而使"公民宪章"运动的使命大受局限。(2)"公民宪章"运动总起来讲缺乏对公共服务提供者在未能实现自己服务承诺的情况下予以惩罚的强制性机制,因此会出现各种服务宪章执行不力的情况,这势必会影响"公民宪章"运动的前景。(3)"公民宪章"作为中央一项创议实际上是首相的意图,它向地方政府推广并由中央小组进行协调,这对地方政府造成较大压力,并使其工作重心发生偏离,地方政府容易产生抵制情绪。

面对客观存在的问题和来自反对派的种种批评,"公民宪章"运动的支持者认为,诸多问题的存在并不等于"公民宪章"运动的前景不利。它是一项规模宏大、涉及面广,且并非一朝一夕可以完成之事,因此肯定要有一个逐步完善的过程。然而"公民宪章"的主题——授权思想(The Concept of Exmpowerment)——授权公民对公共服务进行选择,授权他们表达自己的意愿并对低劣的公共服务提出投诉——无可厚非,它所表达的是一个负责任政府的内涵,这正是公民宪章运动的根本价值所在;"公民宪章"所追求的三 E(economy 经济、efficiency 效率、efficacy 效能)和满足民需的目标,也被一些国家在行政改革过程中予以接受。

美国的"重塑政府"运动。美国是现代管理科学的摇篮,也是重塑政府理论和实践的故乡。美国的"新公共管理"改革尽管不像英国那样有明确的起点和目标,但如果从 1978 年卡特政府的"文官制度改革法案"实施算起,它开始得更早,并且带有更明显的管理主义或"新泰勒主义"倾向。里根政府大规模削减政府机构和收缩公共服务范围,当时负责推行改革的格鲁斯(Grace)委员会的基本职责就是将私人部门成功的管理方法引入公共部门管理领域之中,以提高政府效率。格鲁斯委员会诊断出的美国公共部门的低效及失败的主要原因有:(1)国会对联邦政府机构的日常管理干预过多;(2)人事尤其是高层人事安排缺乏连续性;(3)缺乏追求高效和经济的动力;(4)会计和管理信息系统不完善;(5)缺乏强有力的中央财政和会计管理。(老)布什政府则全面推行质量管理。1993 年克林顿上台后,开始了大规模的政府改革——"重塑政府运动(Reinventing Government Movement)",其目标是创造一个少花钱多办事的政府,并坚持顾客导向、结果控制、简化程序和一削到底原则;改革的基本内容是精简政府机构、裁减政府雇员、放松管制、引入竞争机制以及推行绩效管理,希望建立以公共需求为导向的电子政府,为公众提供更多获取政府信息和服务的渠道,提高政府机构的运作效率。1993 年 7 月的一天,克林顿和戈尔站在放在白宫草坪的讲台前,身后停放着两台黄色升降式叉车,里面堆满了作废的联邦政府的规章条例。克林顿宣布了改革政府的总计划,其正式文件是副总统戈尔所领导的国家绩效评价委员会。经过六个月时间完成了一个纲领性文献的报告:《从过程到结果:创造一个少花钱多办事的政府》(简称"戈尔报告"),"戈尔报告"指出:从本世纪30年代到60年代,美国建立起庞大的、从上而下的、集中化的官僚体制来处理公共事务,这种体制以那时的公司结构为模式,采用分等级的科层制形式——它将任务加以分解,落实到不同层次的雇员,而这些雇员及机构则由严格的规章制度所约束。由于对标准化程序的先入之见、垂直的指挥链条和标准化的服务,这些官僚机构是稳定的,但是也造成机构臃肿和反应迟缓。当代迅速变化着的世界、闪电般的信息技术、全球性竞争和需求式的顾客,使得庞大、自上而下的官僚体制(无论是私人的,还是公共的)已经失效。该报告提出政府改革的四项主要原则:(1)消除繁文缛节,由注重过程的系统转变为注重结果的系统;(2)把顾客放在首位;(3)授权雇员以取得成果;(4)一削到底,并创造出一个少花钱多办事的政府。"戈尔报告"还引用了英国、新西兰和澳大利亚的改革经验,指出美国在发展新公共管理方面已经落后了。

克林顿总统宣布,联邦政府管理状态不佳,过去的十年是联邦政府管理走下坡路的十年,问题根源中居首位的是缺乏领导能力。对于政府来说,健全的领导和战略管理是首要的,这对于驱动和指导组织的文化变革起到至关重要的作用。报告指出,以前所进行的改革未能取得任何持续性的改善,当前依然需要重塑政府治道模式,改革高层领导,实现面向绩效的管理。这一变革分为三个方面:一是美国总统与内阁班子一起,应创立具有目的性和预见性的意识。二是领导班子中其他成员应承担更大的责任,三是要创建一个跨功能的委员会——总统管理委员会,负责重塑运动的计划和管理活动。报告要求政府向私营部门学习如何实施效果导向的管理。由此开始,美国政府重塑政府的改革运动揭开了帷幕。

美国学者戴维·奥斯本和特德·盖布勒的《改革政府：企业精神如何改革着公营部门》一书，对美国"重塑政府"运动起到了思想上的先导作用。该书系统地总结了美国各级政府近二三十年内吸收企业家精神改革政府的实践，提出了十条改革思路：

（1）起催化作用的政府：掌舵而不是划桨。奥斯本与盖布勒认为，政府应该起掌舵而不是划桨的作用。那些集中精力积极掌舵的政府决定其社区、州和国家的发展前途，它们进行更多的决策。与此成对照的是那些永远忙于提供服务的政府，它们主动放弃了指引航向的功能。成功的组织是把高层管理和具体操作分开，这使得政府基本上作为一个精明的买家来工作，以能够完成自己政策目标的方式利用各种生产厂商。

显然，在奥斯本和盖布勒看来，政府实现公共服务职能的作用方式是掌舵者购买划桨者。他们对这一基本模式作了具体的说明：成功的努力牵涉到不同行业和不同部门的服务提供者，这些提供者通常并不在一起工作。政策制定者可以确定一个全面的战略，并且使用许多不同的划船壮丁来执行战略。奥斯本和盖布勒还认为，政府可把掌舵的角色委托给更适合的公共部门或者私人部门中的机构如地方委员会、各种咨询服务顾问等。这时，政府起催化剂的作用，即组织掌舵者与划桨者的买卖，促使其最佳配置与提供最好服务。奥斯本和盖布勒通过上述对掌舵与划桨的界定引出"治道"的概念，他们认为，政府要治理（governing）但不实干，他们引用管理学家德鲁克的名言，治理不是实干，亲自实干的做法也意味着干蠢事。政府可以把部分的掌舵职能民营化，但是不能把治理的全过程民营化。政府应做的事是穿针引线，把稀缺的公私资源结合起来以达到目的。

那么，如何达到上述目的呢？奥斯本和盖布勒使用了一连串第三类部门的概念，这些概念在某种程度上突破了传统理论对于政府与企业活动的界定。第三类部门的提出，意味着政府通过依靠第三方力量来进行公共服务,即以政府之所长筹集各种资源,通过民主程序设定社会需要的优先目标。与此同时,又利用私人部门之所长,组织商品和劳务的生产。在这个过程中,使美国人敌视政府的传统与近代美国人喜欢政府提供现代社会所要求的越来越多的服务这两者之间的矛盾调和起来。第三类部门即除了传统的公共部门和私人部门之外的很难下定义的、同时也很难用志愿或非赢利组织加以精确描述的那些组织。奥斯本和盖布勒指出,大致上可说这一类部门的组织由私人所拥有或者控制,但同时又是为满足公共的或者社会的需要而存在的。其目的不是为了积聚私人财富。按照这个定义,那些主要以积聚财富为目的的大型非赢利公司就没有资格属于这一类。不过,那些虽然赢利,但为了满足社会的或公众的需要而存在的机构(例如开发银行)则属于这一类。奥斯本和盖布勒特别强调第三类部门越来越重要的作用,认为第三类部门实际上已经成为提供集体物品的优先机制了,是处理社会问题的最有效的组织。据调查数据显示,非赢利机构提供了政府出资的所有服务的56%,就业和训练服务的48%,保健服务的44%,政府是他们迄今为止最重要的收入来源。最后是提供服务的政府钱袋里的三类办法:传统类,建立法律规章、制裁、许可证、税收、拨款补助等;创新类,特许经营,公私之间、公共部门之间、半公半私的公司之间的各种伙伴关系等;先锋派类,种子资金、志愿者协会、(政府投资的)回报性安排、重新构造市场等。

引入上述概念后,奥斯本和盖布勒进一步界定了政府、企业与第三类部门各自最适合的领域与任务:政府在政策管理、规章制度、保障平等、防止歧视或剥削、保障服务的连续性和稳定性以保持全社会的凝聚力等方面更胜一筹;企业界则在完成经济任务、创新、推广成功的试验,适应迅速的变化、抛弃不成功的和过时的活动、完成复杂的或技术性任务方面更胜一筹;第三类部门则在完成微利或者无利可图的任务,需要有同情心和对个人关心尊重的任务,需要顾客或者当事人方面具有广泛信任的任务,需要亲自动手和直接关心的任务以及牵涉到贯彻道德准则和个人行为职责的任务方面更胜一筹。

(2)社区拥有的政府:授权而不是服务。奥斯本和盖布勒所指的授权是指政府将社会服务与管理的权限通过参与或民主的方式下放给社会的基本单元,包括社区、家庭、志愿者组织等,让他们自我服务、自我管理,激发他们的创新精神。他们指出:当家庭、居民点、学校、志愿者组织和企业公司健全时,整个社区也会健康发展,而政府最基本的作用是引导这些社会机构和组织的健康发展。因为健康而有活力的社会基本单元构成健康而有活力的国家。他们认为,授权是美国的一项传统,其历史同开拓边疆时代一样长久。托克维尔在其经典著作《美国的民主》一书中就曾强调指出,美国民主制度的基础是源于新英格兰的乡镇自治制度。实际上,授权这一条原则反映了美国人传统中的两个方面,自治互助和对政府、大企业及其他大组织的不信任。除了对官僚的批判外,奥斯本和盖布勒在《重塑政府》一书中多次批评了专业人士,认为警察、律师、医生、社区规划者等专业人士在公共服务中与官僚一样作风恶劣。大工业经济使得美国人民丢掉了由家庭、居民点、教会和志愿者组织自我服务的传统,从而使公民失去了自我控制权。奥斯本和盖布勒特别指出,专业人士的自我膨胀和自我强化的后果不仅仅是使人民必须依赖于他们,而且使政府制定计划的目的是促使收集服务对象,从而产生了一大批"处理问题"而不是"解决问题的根源"的专家,人为地制造了更多的问题。奥斯本和盖布勒据此认为,一旦人们掌握了自己的命运,他们可以移山填海。此外,奥斯本和盖布勒还提到,政府应注重处理好从提供服务到授权的过渡,如建立一些中间形式的所有结构的组织,例如互助房协会,一种居民拥有的管理公司。政府在其中起的作用,就是催化剂的作用,这也是掌舵型政府职能的作用方式。

（3）竞争性政府:把竞争机制注入到提供服务中去。奥斯本和盖布勒首先对政府及公营机构应该是垄断这一传统观念感到不解,他们认为:我们如此猛烈地抨击私人垄断,而如此热情地接受公共垄断,这正是美国意识形态中持久不衰的自相矛盾之一。美国地方政府的实践表明,在同样的竞争环境下,公共机构与私营企业服务水平相差不多,有时甚至更好。奥斯本和盖布勒热烈地呼吁将竞争机制引入政府内部,认为问题不在于公营对私营,问题在于竞争对垄断。竞争可以有三种类型,即公对公、公对私与私对私。其中,公对私的竞争具有争议性,其焦点在于竞争的领域,传统的观念认为,微观经济领域应由私营企业承担。不管我们的政府做什么,竞争要继续保持下去。在当前迅速发展的市场中,私营经济正在迅速地夺取公营组织的市场份额。我们可以忽视这种倾向,继续照常办事,而眼看利用公营机构的人越来越少。当恶性循环出现时,我们可以袖手旁观,这种恶性循环是依靠政府的人越少,愿意资助政府的人也就越少,资助政府的人越少,政府就变得越糟,政府变得越糟,依靠政府的人就越少。奥斯本和盖布勒还指出,政府内有远见的企业家式的领导人不应仅仅把竞争看作是政府迫不得已的选择,而应把竞争看作是振兴公共机构的一种手段。当然,竞争也需要管理,政府能够控制竞争并在竞争中促进公平和参与并遏制腐败。由于公开化的机制与信息技术,今天的腐败行为很难完全掩盖而不被发觉。

（4）有使命感的政府:改变照章办事的组织。在公共部门工作,有很多嫌疑需要回避,回避的最有效办法就是建立一整套的规章制度,并据此行事。不过,规章制度能够防止发生坏事,也同样会妨碍出现好事。他们会使政府的办事效率慢得像蜗牛爬行。它们对正在迅速变化中的环境不可能作出反应。它们使得时间和精力的浪费成为组织结构的固有组成部分。为此,奥斯本和盖布勒认为,企业家式的政府是具有使命感的政府,而不是完全照章办事、照预算办事的政府。

　　要塑造富有使命感的政府,首先需要清除政府航船的船底附着物,清除多年积累的规章和过时的陋习的重负。政府的的确确需要一些规章,但政府的航船只需要一两层油漆,而不需要几十层油漆。企业家政府要求取消过时的规章制度,还要取消过时的计划。不过,由于在政府部门里,管理人员缺乏积极性去剔除他们的产品。他们只是增加越来越多的业务和规章,直至最后出现财政危机或抗税,才被迫进行大规模的削减,典型的做法就是大砍一气。这样,要破除陈规陋习,就需要采取特别的措施。如许多州政府开始实施的日落法、审查委员会、零基预算法等均是行之有效的办法。要塑造富有使命感的政府,还需要改革预算制度,改变把资金分割成明细分类项目的做法,建立有使命感的预算制度,即支出控制式预算制度,让政府组织拥有更多的预算支配权,让其去自由地实现自己的使命,而不受过去支出范围的束缚。有使命感的预算制度有明显的优点,它能够激励每个雇员节约资金、可多腾出一些人力财力对新的想法进行试验、能够创造可预计的环境、大大简化预算程序、使用于审计师和预算官员的开支节省数百万美元、使立法机关把精力集中于重要的问题。要塑造富有使命感的政府,更需要改变照章办事的人事制度。传统的人事制度主要着眼于控制,而不是起支持的作用。传统的人事管理制度录用方面缺乏灵活性、分类复杂、晋升很少与绩效有关、很难辞退无用之人,导致政府雇员中无用之人高达25～50%。奥斯本和盖布勒推崇中国湖(China Lake)试验的经验,认为它的改革指出了现代人事制度的途径。现代人事制度的特征就是工作分类和工资级别划分得宽、市场薪金、根据绩效支付报酬、根据绩效而不是资历提升和解雇等。要塑造富有使命感的政府,最重要的是还要确定自己的使命,并围绕这一使命组织起来。具体的办法一是通过组织内讨论和辩论的方式明确组织的使命。二是把大组织分割成小组织,让任何

17

一个组织只承担一项使命,给每个小组以很大的自主权,并鼓励每个组织确定自己的使命。三是根据使命而不是根据分管范围进行组织。四是围绕使命建立组织文化,阐明组织的价值标准,塑造所需要的行为。最后,还要建立允许失败的机制。

(5)讲究效果的政府:按效果而不是按投入拨款。传统的官僚主义政府注重的是投入,而不是结果,并且在很多情况下,结果越坏,得到的投入反而会越多,如当学校、福利机构和治安部门工作不力,儿童表现欠佳、福利费用膨胀、犯罪率上升时,它们通常会得到更多的钱。

奥斯本和盖布勒认为,具有企业家精神的政府需要改变这种补偿和奖励办法,把投入与效果联系起来,按效果拨款。那么,如何建立讲究效果的政府呢?他们认为,需要进行业绩测量。若不测定效果,就不能辨别成功还是失败;看不到成功,就不能给予奖励;不能奖励成功,就有可能是在奖励失败;看不到成功,就不能从中学习;看不到失败,就不能纠正失败;展示成果,就能赢得公众的支持等。奥斯本和盖布勒指出,进行业绩测量不要怕难,起初采取粗糙地测定业绩的措施,接着是受到抗议和压力,要求改善这种措施,再接着是制定比较先进的措施,这样一种模式凡在测定业绩的地方是很普遍的。它说明,为什么这么多的政府组织认为,即使开头差,也比没有开头强;即使测定措施笼统,也比没有措施好。奥斯本和盖布勒认为,最富有企业家精神的组织在业绩评估方面,必须实施如下三条原则:按业绩付酬、按业绩进行管理、按效果作预算。

《重塑政府》一书的附录总结了美国许多城市政府组织测算系统的基本教训,如区别测算程序和测算结果、区别测算效率和测算效果、区别计划结果和广泛的政策结果。此外,还总结了许多测评专家所列举的业绩测评经验:一是同时做定量分析和定性分析;二是提防撇奶油,防止用投机取巧的方法搞出来的数字;三是要想

18

到会有强大的阻力;四是让服务提供者和雇员都参与提出正确的测算方法;五是测算方法每年要检查和修改;六是测算方法不要太多,也不要太少;七是提防不适当的刺激措施;八是让一个政治上独立的公正机构负责测算职能;九是注重充分利用测算成绩的数据。当然,测算业绩,并根据业绩来拨款,是使政府组织重视自己工作效果的办法之一。除此之外,给顾客以更多的选择权,以顾客的力量来评价政府的工作效果,并以此来推动政府改善工作,也是有效的办法。

(6)受顾客驱使的政府:满足顾客的需要,不是官僚政治的需要。在市场中,通过"消费者主权"制度驱动价格机制调节供求均衡。在政府中,公民选票的约束不能像市场机制中那样迅速敏感和自动地对大量信息起作用,政府运行很大程度上受内在性的自身利益和组织目标的驱动。"顾客驱动"是让顾客具有选择权和评价手段以驱动政府在符合社会需求的方式和服务质量的标准下行事和正常运转。他们为这一原则提出了进一步的支持论据。社会已进入这样一个新时代:即社会分化为各种亚文化群,他们各有自己的价值观念和生活方式,各自看电视中不同的节目,各自在不同类型的店铺买东西,各自驾驶不同类型的汽车。我们已经由具有涵盖广泛而相当划一的中产阶级组成的大众社会转变为甚至在中产阶级内部也有很大文化差异的"马赛克社会"。因此,只有"顾客驱动的政府"才能提供多样化的社会需求并促进政府的服务质量的提高,因为这使竞争进一步发展,不是管理人员选择服务提供者,而是政府管理人员让公民选择服务提供者。企业虽以赢利为目的,但受顾客驱使的机制驱使它们不断提高服务水准。相反,民主政府是为公民服务的,但在大多数公共组织中甚至弄不清谁是它们的顾客、服务对象,且服务水平低劣。所以,"顾客驱动"是一个校正政府运行的有力机制。

奥斯本和盖布勒还指出,只是在信息技术时代,"顾客驱动"

的公共服务才成为可能,因为现在的技术能处理过去大工业时代生硬的标准化的官僚政府所不可能处理的顾客信息。信息技术使公共服务有可能实现"方便、透明化和整体化"的特征。他们举出密歇根州职业训练协调委员会主席鲍彻的改革事例。鲍彻用了几年时间了解州职业训练体系,发现它令人难以置信的混乱,没有任何头绪。他将其改革后,使该州总计8亿元经费的70个不同训练计划合为一个计算机联网的人力投资制度,并建立一批有同样标志与颜色的办事处,一条免费热线电话,最后,最重要的是发明了智能化的"机会信用卡"。每个工作年龄的州公民人手一张。卡上记录该人参加人力投资系统的所有数据,并可提出参加训练的指导意见,参加地区、费用及毕业生就业的百分数和工资水平,辅导员可因此在70笔专款中找到适合于持卡者的项目并记录在卡上,持卡人可去州内任何提供者处购买服务。

(7)有事业心的政府:有收益而不是浪费。这一条原则是奥斯本和盖布勒提出的"企业家政府"模式的代表性特征,也是最具争议性的内容。奥斯本和盖布勒首先说明,由于财政方面的原因,政府必须设法获取收益,必须创造新的收入来源以保证未来的收入。但是,由于政府体制的原因,政府部门往往会拒绝收费。如能源委员会实际上拿不到出售的钱(这笔钱需交财政部),而能源委员会还需雇员来设立帐户和监督合同,故所谓的收入变成了一笔开支。最佳联邦新闻报道公司为此提出诉讼。公司的律师说,我从未想到会看到这一天,我得起诉政府强迫他们收下这笔钱。这样的事每天都在发生。这就是政府管理人与企业家的不同之处。奥斯本和盖布勒呼吁一直自以为在从事"上帝的工作"的政府管理人员转变为企业家,像企业家那样思考。他们认为,通过改变观念和转变政府的奖励刺激方式,就能实现这一转变。可采取的方式包括:让管理部门和人员能分享储蓄和收益所得;使政府部门不会因节约和创收而减少预算;可用节余和积累作为创新资本,以具

20

有不必请示,便可按新想法花钱的权力;可设立用于投资的"企业基金"。

为了界定政府部门从事企业化活动的性质,奥斯本和盖布勒引用了佛罗里达州把公益服务分类的方法:不产生收益的普通政府职能;产生收益的"公营企业"职能。对于公营企业职能又分成三种:旨在创造利润的活动;收支相抵但不产生利润的活动;能部分自我维持的活动。然后,奥斯本和盖布勒提出,政府应建立确定服务的实际成本的制度,通过建立"成本会计制度",由会计人员追溯地算出每项服务的实际成本,用这个信息来设计下一年的成本。有了以上的制度,政府的各类部门,可以根据各自的服务性质、服务对象、服务成本运用市场或准市场工具进行企业式的经营性服务活动。

奥斯本和盖布勒引用了大量的实例,说明一些州与地方政府如何在与私营企业的一系列交易与竞争性经营活动中获益的。其中,最具典型的是圣克拉拉市购买"伟大的亚美利加"主题乐园的交易。市政府在施加了某种压力的情况下,才得以买到这一游乐场。市政府的目的是为了控制迅猛发展的硅谷附近交通拥挤及其他因发展所带来的环境问题。此外这一交易同时也是一笔获利丰厚的投资。由于媒体及相当部分的公众认为市政府不应同私营企业竞争,这一交易经过一场官司和一次公民复决投票才得以实现。这一交易也的确达到了市政府的两大目标。奥斯本和盖布勒对此赞扬说,这是真正的投资者做成的交易,而不是花钱者做成的交易。最后,奥斯本和盖布勒对于这一原则下政府企业家的经营性活动作了某种限制性说明,即以什么目的去赢利,赢利后又如何处置:用于公众、为了筹款、为了省钱、为了改善公共制度,取消不合理的补贴,采取不获利者不付款以及使用者交用户费的原则,以及为了有回报的投资。

(8)有预见的政府:预防而不是治疗。奥斯本和盖布勒指出,是被动反应而不是主动行动的"未来盲"的政治制度以及利益集团强大压力的政治环境使得政治领导人形成短期行为,政府部门也没有投资于未来的动机。国家这条船像是一艘庞大的远航班轮没有雷达,没有导航系统,且在甲板下没有预防性保养维修,跟跟跄跄地从危机走向危机。在一个变化来得惊人的时代,我们全都看到经营得异常好的公司和管理得异常好的城市。突然周围的环境变了,它们也就垮掉了。

官僚政府对公共问题的思维定势是建立在专业人员和官僚提供服务上面,一直等到问题变成危机才去花大量的钱处理问题。应花少量钱预防而非花大量钱治疗。现在许多政府部门已把预防作为政府的中心主题。例如"纽约市基金"的一个交流计划派出市政府工作人员到日本去学习日本的战略规划,因为日本人时时都在谈 21 世纪。此外,美国许多州和地方政府已创建了自己的面向未来的一系列新制度,包括:议政制度。建立政府与公民相结合的议政决策程序化的组织和制度,例如未来委员会、契约公民复决制度等。建立定期重复的战略规划程序,使组织中的成员之间建立起向何处去的感觉,进而对未来达成一致意见;财政制度。将一年制的政府预算改为两年制预算制度,并对财政问题作长期预测,尽管不能准确预测十年后的支出与收入,但是能让我们在到达财政悬崖的边缘之前就开始使政策改变。建立"未雨绸缪基金"把预算的 3~5% 的收入留作基金。改变政府的"现金会计制度"为企业式的"权责发生制会计"。因为旧制度只管帐面上平衡,对未来的负债不算作支出,这是使美国政府背上巨大债务的原因之一。奥斯本和盖布勒说,1990 年联邦会计标准委员会已要求所有政府部门采用"权责发生制会计"形式。此外,应采用跨部门预算,这是由于政府部门的明细预算制度,使得预防的开支通常来自一个部门的预算。节余划归另一部门,因而没有单独的部门有投资于未来的动机。跨地区政府组织:例如解决区域性问题的联合机构

22

和专门机构。因为今天的经济单元不以地理和行政边界为限,面对区域性问题建立的区域化组织,包括像明尼芬达州、印第安纳波利斯市那样的市、县自愿合并的地区政府,或解决专门问题的地区交通机构、供水机构、规划机构等。

(9)分权的政府:从等级制到参与和。政府组织是典型的等级分明的集权机构:这些机构将自己划分为许多层次和块块。人们认同自己所属的单位,也就是他们的地盘,跨单位和层次之间的交流极其困难。官僚机构把控制权与职位联在一起,当面临新的跨机构功能的任务时,不能迅速合理地将适应的人选到有影响的职位上,所以,这就是革新的机构总要运用协作小组的原因。奥斯本和盖布勒引用社会学家哈里森的研究指出,企业化的机构是任务导向型的,当任务改变时,它们的结构和程序也随之发生变化,成为一种能持续变化的组织结构,其最大长处是善于同复杂多变的环境打交道。

奥斯本和盖布勒对政府组织的改革提出了一些具体意见:第一,分散联邦政府的权力。但不是指仅仅削减联邦经费的、里根式的"自己照料自己的联邦主义",应将公共服务的责任尽可能交给基层,由联邦政府制定政策框架。在与州、地方政府的财政关系方面,改变过去的专项拨款与整笔拨款方式为刺激竞争以达到联邦目标的导向性作用的激励拨款。第二,分散公共机构权力,通过参与式管理以及建立各种代表委员会使之参与决策,强化组织内部的协作;第三,简化机构等级。对中层管理人员采用提前退休或空额不补缺的方式,从而减少起阻挡作用的中间层次。第四,加强公共机构内的劳资合作,采取不解雇政策使雇员拥护改革。像企业那样给雇员更丰厚的工资、更好的工作条件与更多的培训。

(10)从计划到市场。从政府的历史演变的现实来看,今天的政府比历史上任何时期都要强大,政府与市场都处于超级发达的时代。但尽管如此,奥斯本和盖布勒说,今天的政府无力提供全部的卫生保健、环境保护、职业训练和儿童培育等社会服务。政府除了找出一条非集权化的道路外别无选择。奥斯本和盖布勒认为，不仅政府不能全包下来，企业也不能，这就是 80 年代不成功的"民营化"运动代表的自由市场方式的政府改革的失败得出的教训。

实际上在这一条原则中，奥斯本和盖布勒对市场与政府的双向调节理论作了积极的发挥，他们提出：引进市场机制改善政府及公共服务、利用政府组织市场、规范市场。

美国各级政府经常运用市场机制以达到它们的目标。典型的成功先例是新政时期富兰克林.罗斯福的联邦政府住房管理局的做法。他们创造的抵押贷款方式使数以百万计的个人和银行自己作出决定，没有上面的命令和政府的资助，照样完成政府规定的目标。奥斯本和盖布勒说，这就是政府组织市场的方法，而政府组织市场的方法是政府干预市场的"第三种方式"之一，即以政府的力量影响私人作出决定以达到集体目标的做法，是一种典型的企业化治理方法；没有官僚主义统治的有活力的政府。他们指出，由于政府产出的巨大，因而政府必须有意识地运用巨大的能力去规划市场。其产生的积极作用如 1990 年的"清洁空气法"运用对污染征税的方式促使产生了排放标准配额交易的活跃的市场机制，这一机制利用市场力量而不是行政手段去控制酸雨。奥斯本和盖布勒指出，在今天，面对以几何级数扩大的信息，只有市场导向的机制才有能力有效处理。

奥斯本和盖布勒对政府利用市场提出了规范措施与前提。指出如若达不到，则公共服务仍应停留在一种行政性的机制方面。他们提出这些条件是：供应：能否保证有足够竞争的供应商；需求：顾客是否有足够的购买需求；接近：供需双方是否能够接近或有中介、经纪人沟通接近；信息：使供求双方沟通的充足信息；规则：有政府制定的规则；执法：对欺诈行为的惩罚。

24

除了前面讨论的将市场机制应用于公共服务外,还可以用于改进政府的管理方面。其中心思想是改变管理思想中的激励机制,将传统的行政命令方式转为奖励机制。例如在环境保护的管理方面,一向采用的禁令方式效果不佳。一些危害性很大的行为必需禁止但不是对每一项有害的活动都能禁止,对于这样的事,影响费、排污费和其他市场刺激就有优点。它们为每一个企业和个人产生了有力的经济刺激,使他们改变行为。这种方法不仅清楚明了地把污染成本的价格信号告诉每一个人,也让他们决定如何作出最好的反应。其最有意义的后果是产生一种称为"绿色税收"的制度:这一制度是低成本的,因为利害关系较少而避免管理的绝对化和旷日持久的官司;对根治污染的技术革新产生有力的刺激。奥斯本和盖布勒概括了他们对政府计划方式与市场方式运用的优劣的对照,他们认为:计划创造政治地盘与分裂的服务系统,除非发生灾难不能自我终结,计划方式下改革者不但不能争取到朋友,反而因为政治斗争招来仇敌。计划难以形成规模效益和创造有效供给。计划不利于使用奖励手段而主要依靠命令;反之,市场方式的引入能促成新市场行业,政府可以与私人分担风险。政府可充当经纪人并影响和调节需求,改变公共投资政策。最后,可以促进社区的发展。

以上就是奥斯本和盖布勒提出的重塑政府的十项原则。他们认为,这十条原则并非是臆想出来的,而是美国各级政府改革实践的总结,它们意味着美国政府的治道正在出现的变革,标志着企业化的政府正在兴起,并且世界上许多国家都在进行这样的治道变革。英国、瑞典、加拿大、澳大利亚、比利时、荷兰、以色列、西班牙、新西兰等发达国家都不约而同地开始了这一变革。他们认为,重塑政府的十项原则,实际上就是新型治道的范式,是现代政府适应时代潮流的指南。在《重塑政府》一书的结尾之处,奥斯本和盖布勒写道:我们的政府今天已经处于深重的麻烦之中。政府一个接一个地不断更迭,公共制度一个接一个地不断变换,留下的选择只有一个,这就是改造。但是缺少一种新思维———一种新范式——使我们无法向前。我们希望我们展示的新思维将会打开尚未打开的一扇扇大门——在美国政府中,从最小的村庄到最大的联邦官僚机构,彻底发动一个范式的转变。我们希望我们的路线图能使你得以去改造你的政府。这表明,作者不仅仅想"认识世界",而且还想"改造世界"。美国的许多政治要员,对该书都作了相当高的评价,克林顿要求"美国每一位当选官员应该阅读本书,我们要使政府在九十年代充满新的活力,就必须对政府进行改革。该书给我们提供了改革的蓝图"。美国马萨诸塞州共和党州长威廉·韦尔德认为:"戴维·奥斯本和特德·盖布勒是真正创新的思想家。《改革政府》与《民主的实验室》将列为韦尔德政府官员的必读书"。乔治亚州民主党参议员萨姆纳恩指出:"在人们普遍对地方政府表示不满之际,《改革政府》提出了一个批判性的基本见解:政府必须为顾客服务,才能受到人们的欢迎。我们的计划需有明确的任务,我们的管理人员需有明确的责任,我们参与公众活动需有明确的渠道"。(戴维·奥斯本、特德·盖布勒,《改革政府:企业精神如何改革着公营部门》封底,上海译文出版社 1996 年版)该书重塑政府的理论在美国产生,进一步促成美国成为充分实践重塑政府理论的国家。

新西兰、澳大利亚也被人们视为新公共管理改革最为迅速、系统、全面和激进的国家。在新西兰和澳大利亚,旧的公共行政传统以管制经济和由政府部门提供一切公共服务(即福利国家)为特征。70 年代末 80 年代初,两国面临相同的问题与压力,促使澳大利亚与新西兰相继自 1983 年和 1984 年开始了全面的行政改革。尽管两国改革的总体框架、制度设计、改革进程和管理实践等方面存在着一些差别,但与其他经合组织成员国相比,澳大利亚与新西兰两国更多、更明确地采用了管理主义的模式,改革几乎涉及所有公共部门以及公共部门的组织、过程、角色和文化等方面;改革的具体措施包括结构变革、分权化、商业化、公司化、私有化等。根据波斯顿(J. Boston)在《转变着的新西兰公共服务》一文中的概括,新西兰的公共部门管理改革有三个基本趋向:一是政府已使许多由公共组织履行的功能商业化;二是只要可能就将商业活动与非商业活动分开,并将交易活动转移到公共公司;三是人力资源管理政策上的变化,尤其是引入合同制、绩效工资制和新的责任机制等。

欧洲大陆如德国、法国、荷兰、瑞典等国家的行政改革又有所不同,它不像英、美、新西兰和澳大利亚等国在行政改革过程中,具有系统、全面、连续和激进的特点,但同样带有明显的管理主义色彩,或多或少以"新公共管理"取向。20 世纪 70 年代末到 90 年代初的德国行政改革采取了非连续性渐进主义模式,即改革具有非连续性、渐进性和零碎性特点,但其改革的基本内容——调整公共事业、"给国家减肥"、削减公共服务人员、压缩公共人事开支、转变公共组织结构等——在某种程度上体现了管理主义的取向。特别是 90 年代开始的地方政府改革推行从荷兰借鉴而来的"地方治理模式",这种模式与英美等国的"新公共管理"模式十分相似,特征表现为:产出与结果控制、项目预算和绩效指标、服务和顾客导向,康采恩式的权责划分,责任委托给商业单位等。荷兰的行政改革尽管没有更新政治——行政体制,改革具有渐进和零碎的特点,但其改革的目标是改善政府组织的运作,提高行政效率与效能,方法是放松管制、分权、私有化和引入商业管理模式及市场机制等,明显具有管理主义取向。1982 年发起的"大手术"改革(以分权、放松管制、私有化、裁员和文官制度改革为主要内容)、1989 ~1994 年推行的"社会更新活动"(核心是提倡和鼓励公民及社区积极参加公共事务管理活动)、1990 年开始的"大效率运作"改革(目的是提高文官系统的效率和削减预算),都具有明显的新公共

27

管理特征。

二、从新公共管理到新公共服务

自 20 世纪 80 年代以来西方各国开始的公共管理改革,尽管其性质、规模、方法存在差异,但公共管理的新范式已出现,在权力日渐不集中的公共部门中,培育起以业绩为导向的文化。根据一些专家的分析,这种新管理范式以下面八个趋势为特征:(1)权威权力下放,提供灵活性;(2)确保业绩、控制、责任;(3)发展竞争和选择;(4)提供相应的服务;(5)加强人力资源的管理;(6)充分利用信息技术;(7)提高管制质量;(8)在权力中心加强决策功能。这种新的公共管理范式一般被称之为"新公共管理"。

劳伦斯·R·琼斯(Lawrence R. Johnes)和弗雷德·汤普逊在《面向 21 世纪的公共管理体制改革》(1999)一书中涉及了新公共管理改革的五个"R"(即公共部门管理改革的五个战略):Restructuring(重构)、Reengineering(重建)、Reinventing(重塑)、Realigning(重组)、Rethinking(重思)。他们说,这五个 R 提供了理解构成新公共管理的分散概念的一个框架。他们力图以一种合理和有顺序的方式安排这五个概念,以便用于知道现实的组织革新和变迁,并认为进行这样一种系统改革的时间不少于五年,十年更合适。他们对公共部门管理体制改革的五个阶段(五种战略)作如下的总结。

1. 重构(Restructuring)

——查明组织的核心能力(或权能);

——消除组织中任何不能增加其服务价值的事情尤其是那些妨碍绩效的规则;

——将一切不属于核心能力的事情承包出去;

——工具:全面质量管理(TQM)、价值链分析、基于成本的活动(ABC)。

2. 重建(Reengineering)

——改变而非固定现有的流程；

——将计算机以及其他信息技术置于运作的核心；

——由下而上而非由上而下进行组织建设；

——以过程而非职能为基础进行组织设计，并确定其在组织图中的适当位置；

——以改善服务质量为焦点，并减少循环时间和成本；

——工具：现代数据基础、专家系统和信息技术；团队、标杆技术。

3. 重塑（Reinventing）

——发展出一种战略计划过程；

——确定一种服务或市场战略；

——使组织走向一种新的服务提供模式和市场；

——工具：战略规划，市场研究，目标成本网络和联盟。

4. 重组（Realignment）

——将组织的行政和责任的结构与它的市场和服务提供战略结合起来；

——将组织的控制/报酬结构与其行政和责任的结构结合起来；

——将使命中心放在前位；仅仅对于那些提供特殊服务的组织（如临时的人事机构和财务机构），功能专门化的活动（包括人事和财务管理）才是核心使命；如果一个单位不履行核心使命，那么应将其视为支持性中心；

——工具：基于绩效的组织，多分支结构，责任预算和审计，转移价格、高效力的诱因等。

5. 重思（Rethinking）

——加快观察、定位、决策和行动周期的速度，以改善绩效和更快学习；

——授权于一线工人，以此评估服务绩效，并提供服务和战略的反馈；

——建立一个学习、教学和适应性的组织；

——工具:非集中化,灵活的控制,快速分析,新的学习模式等。

上述五个 R 都围绕服务职能特别是核心服务职能进行政府再造。政府是提供服务的,其中最重要的还是科学的制度供给,尽可能降低交易成本。建设现代服务型政府,不是要否定政府的其他职能,也不是把政府的所有职能简单地归结为各项具体的服务项目,而应在"游戏规则"的制定上做足文章,营造一个市场化、专业化、社会化、产业化、规范化、法制化的公共服务环境,这才是政府公共服务职能的根本体现。

总的来看,"新公共管理"是个非常松散的概念,它既指一种试图取代传统公共行政学的管理理论,又指一种新的公共行政模式,还指在当代西方公共行政领域持续进行的改革运动。其名称在西方各国也不尽相同,如在英国叫"管理主义",在美国则称为"企业家的政府"或"新公共管理",在其他一些国家又称为"市场导向型公共行政"等等。"新公共管理"有时被当作单一模式概念,有时又被当作包含不同模式的类概念。公共管理专家胡德曾归纳了"新公共管理"的七个要点:(1)即时的专业管理,让公共管理者管理并承担责任;(2)标准明确和绩效衡量,管理的目标必须明确,绩效目标能被确立并加以衡量;(3)强调产出控制,重视实际成果甚于重视程序;(4)转向部门分权,建构网络型组织;(5)引进市场竞争机制,降低成本及提高服务品质;(6)强调运用私营部门的管理风格、方法和实践;(7)强调资源的有效利用。哈伯德(M. Hubbard)将"管理主义"模式的内容归纳为如下十大趋势:①主管的战略角色和战略管理实践的强化;②从行政到管理的重点转移,即从执行规则到实现既定目标的转移;③人事权由中央人事部门向部门主管的转移,限制工会的权力,打破统一的工资结构;④政策制定和执行的分离,即核心部门集中于战略管理和计划,设立独立执行机构来执行政策;⑤绩效工资制;⑥改善财务管理,强化财务控制;⑦以组织规划和评估的形式,把执行机构的运作与其目标更密切地联系起来;⑧加强对运作状况的评估;⑨追求高质量和高标准的顾客服务;⑩改变传统的组织文化,建立新的"心理契约"。《布莱克维尔政治学百科全书》则将"新公共管理"模式概括为如下倾向:宁要劳务承包而不要通过没有终结的职业承包而直接劳动的倾向;宁要提供公共服务的多元结构(宁可出现多种提供者的竞争,并存在使用者对供给者运用控制手段,如美国选举产生的校董会制度),而不要单一的无所不包的供给方式结构的倾向;宁可向使用者收费(或至少是指定了用途的税收),而不是把普通税金作为资助不具有公共利益的公共事业基础的倾向。

也有一些学者认为并不存在统一的"新公共管理"模式,只有各种不同类型的"新公共管理"模式。英国学者 E·费利耶(Ewan Felie)等人在《行动中的新公共管理》一书中认为,在当代西方政府改革运动中,至少有过四种不同于传统的公共行政模式的新公共管理模式,它们都包含着重要的差别和明确的特征,代表了建立新公共管理理想类型的几种初步的尝试。依费利耶的论述,这四种模式及其特征分别是:

1. 效率驱动模式(NPM Model 1:The Efficiency Drive)。这是当代西方政府改革运动中最早出现的模式,往往被称为撒切尔主义的政治经济学。它在 80 年代初、中期居于支配地位,但目前受到了挑战。这种模式代表了将私人部门管理(工商管理)的方法和技术引入公共部门管理的尝试,强调公共部门与私人部门一样要以提高效率为核心。效率驱动模式的基本内容及特征有:强烈关注财政控制、成本核算、钱有所值和效率问题,关心信息系统的完善;建立更强有力的一般管理中心,采用层级管理和"命令与控制"的工作方式,要求明确的目标定向和绩效管理,权力向资深管理者转移;发展正式的绩效评估方法;强调对顾客负责,让非公共部门参与公共物品的提供,以市场为基础和顾客导向,以及在边际上进行类似于市场的实验(准市场);解除劳动力市场的规制,加快工作步伐,采用绩效工作制以及短期聘用合同;雇员自我调节权力的减少,权力向管理者的转移,吸收部分雇员参与管理过程,采用更透明的管理形式;增加更具有企业管理色彩而较少官僚色彩的授权,但更强调责任制;采用公司治理的新形式,权力向组织战略顶层转移等。

2. 小型化与分权模式(NPM Model 2:Downsizing and Decentralization)。这种模式在80年代虽然没有像模式1那样处于支配地位,但其影响力正在不断增强,地位日益重要。它与20世纪组织结构的变迁密切相关。它派生于这样一个论证,即20世纪前3/4世纪(1900—1975年)组织结构向大型化、合理化、垂直整合等级(科层制)的历史转变已走向它的反面,本世纪最后的25年出现了组织发展的新趋势,包括组织的分散化和分权,对组织灵活性的追求,脱离高度标准化的组织体制,日益加强的战略和预算责任的非中心化,日益增加的合同承包,小的战略核心与大的操作边缘的分离等。这些趋势既出现在私人部门,同样也出现在公共部门。从历史上看,公共机构提供大众服务和大规模提供标准化产品以及控制市场都可看作是一种“福特主义”(Fordist)的生产方式——它在二战后达到了它的顶峰。用组织理论的术语来说,福特主义的企业也可以看作高度官僚化、有着办公室的层级、规章制度和非人的、正式的关系气候,它与公共部门具有同样多的官僚主义的症状。从70年代末期以来,无论是在私人部门还是在公共部门,都出现了向“后福特主义”组织结构模式迅速转变的趋势。这种新的组织形式以垂直整合组织形式的解体和组织灵活性的日益加强作为特征,大型的组织缩小规模,合同承包越来越多被采用,并分散为更具自主性的商业单位。

作为当代公共部门组织结构变迁趋势反映的小型化和分权模式的要点是:从早期强调以市场为中心向更精致和更成熟的准市场的扩展,从计划到准市场的转变成为公共部门配置资源的机制;

从层级管理向合同管理的转变;较松散的合同管理形式的出现;小战略核心与大操作边缘的分离,市场检验和非战略职能的合同承包;分权和小型化——公共部门领取薪金者的大量减少,向扁平型组织结构的转变,组织高层领导与低层职员的减少;公共资助与独立部门供应相对分离,购买者和提供者分离组织以及作为一种新组织形式的购买型组织的出现;从"命令与控制"的管理方式向诸如影响式管理、组织网络形式相互作用一类的新风格的转变,对组织间的战略的日益重视;从标准化的服务向灵活多样的服务系统的转变等。

3. 追求卓越模式(NPM Model 3:In Search of Excellence)。这种模式显然与80年代兴起的企业文化(公司文化)的管理新潮相关——特别是受《公司文化》(Deal and Kennedy 著)和《追求卓越》(Petters and Watterman 著)两本畅销书的影响,也部分反映了那种强调组织文化重要性的人际关系管理学派对公共部门管理的影响。该模式拒绝了理性化的 NPM 模式2,强调价值、文化、习俗和符号等在形成人们的实际行为中的重要性,它对组织及管理的变迁与革新具有强烈的兴趣。这种模式可以分为从下而上(bottom - up)和从上而下(top - down)两种途径。前者强调组织发展和组织学习(80年代末的"学习型组织"运动是其新近的表现);后者强调将已经出现的东西看作可塑造的、可变化的公司文化,引导一种公司文化的发展,强调魅力的影响或示范作用。

追求卓越模式的要点是:在由下而上的形式中,强调组织发展和组织学习,将组织文化看作一种组织发展的粘合剂;强调由结果判断绩效,主张分权和非中心化。在由上而下的形式中,努力促进组织文化的变迁,管理组织变迁项目;重视领导魅力的影响和示范作用(并在新型的公共部门中,应用魅力型的私人部门角色模式,要求更强有力的公司培训项目);公司口号、使命、声明和团结的加强,一种明确的交往战略,一种更具战略性的人力资源管理职能等。

4. 公共服务取向模式(NPM Model 4: Public Service Orientation)。这是目前最不成熟的模式,但仍展现出无穷的潜力。它代表了一种将私人部门管理观念和公共部门管理观念的新融合,强调公共部门的公共服务使命,但又采用私人部门的"良好的实践"中的质量管理思想。它赋予新型的公共部门——它们既与以往旧的公共组织决裂,又保留了明确的认同感和目标使命——以合法性。这种模式的基本内容及特征是:主要关心提高服务质量(如应用质量诱因,采用全面质量管理方法),强调产出价值,但必须以实现公共服务使命为基础;在管理过程中反映使用者(而不是一般的顾客)的愿望、要求和利益,以使用者的声音而非顾客的退出作为反馈回路,强调公民权理念;怀疑市场机制在公共服务中的作用,主张将权力由指派者转移到民选的地方委员会;强调对日常服务提供的全社会学习过程(如鼓励社区发展、进行社会需要评估);要求一系列连续不断的公共服务的使命与价值,强调公民参与和公共责任制等。

公共管理学者胡德在伦敦经济学院就职典礼上,根据 OECD 的评论,对"新公共管理"作了一个广为人知的概括:要求职业管理;标准和业绩评估;产出控制;单位分权;竞争;以市场方式管理;自制和简约。

美国著名公共管理学者彼德斯在《治理的未来》中也提出了当代西方行政改革及公共管理实践中正在出现的以新公共管理定向的四种治理模式:即市场化政府模式、参与型政府模式、灵活性政府模式、解除规制政府模式。他从组织结构、管理过程、政策制定和公共利益四个方面来描述和比较这四种模式的特征,如表1所示:

表 1-1　四种治理模式的主要特征

	市场化政府	参与型政府	灵活性政府	解除规制政府
主要的诊断	垄断	等级制	永久性	外部规制
结构	分权	扁平型组织	虚组织	(没有特别建议)
管理	绩效工资制及其他	全面质量	管理临时人事	更大的管理自由
	私人部门管理技术	管理,团队		
政策制定	内部市场	咨询,谈判	实验	企业化政府
公共利益	低成本	参与,咨询	低成本;协调	行动主义

显然,在不同学者眼里,"新公共管理"模式有着不同的内涵及特征。

综合分析各家之言,新公共管理大体具有以下特征:

1. 新公共管理改变了传统公共模式下的政府与社会之间的关系,重新对政府职能及其与社会的关系进行定位:即政府不再是高高在上、"自我服务"的官僚机构,政府公务人员应该是负责任的"企业经理和管理人员",社会公众则是提供政府税收的"纳税人"和享受政府服务作为回报的"顾客"或"客户",政府服务应以顾客为导向,应增强对社会公众需要的响应力。近年来,英、德、荷兰等国政府采取的简化服务手续、制订并公布服务标准、在某一级行政区域和某些部门或行业开办"一站商店"服务等,就是在这种新的政府—社会关系模式下所施行的一些具体措施。

2. 与传统公共行政只计投入,不计产出不同,新公共管理更加重视政府活动的产出和结果,即重视提供公共服务的效率和质量,由此而重视赋予"一线经理和管理人员"(即中低级文官)以职、权、责,如在计划和预算上,重视组织的战略目标和长期计划,强调对预算的"总量"控制,给一线经理在资源配置、人员安排等方面的充分的自主权,以适应变化不定的外部环境和公众不断变化的需求。

3. 与上一点紧密相连,新公共管理反对传统公共行政重遵守既定法律法规,轻绩效测定和评估的做法,主张放松严格的行政规制(即主要通过法规、制度控制),而实现严密的绩效目标控制,即确定组织、个人的具体目标,并根据绩效示标(performance indicator)对目标完成情况进行测量和评估,由此而产生了所谓的三 E,即经济(economy)、效率(efficiency)和效果(effect)等三大变量。

4. 与传统公共行政排斥私营部门管理方式不同,新公共管理强调政府广泛采用私营部门成功的管理方法和手段(如成本—效益分析、全面质量管理、目标管理等)和竞争机制,取消公共服务供给的垄断性,如"政府业务合同出租"、"竞争性招标"等,新公共管理认为,政府的主要职能固然是向社会提供服务,但这并不意味着所有公共服务都应由政府直接提供。政府应根据服务内容和性质的不同,采取相应的供给方式。

5. 与传统公共行政热衷于扩展政府干预,扩大公共部门规模不同,新公共管理主张对某些公营部门实行私有化,让更多的私营部门参与公共服务的供给,即通过扩大对私人市场的利用以替代政府公共部门。需要说明的是,许多新公共管理的拥护、支持者也认为,公营部门的私有化并非新公共管理的必不可少的特征。

6. 与传统公共行政模式下的僵硬的人事管理体制不同,新公共管理重视人力资源管理,提高在人员录用、任期、工资及其他人事管理环节上的灵活性,如以短期合同制取代常任制,实行不以固定职位而以工作实绩为依据的绩效工资制等等。

新公共管理的核心在于:强调经济效率的优先性,强调市场功

36

能,强调企业精神和企业管理方式,强调顾客导向。这种运动的目标是以解决公共部门的管理问题为核心,创立一个新的公共管理模式,尤其是政府管理的知识理论框架,以适应西方当代公共管理实践发展的迫切需要。

西方政府改革运动以及"新公共管理"实践模式的兴起有其深刻的背景和原因:

首先,经济和政治因素在将改革提上议事日程中起决定的作用。70 年代石油危机之后的经济衰退,导致西方各国高额的财政赤字,福利国家不堪重负,并面临一系列新的社会与政治问题,这是引发政府改革的直接原因。按照奥斯本和盖布勒在《改革政府》一书中的说法,解决财政赤字问题从原则上说有三种办法:一是限制开支和公共任务的终结;二是增加收入尤其是税收;三是用较少的开支来实现公共使命,即"少花钱多办事"。只有第三条途径才是现实的可供选择的出路,"新公共管理"改革所选择的正是这条道路。

其次,经济全球化的出现是当代西方政府改革的一个推动力。全球化趋势加强了各个西方国家对本国经济竞争力的高度重视;政府能力是一国综合国力和竞争力的一种主导性因素,政府如何引导和调控国民经济运作,参与国际经济竞争,促进经济发展,自然成为人们关注的焦点。经济全球化对政府的公共管理提出了更高的要求。经合组织把政府改革当作其成员国在国际市场上进行有效竞争的一个重要途径,认为顺应经济的全球化和保持国际竞争力的内在需要,为公共部门改革提供了新的强大动力;处理国际问题不再是传统的涉外部门的专门职责,所有政府部门以及地方政府都必须具有跟踪、理解和处理国际问题的能力;经济资源的稀缺和为避免不稳定而保持经济竞争力,是推动现有公共部门改革的重要因素。

再次,新技术革命尤其是信息革命是当代西方政府改革的一种催化剂。信息技术的快速发展为建立起灵活、高效、透明的政府创造了可能性。信息时代的来临以及"数字化生存"方式要求政府对迅速变化着的经济作出反应;它打破了长期以来政府对公共信息的垄断;新通讯技术以及接触政府信息的便利使公民和社会团体更容易参与公共管理活动。这要求对政府组织及其运作过程作出变革与调整。

最后,传统的官僚体制(科层制)的失效和商业管理模式的示范性影响是当代西方"新公共管理"运动兴起的另一个动因。

当代西方以"新公共管理"取向的政府改革运动已走过了20多年的历程。尽管目前要对这一运动及其所形成的"新公共管理"模式作出全面的评价为期尚早,而且人们的评价也褒贬不一。但是,它对当代西方政府管理实践及模式所产生的深刻影响却是人所共知的事实。根据费利耶等人在《行动中的新公共管理》一书中的说法,20世纪70年代末80年代初开始的"新公共管理"改革给英国的公共部门管理以及公共服务带来了如下四个方面的重大变化:第一,随着许多国有企业卖给工人和股东以及在经济活动中实行大规模的私有化,公共部门已从直接的经济活动中撤离;第二,在公共部门中保留的社会政策职能已服从于管理化和市场化的过程,在以前属于在线管理组织的公共部门出现了创造"准市场"(quasi-markets)的种种尝试,例如,在中央政府,建立起了大量自主性的"下一步"机构),这些准市场的财政仍然是公共的,但引入竞争机制,如招标和合同承包;第三,在公共部门及公共服务领域出现了注重"少花钱多办事"、让钱更有所值、竞争绩效和成本指标的使用、加强成本核算和强化审计系统的趋势,相对绩效的评估更加公开化,并受中央指导系统的严密控制;第四,出现了一种由"维持现状的管理"向"变迁的管理"的转变。人们更强烈地要求透明的、积极的和个性化的领导方式,人力资源管理开始使用战略性的管理方式,组织发展不断地提出各种替代方案和更人性

38

化的管理方式,学习型的组织也开始出现。

在美国,根据经合组织 1997 年度公共管理发展报告《公共管理的问题和发展:1996~1997 美国概况》的评估,"重塑政府"运动的成效主要体现在政府的精简,机构的重建,顾客至上原则的确立,市场机制的引入,以绩效为基础的组织的出现和"重塑政府"实验室的建立等方面。与此同时,"新公共管理"运动还改变了西方政府管理的实践模式,而在理论上,这一运动实现了政府管理研究领域由传统的公共行政学向"新公共管理学"的范式转变。

作为传统公共行政模式的替代物,"新公共管理"实践模式是公共部门管理特别是政府管理中出现的一次重大突破或一次深刻的变化。用澳大利亚学者约翰·哈里森的话来说,它体现了公共管理方式的根本性、方向性的调整。传统的公共行政模式被人们看作是一种与西方工业社会的政府管理相适应的实践模式,加拿大学者纳德·萨维称之为"工业社会的政府组织模式"、"19 世纪的行政技术",认为这种传统的公共行政实践模式有如下四个基本特征:一是政府组织及其结构应根据韦伯的官僚制(科层制)原则建立起来,严格遵守这一原则是政府运作的最佳方式;二是公共物品及服务应由政府机构(官僚机构)来提供,即政府是公共物品的唯一提供者;三是政治(政策制定)与行政(政策执行)分开,并且文官在政治上保持中立,这有助于责任制的落实;四是行政被当作一种特殊的管理形式,必须由终身受雇的职业化的官僚来担任。尽管这种模式曾在公共管理中发挥过重要的、积极的作用,但是,随着西方世界由工业化社会向后工业社会或信息社会的转变,传统的公共行政管理模式越来越不适应,它的基本原则受到了严峻的挑战,并在实践中逐渐失效或过时。首先,作为传统的公共行政模式基石的官僚体制(科层制)已被证明是一种过时、僵化和无效率的政府体制模式,有如奥斯本、盖布勒在《改革政府》一书中所说:工业时代发展起来的官僚体制,专注于各种规章制度及其层叠的指挥系统,已不能有效运转;它变得机构臃肿、浪费严重、效率低下;它在变化迅速、信息丰富、知识密集的 90 年代已不能有效地运转了。其次,政府机构作为公共物品及服务的唯一提供者的垄断地位已经动摇,各种私人公司、独立机构和社会团体参与公共物品及服务的提供,不同的政府机构也为提供相同的公共物品及服务而展开竞争。再次,政治与行政的分开在实践中是难以做到和不现实的。在当代,公共官僚(文官)日益卷入政策制定(政治事务)之中,文官的政治化趋势以及高层文官的政治任命打破了文官政治上中立的信条。最后,传统的人事行政模式也发生重大变化,公务员(文官)的永业(终身受雇)观念已被打破,合同雇佣、临时雇佣成为重要的用人方式。"新公共管理"实践模式在某种意义上正是为了克服传统的公共行政模式的弊端而出现的,它是当代人类社会发展尤其是公共管理实践变化的必然产物,与旧模式相比,"新公共管理"模式更具现实性和生命力。

然而,当代西方政府改革的"新公共管理"取向及实践模式远非是完善的,它有其内在的缺陷或局限性。对于这种改革是否成功以及在多大程度上取得成功,人们的评价不尽相同,有的甚至提出怀疑与否定;对于新模式的有效性,人们也提出了种种批评,这些批评涉及"新公共管理"改革取向及模式的理论基础、意识形态倾向、改革的总方向以及各种具体的改革措施等方面。

其一,对"新公共管理"的理论基础和意识形态倾向的批评。C·波利特等人认为:"新公共管理"是一种意识形态的思想体系,是一种新保守主义或新自由主义的公共管理哲学(甚至有人称之为右派政府的公共管理纲领);说这种公共管理新模式以公共选择理论和新制度经济学为其理论基础,滥用经济学的假设、理论和方法,是经济学帝国主义向公共部门管理领域的扩张。

其二,对"新公共管理"改革的市场化和管理主义的总方向的批评。认为市场化取向的改革体现了改革者对"市场价值"和市场机制的崇拜,是一种新的"市场神话";而"管理主义"的改革取向则忽视了公共部门与私人部门的本质差别,照搬私人部门管理模式,实质上是一种"新泰勒主义"。美国学者汉森(S. Hansen)认为,推崇和效仿私人部门管理方式,是把教科书中对私营企业的理想描述与现实混为一谈;英国学者格林沃德(J. Greenwood)等人从公共责任、公平、合法性和多样性四个方面论证公共部门与私人部门之间的差别,指出不能照搬私人部门管理方式。英格拉姆在《公共管理体制改革的模式》一文中则批评"管理主义"片面追求效率,认为对许多公共组织来说,效率不是追求的唯一目的,还存在其他目标。

其三,对"新公共管理"改革的各种具体措施(包括市场导向、私有化、分权、放松管制、结果控制、绩效评估、顾客至上等)提出批评。例如,合同出租是市场导向的主要原则,它有利于提高效率与效益,但却缩小了公共责任范围,也妨碍公共官员与民众的联系与沟通;分权有利于增强自主性和灵活性,但也带来了分散主义、本位主义、保护主义,并增加公共开支;私有化有助于精简政府机构,增强公共部门的活力,但也损害了公民参与,妨碍政治导向,并产生公共责任方面的问题;放松管制为各部门机构松绑,增加灵活性,但也带来新的控制问题;结果导向等企业化管理方式提高了效率,但也产生了如何与公共职能有机结合的问题;顾客至上提供了回应性、多样性的服务,但却把公民降低为一般的消费者。

对于"新公共管理"的具体模式特别是奥斯本和盖布勒的"企业化政府"模式,也有人提出了十分尖锐的批评。美国学者格林(R. T. Green)和哈伯尔(L. Hublel)在《论治理和重塑政府》一文中对"企业化政府"模式提出了五点批评:(1)该模式忽视了政府治理模式中制度与分权对政府的约束作用;(2)它打破或侵蚀了立法、行政和司法三个部门的权力平衡;(3)注重结果(产出)和目标而非投入和过程的原则是片面化的;(4)市场导向原则将损害美国制度的稳定性;(5)"顾客至上"原则将产生分配上的重大难题。另一个美国学者查尔斯·古德塞尔则提出与"企业化政府"模式十条原则针锋相对的十条原则:(1)政府应是由人民通过选出的代表来控制,而不应由企业家控制;(2)政府应为公共利益服务,而不是满足企业家的自我;(3)政府必须依照宪法和法律活动,而非依据目标或任务而活动;(4)政府应该与私营企业的主要股东合作而非任何一种合伙人合作;(5)政府既应具有灵活性和创造性,又应具有公共责任心;(6)政府活动的社会效果固然重要,但必须尊重政府雇员;(7)政府采用私人企业的管理模式必须以不违反机会平等和公众监督原则为前提;(8)简化繁文缛节是对的,但不能破坏基本规范和法定程序;(9)减轻财政负担的设想是可行的,但不能无视必要的行政开支;(10)处理公共问题应具有创造性,但不能让少数人中饱私囊。

C·贝伦(C. Bellon)等人还揭示了"企业化政府"模式内包含四大价值冲突和价值矛盾:(1)企业自主与民主负责之间的价值冲突;(2)公共企业图景与公民参与价值之间的冲突;(3)企业运转的隐蔽性与民主所要求的开放性之间的冲突;(4)企业管理要求敢于承担风险与公共财政处置责任之间的矛盾。"企业化政府"在实践中所遇到的难题有:人员精简问题,规章制度删除问题,权力下放问题,等级问题,政治与行政分离问题,是公民还是顾客问题,谁来负责问题,价值取向问题,改革的力度与持久性问题等。

在对新公共管理模式批评的基础上,以罗伯特·B·丹哈特、珍妮特·V·丹哈特夫妇为代表的一些公共管理学者提出了以治理理论为基础的新公共服务理论。新公共服务强调的是公共服务的社会和民主导向,主张用民主和社会的标准来衡量公共服务质量。按照丹哈特夫妇的看法,新公共服务是在传统科层制、新公共管理之后出现的第三种公共服务改革模式。丹哈特夫妇提供了新

42

公共服务与新公共管理比较的一个代表性范式,提出了对公共服务具有指导意义的七项核心主张:(1)服务于公民而非顾客,即公共利益源于对共同价值准则的对话协商,而不是个体自我利益的简单相加。因此,公务员不仅仅要回应"顾客"的需求,而且更要关注建设政府与公民之间、公民与公民之间的信任与合作关系。(2)追求公共利益,即公共行政官员必须致力于建立集体的共同的公共利益观念,这个目标不是要在个人选择的驱动下找到解决问题的方案,而是要创造共享利益和共同责任。(3)超越企业家身份,重视公民身份,即与视公共资金为己所有的企业家式行事方式相比,如果公务员和公民都致力于为社会做出有意义的贡献,那么公共利益就会得到更好的实现。(4)战略地思考、民主的行动,即符合公共需要的政策和计划,通过集体努力和协作的过程,能够最有效地、最负责任地得到贯彻执行。(5)责任并不是单一的,即公务员不应当仅仅关注市场,他们也应该关注宪法和法令,关注社会价值观、政治行为准则、职业标准和公民利益。(6)服务而非掌舵,即公务员越来越重要的作用就在于帮助公民表达和实现他们的共同利益,而非试图在新的方向上控制或驾驭他们。(7)重视人而不只是生产力,即公共组织及其所参与的网络,如果能在尊重所有人的基础上通过合作和共同领导的过程来运作,它们最终就更有可能获得成功。可见,在新公共服务中,公共利益是至高无上的,公共管理主要是或者归根到底是公共服务的性质;新公共服务强调以公民为服务对象,以尊重公民权、实现公众利益为目标;它重视社会、公民参与,以实现公务员、公民、法律、社会协调运行实现综合治理,这种模式的典型特征是以公众服务为核心,以民主参与为手段,以是否实现公众利益为评价标准。新公共服务对政府的角色作了重新定位:在政策制定方面,政府不再是处于控制地位的掌舵者,而只是非常重要的参与者;政府或公务员的首要任务应是帮助公民明确表达并实现其公共利益,而不是试图去控制或驾驭社会,即"服务而非掌舵",更多的利益集团直接参与到政策的制定和实施之中。新公共服务还认为,行政人员应该意识到:公共项目和公共资源并不属于他们自己,他们只是作为负责任的参与者,而不是企业家;他们是"公共资源的管家、公民权和民主对话的促进者、社区参与的催化剂、街道层次的领导者",将越来越多地扮演调解、协调甚至裁决的角色。政府的作用是协调公民和其他群体之间的利益以创造出共享的价值。政府公务人员必须服从法律、共同体价值、政治规范、职业标准以及公民利益。

新公共服务所强调内容在 1999 年开始举办的历届"全球政府创新论坛"发表的宣言中得到了体现。比如,2000 年第二届论坛的主题是"二十一世纪的民主政府与治理",2001 年第三届的主题是"通过电子政府促进民主与发展",2003 年第五届的主题是"二十一世纪的政府创新与政府质量"。第五届论坛发表的宣言提出了政府改革的七个目标:回应性政府;服务型政府;专业化政府;电子政府;管制合理的政府;廉洁政府;分权和参与的政府。

从新公共管理向新公共服务的过渡说明了政府提供公共服务的行为不单单是一种行政行为,还是政治行为,不仅仅要强调效率和经济,还要关注民主、参与这些社会政治价值。因此,要完善公共服务,不仅要改革服务的程序、手段、方法这些技术层面的内容,更要进行制度层面的创新,为公共权力的有效行使提供制度支持,为技术层面的创新提供制度保障,从而实现公共服务改革的全面性、系统性和可持续性。

改革开放以来,我国社会的整体变革对公共管理体制的改革创新提出了新的要求,从 20 世纪 80 年代以来我国一直在改革传统的公共管理制度,取得了一定的成绩:初步遏制了政府机构不断膨胀的势头;依据社会主义市场经济的发展要求开始调整和转变政府的职能,政企分开的基本格局已经形成;初步理顺了政府部门之间职能交叉的局面;政府的行政程序正在不断简化,行政行为正在不断规范化等等。但就总体分析,我国公共管理制度从整体上仍然不能完全适应经济体制改革和社会发展的要求,需要不断创新和发展。同时,我国公共管理也正面临着更加严峻的挑战,比如如何应对经济全球化的挑战、应对新技术革命特别是信息和通信技术革命的挑战、应对各种危机和灾难的挑战、应对人们日益增长的各种社会需求的挑战等等。突如其来的非典公共卫生危机,凸现了公共管理的重要性,也为公共管理制度创新提供了新的契机。当代西方政府改革的"新公共管理"取向及模式对于我国市场经济的发展和行政改革的深化,对于在市场经济条件下处理好政府与市场、企业和社会的关系,完善宏观调控机制,形成新的管理模式,提高政府行政效率具有一定的参考价值,故有必要予以认真的研究。在学习和借鉴发达国家公共管理经验的基础上,从我国的国情出发,逐步建立起适应社会主义民主政治发展、适应社会主义市场经济发展、适应中国社会不断进步要求的,具有中国特色的公共管理新体系。

在理论研究和学科建设方面,我国从 1986 年起就开始恢复公共管理学科的研究与教育。首先在高等教育政治学一级学科中设置了行政学或行政管理二级学科,并逐步兴办了行政学硕士教育。1997 年,在研究生教育中增设了公共管理一级学科,把原属于政治学中的行政管理纳入到管理学门类公共管理学科之中。1999年 5 月,国务院学位委员会正式批准在中国开始试点兴办公共管理硕士(MPA),从学位教育的角度满足不断增长的社会需求。

虽然学科建设已经逐步与国际接轨,但是中国行政学及公共管理学在其发展进程中也存在一些突出的问题:其一,对当代国外的公共部门管理特别是政府管理研究领域的新发展、新趋势及新成果跟踪研究不够,对国外这一领域的新理论、新方法和新技术的引进、消化和吸收有待加强;现有的国内行政学的学科理论体系较为陈旧、单一和狭窄,未能充分体现和吸收当代国外公共管理领域所取得的新成就。其二，公共管理的研究缺乏更开阔的视野，学科之间的组合与贯通不够；未能更好地顺应当代科学技术尤其是社会科学发展的交叉、综合和整体化趋势，充分吸收相近学科尤其是当代经济学、工商管理学、政治学和政府分析等学科的新理论和方法成果。其三，行政学的理论研究落后于现实的政府管理实践，理论与实践有所脱节，尤其是缺乏对市场经济条件下政府管理的重大实践问题进行有针对性的、深入的研究，导致行政学、公共管理学的应用性、现实性和生命力体现不足。

综合国内理论研究，就目前情况分析，我国公共行政改革应把握几个方面的基本导向：

以公民为中心。以公民为中心的公共管理是人民主权原则在公共管理中的核心体现。公民对政府的认同、支持和拥护是政府合法性的来源和基础，也是我们各项事业取得成功的保证。从根本上讲，人民满意不满意、高兴不高兴、答应不答应，是判断公共管理是否成功、是否有效的标准。以公民为中心的公共管理，意味着公共管理要从以机关为中心转变到以公民为中心。公共部门和公共管理者要以保障公民的基本权利、促进公民权利的实现为要务，倾听公民的呼声，为公民的参与、诉愿和救济提供必要的途径。公共管理者要经常思考这样的问题：谁是我们的服务对象？他们对政府机关所提供的信息和服务有什么要求？如何做才能满足公民合法的期待和要求？我们是否为公民提供了方便、快捷、满意的服务？政府的施政是否以公民的利益和公共的利益为出发点？公民对政府所提供的服务是否有选择权？我们是否为公民权利的保障提供了救济的途径？等等。服务型政府坚持公民本位、社会本位，政府只有有效地提供了公共服务才能获得自身存在的合法性。建设服务型政府，就是要让政府由管理型向服务型转变，由政府本位、官本位体制转向社会本位、公民本位。

公开与透明。民主治理，是以透明和开放为其特征的。从民主政治的角度来看,知情权是公民的基本权利,也是公民其他权利能否得到保证和实现的一个基本前提。公共部门掌握着大量的信息资源,如果这些信息资源被社会充分、有效地利用,无疑会创造更多的社会财富。同时,政府信息开放和透明也是监督政府的一个有效措施。阳光是世界上最好的消毒剂。因此,在公共管理的实践中,要不断强化公开和透明。国家要在宪法和法律上保障公民的知情权;公共部门要主动地公开信息,以增加公民对政府事务和公共事务的了解;政府要建立制度化的沟通机制,以增加政府和民众之间的相互了解和理解;要为公民了解政府的信息提供机会和途径。与此同时,公共部门和公共管理者要充分保障公民的隐私权,保障信息的安全和公共的利益。

责任政府。政府是公共利益的信托者,公共管理者是护国的卫士,肩负着重大的责任。公共部门和公共管理者要及时回应公民的要求,捍卫民族的尊严和利益,捍卫并实现公共利益,这是其政治责任;要尊重宪法与法律,忠实地执行法律,同时要承担违反法律的责任,这是其法律责任;要切实履行职能和职责,在职能和职权的范围内行政,依照合法和合理的程序行事,并且要在公共服务的专业领域内追求卓越,这是其行政责任;要成为道德的典范,在家庭生活、社会生活、公共管理中展现正直、诚实、仁爱、简朴、廉洁等高尚的美德,这是其伦理责任。责任政府的实现,既取决于公共管理者的伦理自觉性,也有赖于监督机制的完善。因此,强化和完善立法、司法、行政、社会、新闻、政党、公民的监督是必不可少的。

公平与公正。公共管理和公共服务最大的特点之一就是其普遍性和非排他性;人们也往往把政府视为公平和正义的化身。公平和具有社会包容性的公共管理是由政府的性质和公共服务的性质所决定的。其基本的涵义在于,社会中的任何群体、任何个人都不应该被排除在公共管理和公共服务乃至整个社会的机制之外。

具体而言,它意味着政府要维护和发展一切公民的基本权利,因为公民的基本权利是平等的;政府要尽可能地为公民基本权利的实现创造公平的机会,尽管每一个人掌握和利用机会的能力存在差异;政府在其行政行为中要平等地对待每一个人。更重要的是,公平和具有社会包容性的公共管理,核心体现在政府对于社会困难群体所提供的服务上。政府要扩大公共服务的受益面,保护困难群体的权利和利益,使其能够享受到最基本的公共服务(如医疗健康、环境卫生、教育文化、住房、社会保障等),分享发展的成果。

注重绩效。公共管理是否高效运作一直是判断一个公共管理体系是否优良的标准,也是判断政府是否负责任的一个标准。高效率和高绩效意味着公共部门能够充分地利用各种资源实现管理的目标,意味着公共部门和公共管理者要重视金钱的价值(符合经济的原则)、重视时间的价值(符合效率原则)、重视结果的价值(符合效能的原则)、重视服务的价值(公民满意原则)。为此,要精简不必要的机构和人员,精简不必要的管理层级和控制,简化不必要的管理和办事程序,消除不必要的繁文缛节。公共组织体系内部要打破因职能分工导致的互不协调和割裂,重新整合管理的流程,提供一站式服务,并充分利用信息技术改革政府管理方式,建设电子化政府。此外,公共组织要建立公共管理的绩效管理制度,通过科学的绩效管理制度(如设立绩效目标、进行绩效考评、建立绩效诱因机制等),促进公共管理绩效的提高。传统管制型政府绩效的评判主要取决于上级部门的满意度,这种绩效评价机制是内部取向的,它无需应对外部压力,甚至可以漠视社会公众的利益需求。公共行政改革要求完善外部取向的绩效评价机制,把公众满意作为衡量公共服务质量的核心要素,强调政府工作必须注重实际结果,必须与社会公众进行互助。

法治化。法治意味着秩序,意味着宪法和法律的普遍性,意味着政府要按照宪法和法律所规定的规则行事,也意味着政府的公共管理权力受到监督和制约。坚持依法行政是建设社会主义法治国家的必然要求,也是政府执政为民、履行职责的基本准则。为此,需要建立权责明确、行为规范、监督有效、保障有力的行政执法体制,保障法制统一、政令畅通,法律、法规、规章能够得到全面、正确的实施。同时,要保障公民、法人和其他组织的合法权益能够得到切实的保护,经济和社会秩序能够得到有效维护,各种社会矛盾能够得到有效防范和划界。

社会化和市场化。在现代社会,政府角色将从高高在上的资源分配者,政策规制者和公共财务唯一的提供者,变为公共利益的整顿者,社会利益的协调者,社会发展的激励者。服务型政府鼓励社会参与,政府不再是公共服务唯一的主体,随着社会管理面临的问题越来复杂化,在充满复杂性、动态性和多元性的环境中,政府难以成为唯一的公共治理者。它必须与非政府组织、社区、民众,协同治理公共事务,推行公共服务的社会化和市场化。

三、公共精神:公共行政的价值导向

这几年,国家公务员考试热得烫手。一项有 17330 人参与的调查显示,73.6% 的人愿意当公务员,83.3% 的人认为,公务员这个职业"稳定,医疗、养老有保障"。一位报考者甚至把公务员称作是"金饭碗"。

2005 年 10 月 16 日是中央国家机关招考 1 万多名公务员报名的第一天。中央办公厅、税务等单位的报考者人满为患,出现几百人,甚至是千人争抢一职位的局面。相比之下,气象、地震、矿业、测绘、水利等艰苦行业,统计、调查等所谓无权单位,甚至是税务、审计等部分热门单位的偏远地区职位,却出现了人气不旺的景象,有些职位首日竟无人报考。2007 年国家公务员报名再次出现冰火两重天的奇观:热门职位出现近 5000 人竞争一个岗位的情况,冷门职位则乏人问津。据统计,全国报考总人数超过了 55 万人,其中上海地区的 500 个岗位吸引了逾 16000 人报考,平均报考比例超过 30∶1。中央机关的公务员职位继续"走俏",其中中央办公厅文秘工作科员职位成为此次第一个突破千人报考的职位。国家广电总局干部人事管理职位招收 2 人,吸引了超过 8000 名报考者,刷新了国家公务员的报考纪录。国家人事部有关人士分析说,该职位的火爆与其对报名条件限制较少有关∶仅要求本科及以上学历,对于专业、政治面貌、户籍、工作经历、身份等均没有限制。与之形成对比的是,地震、气象、农业、测绘等职位少人甚至无人问津。如江苏省气象局和无锡市气象局均只有一名报考者,浙江省地震局、卫生部疾病预防控制局的一些职位也都应者寥寥。

报考公务员热以及不同职位冷热不均现象已成为近年来各地公务员招考过程中的一个热门话题,对此可从不同的角度予以分析与评价。但不可否认,这一现象确也从某种意义上折射出报考者择业时所受到的利益驱动,表明公务员职位给予报考者较强的自利预期。现代公共行政的观念并不绝对排斥公务人员对自身利益或者部门利益的寻求,但必须摆正并协调好各项利益关系,将公共利益放在首要的地位。公务员的职业本质上要求从业者"情为公共所系,权为公共所用,利为公共所谋",但相当一段时期以来,在我国公共行政过程中确实存在着与此要求相悖的现象,包括官僚主义、部分官员的腐败、行政成本的上涨与行政效率的低下,以及一些公务人员对权力和个人利益的过度追求与对公共行政目的的消极懈怠等等。上述问题的形成与发展,既有制度缺陷方面的原因,也同公共精神在行政领域及公务员队伍中的缺失有着直接的关系。为此,在深化我国行政体制改革过程中,应当重视对公共行政精神的培育。

公共行政的基本要义在于政府必须把公众的意志作为公共行政的首要原则,确立为公众服务的意识,确保公共利益得以实现;而公务人员公共精神的确立以及公共权力价值导向的合理界定,是实现政府公共性的基本途径。就此而言,如何培育、塑造公务员的公共精神,是提升政府公共行政精神、把握公共行政基本方向的关键性环节。

培育公共行政精神涉及到行政过程中所必须面对的一系列关系,诸如国家与社会、权力与权利、政府与市场、独断与参与、管制与服务等等,而这些关系的实际状况及其发展都有着深刻的制度背景。为此,需要从制度发展与制度建设的角度,认真探讨公共行政精神建设的问题。

传统的行政理论主张职业主义、行政专才、强有力的行政部门以及部门层级之间的纵向控制关系;当我们考察政府行政活动时,所关注的也往往只是行政体制、行政效率、行政人事、行政决策等管理层面的价值。传统行政实践以"行政本位"作为其精神内核,政府与公民间的行为关系,表现为一种命令与服从关系(大陆法系国家)或命令与控制关系(英美法系国家),行政行为成为行政机关以"主权者"身份对公民所作的最终命令或要求。在唐斯(Dawns)看来,官僚体制下公共官员行为的唯一动机就是为了从担任公职中得到收入、声望和权力;这样,在我们的模式中,政客从来就不把公职视为执行政策的手段;他们唯一的目标就是从担任公职中得到好处。他们把政策纯粹视为实现私人目的的手段,而他们只有当选上了官员,这些目的才能实现。

相比较而言,当代公共行政则越来越强调一种以"公共精神"为内涵的"公共性"。由于现代公共行政是一个由各种类型的公共组织纵横联结所构成的网络,包括政府组织及各类非政府组织,公民可从各个方面以各种形式参与公共事务管理。正是出于这个原因,作为公共行政核心价值的公共行政精神,不仅意味着一般意义上对"公共"的包容与承诺,也包括了在具体过程中对公民和公民团体的回应。自 20 世纪以来,现代行政逐渐确立了"社会本位"、"公众本位"的人文精神,它在公共利益与个人利益关系的价值判断方面寻求一致与协调,在道德观念的价值取向方面寻求信任与配合,肯定了行政行为是行政机关在公民的有效参与下所开展的一系列服务过程,因而将服务与合作确立为行政行为关系方面的基本理念。法国思想家狄骥认为,这种人文精神的转变和新观念的确立,是以第一次世界大战的爆发为代价的。但是,新的精神和观念终于在马恩河畔和凡尔登山峡战胜了旧精神和旧观念。从此,我们不能再把行政权作用称为权力行为,而应当把它称为公共服务行为即公务行为,因为它是为满足公众需要而组织的、促进物质、文化、精神和道德发展的行为。

从理论上说,行政机关是全社会成员共同利益的代表者和各社会成员个人利益的维护者,行政机关所拥有的各项公共资源和公共利益,不是用来供其自身或其工作人员享受的,而应用于满足社会公众合理的、发展的、多样化的需要,这是公共行政精神的核心所在。由于单个的社会成员无法或难以实现自己的种种利益需求,因此,他们需要这样的公共服务机关。我国宪法典明文规定了行政机关的公共服务性质,《宪法》第 27 条规定:"一切国家机关和国家工作人员必须依靠人民的支持,经常保持同人民的密切联系,倾听人民的意见和建议,接受人民的监督,努力为人民服务。"第 22 条规定:"国家发展为人民服务、为社会主义服务的文学艺术事业、新闻广播电视事业、出版发行事业、图书馆博物馆文化馆和其他文化事业,开展群众性的文化活动。"根据公共服务理念,行政行为的内容和效果都涉及到相关的公共服务和公共利益,如:行政处罚行为是为了给公众提供一个良好的社会秩序,行政征收行为是为了给公众提供公共设施服务的需要,行政许可行为是对资源和机会的一种公平合理的分配,等等。行政机关通过行政行为维护社会公众的利益,决不是一种恩赐,而是社会成员应当拥有的并受到法律保护的权利。这就改变了将行政行为作为主权者命令,以相对人的服从为内容和目的的"警察行政法"观念。

就此意义而言,行政权实质上是对公共利益进行集合、维护和分配的权力。行政机关通过对公共利益的集合、维护和再分配,目的是为了保护社会公众的利益,确保社会成员追求和实现自己利益的公平机会。因此,行政权是一种公共服务权,这种公共权力不再是一种"发号施令"的权力,这种公共权力绝对不能因它的起源而被认为合法,而只能因它依照法律规则所作的服务而被认为合法。

政府行政的公共性意味着政府将公民的意志作为公共行政的首要原则,公共利益得到切实的保障和实现。公共行政精神是指引政府公共行政的价值导向,它反映着公共行政官员的行为及引导其行为的价值观,要求本着"公开、公平、公正、公心"的原则为民服务,并重视所提供公共服务的优质与高效。公共行政精神的确立、公共权力规制的实现、公共领域的培育是克服权力异化、实现政府行政公共性的基本途径。如果没有公共利益、没有公共参与、没有公共舆论和公共监督,没有公务人员的公共行政精神,也就最终失去了政府的公共性。美国公共行政学会 1985 年所公布的伦理责任法典第 2 条规定:公务员个人不能运用不当的方式执行职务而获得利益;第三条规定:公务员不应有抵触职务行为的利益或实际行为;第六条规定:公务员要以尊敬、关怀、谦恭、回应的态度,为民服务,公共服务要高于为自己服务。这些条例,都明确提出了对公务人员公共行政精神的要求。我国于 2005 年 4 月 27日第十届全国人民代表大会常务委员会第十五次会议通过的《中华人民共和国公务员法》第二章"公务员的条件、义务与权利"中第十二条也明确规定了公务员应当履行"全心全意为人民服务,接受人民监督"的义务,简略的文字体现着对公共行政精神的基本要求。

李普塞特(S. M. Lipsett)指出:社会群体鉴别一个社会制度是否合法的依据,是看它的价值取向与他们的价值取向如何相吻合。公共行政需要公共精神的支撑,这是政府公共性的要求。政府本身是公共的产物,这一属性意味着,政府必须把公民的意志作为公共行政的首要原则,并确保公共利益得以实现,它是政府合法存在的前提和基础。这种公共人格的确立、公共权力的界定以及公共领域的成长,是实现政府公共性的基本途径。政府公务人员作为公共行政具体的执行者,以及政府理念具体的传达者,他们所具有的"公共精神"状况,必将决定着政府在自利性与公共性之间究竟扮演着怎样的角色,并最终决定着政府的形象。根据弗莱希曼的看法,如果人们确信民选的或者任命的公共官员所关心的并非是选民们的利益,而是这些官员的自我利益的话,再也没有任何一种事情,如判断的失误、浪费、低效、高税率、过度的管制、甚至战争的伤亡,会比这种信念更能动摇代议制政府的根基。如果选民长时间普遍持有这样的信念,那么,公众不仅会对从事治理的官员失去信任,而且会对整个政府本身失去信任。如果我们将整个社会视为一种道德秩序的话,政府的公共精神表现对这种道德秩序的维护将起着关键而又重要的作用,就此意义而言,政府公共行政精神的发展与完善也是优化整个社会公共精神的一条重要途径。

《诗经》是中国最古老的经典之一,其中记载了一句农夫的祷语:"雨我公田,遂及我私。"表达出一种先公后私、公私兼顾的精神。但不管在周朝的兴盛时期,还是以后的列朝列代,这种精神在实践中的体现则并不容乐观。即使在现代社会,无论是在官场还是社会生活领域,公共精神的缺失已成为一种相当普遍的现象,而导致公共精神缺失的根本原因,则是由于权力与责任、权利与义务之间的失衡。

在1892年出版的《中国人的素质》一书里,美国传教士明恩溥以中国道路的荒废状况为例,谈及中国人缺乏公共精神时说,所有的人都认为,只要自己的个人财产不受损失,就不必去关心或者没有责任去关心公共财产,事实上,道路等属于公众,这样的概念,中国人心里根本就没有。"江山"(即这个帝国)属于当今皇上,他能拥有多久就多久。道路也是皇上的，一切与道路有关的事都让皇上去操心好了。这段话实际上已揭示出了国人之所以缺乏公共精神的根本性原因，即在封建专制的社会政治体制下，"普天之下，莫非王土；率土之滨，莫非王臣。"封建君主视国如家，垄断了全部的国家事务和社会事务，不允许各级官吏乃至平头老百姓过问，正如梁启超所指出的，中国旧思想，"国家与人民全然分离，国家者，私物也。"而欧洲新思想所体现的是，"国家与人民一体，国家者，公物也。"与此相应，前者"立法权在一人（君主）"，"无公法、私法之别"；而后者"立法权在众人（国民），其法以民间公利公益为标准"，"公法、私法界限极明"。同理，各级封建官僚则垄断了自己管辖范围内全部的公共事务，不允许民众参与公共事务的决策和管理。驯服的臣民们只需按照来自国家、家族或社会的各种指令来安排自己的生活，以至于无法形成独立自主的个体意识——不能自主，自然也就难以形成社会责任感。

此外，以维护君主专制为终极目的的儒家政治思想与伦理道德学说以其官方意识形态的优势对民众灌输"三纲五常"的理念，宣扬君主专制的"天理性"与尊卑从属的"天然性"，把君主的绝对权威引申给父权和夫权，封建君主能够做到"君要臣死，臣不得不死"，专制家长也可以做到"父要子亡，子不得不亡"，使得"官本位"、"权力本位"、"伦理本位"成为我国传统社会的重要特征。受此影响，我国传统行政文化突出表现为权力化与人格化取向，崇尚人为树立的权威，"唯权是尊，偏爱特权"，形成一种人格化的权威服从关系和人格化的人际交往关系。表现在当前行政过程中，就是人们常见的"上行下效"，"唯上是从"，只对人，不对事，以及"人情风"、"裙带风"盛行，置原则于不顾，混淆公私界限，搞人情交易和裙带关系。

在这种行政文化及与此相应行政体制的影响下，权力与责任、权利与义务关系出现了严重的失衡：一方面，掌权者切切实实地拥有着权力,却忽略了所承担的相应责任,如保障民众行使合法权利的责任、约束自己过度自私行为的责任、接受民众监督的责任;另一方面,民众又实实在在地承担了自己的义务,如让渡权利的义务、交纳捐税的义务、服从法律的义务,但却不清楚、也无法行使相应的权利,难以保障自身的利益不受侵犯。

可以说,权力与责任、权利与义务的失衡是造成官场乃至社会公共精神缺失的根本原因。与法律不同,道德制约主要是依赖个人的自律来实现的,在一个民众只有义务而缺乏权利的国度中,指望民众拥有普遍的公共精神只能是一厢情愿;在一个掌权者拥有权力而可以不负责任、不受制约的政治制度下,指望官员们确立公共行政精神无异于缘木求鱼。

在现代法治观念中,个人与国家是一种相互负责的关系。具体而言,公民如果生活在一个对公民负责的国家,就一定能够激发起公民对国家、对社会负责的精神。在英国,一个学生从他四岁起上学一直到上大学之前,都不需要交纳任何学费,甚至连郊游的钱也列在政府的教育预算里。这个国家通过一系列的医疗、教育、福利政策把公民个人的利益与这个国家紧紧地联系在了一起,乃至一旦有什么险情危及这个国家的生存,就等于是危及了所有公民赖以生存和热爱的全部生活方式,在这种情况下,他们一定会奋起保卫自己的国家,因为这和保卫自己的利益是完全一致的。一位英国的中学教导主任曾自豪地说,他们这里很多学校都不开公民教育课,因为这种公民教育、公民与国家的关系、爱国主义、公共精神早已渗透在每个学生自己的生活之中了。可以说,真正的爱国主义与公共精神,并不需要特别的强调,而应该浸润在国民生活的每一个细节中。当国家选择为它的每个公民都负上相应的责任时,它的公民也会毫不犹豫地选择为这个国家奉献和牺牲。

公共行政需要公共精神的支撑,公共行政精神也是一个社会自身净化的要求。在任何一个国家,官员的道德精神与社会的道德精神总是休戚相关的,如何提升一个社会的公共品质,政府公职人员的作用至关重要。正如法国18世纪杰出的启蒙思想家霍尔巴赫所说的,再也没有什么东西能够像政府那样对人民的风俗习惯产生如此直接的影响;在不道德的国王统治之下,恶德本身也变得高尚起来。由于公共行政的健康发展离不开社会成员公共精神的支撑,为此,需要重视并不断加强国家、社会同公民之间的信任与责任关系。

公共行政体制改革的过程,实质上也是公共行政精神的发展与变迁过程。这既是对传统行政文化的冲击,又是对现代公共行政文化的培育。从一定角度而言,公共行政文化的变革、公共行政精神的培育层次更深、难度更大,是整个公共行政管理体制改革的关键。

公共行政精神需要相应的制度基础,完善公共行政制度是培育、优化公共行政精神的重要途径。就我国目前公共行政精神发展现状与要求,相关制度建设可从以下几个方面重点考虑:

1. 完善公共财政体制,培育公共行政精神。

所谓公共财政,指的是政府按社会公众的集体意愿提供市场机制无法有效提供的公共物品,以满足社会公共需要的经济活动或分配活动。通俗地说,就是以众人之钱办众人之事。近几年来,一些地方政府热衷于搞所谓的"形象工程"、"政绩工程",这些工程是以众人之钱,办私人之事,将"公共财政"异化为"官员财政"、"权力财政",受益的是个别官员,受损的则是广大老百姓。而颇为广大社会公众关注的行政成本居高不下,也在一定程度上反映出某些地方政府及其公务人员对自身利益的过度追求和对公共利益的漠视。这些情况的存在,同公共财政制度的"公共性"缺失直接相关。

公共财政的规范运作需要有一个公共财政的文化环境,为此,要重视培育政府、公务人员和公民的公共财政意识,也即培育公共财政之魂,把公共产品、公共服务、纳税人和公共财政等精神刻印在广大公务人员和社会公众的头脑中,融入到行政文化体系之中。可以说,公共行政精神是公共财政的一种本能,一种文化,更是公共财政的核心。只有将公共行政精神贯彻于公共财政活动,才能真正体现其"公共性"。而要培育与发展公共行政精神,公共财政体制的建设与完善乃是重要途径之一。就目前情况分析,构建公共财政体制的关键在于加强对财政权力的制约,控制财政"私人化"的倾向,将财政活动切实导入公共轨道,为此,需要着重把握以下环节:

其一,增强财政预算的刚性约束。在第二届中国法治论坛上,多名学者在发言时呼吁,必须尽快解决财政资金预算时的问题,包括预算编制粗疏、预算约束无力、预算执行灵活性太大等等。这就要求对公共财政经费的支出范围作出明确的界定,对财政预算的数额要作出刚性的规定。对变更预算增加财政支出的项目应进入法定程序进行审批,坚决纠正手中握有资金权力的人随意批拨财政资金的现象;要加强对预算外资金的监督。加强对预算资金和预算外资金的管理,需严格执行《预算法》及其他财政法规,充分发挥预算的刚性作用,减少分配的随意性,增强预算的约束力。特别要严禁预算盘子之外留出大笔资金暗箱操作随意支配,确保财政资金不被不良官员为一己目的而滥用。

《中华人民共和国预算法》第十二条规定:全国人民代表大会审查中央和地方预算草案及中央和地方预算执行情况的报告;批准中央预算和中央预算执行情况的报告。为加强人大对财政预算的监督功能,各个部门的各个具体预算科目,事先由人大的各个专门委员会进行详尽的审议,对预算编制建立起科学严格的审议和批准制度。

其二,加强对财政支出的绩效审计。绩效审计是将经济监督与经济管理结合起来,对经济活动的节约、效率和效果等进行综合考核和评价,它所考察的重点在于财政资金项目的实施效果和对社会经济产生的影响,它要求财政投资在制度上要公开透明,在效果上要合理实用,并接受社会监督。绩效审计重点不仅要审查政府及相关机构使用资金量的多少,更要审查财政资金项目对社会经济发展的影响力,对被审单位或项目的经济活动的合理性、经济性、有效性进行预测、监督、评价和鉴证,提出改进建议,以优化管理,提高效益。可以说,绩效审计的关键就是要求花费最少的资源取得最好的效果,"花最少的钱,获得最需要的服务。"国外有句名言总结审计的责任:审计是对纳税人负责——纳税人交给财政部门的钱,怎么花得向纳税人有个交代。目前,我国绩效审计尚处于起步阶段,绩效审计工作量在政府审计工作中仅占几个百分点,为此,需要进一步加大政府绩效审计的比重,通过人大立法确立绩效审计的权威性与独立性,强化人大对绩效审计工作的全程监督;进一步完备绩效审计法律体系,使整个绩效审计过程都能做到有法可依;将绩效审计与问责机制结合起来,对违法违规使用资金行为依法进行处理。以此促进政府公共投资决策者增强公共行政精神,主动接受社会监督,避免盲目性和随意性,提升公共资源使用的经济性、效率性和效果性。

2. 完善公共治理体制,培育公共行政精神。

公共行政不是行政系统单方面的作为,而是表现为政府与公众之间双向互动的一个过程。就此而言,公众的公共精神,对于公共行政的发展也有着非常重要的意义。就公民是公共行政的参与者这一意义而言,公共行政精神要求公众不应当仅仅追求自身的利益,还应该追求公共利益。因为真正的公共精神的培养,就是要使公众树立起良好的公共环境下发展个性的意识,使民众"不在其位,也谋其政",真正认识并理解自身与他人、个体与社会、权利与义务、需要与责任之间的关系,以"社会人"的身份参与公共事务,融入公共社会,发挥公共作用。可以说,具有现代公共精神、充

59

满活力的公民是有效的公共行政的基础所在,为此,可通过多种形式开拓公民参与公共行政实践的渠道,激发和强化公众公共精神的潜能。

良好的公共行政运作应体现出政府与公民有益的相互交流、互动反馈。这种交流—反馈机制不仅能够有效地遏止行政权力的自我扩张,同时也有助于启蒙公民意识,使广大公众对公共事务保持热切关注的态度,养成独立思考和批判的能力,培育公众的公共精神。任何一个人,如果他只对个人私事感兴趣,而对公共事务漠不关心,则其个人利益也将难以维护,因为个人利益也是公共利益的一部分,"皮之不存、毛将焉附",就此而言,所谓的"独善其身"实际也就是置自身利益于不顾。

对于社会成员来说,确立公共精神的前提是能够参与社会管理与行使政治权利,因为只有参与社会管理、行使政治权利,自身行为能一定程度上决定自身利益,人们才会有参与社会管理事务的热情,由此培植出超越自身利益的现代公共精神。如果社会与政府不致力于提供这样的平台,人们不能对包括自己事务在内的公共事务发言,势必使他们失去关心社会事务的兴趣,导致公共精神的萎缩。

从一些国家的实践来看,社群组织的发展及功能发挥,对于培育公共行政精神也有着不可忽视的作用。社群"公共服务"的特征,使得其成员在"输出"或"输入"公共服务的同时,心灵上也在承受着公共精神的教育与熏陶,并在这种"获取"或"付出"的过程中逐渐养成乐于助人、服务社会的良好习惯与责任意识。同时,公众通过社群组织参与公共行政过程,也有助于促进行政机关公务人员的公共精神。由于种种因素的影响,对于政府体制外的社群长期受到政府系统的强力控制,或者将其视为社会不稳定的因素而予以严格管制,甚至打入另册;或是将它们纳入政府系统,使之成为准官方的组织,由此造成真实意义上的社群在中国的严重缺

60

位。公共行政的发展,需要不断拓宽公共服务主客体的活动空间,扩大公众参与社会公共事务管理的权利与范畴,实现社群与政府在公共服务过程中的良性互动,为公共精神的培育与发展提供更为广泛和扎实的基础。

3. 完善公共政策体制,培育公共行政精神

公共政策一般指公共领域里的行为规范、准则或指南,是以政府机关为代表的公共权威为解决公共问题或满足公共需要,有意识地采取的积极行动或不行动。公共政策中的"公"是指其社会性、公众性的导向;"共"谓之资源共有、共享。可以说,"公共性"是公共政策所固有的本质特性,公共政策的制定主体只能是公众,政府则是作为公众的代表,以公共利益作为基本导向,通过合法程序制定各种服务于社会全体成员,并规范、引导其行为的准则或指南。公共政策的正当性、可行性来自于它的公共性。可以说,公共政策的起点、过程、目标都应当体现并贯彻公共行政精神,公共行政精神乃是公共政策的本质属性。

在传统行政领域,政策过程往往体现为精英决策。无论领导决策,还是专家决策,由于缺乏大众参与,所以还不能称为真正意义上的公共政策。公共政策最为核心的内容就是必须重视公民对议题设定的真正参与,公众对政策过程的实质性参与,就是将公共行政精神引入行政领域的过程,也是培育公务人员与决策者确立公共行政精神的过程。

公共选择学派认为,政治家和官员在参与公共政策时有自私的动机,政府不可能自动代表公共利益。这一观点虽然有点偏激,但却从另一层面反映了一个事实:人都是复杂人,作为制定与实施政策的政府官员也有经济人的一面,也会追求自身利益;政府机构本身也不是一个没有自身利益的超利益组织。由于政府在社会生活和经济生活中所处的特殊地位使其在制定与实施公共政策时,往往会借社会利益之名行机构乃至个人私利之实,这当然就难以

制定并执行正确而有效的公共政策,必然导致政策失效。

就公共政策自身的性质而言,必须重视公民对政策过程的真正参与。通过公民对公共政策的参与实践,无论对个人的成长,思想的领域和方法都起着教育和锻炼等功能。由于每个人都享有同等权利去表达自己的意识,去考虑或批评别人的观点,久而久之,通过讨论的过程和和事后的反省,公民都会逐渐培养出独立和批判的思想,成为一个自觉的、具有公共精神的个体。同时,公共政策过程的公民参与,有助于培育并强化政策执行主体的公共行政精神,尊重政策相对人的人格,注意协调各类利益关系,并重视激发政策相对人对公共政策的认同感和接受主动性,减少政策执行中的阻力和实际存在的强迫性和人格侮辱等违背政策和法律的行为,这对制定出科学、合理、公正的公共政策,实现公共政策的有效性有着实际的意义。

公共行政体制的改革与公共行政精神的培育是个相互作用、相互促进的过程。一方面,通过发展与完善公共财政体制、公共治理体制、公共政策体制,将公务人员的行政权力与行为纳入制度与法律的约束之下,并建立健全公民对行政过程的参与机制,由此逐渐培育、增强社会公众与政府公务人员的公共行政精神;同时,公共行政精神的发展与普及,也有助于扩大、深化行政过程的"公共性",进而不断完善公共行政体制。

第二章　公共预算:激励与约束

自 20 世纪 70～80 年代开始的公共行政改革,大多是从改革政府预算开始,一系列改革的关键议题都与预算相连,包括责任政府、高效政府、透明政府、低成本政府、高绩效政府、服务型政府等等。预算是控制政府的主要工具,在一些法制国家,议会控制政府的主要工具就是预算,而缺乏预算控制的政府是不安全的政府,因为政府的权力和触角会超过合理边界,从而引发很多问题。

任何一个国家的政府都要从两个基本的方面与该国的人民建立起基本的财政联系。首先,政府从人民那里抽取财政资源,税收和举债是其中两个最基本的、得到人民广泛认可的工具;其次,通过将资源转化为公共支出,政府向其人民提供公共服务(公共物品)。民主政体隐含的基本财政前提是:政府得自人民的资源,应取得人民的同意,按人民的意愿分配和使用,并尽可能产生人民期待的结果。作为政治民主的产物,政府预算在宏观范围内把政府对"资源的抽取"和"资源的使用"这两个方面联结在一起,从而成为现代社会联结政府与人民的基本财政纽带。

考察现代预算制度的起源与发展,我们可以发现,其基本理论构架是:国家与公民之间存在着一种特定的社会契约。在这份社会契约中,公民向国家纳税,国家的各项经济开支均是由纳税人所提供;而国家则向公民提供公共产品,尤其是产权保护。既然作为国家财政资金的提供者,公民自然有权全面了解政府是如何花费公民自己的钱的。其监督国家对公共资金使用情况的主要工具就是政府预算。因此,如果现行预算管理制度存在着问题,通过改进预算管理制度获取潜在制度收益的边际收益,大于克服既有路径依赖的边际成本时,公民就会推动自身的代言人——最高国家权利机关(如我国的各级人民代表大会)成为制度变迁的"第一行动集团",与政府财政部门进行集体博弈,公民本身则作为第二行动集团,协助"第一行动集团"完成预算管理领域的"需求导向型"制度变迁。

现代政治民主的发展把人民的注意力从税收转向了公共支出方面。民主社会中以"公民"身份出现的人民不仅承担依法纳税的义务,而且广泛地享有在公共支出方面的发言权。人民在纳税中付出的,必须而且能够从得自公共支出的利益中获得充分的补偿。税收决策和支出决策被紧密地联结在一起,而预算则成为联结税收和支出决策的基本工具。在现代社会中,政府从人民那里抽取的公共资源数量大幅度提高了,税收和公共支出占 GNP 的比例达到了前所未有的水平,有些国家甚至超过了 50%。在这种情况下,政府预算重要性日益突出,与公共利益的联系亦日益紧密。

从宏观上看,人民为政府所纳的税,再从政府的公共支出中受益。在社会主义国家里,政府的本质是为人民服务,而为人民服务是通过预算系统将公共支出转化为向人民提供公共服务而实现的。正是主要通过公共支出,预算才使政府同人民群众的根本利益最为密切地联结起来。考虑到预算过程涉及如此广泛的公共利益,更涉及如此众多的参与者,在现代社会中,没有哪一个领域或财政工具能够比政府预算更能反映最广大的人民群众的根本利益。人民期待政府做些什么?政府如何满足人民的意愿实现人民的期待?民主社会中这两个根本性的问题都能够从预算中找到正式的答案。随着民主政治的发展、政府作用与公共开支规模的扩大,政府预算在经济、社会和政治生活中已变得越来越重要,并因此吸引了比过去任何一个时期都多得多的注意力,政府预算日益成为集中表达人民意愿的舞台,成为"好政府"致力于促进公共利益的基本财政工具。

自中国改革开放以来,随着人们的权利意识的逐渐觉醒,税收问题也越来越受到广泛的关注。不过,至今为止,强调更多的是公民的纳税意识,一些有关知名人士偷税漏税事件的曝光,其侧重点也是要人们从这些案件中吸取教训,即使是社会名流,也必须照章纳税,不可心存侥幸。但是,政府向人民征税的合法性基础是什么?在税收标准的确定、国家预算的制定、财政状况的审查等方面,我们的人民代表大会究竟应当发挥怎样的功能?目前这样的功能是否得到切实的发挥?如没有,原因何在?如何通过税收的收和支问题推进政治的民主化进程………等等问题,却说的不多。

政府收了人民的钱,必须让人民充分了解这些钱的具体花费情况,这是现代政治的基本要求,是政府不可推卸的责任。2001年,广东省提交人大会议审议的预算部门为 7 个,2002 年增至 27个,2003 则有厚达 2 厘米、列明 102 个省级政府部门预算的册子,供人大代表审查,预算资金达 220 亿,而且将来要审议所有省级财政 400 来亿资金;提交的表格也由过去过于专业化到今年的明白易懂。

由于资金的有限性和实际上永无满足的公共服务要求,公共资源的分配便成为公共部门必须面对的一项重要课题。为保证源于纳税人的公共资源的分配能够满足公共的重点服务,必须制定和加强消费制度,并实行监督以确保纳税人资金的有效使用,这就是公共部门预算管理所要解决的问题。

不过,预算并非只是金钱的问题,它是抉择、政策和哲学的表现。预算的制订方式反映着政府的抉择、政策和哲学。奥斯本和盖布勒认为:"在政府中最重要的手段(最有力地促进行为的制度)是预算。"从公共政策的角度看,预算几乎每年都是公共部门最重要的政策行为,是政府制定和实施公共政策的物质保证;从绩效管理角度看,预算是控制成本、绩效衡量的必要步骤;从社会角度看,预算是促使社会财富的分配趋向合理、进而实现社会公众的必要途径。美国公共管理学者 Jonathan Kahn 提出,理想化的公共预算制度应能够落实政府的多重责任,而不应把公共预算局限在政府资源配置的技术性工具一重涵义上。就实质而论,推行公共预算改革实际上是在创造能影响公众生活、建立并完善国家制度,且对公众与政府间关系发生重大影响的一种文化或制度环境。

一、作为经济人角色的政府

现代管理正越来越重视经济分析的内容,重视行政管理的边际成本和边际效用因素。此外,政府管理的效率往往同政府自身的因素密切相关,而这些因素又是同经济交织在一起。为此,对政府自身的"经济研究"便成为现代经济行政管理的重要课题之一。

在现代社会,政府为社会服务这一基本功能正越来越突出地表现出来,而在具体履行服务功能过程中,始终贯穿着一系列经济因素:其一,服务社会是个广泛的概念,具有众多内容,其中最重要的当首推经济职能。尽管在不同国家,政府对经济生活干预的方式和程度会有所不同,但管理经济作为政府的主要职能则基本上形成共识;其二,政府的存在应以无私地追求公共利益为自己的根本选择,把社会利益的最大化作为自己的政策目标,在经济领域,政府运用宏观经济政策调节社会经济活动,包括产业的分布、产业结构调整、资产组合、资本投入等等都由政府实行宏观调控,目的在于促进社会经济增长,降低失业率,稳定物价,提高国民生活质量。但不可否认的是,政府在代表社会利益的同时,也常常在考虑或兼顾着自身的经济利益。例如,政府对烟酒征收高额税,以控制烟酒消费,这符合社会利益,但政府财政却也可以从中获取高额税收,满足政府自身的经济利益需求;其三,政府职能的行使得有必要的财政支持。如果政府获得的财政支持比较充分,就能为政府机器的正常运转、进而满足社会需求提供必要的物质基础;如果政府获得的财政支持不充分,对于政府职能的行使就会带来一定的妨碍,从而难以满足社会需求。

政府的存在与运营必须有相当的经济支持,政府职能所指向的主要是经济目标,政府自身也有着特定的经济利益需求,由此而使政府不可避免地具有特定的经济性质,成为社会结构中特殊的"经济人"。

政府的主体是政府公职人员,研究政府特性、政府行为,自然不能将政府公职人员排除在外,政府的经济性质最终还是要在政府公职人员身上、在他们的具体行为中表现出来。尽管社会要求政府公职人员廉洁奉公,但由于他们并不是生活在真空中,必然会受到社会上各种各样的诱惑,其中包括金钱的诱惑;他们不是不食人间烟火的圣者,同样有着七情六欲,有着生存的问题、发展的问题,有着自己的利益追求,从而难以全心全意为人民服务,表现为在自己职权范围内,自觉或不自觉地谋求个人经济利益的倾向。

其实,政府公职人员在经济上程度不同的腐败现象,是困扰各国政府的一个普遍性课题,存在这种"顽症"的原因,除了人的本性中所含有的利己倾向及外部环境的诱惑外,对政府公职人员缺乏制度上、法律上的有效制约恐怕是一个关键性的因素,是导致由"可能性"向"现实性"转化的最重要的环节。1995 年十月,在北京召开的第七届国际反贪污大会,其主题就是:通过坚决的肃贪反腐,树立廉洁高效的政府形象,创造出有利于经济发展的良性环境。从各国反腐倡廉实绩来看,发展相当不平衡,由此反映出来的实际上还是制度、法律对政府公职人员经济利己倾向和行为制约的力度问题。

政府公职人员热衷于追逐私利,必然有损政府形象,弱化政府权威,影响政府职能的有效发挥与行使,影响政府工作的实际效益;同时,还可能恶化投资环境,影响本国经济的持续发展。鉴于此,对政府公职人员这种特殊的"经济人"实行有效的约束,已成为各国政府正在设法解决的一项重要课题。

历史经验告诉人们,对政府活动实施必要的经济约束,有利于规范政府行为,制约政府挥霍浪费社会财富、危害社会经济的内在倾向,处理好政府与民众之间的利益关系,提高政府管理效率,完善政府的合法性基础。随着资产阶级政治的确立,旨在对政府实行经济约束的财政预算制度开始建立。1787年,英国首相威廉·庇特向国会提交"统一基金法案",后由国会审核讨论通过,至此,开始有了最早的政府财政预算制度。以后,财政预算制度陆续在一些实行市场经济的国家建立起来,逐渐成为经济行政管理体系中的一个重要组成部分。

随着社会经济的发展,各国预算制度在目的和内容方面不断发生着变化。在市场经济初期,财政预算的主要宗旨是为了确保向政府提供必要的财政收入,并通过预算制度监督政府财政的收支情况,以实现立法机关对国家财力的控制,为了保证财政预算平衡,对政府财政预算的编制提出了严格的要求,包括:政府预算必须按年度编制,编制预算时必须依据可靠、准确的数据,并依其性质分门别类,一一列出,使公众能清楚了解有关政府预算信息;全部预算收支必须经由议会审查批准才具有有效性。

自20世纪30年代以来,由于政府经济功能的扩张,政府财政功能也随之得到了扩张,财政预算制度开始改变以往那种只注重控制政府机构的各项投入或投入与产出之间的平衡,而不重视其产出的预算管理方式,代之以一种既重视投入、更重视产出,把投入和产出结合起来的一种新的公共财政预算管理制度,以确保行政机关管理人员在实现组织目标过程中,能真正有效地使用各种必要的资源,并获得最优行政效率。原先,公共支出一般被认为是"必要的浪费",是不创造任何社会价值或所创造的社会价值相当有限的"投入",从而将财政预算的主要功能理解为只是控制政府机关的各项支出,即控制各机构的财政投入,而对投入所带来的"产出"并不抱奢望。现在,人们的观念开始发生了变化,愈来愈认识到政府部门的工作对社会带来的积极效应,从而对财政预算的配置作了革新。一些国家先后采纳绩效预算的做法,以追求资金支出的必要效益,使政府财政预算获得了在宏观范围内配置资金、维护宏观经济稳定、有计划地促进经济增长并调节收入分配等功能。

二、公共性:公共预算改革的价值目标

1999 年 7 月 9 日《经济日报》刊登了一篇引人关注的文章——"预算资金在流血"。这篇文章披露了审计署在审计 1998 年度中央预算执行情况过程中发现的一系列发人深省的问题,引起了社会各界对公共预算管理问题的广泛关注。在立法监督机构的积极推动下,中央和地方各级政府财政部门先后启动了以"部门预算"为核心内容的新一轮公共预算管理改革。

政府预算是政府财政收支活动的集中反映,公共财政的职责就是提供的公共产品和公共服务,这些产品与服务的数量与质量在公众面前的具体反映就是政府公共预算。现代预算管理的核心就是通过对公共资金的筹集和配置,来影响和保持经济的增长和效率的提高。所以,就本质分析,预算体现为一种分配稀有资源的活动,需要在各类潜在的支出目标之间作出选择。这种分配与选择,深深受到本国特定时期经济、政治和社会发展要求以及国家整体资源和国民承受能力的影响与制约。具体而言,预算指的是政府在每一个财政年度的全部活动范围和公共收支计划。预算反映着政府介入社会经济生活的范围、规模和程度。美国经济学家阿图·埃克斯坦说道:"要了解联邦政府将要做些什么或已经做了什么,看一看联邦政府预算就足够了。"(阿图·埃克斯坦:《公共财政学》,31 页,中国财经经济出版社 1983 年版)就预算的实质性内容分析,它实际上反映着政府基本的价值倾向与追求,以及政府的政策目标。

公共预算管理运行过程中的相关利益相主体主要有三个方

面:一是作为政府预算资金提供者的政府预算部门;二是政府预算资金的使用者,包括行政机关、全额与差额事业单位,资金使用单位在总体上都期望从财政预算部门获得更多的资金;三是立法监督机构,对政府预算部门和资金使用单位形成监督与制衡。根据公共选择理论和新制度经济学的分析,现实预算管理中存在的诸多问题,或多或少地与公共预算管理中的委托－代理链条有关。作为资金供给方的政府预算部门,具有较多的资金配给自由裁量权,这种权力如果不能受到适当的约束,则可能导致预算资源非效率配置的结果。

为使预算制度能够促成经济政策任务的完成以及实现科学管理的效果,各国政府当局及公共管理学者提出了一些具体的预算方法:

1. 品种项目预算。品种项目预算是根据花费种类如人力、设备等做出资源分配决定的过程。这是一种较为早期的预算方法,也是大多数政府部门中最常用的方法。它具有统一的预算表格,表格每行的左边为每一项物资的名称(如电脑,奔4),右边为价钱(9800元);所以这种预算称之为品种项目预算,在品种项目预算中根据非常具体的为下一个财政年度估计的项目或目标,如工资、办公用品或印刷成本,进行资金分配。

古往今来,所有的政府都制定某种形式的品种项目预算。自古代印度、埃及、巴比伦和中国的宫廷时代起就需要以某种方式来记录开支情况。到了20世纪初,一些西方国家的政府在政治和行政改革的压力下,为铲除财政腐败,开始制定统一的行政预算,其指导思想是,预算是控制公共行政官员、保证政府道德的一种有效手段。

品种项目预算容易操作,故而用途广泛,一项调查显示,在20世纪90年代中期,美国还有约四分之三的市、县仍在使用这种传统的方法,只不过其中很多是和另一种预算方法共同使用的。但也存在一些局限性,如由于缺乏抽象性,过于简单,在较低的机构最能发挥其作用,而不适合复杂的目的;同时由于缺乏灵活性,消费目的非常精确地限定了资源的使用,所以一旦发生意外,如超过平均量的大雪堵塞了街道,发生重大自然灾荒,或经济疲软引起失业人数迅速上升等情况而提出的要求,常常使精心制定的预算计划无法实现。

2. 绩效预算。绩效预算是根据达到的可计量结果来进行资源分配的过程,也叫做以结果为基础的预算。它与品种项目预算的主要区别一是在于其定向,即绩效预算重视功能、行为和计划,而不是计划单一的品种项目。例如,在确定了某部门的工作目标后,行政和立法部门的预算编制人员对于下一年全部计划只决定拨一次款,并不规定品种项目或只有两三种消费种类。区别之二是绩效预算涵盖的管理活动更多。现在它不仅考虑输入,也考虑输出;预算官员的任务不光是准确的财会控制,还有对各种活动进行分类,对机构方案及其绩效进行描述,以及研究各种工作/成本考核标准等。例如,在品种项目预算中,行政官员可以提出:为保证明年办公有足够的回形针,需要花多少钱?或者为保证明年的公园保养,需要多少维护公园的费用?而在绩效预算中,行政官员提出的不光是有关输入的问题,还要提出与输入有关的问题:有多少张纸需要用回形针整理?公园能够为多少人服务?换言之,重要的是方案的绩效,所以我们要研究的是,每一枚回形针平均能别几张纸?或每个公园平均有多少人去?也即回形针和公园的绩效如何?

绩效预算的最大优点是对那些要改进部门和政策工作的人提供了灵活性,增加的自主分配资源以期得到可能的最高利润的基础是把制度的定向由官方统计转变为以绩效为基准。部门领导人、管理人员和一线雇员需要更仔细地检查他们完成的任务以及他们的绩效如何。绩效预算的原则要点是帮助行政官员按照重要的政策目标评估运作绩效,它产生运作单位的工作绩效的宝贵数据,形成功能方面的预算类目,提供了工作成本计量以促进提高绩效。

由于政府工作有时涉及无形成本、抽象成本,难以确立工作衡量的标准;强调单一年度预算与计划的配合,对组织之未来目标政策设计无法连贯;绩效预算强调成本效率,对国家资源之整体规划比较忽略。

3. 投资预算。投资预算是设计用来说明从长期观点看哪种意见将产生高的利润,从而提高资源分配决策质量。伴随着比较及时准确的信息,公共部门领导人可以在不相上下的预算方案中作出较好的选择,设法达到可计量的结果。

如同绩效预算一样,投资预算确定公共部门服务和计划要达到的结果以及计量在可供选择的策略和消费水平情况下提供上述项目所花费的成本。但是,在测定所取得的结果的价值时,投资预算超过了传统的制度。通过制定可计量结果和评估取得这些结果的成本及效益,由政府作出的决策也可以由利率的信息来指导。

运用投资预算方法,公众可以预期政府将要面临的问题和机遇,有可能得到较大回报率的投资选择便会得到肯定。把绩效测量同所取得的结果的货币价值联系在一起也是绩效责任制的一个关键。各级提供服务的系统将会受到鼓励去集中精力取得最大进展以达到首选的结果并不断寻求改革以提高绩效。这样,投资预算有助于保证有效的工作得到回报,而工作较差也会得到相应的结果。此外,投资决策还能提高公众的参与意识。公开地确定优先投资项目,确立所要求的目标并规定可计量的结果,是投资预算的一个先决条件。由于公共投资的结果是根据始终如一的衡量标准加以报道,这就可以帮助新闻界和公众看清政府在哪些方面进行工作,以及如何投资改善人民生活和强化对社会的管理。

量化公共部门投资取得的结果是投资预算面对的一项难题。

在这方面,要进行两种估计:一是估计一下不采取行动将来会发生什么事情;二是估计一下由于公共部门的投资所取得的结果。

美国学者阿克西罗德(Axelrod)认为,政府预算的功能大致有以下8个方面:①为达到施政优先次序、目标及政策所从事的资源配置。预算反映各种势力争取政府资源的记载,它记录着这场竞争中的胜负情况,通过社会公开的辩论和慎思的过程,试图将资源作"合理、公正"的分配。②通过税收和借贷(公债)筹措预算财源。预算为政府筹措财源的计划书。税收应由谁负担?负担的效度比例是多少?政府财务应否借贷?借贷的比例应是多少?政府筹措资金的方案大多呈现在预算计划书中。③通过同货币政策的协同,以预算展现的财政政策稳定经济发展。国家可以通过预算所展现的财政政策与货币政策等工具来促进经济增长、通货膨胀及就业率,作为经济调节的工具,但此项功能的效果,学术界仍有不同意见。④促使政府机关对预算资源使用达到效率、效能和运用责任。政府通过年度的预算程序及既定的预算制度,对于预算的使用状况给予定期的检查,通过绩效检讨,来追踪首长的行政责任,并进而对政府官僚体系给予适当的监督。⑤控制支出的合法性、确定性并与政府决策相吻合。预算的原始功能即是支出的控制,希望政府每一项的支出都符合法律、确实及诚实的要求。按月按季度的核拨及在核准的会计制度下,对政府的支出予以适当的控制。⑥提供不同层级间资金转移的机制。中央政府的税基(Tax Base)往往大于地方政府,因此,在多数国家中,地方政府需依赖中央政府的资金转移(补助款)以支付其日常的运作。这种转移不仅让地方政府能执行其应尽的职责,也可以达到均衡全国地方的财政之不公平。⑦作为预算计划的社会和经济发展的工具。预算可作为政府中、长期社会和经济发展计划,而这些计划则需靠政府的预算支持方能落实。⑧经由财政的监督权,驱使政府机关使其计划实施更具经济、效率和效能。预算不仅在于对预算的收支的控制和计划的规划,亦注重对于计划、方案的实施上,是否达到合理、公平的情况。亦即对于预算实施中及实施后,进行完整周全的监督和评估。

就总体来看,预算的基本功能主要体现在它对公共支出的控制上。根据西方一些公共管理学家的分析,政府官僚机构提供公共物品或服务同私人部门提供私人物品或服务之间,有着很大差别:①在政府官僚机构中,并不存在提供同种公共物品或服务的竞争。缺乏竞争意味着意味着缺乏刺激,从而降低公共部门的服务效率;②政府机构的官僚们并不以利润最大化作为其工作目标。由于追求利润必然要降低成本,不以营利为目的的政府机构所提供的公共物品或服务,往往要与相对较高的成本相伴随;③公共物品或服务通常不以价格形式出售,因此,社会成员在对公共部门的工作进行评价时,其敏感程度肯定低于市场价格。

既然政府官僚们不以营利为目的,而是将公共机构权力的极大化作为追求的目标,公共权力的大小又与其所控制的社会资源的数量正相关,从而与政府预算的规模正相关,其结果也就不言自明:追求公共机构权力的极大化必然带来政府预算规模的极大化。这意味着,如不对公共支出加以有效的控制,很可能会出现公共物品或服务的供给过剩。预算恰恰就是控制公共支出规模的一个有效手段。一方面,政府的全部收支项目及其规模都纳入预算,预算能够全面地反映政府的收支状况;另一方面,预算作为公共选择的一个重要内容,必须经过国家立法机关的审批才能生效,并最终形成国家的重要立法文件。这就使得政府的支出被置于公民、代议机关的监督和制约之下,而通过这一监督和制约,实际形成了对公共支出规模的有效控制。

三、高绩效的公共预算制度

根据公共选择理论和新制度经济学的分析,现实预算管理中存在的诸多问题,在某种程度上,都或多或少地与公共预算管理中存在相对较长的委托－代理链条有关。而作为资金供给方的政府预算部门,处于预算管理双重委托－代理关系的纽带地位,又具有相对较多的资金配给自由裁量权,这种权力如果不能受到适当的约束,则可能导致预算资源非效率配置的结果。为此,如何完善公共预算管理制度成为人们关注的一个热点问题。

根据一些理论家和实践者的研究和总结,一个高绩效的公共组织的预算制度需要把握好以下主要环节:

1. 绩效责任制。米勒建议:"公共资金的适当管理工作必须严格评价运营的有效性和绩效并严格评价尽可能最高质量的成品。"这意味着,拥有公共资金使用权的各个层次领导人,都要为所产生的结果负责,而不是一味坚持与结果只有微弱联系的程序和方法。

实施绩效责任制还需要解决一系列关键性的问题,如:责任主体是谁? 责任界限如何确定? 责任主体将负何种结果? 有关绩效信息的可靠性如何? 奥斯本强调绩效责任制并赞成严格规定:"预算是把绩效责任制引入组织的最有力的方式——现在,有一个浪费金钱的内部激励制度——(我建议)大幅度削减部门预算中的品种项目数目,并允许部门保留任何财政年度没有花费的数量的一半。给他们一点钱,让他们负责达到结果。"

2. 成本－效益分析

公共预算的成本－效益分析,是指把预算资金的使用划分为若干个方案,分别就每个方案核算其效益和成本。在此基础上,对不同方案进行比较,确定其优先采用的次序,并放弃那些社会成本超过社会效益的方案。

成本—效益分析的步骤:

以一个具体事例来说明:

某地因交通不便而影响了经济发展。为此,政府打算建设一条高速公路,将该地区与周边城市连接起来。其成本与效益如表所示。

表 2 - 1 高速公路工程的成本效益分析 （单位：万美元）

方案	效益 B	成本 C	B - C	B/C	(- BC)/C	次序
A	40 000	20 000	20 000	2.0	1.0	2
B	19 500	15 000	4 000	1.3	0.3	4
C	12 000	10 000	2 000	1.2	0.2	5
D	12 500	5 000	7 500	2.5	1.5	1
E	45 000	30 000	15 000	1.5	0.5	3
F	12 500	12 500	0	1.0	0	6
G	27 000	30 000	- 3 000	0.9	- 0.1	7

具体而言，这类公共支出项目的成本－效益分析一般按照下列步骤进行：

第一步，计算各个方案的效益和成本，这里包括直接的效益和成本，以及与该项目有关的间接效益与成本，或称社会效益和社会成本。由于前者较为具体，后者则比较复杂，故在实际操作时，可详尽地计算每一个项目的直接效益与成本，并适当地计算其社会效益和社会成本。无论效益还是成本，都可以区分为两种：一种是实际的效益和成本，如建成高速公路后为当地和周边地区社会经济发展带来的机遇和好处；此外，由于修路而实际耗费的人力和物力，以及对社会和人民生活带来的负面影响与实际损失，可以计入该工程的实际成本。另一种是连带产生的效益与成本。如由于高速公路的建设，沿线地区的地价上涨，增大了该项目所带来的其他产业的投资效益；但同时也必然导致工程造价上升而加大该项目金钱上的成本。

第二步,计算各个方案的效益和成本的比率。如果对每个方案都核算出效益和成本的总金额,就可以随之计算出成本和效益的比率。通常所使用的是两种比率:一是 B/C(即效益/成本)比率,这一比值的最低限是1,凡低于1的项目在经济上都是不可行的;二是(B-C)/C〔即(效益-成本)/成本〕比率。这一比值的最低限应是0,凡是低于0的项目,即负值的项目,在经济上都是不可行的。

第三步,确定各个方案的优劣次序。计算出效益和成本的比率之后,就可以据此确定各个方案的优劣次序。无论是 B/C 还是(B-C)/C,都是值越大越好,因而优劣次序的确定可以按照数值的大小进行。

第四步,进行各个方案的选择和决策。进行选择和决策,要以上述次序作为一种根据,并要看限制条件情况而定。

尽管成本-效益分析可以作为预算决策经济分析的一个重要手段,但经济学家们对它的评价并不很高。他们认为,这种方法的适用范围是很有限的。因为以货币为尺度并不能对许多政府活动领域的效益进行适当地分析,如对国防、太空研究、对外援助、公安和司法裁决等方面的效益用货币这个尺度来表示,是很困难的;而教育、住宅建设和公路建设,虽然被认为可以提供巨大的货币利益,但迄今为止也没有可靠的测量方法。它们的效益扩散得很广泛,而且有一部分是属于非经济性质的。因此,成本-效益分析仅适用于有限的几种情况,如防洪、电力生产、邮政、某些运输和娱乐设施等,也就是说,它一般只适用于那些效益主要是经济性质的、有形的,而且可以用货币测量的公共支出项目。

不过,对于预算决策的经济分析来说,成本-效益分析的作用是十分重要的,在经济学家们看来,它至少可以纠正两种广泛存在而又肯定会带来不良后果的倾向:①有助于纠正那些只顾需要,不管成本的倾向。在某些情况下,有些公共支出的项目确实是需要的,但是考虑到其成本情况,却是不值得的,因此必须予以放弃。因为预算资金有限,要在一些项目或方案之间进行稳妥的选择,过分强调需要则无助于使公共支出的效益达到最优;②有助于纠正那种只考虑成本,而不管效益如何的倾向。在某些情况下,即使有些公共支出项目的成本相当庞大,但是其效益更大,从经济的角度上分析,这种项目就是可行的,应该选定,不应该因为成本过大就予以放弃。

3. 利益协调。公共预算管理运行机制中的利益相关主体主要有三个方面:一是政府预算部门,这是公共预算管理的核心关系方,既是政府预算资金的提供者,又是联系资金使用方与监督制衡方的桥梁;二是资金使用单位,即所有政府预算资金的使用者,就我国现实而言,既包括行政机关,也包括全额与差额事业单位,它们共同构成了预算资金需求方,资金使用单位在总体上都期望从财政预算部门获得更多的资金,然而在预算支出总额既定的情况下,各资金使用单位之间也存在着利益冲突,它们之间的博弈过程具有此消彼长的竞争博弈特点;三是公共选择机制形成的立法监督机构,立法监督机构集中反映了广大民众的公共偏好,并对政府预算部门和资金使用单位形成监督与制衡,立法机构对预算管理的约束强度直接影响着政府预算的规模与结构。

当然,预算管理利益相关方的共同治理结构涉及众多的利益相关主体,既包括作为本书分析重点的预算资金使用者、政府预算部门、立法监督机构,还包括本书没有专门述及但绝非不重要的审计部门、新闻媒体、社会公众的舆论与评价等等。所谓公共预算利益相关方的共同治理结构,就是要将这些利益相关主体之间的互动影响与相互制约关系,整合于一个彼此衔接、相互制衡、权责明确、激励兼容的框架之下,以期从机制设计上减少政府预算管理中的资源浪费现象,提升有限预算资源的使用效率。

在政府预算利益相关主体共同治理框架下,不同利益相关主体的权能分布与职责划分是不同的。立法监督机构的权能主要包括预算总规模和各资金使用者结构性预算规模的确定、根据审计结果对资金使用者进行相应奖惩。政府预算部门的权能包括同资金使用者谈判并提出资金结构性分配的初步建议、监督资金使用者遵守预算规模的情况。资金使用者的权能包括确定其内部预算资金的具体分配方案。审计部门的权能包括监督资金使用者结构性预算安排的效率与效果。社会公众和新闻媒体则负责披露预算过程中的各种非效率行为、监督立法监督机构及其他利益相关方的行动。因此,在政府预算利益相关主体共同治理模式中,各利益相关方都被赋予了一定的预算管理权能,这些权能之间相互制约、相互激励,形成了一个相对完整有效的社会共同治理模式

4. 具体化。预算过程应是一个战略目标具体化的过程,为此需要解决政府运作中的由谁来做? 做什么? 从何处着手? 怎样做等具体问题。

在美国,公共预算是由国会和政府共同负责的。在政府内部,公共预算由总统直接管辖的管理与预算办公室(Office of Management and Budget, OMB)和财政部来承担的,二者之间并不存在隶属关系。OMB 的主要职责是:(1)在国家的财政和经济政策上向总统提供咨询;(2)编制联邦预算草案和中长期财政计划方案;(3)监督行政部门的预算执行情况;(4)起草有关行政命令和公告。财政部则主要负责收入概算和税收等日常事务。而隶属于国会的国会预算办公室(Congressional Budget Office, CBO)是个附属机构,没有审批权,其主要职能是发布国会通过的财政预算和整个经济的五年预测报告,向国会的预算委员会、税收委员会、分配委员会等委员会提供辅助性服务,发布削减赤字方案的报告,评议总统提交给国会的预算方案和其他法案。

美国的公共预算年度为"跨年制"。1977 年以前,预算年度起于每年的 7 月 1 日,止于次年的 6 月 30 日。1977 年通过的"预算

改革法"对此进行了修正,规定从 1977 年起,预算年度从每年的 10 月 1 日开始,至次年的 9 月 30 日结束。一般说来,联邦预算至少要在预算年度开始前的 18 个月着手进行,由总统领导的管理与预算办公室(OMB)负责起草工作。例如,2003 年 10 月 1 日开始的至 2004 年 9 月 30 日终止的 2004 财政年度的预算,联邦各有关单位必须于 2002 年 3 月开始估算它们的支出,编制初步概算,大约于 2002 年 5 月送 OMB 进行审查,做出必要的修正后,合并为统一的总统预算。在此期间,OMB 和财政部、经济顾问委员会共同评估国家的经济形势,对经济发展前景作出预测,为总统预算提供咨询。2003 年 1 月中旬,总统将预算草案提交国会审议。国会可以批准、修改或否决总统提交的预算案。其过程一般是先由众议院拨款委员会审查,并由议会的各小组委员会听取各机构的解释和辩护,再由众议院大会作出最后的辩论,通过后,提交参议院审查。从 3 月到 9 月,国会依次通过初步的预算建议和有约束力的预算决议。10 月 1 日,公共预算开始正式执行。

公共预算正式开始执行以后,在执行的过程中如需要追加支出,必须经过国会通过立法修正案。行政部门在执行公共预算的过程中,在某些特殊情况下,可推迟或取消某些项目的支出,前提是这些措施必须向国会报告,国会可以同意也可否决这些措施。按照美国的法律规定,经费超支或该花的钱没有花都是违法的。

5. 预算监督管理。尽管对于公共财政与公共预算中"公共"二字的含义仍旧存在着见仁见智的理解,然而公共预算筹集老百姓的钱用于保证社会民生的事业,始终是毋庸置疑的。如果循着这样的思路,普通百姓关心公共预算管理似乎是理所当然的事情。但在现实中,我们常常会发现民众对公共预算的关注程度之低,往往是超乎想像的。在一些人看来,政府预算是政府部门的事情,同普通百姓没有什么关系;而且,由于预算报告罗列的术语难懂、数字太多,老百姓根本搞不明白;或者,即使老百姓想了解、想关心,也说不上话,起不了什么作用。不过,这种情况正在逐渐发生变化。2005年3月28日下午,在广州市十二届人大三次会议闭幕大会上,458名市人大代表对广州市财政局发布的《广州市和市本级2004年预算执行情况和2005年预算的决议草案》进行表决,仅以68.6%的得票率通过了这一预算草案,也就是说有超过三成的代表投了反对或弃权票,当然也包括无效票,据悉低于去年的得票数,在本次大会表决的所有项目中得票率倒数第二。此前的3月26日上午,在市人大安排的财政预算质询会上,市人大代表们就《广州市2005年本市级30个试点单位的部门预算(草案)》中的可疑之处,向财政专家、广州市财政局局长郭锡龄和6位处长连番"轰炸"了两个来小时。

要加强对预算的监督管理,必须使预算具有公开性,全部公共收支都应经过立法机关审议,并采取一定的形式向社会公布。美国公共预算的监督分为内部监督和外部监督两种。每个联邦部门都有自己的内部监督机构,由本部门的财务领导负责。同时,OMB有权检查所有联邦机构的账目。为了防止公共领域里的权力滥用,美国于1978年成立了总检察官办公室。总检察官经国会批准后由总统任命,有权查阅被审计部门的所有文件,各部门的各类人员必须回答总检察官提出的所有问题。总检察官通常向国会提交两种报告:一种是每六个月一次的例行报告;另一种是在发现问题时提交的专门报告。

预算监督管理是一个永恒的主题。公共财政建立过程中,就是要通过各种手段来实现全程监督,有效监督,提高它的透明度。所谓"阳光财政"就是要更突出地谋取公众利益的最大化,社会福利的最大化,同时也意味着透明度的提高,各方面监督的改善。

此外,人大代表预算审查能力和社会公众预算管理意识的进一步提高,也是完善预算监督管理过程的一项必备要素。现阶段,我国各级人大代表和广大民众审查政府预算的能力与预算管理知识还比较薄弱,由此可能导致利益相关方共同治理模式在人员素质上的障碍。可以说,普及人大代表预算审查知识和广大民众的预算管理意识已成为当务之急,具体路径则可由各级立法监督机构组织政府预算部门与有关专家学者,对各级人大代表与自愿旁听公民开展政府预算管理知识讲座,推动政府预算审查与预算报告解读的普及读物的出版,以全面提高各级人大代表和社会公众的预算审查能力与预算管理知识。

为了促进公共利益,中国现行的预算系统需要基于公共利益至上的原则进行改革。这里涉及三个主要方向。首先,无论是改革者、政府官员还是普通民众,都必须对政府预算的本质有清晰的认知,特别是要认知到在现代社会中,人民群众的根本利益必须、而且主要只能通过好的政府预算才能得到根本的保障。在中国公共财政管理改革中,预算系统的改革应被置于最优先的位置。在现阶段,政府面临的一项重要任务就是要塑造政府预算的权威性形象。每个公共组织和政府官员,都必须具有高度的热情、严谨的态度和科学的精神,认真准备预算,严格执行预算,细致地评估预算,立法机关更是要以"为人民看紧荷包"为要旨,练就火眼金睛的本事,细致严密地审查预算,决不让有问题的支出方案和支出项目蒙混过关。作为直接负责预算编制和审核的财政部门,更应超越狭隘的部门利益,恪守公共利益至上原则,从预算准备到预算评估的整个预算周期中,尽职尽责地做好每项工作。其次,改革者和管理者必须把公共利益转化为预算和公共财政管理的具体目标。一般地讲,切合公共利益至上原则的关键性目标应明确地定位于三个方面:严格的总量控制、基于公共政策目标优先性的战略性资源配置,以及针对支出机构营运效率——以尽可能少的投入向公众提供尽可能好的尽可能多的公共服务。除了这三个关键性目标外,预算和公共财政管理还必须符合两个一般性目标:合规性和风险控制。合规性要求预算过程的所有参与者都必须严格遵守预算和相关法律、法规的规定,风险控制要求采用科学的方法控制现实的和潜在的财政风险。所有这些目标都从不同侧面密切地联结到公共利益。因此,现阶段中国的预算和公共财政管理改革的一项重要任务,就是要清楚地定义这些目标,最好是以权威性的政策文件甚至法律把这些目标确定下来,同时设立严格的约束和激励机制来促进这些得到良好定义的目标。最后,现阶段的改革应致力于强化公共部门的受托责任框架,致力于增进预算和公共财政的透明度,致力于提高预算过程的可预见性并激励公众参与到预算和公共财政管理事务中来。强化受托责任框架,要求在预算文件、政府财务报告甚至相关法律中,清楚地表明政府对人民承担的财政责任,并且接受独立的外部审计。增进透明度,要求致力于开发良好的财政分类、政府会计和报告系统,要求政府部门及时而充分地披露可靠和相关的预算和财政信息。提高可预见性,要求加强预算决策过程,尽可能在预算准备的早期阶段即制定和公布政府在未来财政年度的政策目标及其优先性,以及各种必须遵循的财政约束基准(例如赤字比率和政府债务比率不得超过某个水平)。如此一来,公共组织财政行为的可预见性就会得到极大的改善。此外,预算过程应激励公众参与进来,让他们有机会和渠道发表自己对预算事务的意见和建议。

四、国外公共预算监督实践及启示

对政府财政预算实行监督,是确保政府公共预算符合公众意愿,保证政府收支的合法性,增强政府预算的透明性,提高财政资金使用效益的客观要求;也是完善反腐败机制的重要环节,"腐败是一种错误使用公共或私人的职权,直接或间接为个人谋利的行为。""减少腐败现象的主要途径之一就是加强公共支出管理。"(萨尔瓦托雷·斯基亚沃—坎波、丹尼尔·托马西:《公共支出管理》,中国财政经济出版社 2001 年版第 12 页)2003 年 10 月 31日,联合国第 58 届大会通过了《联合国反腐败公约》,而强化财政预算监督,则是加强廉政监督的重要途径和重大举措。"预算体系的主要目的是可说明性。人们通过选举程序使立法机关负责。立法机关通过审查预算使政府部门负责,为人们的需求确定合理的标准,并通过有法律目的的说明使政府部门了解人们希望怎样使用他们的钱。"(托马斯·D·林奇:《美国公共预算》,中国财政经济出版社2002年版第3页。)在西方发达国家,尽管其政治经济体制和国情不同,但各国都建有严密、规范、完善的政府预算监督体系,有力地保证了政府预算的合法性和合理性。

1. 加强立法机关财政职能,依法审议财政预算

在西方国家,议会依法掌握着国家的收支大权,政府每年的财政预算必须经由议会审议批准,政府预算的执行也受议会的监督。法国宪法第47条规定,"财政法律案草案由议会根据组织法规定的条件表决通过。"政府预决算的审查与监督是各级议会的一项重要工作,议会对预算与决算案的审查非常严格和细致,对政府的每一项财政政策都要进行激烈的辩论,提出质疑,由财政部门做出解释。法国每一级政府都有议会,各级议会负责对本级政府预决算进行监督。议会除靠自己的专门委员会审查外,还委托审计法院对预算执行,特别是对政府部门和事业单位的经费开支进行审计监督。

英国议会对政府的财政预算监督主要体现在:(1)政府编制财政预算,议会审议政府的预算。议会在审议政府的预算案时对政府所提各项经费数目,只能减少不得增加。(2)一切政府经费,如无议会法律规定,不得支出。无论政府任何部门,如果想支出任何一项经费,财政部门都必须以预算为依据给予拨付。

德国基本法第110条规定:"预算于财政年度开始前,以法律规定之。"政府各部门上报的预算草案由财政部汇总提交总理府。联邦总理通常最迟于次年9月1日前将预算草案提交联邦议院和联邦参议院进行秋季讨论。联邦议院一般对预算草案进行3次大

的辩论(也称通读)。初读后,由预算委员会做出书面结论,传达到各专业委员会和联邦参议院。根据初读的结论,财政部就预算草案修改后上报进行二读,由预算委员会将其预算草案的决议提交议会全会,对预算支出进行逐项审查并做出决议。最后是三读,由全会对议会有关预算草案的决议进行通过。议会通过后转送联邦参议院,由联邦参议院进行审议,如果没有异议,预算草案即获通过。

日本预算制度总的原则是实行议会表决主义,日本1947年通过的宪法第83条规定,国家预算应当根据由国民代表组成的议会的决议来决定。国家费用的支出,或国家负担债务,必须根据国会的决议;内阁必须编制每一会计年度的预算,向国会提出,经其审议通过;内阁必须定期,至少每年一次,就国家财政状况向国会及国民提出报告。宪法第85条规定,除非经议会授权,政府不得发生国费支出,也不得承担债务。宪法第86条规定,在每一财政年度,内阁应当准备并向议会提交供其考虑和决定的预算案。宪法第87条规定,在发生不可预见的预算缺口时,经议会授权,内阁可以在行使其职责时,从储备基金中进行开支。

美国在宪法中详细规定了国会的财政权。宪法至少有四处涉及国会财政权,即第一条第七、八、九项和修正案第十六条。内容包括征税权、举债权、政府开支审批权以及税法制定程序、公款开支(包括政府开支在内的一切公共支出)监督程序和方式等,这使得议会监督预算的权力有了强有力的保障。其次,美国国会每年通过一项预算法案并不断制定法规对预算加以控制,使美国国会预算监督法规体系逐步完善。美国的《反非效率法案》、《1974年国会预算和扣留控制法案》、《1985年平衡预算和赤字紧急控制法案》、《1993年政府绩效及结果法案》等法律文件,对国会预算编制程序和控制预算执行的程序等作了明确规定。由总统提交的预算草案的批准权力属于国会参众两院。国会中的预算委员会负责对总统提交的预算草案进行审查并向国会提出决议。从预算的制定、审议到划拨、执行的各个阶段,国会及各专门委员会要就预算的收入和支出、赤字、国债和预算平衡、投资与管理等内容进行专题听证。美国的预算调整要经过发布预算调整指令、通过调整法案以及改变现行收支法律等几个步骤。

巴西的财政部和政府财政办公室负责预算编制的组织实施;议会负责审查年度预算和预算相关立法;预算法院负责预算执行的监督、审计以及相关纠纷、诉讼的调处与裁决。

议会对财政预算的审查监督,是加拿大整个议会民主制度的重要组成部分。加拿大议会对预算监督的基本原则是:政府不应该有未得到议会批准的收入,并且只有获得到议会批准才能进行支出。无论是加拿大联邦议会,还是地方议会,都把对财政预算的审查和监督作为重要职责。

澳大利亚建立了一套完整的财政预算法律体系,使预算的各个阶段、各个部门的财务行为必须在法律框架下完成。如《财政管理与责任法案》规定了各部门在财政资金的申请、拨付、使用等环节的权利和责任以及相应的处罚措施,明确规定每个环节应由哪一层官员签署,真正做到依法花钱,责任到人。

2. 财政预算公开透明,依法接受社会公众监督

1998年4月,国际货币基金组织在华盛顿通过《财政透明度良好做法守则—原则宣言》,确定了政府对公众的财政透明责任,表现为四项原则:一是澄清政府结构、职责与财政管理框架;二是公布年度财政活动全面信息;三是公开预算编制文件、执行情况与决算报告;四是确保数据真实的统计审计管理。《守则》紧紧围绕预算程序展开,描述了政府与公众的预算关系,强调政府对预算过程的说明义务。信息公开是公众参与预算由被动转为主动的过渡形态。公众不仅可以根据预算信息具体评价政府绩效,还可以根据信息变化调整自身的行为。

加拿大在预算编制的过程中,无论是财政部,还是议会财经委员会,都广泛征求公众的意见。议会财经委员会在政府提交预算案前,都要进行实地走访,以更多地了解不同社区的经济活动及其需求;在各地组织一系列由专家、利益集团和普通公众参与的公开听证会,听取意见;还通过电子邮件或传真,广泛征集公众对预算的意见和建议。在分门别类地进行梳理后,财政经济委员会向财政部提交一份报告,并印发议会和向公众公布。加拿大财政部下设一个公共关系部门,有 65 名工作人员专门负责听取公众意见。加拿大联邦政府网站还为新预算案设立了专用网页,专用网页的第一页除了英语之外,还包含了 9 份不同语文的新闻通告,可以通过点击下载。其中包括阿拉伯语、繁体中文、简体中文、法文、意大利文、波兰文、葡萄牙文、西班牙文以及乌克兰文。财政部利用网站广泛征求公众对财政部各方面工作意见和建议,工作机构通过整理,每周向部长提交一个民意报告,提供决策参考。

澳大利亚具有较为完善的政府信息公开与财政预算信息公开法律体系。1982 年,制定了《信息自由法》作为信息公开方面的基本法律。1983 年,澳大利亚第一届新工党政府开始了"新公共管理运动"改革,财政预算信息公开是这一改革运动的重要组成部分。政府更加强调财政预算信息的公开、透明,以加强财政问责,节约行政成本,提高行政效率。1998 年出台了财政预算信息公开的基本法律《预算诚信章程法》,确立了合理财政的基本原则,实现了财政预算信息公开的制度化。澳大利亚十分重视预算的透明性,从预算编制到决算报告都在议会及社会公众的监督下进行。预算草案在议会通过后就在互联网上公布,公众可以随时查询。这样保证政府各部门都能依法有效地使用财政资金。如果发生不能有效使用财政资金或违法、违规事件,部门领导就必须承担相应的责任。

美国较早地制定了《情报自由法》,20 世纪 70 年代又颁布订立了《联邦政府阳光法案》，要求政府必须将预算内容尽可能完整地予以公布。目前，美国政府每年都将所有与联邦政府预算有关的正式文件，通过互联网、新闻媒体、出版物等渠道向社会公布。通过财政信息的广泛披露，纳税人可以详尽地了解政府税收政策、支出政策以及财政资金的安排、使用情况。而在部门预算的有关文件中，其预算内容则细化到了每一个具体支出项目上。美国预算编制的公开性使预算的形成和执行置于各方面的监督之下，把全部政府活动严格地控制在预算框架内，最大限度地避免了人为因素对预算的随意变更。在美国，从联邦政府到州政府、再到下一级的地方政府，其预算报告都详细上网，都能在管理和预算办公室的网页上查到和下载。即使是完全不具备相关知识的人，也能便捷地查询政府预算情况。

　　1999 年，南非通过了《公共资金管理法案》，根据这一法案，政府必须定期报告预算情况，并按照法案规定及时公开预算内容。之后，南非国会再度立法，进一步扩大了上述法案的覆盖范围，将省级政府也纳入其中。国际预算合作项目的 2010 年公开预算调查结果显示，南非政府的财政预算系统是世界上最透明的预算系统。该组织说道：如果一个国家的公众能够清清楚楚的知道政府拿他们的税收都做了什么，那么这种公开财政系统就会为造福一个自由公正的国度造福。

　　巴西是最早实施参与式预算的国家。20 世纪后期以来，"参与式财政"成为公民个人和不同群体、不同利益的代表直接参与地方和社区公共财政的开支和投资决策的一种方式。它包括公众直接参与财政预算的制定、决定财政开支和投资的方向、目标及其优先顺序、规定政府和官员的责任、监督财政开支过程及其效益等不同环节。为加强预算收支管理，提高工作效率，财政部 1987 年建立了财政管理统一体系（计算机网络），这个体系连接并涵盖预算编制、税收、国库、银行账户、预算单位等涉及预算收支的所有环节,用于预算收支的增减变动和监控。

为了便于公众了解财政信息和发表意见,英国政府专门建立了"数据英国"(data. gov. uk)网站,将公众关心的政府开支、财务报告等数据整理汇总并发布在互联网上,并对其中的热点议题和重要开支进行进一步阐释,并对公众意见进行反馈。任何人都可以通过互联网查阅到相关材料。

3. 依法监督财政预算的执行,加强对预算外经费的控制

西方发达国家议会对政府执行财政预算情况的监督主要集中在两个方面:一是定期听取政府执行情况的报告。对行政机关实际动用经费的过程实施控制。二是对政府变更和追加预算的监督。这些国家不仅在《宪法》中对财政监督有专门的规定,还制定了财政监督基本法和一系列的财政监督法律法规,如《国库法》、《预算法》、《财政监督法》、《预算可信法》等,政府必须严格按照立法授权来使用财政资金,财政监督机构严格按照财政监督法律法规进行监督检查,严格按照规定程序实施监督检查,并规范财政监督检查行为。

德国政府预算一经议会通过即具有法律意义,各部门必须严格执行。联邦各部是联邦预算的具体执行单位,财政部负责监督各部门的预算执行情况。对于预算执行中发生的追加支出,各部门必须向财政部报告,追加支出必须同时满足三个条件:一是确实不可预见;二是支出必须发生;三是额度较小,不得超过1000万马克(对于超过1000万的支出,必须得到议会同意)。追加的支出,一是由部门自身平衡,调剂解决;二是由财政部动用其他部委的盈余来解决。法国的预算执行,不仅有《财政法组织法》和议会通过年度《预算法案》的保障,而且通过设置财政监察员和公共会计监督制度,将预算执行监督贯穿于财政管理的全过程。法国财政部门对预算执行的监督表现为一种常态化的财政管理,通过财政管理全过程的控制约束,各部门的预算基本上都能保证按预算要求

执行。

在日本,国会决议通过的预算是与法律并列的国法形式之一,任何人都无权擅自变更、修改。财政部门在预算执行中发挥"闸门"作用,是预算执行的严肃性、安全性与灵活性有机结合的关键。依据 2002 年《财务省设置法》第 4 条,财务省拥有 67 项职能,预算方面职能是负责具体的预算编制、预算执行及监督,其中包括:依据财政、国库相关法令规定,认可和认证各省厅预算执行的事务;就中央预算的执行,要求相关单位提交报告,派员现场检查,以及发布指示等。

财务省对预算执行的监督主要体现为以下内容:第一,分配预算的监督。经审批的预算中的细目需要明确至具体的预算单位预算,并且预算以整个会计年度为对象,执行中应按时期或计划进度予以资金分配。第二,预算执行调整的监督。预算编制受技术性、制度性和人为因素的影响,预算执行中也受到主客观因素影响,需要对既定预算在执行中的偏差予以纠正,预算支出不得超出国会所规定的预算目的之外施行。第三,预备费的监督。预算是"预先算定"的估测,为避免过于僵化以适应实际需要,《日本宪法》第87 条规定,"为补充难以预见的预算不足,国会可决议设置预备费,由内阁负责支出。预备费支出,内阁应在事后取得国会的同意。"

从美国的财政监督体系看,财政部门的监督工作主要是围绕财政资金的管理活动展开的,事前控制、事中监督和事后检查相结合,日常监督和专项监督相结合。由于财政监督专门机构设在财政部内,因而更能真实地了解财政收支的运行状况。为加强对财政预算支出的监督管理,美国政府都会通过财政部门的调查研究来合理确定各个部门、各个项目的预算支出数额,即使在预算法案生效以后要完成拨款活动,仍须国会批准,除非根据拨款法案,否则谁也不能从国库提取款项。为了确保财政资金的合理使用,美国国会向各个行政部门派驻监察代表,对所驻部门实施国会授权项目的情况和预算执行结果进行监督,每一个使用财政资金的政府部门都设有一名由总统任命的财政总监,对总统和财政部负责,这些部门的每一笔支出必须经财政总监签字盖章后,财政部才予以拨付。监察代表每半年向国会送交一份监察报告,列举所驻部门工作中严重的舞弊、浪费、低效和滥用职权问题,并提出改进意见,发现异常情况,监察代表随时向国会提交特别报告。预算数额一经国会批准通过,必须严格执行,财政部门无权追加或削减预算数额。"美国法律对变更预算程序进行了严格规定。按照规定,预算变更须经三分之一以上议员同意方为有效,未经国会批准而修订预算的行为须负法律责任。"(张晓明:《我国人大预算监督制度存在问题及完善对策》,《人大研究》2009 年第 8 期)

4. 重视预算绩效,依法实施公共支出绩效审计

西方国家对预算的绩效监督兴起于 20 世纪 70 年代,是议会决定和监督财政制度的重要创新和发展。经过 30 多年的探索,基本形成以议会法定为原则、公众需求为导向,投入产出规模为基础,效率性、公正性为核心的财政预算绩效管理体系。目前各国都建立了审计政府决算的制度,审核决算执行的情况,公开财政活动的事实,表明政府的责任,防止公款的浪费。

加拿大把对预算执行的监督放在非常重要的位置。在财政年度结束以后,财政部长都要向议会提交上一年度预算执行情况的财政报告;财政委员会主席也要向议会提交公共账目、政府及各部门绩效报告。政府年度绩效报告通常会列出政府的目标、可以衡量指标和指标所反映的结果,部门绩效报告会说明部门所承诺的服务计划、主要项目的预期目标与实际结果等内容。各级议会一般都设有公共账目委员会,专门负责对预算执行情况进行监督。公共账目委员会紧紧依托审计署这样一个独立机构来履行职权。总审计长由议会任命,独立于政府之外。为保持其独立性,一般都

跨越政府任期。审计的目标不仅是公共账目的真实性,更关注的是工作绩效。除了审计署直接审计的政府机构外,还会委托公共会计公司对其他机构进行外部审计。审计署还通过举行新闻发布会,让公众了解审计情况。

法国2006年执行的新预算案看,最大的特点就是确立了国家预算新结构,推行了以结果和绩效为导向的绩效预算,并为此进行了多项配套改革包括政府会计制度的修改、政府收支分类修改、绩效指标的制定、建立财政管理信息系统等。2001年8月1日由法国总统颁布的新《财政法组织法》推行以结果和绩效为导向的绩效预算,引入绩效预算机制,由投入监督转向绩效监督。财政监督不仅重视财政资金运行的合规性,而且重视财政资金的使用绩效。通过对财政监督、会计、稽核、审计法院和议会等监督机构进行全面地改革,强调"绩效文化";通过年度绩效计划和年度绩效报告来提高效率,增加管理者的责任心;通过分类会计的建立对成本加以计算和分析,为支出决策者建立管理审计制度。法国的审计法院进行高层次的事后监督。审计法院成立于1807年,既独立于议会又独立于政府,是国家最高的经济监督部门。法国宪法赋予审计法院的职责是协助议会和政府监督财政法规的执行,其基本任务是依据财政审判机构法典的规定行使职权,审计核查国家机关、国家公共组织机构和国有企业的账务与管理,审查国家决算,对公共会计进行法律监督,监督公共开支决策人,监督国有企业遵守有关财政法规情况等。

澳大利亚从20世纪80年代开始实施项目的绩效管理,1992年开始实施权责发生制。权责发生制预算主要侧重于经营总成本、资产管理和现金流量管理方面。计量内容为成果与产出框架及绩效报告。财政部确定了有关成果和产出的规范指南,制定了成果与产出框架之下绩效报告的编制指南。政府公共服务部门推行绩效预算,增强了部门工作的透明性和责任感,降低了行政成本,提高了财政资金的使用效益,有效地保证了政府行政目标的实现。

德国联邦和各州均设有相应的审计院,各级审计院没有上下级的隶属关系,各自在法律规定的框架内工作。审计工作只服从于法律,审计决定的原则等同于法庭的合议制,从而保证了联邦和各州审计机构的合理性和效率。联邦审计院在预算监督方面的主要内容是审查预算单位的支出是否符合法律、是否经济节约,重点是经济性。德国审计的范围涵盖联邦及各州所有的财政管理部门,包括它们下属的不动产基金和事业单位。联邦审计院负责审计联邦预算资金。联邦审计院作为独立的政府审计机关,只对法律负责,属于联邦最高权力机关。联邦审计院的地位、人员和基本职能由德国联邦宪法(基本法的第 2 章第 114 条)确定。联邦审计院的组织结构、人员任命及决策程序在德国联邦审计法中有明确规定。

美国绩效预算非常重视对绩效和明细的控制,强化支出机构的责任和压力,通过提高外部评审机构如高审计协会的重要性,促使各级政府和部门以追求更高的绩效作为编制预算的出发点和落脚点。美国实行的主要是权责发生制为基础的会计和预算,在预算系统中引入了完全成本的概念,支出机构就有更强的激励去评估自己的营运成本,从而把绩效和成本有机结合起来。这些制度赋予了支出机构在资源管理中更多的自由,同时也要求支出机构对预算执行结果承担更多的直接责任。每个预算年度结束时,各政府部门均要提交年度绩效报告。在这个报告中,各部门必须认真审视以前年度的项目完成情况,总结取得绩效目标过程中的成功经验和失败教训,并根据上一年度成功或失败的情况估计本年度绩效计划的执行前景,提供对未能实现目标的原因解释及以前年度完成项目的评估总结。

美国预算执行的审计分为外部审计和内部审计。外部审计主

93

要由政府审计部门负责,内部审计则是由各部门内设的监督官和财政主管负责。为强化内部监督,1990年和1994年国会先后通过了《财政主官法》和《政府管理改革法》,规定联邦政府和各部门必须按统一要求提交财务报告,部门的报告送本部门监察审计,联邦政府的报告自财政部提交到审计署审计。1996年国会通过《单项否决权法》,授权总统对任何浪费性开支和无助于减少预算赤字的税赋法案予以否决。美国国会设有独立于行政机关的政府问责办公室,是专门、独立的审计监督部门,其监督政府各主管部门财政业务的合法性和效率;为国会提供财务信息,建立联邦机关进行财务活动的规章及报表制度。美国的联邦审计署,负责对财政资金使用和管理过程中出现的重大违法违纪问题进行调查处理。

英国的财政资金绩效审计不是仅仅局限于某单位的财政财务收支,而是深入到社会的各个层面,成为审计业务的主流。英国政府对外发布的绩效审计报告包括:《加强资源管理以改善公共设施服务》、《英国在伊拉克的军事行动的审计》、《对博物馆、展览馆取得和增加收入的审计》、《对为所有人提供的高质量幼儿看护以及早期教育项目的进展情况审计》、《英格兰癌症防治:救治更多的患者》、《对税务局回收欠税的绩效审计》、《对英格兰、威尔士排水排污管理办公室及下水道网络系统的绩效审计》,以上审计报告涉及财政资金的各个领域,包括公用事业、军事、文化、教育、卫生、税务、投资等几乎所有的政府部门、行政和公共机构。

意大利的审计、财政部门按照国际通行的3E原则开展预算绩效审计,审计法院是宪法赋予预算监督权的司法机构,全国约3400人,由2900名官员和500名法官组成。审计法院分中央和地方两级,中央本级约800—900人,其行政经费由国家预算统一安排。中央级的审计法院由8个审判厅组成。审计法院进行预算监督的主要方法是:(1)监督预算编制。每年6月份在经济财政部形成下年度预算草案的基础上,审计法院对草案进行监督,9月份审计法院向议会提出审查意见供议会在 10 月份讨论时参考。意见主要包括两部分内容,一是对预算草案提出意见,二是对下年度的财政经济计划提出看法。(2)监督预算执行。审计法院有一个审判厅专门负责对预算执行的过程进行监督,主要通过对使用预算资金的部门检查的方式进行。(3)对国家决算情况进行审查。审计法院每年聘请一些经济学家对预算的执行结果进行调查分析,决算报告主要的两部分内容,一是总体情况,包括通胀率、国债占预算的比例、赤字占预算的比例、社会保障资金的落实情况等分析性的内容;二是各政府部门的预算执行情况。(4)对预算资金开展绩效管理和审计。除了对预算执行中的财务审计外,审计法院还对预算资金进行绩效管理。审计法院每年要求公共部门报送预算资金使用的目标计划书,以此为依据在年终和国家统计部门配合审查资金的经济性、效率性和效果,反映预算资金使用绩效。审计法院作为一个国家司法机构,除了预算监督之外,还具有司法职能,对监管中发现的公共部门执法中的问题可行使司法裁判权。

五、我国公共预算存在的问题及改革目标

按照"涉及所有人的问题应该由所有人来批准"的标准来加以衡量,中国公共预算管理距离实现"依法管好百姓钱"的目标仍旧存在着一定的差距。如何尽可能体现公共预算管理中的"公共性",也仍旧是中国公共预算管理乃至整个公共财政管理改革要取得更大的成功,所必须跨越的关卡。循着这种公共事务管理的思路,在未来中国公共预算管理改革的进程中,需要完成某种预算管理运行机制上重塑,以最终构建起公共预算利益相关主体共同治理的管理模式。

新中国成立以后,依据《中国人民政治协商会议共同纲领》中的有关规定,着手编制 1950 年全国财政收支概算。1949 年 12 月在中央人民政府第四次会议上,通过了《关于 1950 年财政收支概

算编制的报告》,这标志着新中国国家预算的诞生。1951年8月在统一全国财政经济工作的基础上,政务院又发布了《预算决算暂行条例》,我国的国家预算管理制度从此建立起来。

从1951年至1992年,我国财政体制大体经历了统收统支、总额分成、分级包干等多个历史阶段。基本的变动趋势是,从50年代的高度集中型,到70年代以集中为主,适度下放财权的类型,到80年代的地方分权为主,放权让利的类型。但其间预算管理制度则保持总体相对稳定,其特点表现为:在预算形式上采用单一预算,预算编制原则上贯彻国民经济综合平衡原则,长期沿用基数法编制预算,预算编制程序上采用自下而上和自上而下,上下结合,逐级汇总的方法,预算管理总体上比较粗放,预算编制透明度不高等。产生这种现象的原因主要是,由于中央与地方利益分配关系长期处于不断变化中,中央与地方政府的注意力主要集中在彼此的利益分割的多重博弈问题上,缺乏通过优化预算管理内部制度约束,降低交易成本,提高资金使用效益的激励机制,从而导致预算管理制度变迁长期滞后。

以1992年开始实施的《国家预算管理条例》为标志,我国的预算管理制度变迁进入以权力中心提供预算管理制度变迁主要框架的供给主导型阶段。《条例》规定,我国国家预算采用复式预算编制方法,分为经常性预算和建设性预算,从1992年起,中央预算按复式预算形式编制。1995年开始实施的《中华人民共和国预算法》又进一步明确将中央预算和地方预算划分为公共预算、国有资产经营预算和社会保障预算三部分,待条件成熟时再考虑增设其他预算。从1995年开始,地方预算也按复式预算编制。

2000年以后,预算管理开始进行新的变革。无论是部门预算管理,政府采购,还是国库集中支付制度,都在建立和完善之中。

中国这一轮政府预算改革,或者叫公共预算改革,大概是从1999年初或者1998年底展开的。中国这一轮公共预算改革,起码包括两方面的特点：一方面，这轮改革某种意义上是由人大系统发起、推动的，其中部门预算改革是从人大监督的角度。1999年12月，九届全国人大常委会第十三次会议，通过了《全国人民代表大会常务委员会关于加强中央预算审查的决定》。部门预算管理的改革由此启动。所以中国这一轮政府预算改革应该说立法监督机构发挥了很大的作用。

就目前情况分析，我国公共预算存在的问题主要有：

1. 政府预算部门资金配给自由裁量权扩大的倾向。在政府公共治理模式中，增加政府公共管理的透明度，革除"暗箱操作"，发展政府与民间的合作伙伴关系，逐步实现政府、社会、公民的共同治理，已成为各国政府治理的发展潮流。在中国预算管理改革中，预算透明度的增加和"暗箱操作"的减少，已是有目共睹的事实；但由于利益相关主体的共同治理模式还有待继续完善，也就未能通过构建更为完备的监督制衡机制进一步约束政府预算部门资金配给中的自由裁量权。在当前的中国政府预算管理改革中，作为资金供给方的政府预算部门，所拥有的资金结构性配给的自由裁量权，反而呈现日趋扩大的倾向。

根据我国部门预算编制改革的有关规定，将全部预算支出划分为基本支出和项目支出两大类，其中：基本支出是维持预算资金使用者正常运转、完成日常工作任务的支出，大体包括人员经费和日常公用经费两部分，项目支出则是指行政事业单位为完成特定的行政工作任务或事业发展目标的专项资金支出。现实中，还允许作为资金使用者的各部门在基本支出预算控制数额内，可以根据实际情况在"目级科目"之间自主编制。因此，在基本支出管理中，资金使用者的自由裁量权呈现某种程度上的扩大。

在预算支出管理改革中，由于基本支出按照定额核定，基本支出预算中政府预算部门自由裁量的余地相对较小。预算部门自由裁量权的扩大主要体现在项目支出上。根据项目支出管理的有关规定,要求以三个层次项目库(预算部门必保项目库、财政部门内各业务机构备选项目库、资金使用者初选项目库)的形式,对项目支出进行评估,按照轻重缓急排序,根据财力可能安排,其最终决策权主要集中于政府预算部门。在现实预算管理中,资金使用者初选项目库的作用十分有限,并且限于人力和财力,在项目申报上,资金使用者也往往将二级预算单位的申报如数上报财政部门,而财政部门内部各机构也难免"照本宣科"地上报政府预算部门,从而导致政府预算部门的专项资金配给自由裁量权扩大。在专家可行性论证体系尚不完备的情况下,政府预算部门资金配给自由裁量权的扩大,往往容易导致非效率的结果。同时,由于现实中基本支出与项目支出的界定过于原则,实际操作中,基本支出与项目支出往往难以准确界定,因而对于租赁费、大型会议、大型修缮、大型购置、专项培训等基本支出也按照项目支出管理模式加以管理。这就使得项目支出的范围进一步扩大,更加扩展了政府预算部门资金配给中的自由裁量权。

2. 相关配套立法改革滞后,预算改革缺乏必要的法律依据。当前的中国政府预算管理改革是在1994年通过的《中华人民共和国预算法》(以下简称"《预算法》")基本框架下展开的。在《预算法》出台之际,我国的经济运行机制和预算管理模式还带有很多计划经济色彩,立法环境还没有完全市场化,《预算法》的某些环节也未能摆脱旧体制、旧模式的影响(张弘力,2001)。鉴于法律规则的局限,当前的中国公共预算管理改革也未能突破《预算法》的基本构架,这在某种程度上制约了改革推进的步伐。

不仅《预算法》自身难以适应公共预算管理发展的要求,相关配套法律的立法与修订工作也相对滞后。历时近五年的中国公共预算管理改革,仅仅在经历了近四个年头之后,于2002年6月才催生了第一部新的正式相关立法——《中华人民共和国政府采购法》,其他许多重要的预算管理法律法规,或者迟迟难以出台,或者沿用计划经济时代的规章。相关配套立法改革的滞后，使得许多改革举措往往难以找到相应的法律依据。例如，国库管理制度改革的法规依据，沿用的仍是 1985 年通过的《中华人民共和国国家金库条例》，时隔近 20 年，其中关于国库的职能、权限以及业务处理的规范，与社会主义市场经济的要求相比，都存在相当大的差距。此外，虽已有预算法等相关法律，但在很多地方形同虚设，一些政府部门领导并不认真执行预算。预算法规定，如果在预算执行过程中遇到预算收入超收或短收情况时，政府应该提出追加或追减预算的调整计划，经相应的人大机关批准，然后调整年度财政预算。但大部分地方这项工作常常被忽视，少数地方调整预算虽经人大批准也流于形式。必须确立民主理财、依法理财的理念，要形成"铁预算"——人大一旦通过，除少数特殊情况外，谁也无权改动。

3. 预算编制的纵向管理权限问题。国内有学者用"太分散又太集中"来概括部门预算方面存在的问题。这是指两个层面而言：从总体看，预算编制权限过于分散，很多部门作为预算编制单位权力很大，弹性很大。而具体到部门内部，预算决定权又高度集中于少数领导手中，在很多情况下就是"一把手"说了算，下级工作人员也编制了预算，但是会不会改动，往往就是领导一句话的事。在财政方面已有两百多年实践经验的西方发达国家，现在实行的是一种统分适度的政府财政资金预算制度。我们过去讲的"预算统一"多半指的是政治上或技术上的统一，而没有把组织机构统一起来。为此，必须改变由领导个人决定预算的状况。中国传统上是一个中央集权的国家，中国政治体制最大的问题就在于权力太集中。就公共预算管理而言，面对各地区发展阶段各异的现实，预算资金总体投向与结构配置上，也不能强求某种各地整齐化一的管理模式。同时，中国预算管理制度变迁的演进趋势也同样表明，根据本地区实际情况，各地方政府所推动的存在一定路径差异的预算管理改革,也确实取得了相当的成效。因此,在政府预算管理纵向结构上,应该进一步明确中央与地方适度分权化的改革取向,逐步推进中央和地方对政府预算不同层面上的综合治理。

4. 公共预算的公开性与透明度问题。近年来审计报告反映出的一大问题是挤占挪用专项资金:中国奥委会专项资金、财政扶贫资金、灾区救灾款、国债建设资金都有人敢挪用甚至私吞,这里最根本的还是一个财政透明度的问题。目前公众对政府开支的监督还很不够。政府的收入来自纳税人,纳税人当然有权知道这些钱怎么花。而现在,对于预算是怎么编制的,资金都用在了什么地方,老百姓并不清楚。缺乏公众监督,就免不了有暗箱操作。

现在每年春天财政部门代表政府向各级人大所作的预算报告大多过于笼统,不仅老百姓看不懂,很多专业人士也不甚明了。《广州市 2005 年本市级 30 个试点单位的部门预算(草案)》共有259 页,重达近 2 公斤,市人大代表们要在仅有的短短的 6 天有限时间内,对财政预算弄个水落石出并非易事。而在发达的市场经济国家,类似的报告细分化程度很高。每一笔财政支出用途何以及相关细节问题,在其中都列得很详细。由于目前财政资金的使用权过于集中。国家把资金拨给部门和地方以后,部门和地方怎么支配,基本上就是自己说了算,财政没有进一步的监督。比如一笔防洪救灾专项资金拨给了某地,当地拿到钱以后是不是都用在了防洪基本建设上面? 具体修建了哪些水利工程? 该给灾民的是不是如数发到了每个灾民手里? 除了具体使用这笔资金的政府部门,基本上没人能说清。结果常常是层层盘剥,最后真正落实到其应有用途上的资金大幅缩水。要想解决挤占挪用问题,必须在预算执行过程中引入监督制约机制,其中包括财政监督、人大监督和公众监督。

在一些地方,财政资金投资效益不高的问题非常突出,部分项目未按期建成投产,部分已建成项目运营效果差,有的工程质量存在重大隐患,损失浪费现象严重。某些领导花两亿元只办了5000万元的事,不以为耻,反而当作"政绩"大肆宣扬。在很多发达国家,这种败家子是要被追究法律责任的,而在我国,对行政效率的监督机制还很不完善。尽管财政部提出要建立公共支出的绩效评价体系,但尚处于起步阶段。要解决这个问题,加强对财政预算的控制是一个重要环节。政府在制定公共预算过程中,应该综合考虑各种因素,科学论证,尽量减少项目决策失误。

财政专家指出,现在的财政预算执行工作透明度不高,导致有关部门和人员在资金分配和使用上的自由裁量权过大,并且失去监督,进而导致大量利用资金支配权寻租的腐败行为已是不争的事实。特别是预算外资金的使用与监督,由于它的不固定性和不规范性,在现有的审计制度不能有效覆盖的情况下,往往使对其的管理鞭长莫及。

根据公共预算的要求及所存在的问题,当前预算改革需要着重解决的问题主要是如何依法实施对财政预算的有效监督,把好财政预算审查关。

科学的管理体制,需要有科学的程序安排。在第二届中国法治论坛上,多名学者发言呼吁,必须尽快解决财政资金预算时的问题。有专家比喻道,洪峰来临之时,上游不筑坝,下游如何抵挡?近年来审计署报告中所暴露出来的严重问题,大多与上游的财政预算制度建设不力、预算编制粗疏、预算约束无力、预算执行灵活性太大有密切关系。因此,需要进一步完善对财政预算的审查监督。

财政预算的编制目前就是先由各个部门把要花的钱预算好了,报上给财政局审批,所以财政局是监督财政的第一关,非常重要,目的是要把预算中的"水分"尽可能挤掉。深圳曾经有个部门预算要7500万,财政局最后审查了,其实1900万就可以了,这样就挤掉了5600万的"水分"了。财政审查这个环节实际上就是一种制约机制,不可以随心所欲地乱报!审查不严格就很可能把预算的水分带到下个环节,甚至就可以堂而皇之地"合法"通过了。

除财政部门的监督外,还要强化人大及其常委会在预算编制、监督中的权威作用,把财政真正纳入法治、民主的框架中,尽可能防止财政资金被不良官员滥用。《中华人民共和国预算法》第十二条规定:全国人民代表大会审查中央和地方预算草案及中央和地方预算执行情况的报告;批准中央预算和中央预算执行情况的报告。但是,每年"两会"在3月召开,中央预算已经实行了两月之久,上述规定自然难以完全落实。而且,在每年的人代会上,政府向人大提交的预算报告往往比较简单,代表们只知道教育要用多少钱、医疗要用多少钱,却不知道它们分别要花在哪里。此外,还有预算外支出,因为它们并未纳入国家预算,几乎成了一个"黑洞",人们根本搞不清楚它们是怎么使用的。这部分资金数额巨大,在有些单位,甚至比预算内资金还多。

全国人大是国家最高权力机关,也是国家最高立法机关,政府各部门的每一分钱支出,都需要经过人大的审议批准后方可支出,各部门的各个具体预算科目,应当事先由各级人大的各个专门委员会进行详尽的审议。事实上,这也正是人大之为最高国家权力机关的当然职权。目前全国人大所审计的预算报告,存在两大问题:一是过于粗略。至今每年春天财政部门代表政府向各级人大所作的预算报告大多过于笼统,各部门只有总体数字,而缺乏部门内部的详尽预算,不仅老百姓看不懂,很多专业人士也不甚明了。而在发达的市场经济国家,类似的报告细分化程度很高。每一笔财政支出用途何在以及相关的细节问题,在报告中都列得很详细。二是执行中弹性太大。预算案中各个科目的支出,应当是"铁预算",基本上是不留任何弹性的,只有人大或其常委会本身能够对预算案进行修正,包括追加预算或改变拨款用途。而传统上,政府各部门预算执行的各个环节弹性很大,几亿、甚至数十亿巨资,可

102

以仅仅根据一些官员的意见而随意改变用途,甚至都没有通知一声人大。这样的"灵活性"给各部门挤占挪用财政专项拨款、财政收支不列入预算等违法违规行为提供了非常便利的条件。

为此,预算管理体制改革的基本思路应当是淡化决算,强化预算编制。各个部门的各个具体预算科目,事先由人大的各个专门委员会进行详尽的审议。事实上,从人大所扮演的角色来看,这些专门委员会的主要职能,就应当是审议政府各部门的预算,并对其执行情况予以监督。预算监督的内容主要体现在三个方面:一是财政资金分配是否合理,是否把钱花在社会发展最需要的地方;二是财政资金的使用是否绩效最佳,有没有发挥最大效益;三是防止财政腐败,财政资金有没有被贪污、挪用。预算管理具有专业方面的要求。在英国,财政预算管理是由普选产生的人士组成预算管理团体与地方政府首脑共同进行的。预算管理团体的人士经考试、资格审查、面试后作为候选人参加普选而产生,是体现各方面意志的优秀专业人士,约有500—600人之多,依靠高素质、有广泛代表性的预算管理团体和比较科学、全面的预算指标体系来保证政府预算质量。为进一步强化对预算过程的管理与监督,可吸收有关政府部门领导同志、专家等组建财政预算管理委员会,加强对预算的经济性、效率性、效果性的事先评估,以提高财政预算的科学性与合理性。

总体而言,中国现行预算系统改革必须坚持公共利益至上的原则。这里涉及三个主要环节:其一,无论是政府还是社会公众,都必须对政府预算的本质有清晰的认知,要认识到在现代社会中,政府预算是保障人民群众根本利益最为重要的途径之一。为此,在公共财政管理改革中,预算系统的改革应被置于优先的位置。对于公共组织系统而言必须以负责的精神、严谨的态度和科学的精神,认真准备预算,严格执行预算,细致评估预算;对立法部门来说,要细致严密地审查预算,决不让有问题的支出方案和支出项目蒙混过关;作为直接负责预算编制和审核的财政部门,应超越狭隘的部门利益,恪守公共利益至上原则,从预算准备到预算评估的整个预算周期中,尽职尽责地做好每项工作。其二,公共部门必须把公共利益转化为预算和公共财政管理的具体目标。一般地讲,切合公共利益至上原则的关键性目标应明确地定位于三个方面:严格的总量控制、基于公共政策目标优先性的战略性资源配置,以及针对支出机构营运效率——以尽可能少的投入向公众提供尽可能好的尽可能多的公共服务。其三,强化公共部门的受托责任框架,致力于增进预算和公共财政的透明度,努力提高预算过程的可预见性,并创造必要条件,激励公众参与到预算和公共财政管理事务中来,让他们有机会和渠道发表自己对预算事务的意见和建议,确保预算管理真正符合公共利益。

第三章　政府绩效管理与绩效评估

　　18世纪的英国诗人亚历山大·波普曾说道:关于政府的形式让那些蠢人去争论吧,管理最好的政府就是最好的政府。而政府管理水平的主要评价标准是其工作绩效,正如当代管理学大师杜拉克所言:"服务性机构的运行不求人多,只求绩效! 这可能是本世纪最大的也是最重要的管理课题。"在公共行政领域,公众对政府有着两方面的期望要求:一方面,期望政府能够更多地承担公共服务职能,提供自己所需要的各项公共服务;另一方面,由于政府为公众所提供的各项公共服务必须由公众自己支付所需成本,因此,公众又期望政府能够以最经济的手段,花最少的钱,提供更优质的服务。由此,便提出了绩效管理的问题。

　　政府绩效管理是个相当复杂的领域,涉及到错综的利益关系,故而时常受到多种因素的干扰、影响和制约。考察国外政府绩效管理先行一步并有所成效的国家,其做法往往是运用法制的要求、科学的方法、标准的程序,对政府的实绩和结果作出正确客观的评价,在此基础上采取切实有效的措施以改善和提高公共管理绩效。为此,如何加强政府绩效管理的法制建设,将其纳入制度化、规范化、科学化的轨道,是当前我国在推进行政体制改革、优化政府绩效管理过程中需要认真探索的实践性课题。

一、政府绩效管理及其法制化建设

　　政府绩效管理是一种新的管理实践和管理技术,它以单个政府机构或公共部门为关注对象,以经济、效率、效益、服务质量的提高和公民满意为最终目标,所侧重的是中观和微观层次的政府绩效(宏观层次的政府绩效则体现为政治民主与稳定、国民经济发展、人民生活水平和生活质量的持续提高、社会公正与平等、国家安全和社会秩序的改善、文化发展和精神文明的提高等方面)。作为系统工程的绩效管理形成于20世纪80年代后期,其基本理念包括:①评价组织管理活动的主要标准不是投入,不是过程,而是绩效;②绩效由许多要素构成,这些要素的相对重要性会发生变化;③绩效的提高仅靠某些环节的改善和个别新技术的应用是难以奏效的,需要一种系统、整合的方法。可见,绩效管理涉及到组织管理活动的各个环节,包括组织结构、工作制度、人事制度、领导制度、财务制度等等,它要求各部门采取协调一致的行动,为提高组织绩效而努力。

在公共管理中,绩效管理的重要意义正越来越得到广泛的认同。世界范围内的政府再造者都发现,使用绩效管理可以使政府的生产率获得显著、持续的增长。绩效管理先驱者,美国加利福尼亚州的森尼韦尔市声称,在1986年到1993年间,绩效管理使其生产率增长了44%(即每年增长6%)。根据弗莱恩(Norman Flynn)的看法,其重要性大体表现在以下方面:①责任落实。公共部门对公民至少在以下三个方面的事情上负主要责任:一是政府的支出必须获得人民的同意并按正当程序支出;二是资源必须有效率地利用;三是资源必须用于达成预期的结果。要实现上述责任,必须存在某种对绩效评价的方式。如果我们不能测评政府的绩效,那么,我们就很难知道政府是否负起了责任。因此,从落实责任的角度来看绩效管理是重要的。②利害关系人的期望。公共服务具有各种各样的"顾客",他们并非是对同一结果感兴趣。公共管理者经常面临着困境,特别是满足了一部分顾客的要求,可能使另一部分人感到不满。利害关系人都希望政府的公共政策满足他们的利益。绩效评估是衡量是否满足不同"顾客"要求的一种方式。③对结果导向的强调。在现阶段,公共管理更讲究"结果导向",而非程序、规则导向。传统公共行政比较强调过程、投入,不重视结果,往往导致形式主义、浪费和官僚主义。公共管理则认为,程序和规则固然重要,最后是否产生好的结果,是否满足公民需求则显得更为重要。④个人绩效和组织绩效的双重要求。过去几乎所有的政府部门都进行公务员的个人绩效评估,但在个人与组织互动日益密切的情况下,仅仅进行个人绩效评估是不够的,个人绩效的提高并不完全导致组织绩效的提高,只有将二者有机结合起来,才能促进组织整体绩效的提高。

从现有理论研究与实践效果分析,政府绩效管理的作用主要有:

其一,有助于强化政府部门为公众服务的公益观念。政府是为公众而存在的,促进公益是政府的根本宗旨。政府履行公务当然需要一定的条件如财政资源、物质条件和技术保证等等,但寻求改善的努力超过了限度就成为自利行为。英国学者帕金森曾揭示了英国官场的一个定律:办公大楼愈堂皇,设备愈精致,往往管理愈腐败无能。这意味着,政府部门对自身利益的过度追求会损害它的公益精神。由于政府部门总是由一定数量的公务人员所构成,而公务人员对福利的过度追求也将淡化他们的服务意识。政府官员是为公益而存在的,但他们也有个人利益,同样是"理性经济人"。韦伯曾说:官员基本上是从他们权力下能得到什么好处的功利主义的观点来看待他们的官僚职责的,官僚制的对策是把这种功利主义的趋势体现在符合规章制度范围的法规中。但实际上,追求超越法规范围的福利往往是官僚制中的普遍现象,而我国的"单位制"体制则加剧了这一趋势。当要求或允许不同政府部门为其内部工作人员的福利负责时,当不同部门之间的待遇差距过大以至引起工作人员相互攀比时,当工作人员把奖金、住房、福利等条件作为评价部门领导的主要标准时,当部门负责人将相当部分精力花在为职工谋利益时,为公众服务的意识必然会有所淡化。

绩效管理的主要特点之一是其公民取向的绩效观,即评价绩效的参照系是公民而不是政府及其工作人员。也就是说,绩效管理所追求的经济、效率、效益、服务质量、公民满意程度等,都是从公民的立场和角度来看待政府绩效的,它与政府中心、政府为本的观念截然不同。更为重要的是,绩效管理通过具有可操作性的管理机制来实现观念的转变,由此培育和巩固为公众服务的公益精神。

其二,有助于形成"结果为本"的绩效意识。传统的科层制管理体制形成了其特有的行政文化,具体表现为:(1)投入要素成为关注的焦点。预算过程中存在非理性化倾向,资源配置取决于部门自身的需要而不是为了有效地履行职责,预算与工作结果没有实现有机联系;工作部门以预算最大化为目标,对预算的追求胜过对工作结果的追求;注重形式主义,以组织活动的数量和规模作为判断工作成绩的标准,很少考虑这些活动所产生的实际效果。(2)过程取向的控制机制,即上级对下级的控制着眼于过程而不是结果。这种过程取向的控制机制导致按命令行事的心态,工作人员既不用对组织的成功承担义务,也没有追求良好结果的动机和条件。(3)规则为本的服从意识。层级制依赖正式的规章制度进行管理,过度的规制在政府机构中逐渐导致对规则负责而不对结果负责的公共管理哲学。当规则变得比结果更重要时,必然产生官僚制的功能失调:参与者对组织规则的内在化日益加强,最初为实现组织目标而设计的规则采取了一种与组织目标无关的价值观,最终导致评价工作人员的主要标准不是看他们的业绩和对组织目标所作的贡献,而是看他们是否严格遵守规则。上述行政文化必然导致外部评价标准同内部评价标准之间的矛盾:公众关注的是政府绩效并以实际效果评价政府的工作;而政府部门内部却更关注投入、程序,并以是否遵守规则作为评价工作人员的标准。

108

作为获取良好绩效的手段的投入、程序和规则演变成为目的本身。

绩效管理以提高组织绩效为最终目的,结果为本的绩效意识是绩效管理的前提,同时也是绩效管理的结果。绩效管理过程就是结果为本的绩效意识树立和巩固的过程,这有助于实现外部评价标准和内部评价标准的一致和统一。可见,绩效管理作为一个管理工具,其最重要的意义在于政府运作和管理上加大了成本—效益的考虑,改变政府机关的浪费,可以说,它是政府部门进行有效资源配置的一个重要手段。

一些西方发达国家在全面实施政府绩效管理与评估的过程中,非常注意完善政府绩效管理与评估的法律依据,用法律手段规范政府绩效管理与评估体系。如英国1983年颁布了《国家审计法》,把审计中央政府资金的职责和权限授予了主计审计长,并规定成立国家审计署以确保主计审计长履行其职责,首次从法律的角度确定了政府绩效审计的地位与功能。1997年颁布的《地方政府法》也规定,地方政府必须实行最佳绩效评价制度,各部门每年都要进行绩效评估工作,要有专门的机构和人员及固定的程序。1999年4月,日本内阁会议根据《中央省厅等改革关联法案》的相关措施为内容,制定了《关于推进中央省厅等改革的基本方针》,将总务省的行政监察局改为行政评价局,行政评价局可超越各府、省的界限,行使包含政策评价职能在内的行政评价和检查职能;2002年他们又出台了《政府政策评价法》,在整个政府范围内实施。根据这项法案,内阁和政府的各个部都被要求在其权限范围内实行政府评价。美国是世界上最先探索政府绩效管理的国家之一,并较早将绩效管理纳入法制化轨道。1902年,美国政府根据《河港法》评价水域资源工程项目,1936年,美国《全国洪水控制法》规定所有提出来的洪水控制和水域资源开发等项目,都要符合一项标准:"不论受益者是谁,项目的预期效益必须超过其预计费用。"1950年,美国政府机构"联合江河流域委员会"的费用效益小组发表了"绿皮书",概述了确定效益费用比率的原则和程序。20 世纪 60 年代后期,联邦政府开始实行"设计计划预算制度",该制度要求从费用效益的角度来审查政府的各级计划项目是否合算。在一系列工作的基础之上,1993 年 8 月 3 日,在时任总统克林顿大力支持并在美国管理与预算局(OMB)和国会的推动下,《政府绩效和结果法》顺利通过立法,这标志着议会对行政部门的监督开始转向以"绩效"和"结果"为基础的轨道上来,从而使美国政府绩效管理走上了制度化轨道。

我国市场经济的发展和政府职能转化,以及政府目标责任制的实施,推动政府绩效管理在理论和实践方面都取得了一定进展,但确实还存在不少问题:我国开展政府绩效管理起步较晚,基本上处于自发和半自发状态,缺乏统一的规划和指导,绩效管理的内容设计和程序安排几乎都是基于政府自身需要而定,缺乏客观的衡量标准,更没有形成制度化;由于绩效管理是对公共项目决策、实施以及效果与影响的分析,评估一项公共项目实施得好坏,自然会涉及对公共项目决策者和管理人员能力高低的鉴别,这种鉴别使决策者和管理人员感到威胁而抵制评估;绩效管理项目目标缺乏准确性,不少公共项目表述过于笼统,目标含糊而不具体,由此给绩效评估测度标准的选择带来困难;有些地方政府的绩效评估常表现出短期行为,即使针对一项行为考评也往往是"运动式"的,当某一方面的问题成堆,社会反应强烈时,才采取诸如大检察、专项检查、大评比等方式谋求改正,采取类似"严打"式的政府绩效考评;绩效管理是一个消费资源的过程,需要投入相当数量的人力、物力、财力和时间,由于绩效评估工作及其价值尚未引起足够的重视和认同,国家没有单独的评估经费拨款,所需费用大都是摊入具体的公共项目中,致使评估的资金投入不足;绩效评估常常意味并伴随着批评和改革,政府管理部门由于利益主体意识,总是试图表明公共项目的积极效果,极力维护和提高其地位和权威,不愿

110

接受来自外部的批评指正,绩效管理作为一种公共管理工具未能被政府管理部门有效地利用。

一般而言,依法实施政府绩效管理的主要内容可以被归纳为如下几个方面:第一,明确政府绩效管理的目的。要求各级政府机构对项目结果负责,提高公众对政府能力的信心;通过一系列设定项目目标,并就该目标评估项目绩效,同时公告其进程的试点计划,实施项目绩效的改革;通过提高对结果、服务质量、顾客满意度的关注,改进政府项目的效果和公共责任;通过要求政府人员为完成项目目标而制定计划,并为他们提供有关项目结果和服务质量的反馈信息,帮助他们改进服务的提供;通过提供更多有关完成法定目标方面,及与政府项目和开支相关的效果、效率方面的客观信息,不断完善公共政策。第二,确定政府绩效管理的内容。主要包括各级政府机构的战略规划、年度绩效计划与年度绩效报告。其中,战略规划的内容包括:对本机构主要功能与业务的全面陈述;作为本机构主要功能和业务的总体目标;关于这些目标如何实现的描述;关于战略规划中的总体目标如何包括在其他计划中的描述;对总体目标的实现有着重要影响的关键外部因素的确认;对用于建立或重订总体目标的项目评估的描述。年度绩效计划的内容包括:建立绩效目标以明确每一项目行动所要达到的绩效水平;以一种客观的、量化的、可测量的形式表示其目标;简要描述为达到绩效目标而使用的操作程序、技能与技术、人力、资金、信息等资源;建立绩效指标用以测量或评定每一项目行动的相关产出、服务水平和结果。年度绩效报告的内容包括:对年度绩效目标的实现加以评论;将业已取得的绩效与计划中的绩效目标相比较;解释并描述一项绩效目标在何处尚未实现。第三,规定政府绩效管理的实施进程。主要包括各级政府机构战略规划、年度绩效计划、年度绩效报告的制定与提交,以及为全面推行绩效管理而进行的试点。

根据我国绩效管理的现状与发展要求,在推进政府绩效管理法制化建设方面需要着重把握以下基本环节：

1. 加强绩效管理立法工作，从法律上确定绩效管理的地位

立法保障是开展政府绩效管理的前提和基础，美国的《预算和审计法案》、《政府绩效和结果法》、《以绩效为基础的组织典范法》，荷兰的《市政管理法》等，都旨在以法律的形式确立政府部门进行绩效管理的地位，强化政府绩效管理的权威。就我国绩效管理发展现状来看，政府绩效管理立法所要达到的目标主要包括：其一，从法律上确立绩效管理的地位，各级政府机构均应服从这一法律，政府工作的计划与报告均应遵循统一的要求，而不得任意采用其他形式，保证绩效管理成为政府公共管理的基本环节，促使政府开展绩效评估工作，切实提高公共管理水平。其二，从法律上树立绩效管理的权威性，绩效管理机构在政府中应具有相应的地位，享有调查、评估有关政府活动的权力，不受任何行政、公共组织或个人的干扰；评估结论能够得到有效传递和反馈，有助于改进政府公共管理；评估活动能引起公众的关注，有充分的可信度和透明度。其三，从法律上确定绩效管理的目标取向，这种目标取向一般可分为两个层面：一是持续的、长久的目标，另一个是阶段性的具体的目标。前者为确保绩效管理的持续性与稳定性，后者为适应绩效管理的权变性。其四，从法律上确定绩效管理工作的制度和规范，对公共管理过程哪些项目应该进行评估、开展什么形式的评估、评估应注意的事项等问题，作出详细规定，使评估工作有法可依，有规可循，把绩效管理纳入一个正常发展的轨道。当然，由于各行政机构的实际情况存在着较大差异，在政府绩效管理的许多具体环节上，需要体现相当的灵活性。其五，通过绩效立法，建立一个规范的、合法的、真实的统计数据系统。由于缺乏科学合理的统计法规，一些地方政府习惯于以 GDP 增长速度为主要政绩考核指标甚至是唯一的评判标准，遵循"数字出官、官出数字"的潜规则，虚报政绩、夸大成绩。有些地方政府则相反，害怕鞭打快牛，故

意瞒报、少报,这些都导致统计数据的不严肃、不准确。而一旦正式的统计数据是不真实的,公共部门的绩效管理就失去了基础。

2. 完备绩效审计法律体系,推进绩效审计执法工作

绩效审计是指将经济监督与经济管理结合起来,对公共支出的节约、效率和效果等进行综合考核和评价,它所考察的重点在于财政资金项目的实施效果和对社会经济产生的影响,要求财政投资在制度上公开透明,在效果上合理实用,并接受社会监督。

立法保障是确立绩效审计的权威性与独立性的关键环节,也是推进绩效审计执法工作的前提和基础。1997年,英国国家审计署(NAO)首次发布了《绩效审计手册》,其目的是确保绩效审计能够遵循审计标准。2003年,又对该手册进行了修订,指出:国家审计署"要对议会(从而对纳税人)负责。通过绩效审计,确保公共资源得到合理运用。绩效审计的根本目标在于促进审计单位改善管理,提高效益。"为推进我国绩效审计法制化建设,需要通过人大进一步完善绩效审计立法,确立政府绩效审计的权威性,颁布审计工作的制度和规范,授予审计机构享有调查、审计政府部门活动的权力,不受任何政府部门或个人的干扰;对审计项目的确定及审计形式等作出详细规定,审计结果能得到有效传递、反馈和处理,保证绩效审计成为公共管理的基本环节,促进政府部门自觉而有效地开展绩效审计工作。

要做好绩效审计执法工作,还须进一步完备绩效审计法律体系,并加大力度尽快完善绩效审计处理处罚法规的制订工作,以利于绩效审计工作真正做到有法可依。在我国,依法审计已成为中华人民共和国宪法规定的一项重要审计工作原则。1994年8月颁布、1995年1月开始施行的《中华人民共和国审计法》,对国家审计监督的地位和作用、监督的原则、审计机关的领导体制、审计机关的职责、审计机关的权限、审计程序和法律责任等方面的内容都作了明确规定,为审计机关及其审计人员依照法律规定的职权进

行审计监督奠定了基础。随着我国政治、经济环境改变,审计监督、执法的客观环境和条件都发生了很大变化,对此,十届全国人大常委会第二十次会议于2006年2月28日高票表决通过关于修改审计法的决定,全国人大常委会委员长吴邦国表示,修改后的审计法,进一步完善了审计监督制度,加大了审计监督力度,对维护财经秩序,提高财政资金使用效益,促进廉政建设将发挥重要作用。

要充分发挥国家审计在权力制约机制中的作用,必须建设一支高素质的法制化绩效审计人员队伍,增强审计执法人员自身的法律素养与法律意识,为实现审计现代化、法制化提供可靠的主体性保证。为此,国家审计人员要认真学习并理解国家颁布的包括《中华人民共和国审计法》和《审计法实施条例》在内的有关法律法规,准确掌握国家法律赋予国家审计人员的各项权利和职责,正确、合理、充分地运用审计监督的各项权利,在审计检查的执法过程中,真正做到有法必依,执法必严,违法必究。

3. 推行绩效预算管理,依法加强对财政预算的有效监督

政府预算是政府财政收支活动的集中反映,其基本功能主要体现在它对公共支出的控制上。绩效预算是根据达到的可计量结果来进行资源分配的过程。也叫做以结果为基础的预算。作为公共选择的一项重要内容,预算必须经过国家立法机关的审批才能生效,并最终形成国家的重要立法文件,使政府的各项支出置于公民、代议机关的监督和制约之下;通过这一监督和制约,实际形成对公共支出规模的有效控制。美国经济学家阿图·埃克斯坦说道,要了解联邦政府将要做些什么或已经做了什么,看一看联邦政府预算就足够了。就预算的核心内容分析,它实际上反映着政府基本的价值倾向与追求,以及政府的政策目标。

预算管理是政府绩效管理过程中的一个关键性环节。在实施绩效管理法制化的过程中,许多国家将绩效管理与公共预算改革

结合起来,推行绩效预算管理。其基本做法就是:将公共预算拨款与各政府部门的绩效联系起来,按效果而不是按投入拨款;在公共预算执行上将效果与拨款挂钩,根据绩效来分配预算。同时,在公共预算管理过程中,变传统的"过程管理"为"结果管理",对绩效好的部门给予奖励,对于指标完成不好的部门,则在议会中公布、撤职、削减,直至取消这项公共预算。目前,绩效预算已成为西方国家主要的公共预算管理模式,世界上近 50 个国家采用了绩效预算,如英国、瑞典、日本、加拿大、法国、巴西、印度等等。

就目前情况分析,我国预算管理方面存在的问题主要有:(1)政府预算部门资金配给自由裁量权扩大的倾向。在中国预算管理改革中,预算透明度的增加和"暗箱操作"的减少,已是有目共睹的事实,作为资金供给方的政府预算部门,所拥有的资金结构性配给的自由裁量权,反而呈现日趋扩大的倾向。(2)相关配套立法改革滞后,预算改革缺乏必要的法律依据。当前的中国政府预算管理改革是在 1994 年通过的《中华人民共和国预算法》基本框架下展开的,该《预算法》已难以适应公共预算管理发展的要求。此外,相关配套法律的立法与修订工作也相对滞后。(3)预算编制的纵向管理权限问题。国内有学者用"太分散又太集中"来概括部门预算方面存在的问题。这是指两个层面而言:从总体看,预算编制权限过于分散,很多部门作为预算编制单位权力很大,弹性很大。而具体到部门内部,预算决定权又高度集中于少数领导手中,在很多情况下就是"一把手"说了算。(4)公共预算的公开性与透明度问题。近年来审计报告反映出的一大问题是挤占挪用专项资金,这里最根本的还是一个财政透明度的问题。目前公众对政府开支的监督还很不够。缺乏公众监督,就免不了有暗箱操作。

在第二届中国法治论坛上,有多名学者发言呼吁,必须尽快解决财政资金预算时的问题。近几年来审计署报告中所暴露出来的严重问题,大多与财政预算制度建设不力,预算编制粗疏、预算约束无力、预算执行灵活性太大有密切关系。因此,需要重新构建公共财政制度,核心是强化人大及其常委会在预算编制、监督中的权威作用,把财政真正纳入法治、民主的框架中,使财政资金不至于被不良官员滥用。

根据公共预算的要求及所存在的问题,当前预算改革需要着重解决的问题主要是如何依法实施对财政预算的有效监督,把好财政预算审查关。全国人大是国家最高权力机关,也是国家最高立法机关,政府各部门的每一分钱支出,都需要经过人大的审议批准后方可支出,各部门的各个具体预算科目,应当事先由各级人大的各个专门委员会进行详尽的审议。预算监督的内容主要体现在三个方面:一是财政资金分配是否合理,是否把钱花在社会发展最需要的地方;二是财政资金的使用是否绩效最佳,有没有发挥最大效益;三是防止财政腐败,财政资金有没有被贪污、挪用。通过对财政预算的依法监督,确保预算管理真正符合公共利益,努力构建完善的基于绩效的公共预算体系,为政府绩效管理提供基础。

4. 完善绩效责任制度,对违法违规使用资金行为依法进行处理

每年国家审计署审计报告一出,要求追究有关人员责任的呼声便会愈演愈烈,但审计报告"榜上有名"的各大部门却一片缄默。从报告中也不难发现一些屡审屡犯的例子。尽管绩效审计正在完善财政资金的监管链条,但是,如何追究当事人的责任,怎样追回损失的国有资产,等等,都还没有相应规定,导致绩效管理作为一个完整的过程尚存在重要的缺憾。

在绩效管理过程中,我们必然要面对这样的问题:绩效目标如果实现了,参与者会有什么奖励?反过来,如果没有达到预期的要求会怎样?有什么惩罚?由谁来实施?这里涉及到的就是绩效责任制问题。"在高绩效组织中,绩效责任制是指不论是只作为单独的个人还是作为集体的一部分都愿意接受而取得成效的责任义

务。"绩效审计是为了发现问题、揭露问题，更是为了解决问题。近年来，不少部门违法违规使用资金规模大、范围广、持续时间长，但受到惩处的高官鲜而有之。有的照样升迁，更多的大事化小，小事化了，或内部从轻处理。审计法规定，被审计单位的财政收支、财务收支违反法律、行政法规的规定，构成犯罪的，依法追究刑事责任。但对于被审计单位的领导们该追究什么责任，目前似乎没有什么明确的说法。照现有的法规，国家仅仅对"县以下党政领导干部任期经济责任审计"和"国有企业及国有控股企业领导人员任期经济责任审计"有相应的规定条文，再上级的部门似乎无人承担审计责任了。近年来，回顾备受关注的几起问责事件，我们不难发现其问责范围存在一定的不确定性，只有在事故或事件引起了中央高层的关注后，才会促成相关责任人被动辞职。而且总的看，目前"引咎辞职"基本锁定在人命关天的大事上，尚未引入决策失误、用人失察等领域。这与国际社会广泛的引咎辞职事项相比，范围显然偏窄。另外，问责对象具体到何人，在党政领导、正副职、不同层级的官员之间，责任如何分配，也带有一定的不可预期性，这种不可预期性又与权责不清相连，因而很难令当事人心服口服。

审计长李金华在中共审计署党组 2004 年度民主生活会上作述职报告时指出，管理混乱和责任不明是大量违法违规问题屡禁不止的重要原因。强调要解决屡查屡犯的问题，除了进一步加大审计和整改力度外，还要强化问责意识，发现问题之后要分析和追究责任；不仅是直接责任，还要追究管理责任，要改变那种只要不装自己腰包就不算什么大问题的片面看法。为此，建立并完善绩效审计问责制度，使审计出的结果同相应的奖惩制度相配套，从而对决策者形成必要的社会压力，是推进绩效审计法制化所必须解决的一个问题。

问责制是一套完整的责任体系。在各类问责主体中，人大是最重要的问责主体。我国宪法第三条、第一百二十八条明确规定由人大产生的行政机关、审判机关、检察机关要对人大"负责"。人大有权采用询问和质询等方式,就审计出来的重大问题对有关政府官员进行质询,要求其作出解释和说明。如果通过质询还不能把问题搞清楚,人大可以启动特定问题调查程序,组成专门的临时委员会对某一重大事件进行调查。同时,人大还可以把上述权力与对官员的罢免权相结合,使得监督更有力度。随着依法治国的力度不断加大,可逐步建立和完善不信任投票制、弹劾制以及主要责任人引咎辞职制等,增强人大监督的问责手段和力度,使长期习惯于"对上负责"的官员们学会"对法负责",确保绩效审计法制化有始有终。

二、政府绩效评估

年关将至,某市城区侵财类违法犯罪案件呈高发态势。为此,该市公安局党委决定,以全局干部调配为契机,进一步加大此类违法犯罪打击力度,要求拟提拔的有关对象,每人必须在 2009 年元旦前完成一项"硬指标"。其具体内容是:5 名拟提拔的女民警必须化解一起信访案件,61 名拟提拔的男民警必须抓获一名小偷,否则,其任期顺延。

2006 年 10 月 27 日上午,广州铁路警方在广州站派出所的誓师动员大会上,在舆论关注的治安秩序、服务质量等方面,派出所给出了具体的指标。对于治安秩序,两年内广州站区要"三控制":侵财性犯罪案件总量得到有效控制。其中盗窃、敲诈、诈骗案件月均发案数不超过 43 宗,抢劫、抢夺案月均发案数不超过 2 宗;站区倒卖车票活动基本杜绝;站内扛包、拉住宿或汽车客、围站围车叫卖、讨要、强买强卖等扰序活动得到有效控制,站内扰序人员明显减少,站区内无吸毒现象。对服务质量,要求对旅客群众报警、求助出警迅速及时,到达现场时间不超过 5 分钟;对群众投诉坚持及时答复,最长不超过 3 个工作日;杜绝发生因服务态度、服务质量引起的群众投诉。

组织绩效评估在企业管理中的应用由来已久。企业以赢利为主要目标，因此，劳动生产率、单位成本、市场占有率、新产品开发周期、利润率等，就成了评价组织绩效的主要标准，而且这些都能够在量化基础上进行较为精确的测定。

二战前后，公共组织绩效评估的实践与理论研究便已开始，大规模的公共组织绩效评估始于 20 世纪 70 年代初期。1973 年，尼克松政府颁布了"联邦政府生产率测定方案"，力图使公共组织绩效评估系统化、规范化、经常化。依据这一方案，有关部门拟订了3000 多个绩效示标，由劳工统计局对各个部门的工作绩效进行统计分析。1974 年，福特总统要求成立一个专门机构，对所有政府部门的主要工作进行成本收益分析。

在英国，撒切尔于 1979 年一上台，即任命雷纳爵士为她的效率顾问并在首相办公室设立了一个效率小组，效率小组的主要任务是，在首相效率顾问的领导下，对中央政府各部门的运作情况进行全面的调查分析，拟订提高效率的具体方案和措施，这就是著名的"雷纳评审"。从 1979 年到 1985 年，英国绩效评估的侧重点是经济和效率，主要追求节省开支。自 1986 年开始，绩效评估进一步趋向普遍化、规范化、系统化与科学化。普遍化：80 年代中期，撒切尔政府要求中央各部门都建立适当的绩效评估机制，并由财政部负起督促和监督的责任；规范化：1989 年，财政部发布《中央政府产出与绩效评估技术指南》，并对各部门绩效评估专业人员进行培训，使绩效评估日趋规范化；系统化：主要体现在评估内容上，示标种类与数量不断扩大。1985 年前，评估侧重点为经济与效率，自 1986 年开始，对服务质量和客观社会效果给予应有的重视。同时，绩效示标的数量大幅增长，1986 年，政府各部门为评估而拟出的绩效示标总数为 1220 个，1987 年上升到 1810 个，1989年达 2327 个；科学化：主要标志是绩效评估应用技术方面的进步，包括信息技术、量化技术、专门测定技术、以复杂的数学模型为代表的分析技术等的发展。

在荷兰,新市政管理法要求对地方当局的工作绩效进行评估,以提高效率和服务质量。绩效示标和绩效评估在道路保养和公园维护、公共文化和娱乐设施的管理、防火和防止犯罪等领域得到广泛应用。

澳大利亚的公共组织绩效评估成为政府行政改革的一个重要组成部分,并且与具体的改革计划和措施融为一体,如财务管理改进计划、项目管理和预算改革、国有企业和私有化改革等。设立绩效示标和制定绩效评估方案成为每个政府机构工作计划的一个部分,这些将正式列入各部门的年度预算文件并公开发布,绩效评估的结果对各部与财政部预算谈判中的地位将发生重要的影响。

绩效评估可分为个人绩效评估和组织绩效评估。近年来,随着岗位责任制的推行和公务员制度的实施,对公务员的个人绩效评估已趋向普遍化、经常化、规范化,但是,相比之下更为重要的组织绩效评估,还显得比较滞后。具体分析,存在的主要问题有:

①没有形成制度,处于自发、半自发状态;

②缺乏系统性的理论指导,实践中具有盲目性;

③绩效评估具有单向性,重视政府部门对社会(如公有企事业单位)的评估与控制,忽视政府部门的自我评估,更缺乏社会对政府部门的评估与控制;

④评估从内容到程序缺乏规范化,存在很大的随意性,因而评估结果很难做到客观、公正,有时完全流于形式;

⑤不是将评估作为提高管理水平的正面措施,而是作为消极防御的手段。当某一方面的问题成堆,社会反应强烈时,才采取诸如大检察、专项检查、大评比等方式谋求改正,因而总是陷于被动;

⑥绩效评估过程具有封闭性、神秘性。

组织绩效评估中存在的问题首先导致了运动式公共管理的弊

端。由于缺乏对组织绩效的持续性测定,管理者难以把工作重点放在绩效的持续性改进上,因而往往采取"严打"之类的阶段性突击方式去解决问题。从绩效管理的角度来看,阶段性突击取得的成绩越辉煌,越能暴露出日常管理中存在的问题。绩效评估应当是克服运动式公共管理的有效方法。

此外,绩效评估的非规范化导致评估中的不正之风和腐败行为。名目繁多的大检查、大评比不仅难以取得效果,而且应付检查、评比日益成为基层部门的负担。少数检查团索要礼品、收受贿赂的行为更是将检查评比引入歧途。

为此,如何借鉴其他国家的有效经验,探讨和建立适合我国国情的组织绩效评估理论框架、方法体系及操作程序,使我们的组织绩效评估更加规范化、系统化、制度化、科学化。近年来,借鉴西方的改革经验,我国一些政府部门和地方政府开始绩效评价实践的探索。自1994年以来,山东省烟台市的"社会服务承诺制"、河北省的"干部实绩考核制度"、青岛市的"目标管理绩效考核"、南京及珠海市的"万人评政府"、福建省漳州市的"机关效能建设"、厦门市思明区的"公共部门绩效评估"以及甘肃省的"非公有制企业评价政府部门"等活动都相继开展。各地根据评价的性质与行政发展的需要对评价结果不同程度地加以运用。从各地实施绩效评价的情况来看,主要是将评价结果作为考核部门和单位领导绩效的重要依据,实施"末位淘汰制"。其中对领导干部的"末位淘汰制"分为直接对领导干部的考核,以及对部门的考核(不具体到个人),然后由领导干部对部门考核结果负责,或奖或惩。一部分地区也把评价结果与组织整体绩效挂钩,如2004年甘肃省组织了"非公有制企业评价政府部门"工作,对结果进行排名并在新闻媒体上予以公布。此外部分地方政府也把绩效结果作为优化组织机构以及简政放权的依据,并探索了绩效预算以及绩效审计的实施。

2004 年 8 月,由国家人事部和中国人事科学研究院专家组成的《中国政府绩效评估研究》课题组,在总结国内外相关指标体系设计思想和方法技术的基础上,经过深入调查分析和长时间酝酿,推出了一套中国地方政府绩效评估的指标体系,以求能够全面系统地评估中国地方各级政府,特别是市县级政府的绩效和业绩状况。

表 3-1　中国政府绩效评估体系

一级指标	二级指标	三级指标
政府绩效	经济	人均 GDP　劳动生产率　外来投资占 GDP 比重
	社会	人均预期寿命　恩格尔系数　平均受教育程度
	人口与环境	环境与生态　非农业人口比重　人口自然增长率
	经济调节	GDP 增长率　城镇登记失业率　财政收支状况
	市场监管	法规的完善程度　执法状况　企业满意度
	社会管理	贫困人口占总人口比例　刑事案件发案率　生产和交通事故死亡率
	公共服务	基础设施建设　信息公开程度　公民满意度
	国有资产管理	国有企业资产保值增值率　其他国有资产占 GDP 的比重　国有企业实现利润增长率
	人力资源状况	行政人员本科以上学历者所占比例　领导班子团队建设　人力资源开发战略规划
	廉洁状况	腐败案件涉案人数占行政人员比率　机关工作作风　公民评议状况
	行政效率	行政经费占财政支出的比重　行政人员占总人口的比重　信息管理水平

《中国政府绩效评估研究》的指标体系由职能指标、影响指标和潜力指标3大类、33项指标组成。专家认为,职能指标是评估体系的主体,这些是政府应该解决的基本问题,如果整个评估体系按100分算的话,职能指标至少占60分,影响指标和潜力指标各占20分。影响指标是用来测量政府管理活动对整个社会经济发展的成效、影响和贡献的。潜力指标反映的是政府内部的管理水平。

1. 绩效目标

对商业组织来说,绩效目标一般包括赢利水平、投资回报率、销售收入、市场占有率、新产品开发能力、顾客满意程度等等。公共组织工作性质多样化且不以赢利为主要目的,绩效目标一般涉及到经济性(即成本降低程度)、可得性(即公众对所提供服务的知晓程度)、效率、服务质量、社会效果和公众的满意程度等。

一般而言,绩效目标的表达方式大致为以下三种:①定量指标:如财政投入多少,公众满意度多少,等。②项目指标:在特定的期限内完成某一项目并达到满意的质量水平,如引进新的预算控制程序,建立管理信息系统,引进某一新的人力资源管理技术等。③定性目标和期望:如质量水平,顾客服务水平,团队精神,结果为本的绩效意识等。

绩效目标凡例:

例1:某大学的绩效目标:

（1）吸引高质量的学生
（2）在人文社会科学和其他专业领域提供基础培训
（3）向符合条件者颁发博士学位
（4）吸引并保留高质量的教师队伍
（5）通过研究来发现和组织新知识

（大学的使命是提供教育和从事科学研究,上述五个目标都是对使命的具体化,但目标陈述过于笼统,难以依次对目标实现程度进行严格的检验。）

例2:丹麦国家图书馆 1993—1996 年绩效目标:

（1）生产率提高 10%

（2）书籍和其他资料的借阅量平均增长 2.5 个百分点

（3）1979 年以前购进的图书资料全部输入计算机索引

（4）提高服务质量和消费者满意水平

（绩效目标虽然很简单,但综合使用了三种表达方式:1、2 条——定量指标;3 条——项目指标;4 条——定性指标。）

例3:英国就业署 1992—1993 年绩效协议中的绩效目标

（1）为 1425000 名失业者找到工作,其中 19% 属于长期失业者,36% 居住在都市中心区,25% 属残疾人员

（2）工作人员人均每天接待 2.5 个以上失业人员

（3）对所有 18 岁到 24 岁的失业者至少每 6 个月拜访一次

（4）失业者或相关人员提出的新投诉,92% 必须在 6 天以内处理

（5）失业救济金支付的差错率低于 4%

（6）通过解释和说服工作,使救济申请人中的 10% 主动撤回申请书

（7）经巡视员调查,撤销 58000 个申请个案

（8）提高顾客满意程度 3 个百分点

（9）节约开支 17700000 英镑

（涵盖了工作的各个方面和绩效的不同纬度,9 条都用定量指标表示出来,全面具体。）

确定绩效目标应遵循以下基本原则:

①任务相关性原则

指绩效目标必须与工作任务或主要责任紧密相关。以一支足球队为例,我们不应用体能或球技来衡量教练是否称职,也不应把

进几个球作为后卫的绩效目标,因为教练与运动员的工作任务和责任并不一样,前锋同后卫也有着不同的任务和责任。对组织而言,情况也是如此,各公共管理部门承担着不同的服务职能,确定绩效目标时必须以工作任务和主要责任为基础,切忌绩效目标的雷同化。

②目标与使命相一致的原则

每个组织都负有自己的使命。绩效目标是组织使命的具体化,因而必须与组织使命保持内在的一致性。如学校的使命是培养人才和发现新的知识,因而创收多少不应该成为主要绩效目标,而且只有当创收的收入直接应用于人才培养和知识创新时,它才能成为学校的绩效目标之一。公共管理实践中目标与使命发生冲突的现象也时有所见。在禁止吸烟的公共场所,有些值勤人员有意卸下袖章,他们期待有人吸烟,从而能按规定实施罚款,这样,征收罚款成了实际工作目标,创造良好的公共环境的使命被置于脑后。还有,交警的使命是创造并维持良好的公共交通秩序,但在实际生活中,也会出现主管部门为交警单位规定罚款额指标的现象,导致目标对使命的错位。目标错位必然引发"劣币驱逐良币"的结果(同一种金属制币,由于质量和成色不同,在按同一面值流通时,良币立即退出流通领域化为储藏,市面上充斥的都是劣币,这就是劣币驱逐良币定律。它由 16 世纪英国商人和金融家格莱兴所提出,故又被称为格莱兴定律),绩效目标就会成为组织使命和核心价值实现的障碍。

③结果为本的原则

绩效目标的确定应该围绕工作的结果而不是投入或过程。结果的衡量应注重所产生的客观效果而不是直接产出。某公务员一天接待了 20 名顾客,这只是产出,顾客的满意度才是所要追求的效果。

良好绩效目标的基本标准:

①内在一致性。所有绩效目标都与组织的使命和核心价值保持一致,而且部门、小组、个人等不同层次的绩效目标之间具有一致性;

②准确性。绩效目标明确而不含糊,而且尽量用正面语言来表达(即应该做什么而不是禁止或不做什么;

③挑战性。绩效目标需要经过充分努力才可能达到,这有利于提高绩效水平和鼓励进步;

④可测定性。绩效目标应该有定量或定性的绩效测度,从而有助于对目标的实现程度进行客观、准确的测定;

⑤实现的可能性。确定绩效目标时应充分考虑资源、环境因素和个人能力的限制,避免目标过高或不切实际;

⑥时间性。目标实现应有明确的时间要求;

⑦团队取向。确定绩效目标时既要注重个人成就,更要注重小组、部门成就,鼓励合作进取的团队精神。

⑧相关性。绩效目标对顾客很重要,或公众需要它们。

2. 绩效示标

示标(Indicator),即指示物,指示器,它显示着某一事物在某一方面的信息。绩效示标显示的是人类在生产、管理活动方面的实际效果的信息,而且这种显示比较规范,信息具有量化的特征。换言之,绩效示标是生产、管理活动中某一特定方面功效的规范化的量的显示。借助于一系列的绩效示标,可从不同侧面对组织绩效进行分类、分步骤的评估,然后对各方面的情况进行科学分析,从而得出某一部门工作绩效的整体图象。就此而言,绩效示标是绩效评估的基本元素。

绩效示标是对公共管理功效的量的显示。但公共管理活动各个方面功效得信息,并不都呈量得状态,进一步说,管理功效大的、重要的方面,如效益、服务质量等信息,往往不能直接用量显示出来。这就需要一个由质到量的转化过程,即质的量化过程。

由于政府和公共部门工作性质的多样性,绩效示标必然具有多样化的特征,下面为具体工作部门绩效示标的例子。

卫生服务系统医疗服务绩效示标

卫生服务系统绩效测定主要可围绕5个方面:医疗服务、财务管理、人力资源管理、辅助服务和固定资产管理。其中医疗服务往往被视为最重要的部分,因为它直接面向公众并最能体现医疗部门的效果。医疗服务的绩效示标体系是一个两维矩阵,一维是医疗服务的5个专业领域,包括普通科、外科、产科、创伤与矫形、妇科,另一维是11个绩效示标:

(1)提供的急诊服务数与服务对象总人数的比率(千分比);

(2)接纳入院的病人数与服务对象总人数的比率(千分比);

(3)病人在医院的平均逗留时间;

(4)过程投入(每一床位每年接待病人的平均数);

(5)病房空置率(每个床位的平均空置时间);

(6)当天处理完毕的病人与接纳病人总数的比率;

(7)新接待的门诊病人与服务对象总人数的比率(千分比);

(8)重来医院的门诊病人与新门诊病人的比率;

(9)每一千名服务对象中等待入院的人数;

(10)在当前的服务效率下,估计需要多少天才能把目前等待入院的病人全部接纳住院;

(11)接纳的产妇中确实生下孩子(包括死胎)的人所占的比率。

上述绩效示标存在的局限性:关注的重点是过程,忽视了产出和效果;它以服务的提供者为中心,而不是以服务对象为中心;其思维方式是向内看而不是向外看。

警察局绩效示标:

应答紧急电话的速度：

接到的紧急电话总数

所确定的应答紧急电话的时间(目标)

在规定的时间内应答紧急电话占总数的比率

对事故的反应和处理速度：

地方对"需要立即处理的事故"的定义

此类事故发生的总数

所确定的事故反应时间(目标)

在规定的时间内作出反应的事故占总数的比率

对刑事案件的处理：

所记录的刑事案件总数

案件发生数与辖区总人口的千分比

暴力案件发生数与总人口的千分比

入室盗窃案发生数与总人口的千分比

破案率：

所有刑事案件的破案率

暴力刑事案件的破案率

入室盗窃案件的破案率

警员人均破案数

对酒后驾车的预防和处理：

对驾驶员进行酒精摄取量检查的总次数

拒绝检查者和检查出的饮酒过量者的比率

涉及到人员伤亡的交通事故总数

酒后驾车引发的交通事故占交通事故总数的比率

公众对警察部门提出的抱怨和投诉总数：

公众抱怨或投诉涉及的案件数

公众抱怨或投诉的总数

> 公众投诉的问题被确认的比率
>
> 通过协商等非正式途径解决的投诉的数量
>
> 警力配置——平均每一千居民所拥有的警员人数
>
> 警员在公众中服务的时间：
>
> 警员离开警察局在公众中服务的时间占总工时的比率
>
> 确定上述比率所使用的抽样方法
>
> 警察工作的投入：
>
> 警察工作上居民的人均净投入——分项计算：
>
> 全体警员的工资和住房补贴
>
> 一般警员的工资和住房补贴
>
> 警官的工资和住房补贴
>
> 文职人员的工资
>
> 警员退休金方面的支出
>
> 其他开支

绩效示标设计中应遵循的基本原则：

①服务于组织目标的原则

绩效评估的目的是为了提高组织绩效，最终实现组织目标，因此，绩效示标设计的一个根本原则就是围绕并且服务于组织的任务和目标。管理学中有句名言，"测定的任务最容易完成"。因为当雇员知道自己的工作绩效将会从某几个方面进行测定时，他们会把自己的主要精力集中在这几个方面，以便充分展示自己的工作绩效，这就是绩效示标的引导功能。但绩效示标不可能覆盖工作任务的所有方面。在引导雇员将精力集中在某些方面的同时，绩效示标的使用也可能使雇员忽略工作任务的其他方面——即不进行测定或无法进行测定的方面。当主要任务或核心职责方面缺乏绩效示标时，绩效评估就会产生误导作用，招致"劣币驱逐良币"的结果。

②全面性原则

绩效示标应覆盖工作任务和主要责任的所有方面和所有关键结果领域。背离全面性原则的主要表现是某些主要任务和责任领域绩效示标的缺失。以中小学教育为例,由于缺乏全面的绩效示标,导致片面追求升学率,忽视能力、整体素质的培养。坚持全面性原则,就是要全方位地来衡量组织或雇员的工作绩效。如一个康复中心的服务效果,至少可从四个方面来进行测定和评价:(1)病人的疗养环境;(2)医护人员的服务态度;(3)病人对服务的满意程度;(4)病人接受服务之后在体质、精神、情绪、行为等方面发生了什么样的变化。这里,每一个方面都是一个示标群,包含着一系列的绩效示标。

③多变项相互制约原则

指绩效示标的设计应考虑使用多种变项来相互制约,这样可以避免绩效示标片面性造成的不良后果。例如,美国某城市搞警察工作效率评估,最初仅用了一个变项——每个警察在一定时期逮捕的人数。该单一变项产生了两个副作用:一是警察为提高工作效率用非法手段获取证据,执法犯法;二是把本来不应逮捕的人也抓起来了(处女"嫖娼"案)。后用增加变项的办法予以控制,如在逮捕人数之外加上治罪率。两个变项相互制约,随意抓人会降低治罪率,进而影响到工作效率。

④结果为本原则

绩效示标的设计应侧重工作的结果而不是投入或过程。

⑤雇员参与原则

绩效示标的设计既需要管理者和专家的智慧,也需要雇员的广泛参与,应是一个自下而上、自上而下的立体过程。雇员的广泛参与至少有两点好处:一是由于雇员实际从事具体工作并对自己的领域比较熟悉,他们的积极参与可使绩效示标更加科学、客观;二是能让参与设计的雇员了解和熟悉自己工作绩效的评价标准,并有助于他们理解为什么要设计这些标准,并把握好不同标准的相对重要性,从而将精力集中在重要方面。

3. 绩效评估的主要内容

芬维克(Fenwick,1995)认为,绩效测量应包括三个层面:经济(economic)、效率(efficiency)、效果(effectiveness),福林(Flynn,1997)又加上公平(equity),成为4个指标,即4E。

①经济。在评估组织绩效时,首先面临的一个问题就是"该组织在既定的时间内,究竟花费了多少钱? 是不是按照法定的程序花钱?"经济指标一般指组织投入到管理项目中的资源水准。经济指标关心的是投入的项目,以及如何使投入的项目作最经济的利用。也就是说,经济指标要求的是以尽可能低的投入或成本,提供与维持既定数量和质量的公共产品或服务。经济指标一般并不关注服务的品质问题。

②效率。效率所要解决的问题是:"组织在既定的时间内,预算投入究竟产生了什么样的结果。"效率指标通常包括:服务水准的提供、活动的执行、服务与产品的数目、每项服务的单位成本等。如:医院可以计算病人求诊人数;图书馆可以衡量借书册数;大学可以用学生接触老师的时数衡量其成果。因此,效率简单地可以理解为投入与产出之间的比例关系,效率关心的是手段问题,而这种手段经常以货币方式加以表达和比较。

效率可以分为两种类型:一是生产效率,是指生产或提供服务的平均成本;二是配置效率,指组织所提供的产品或服务是否能够满足利害关系人的不同偏好。例如,在政府部门所提供的国防、社会福利、教育、健康等种种项目中,其预算配置比例是否符合民众的偏好顺序。经济学家所讲的帕累托最优,就是指资源的配置能否产生最大多数人的最大利益。(帕累托最优分配,指一种经济状况的改变,在没有其他人感觉福利变坏的情况下,有人福利水准提高了,就表示社会福利水准的提高。也即达到"不损人而利己"

的状态。)

③效果。以效率作为衡量指标,仅适用那些可以量化的或货币化的公共产品或服务,而许多公共服务在性质上很难界定,难以量化,在此情况下,效果便成为衡量公共服务的一个重要指标。效果所关心问题是"情况是否得到改善。"它通常考察公共服务实现标的的程度,如福利状况的改善程度,使用者的满意程度,政策目标的成就程度等。也可以说,效果指公共服务符合政策目标的程度,通常以产出与结果之间的关系加以衡量,效果关心的是"目标或结果。"

④公平。公平关心的主要问题是:"接受服务的团体或个人都受到公平的待遇吗?需要特别照顾的群体是否能够享受到更多的服务?"可见,公平指标通常指接受公共服务的团体或个人所质疑的公正性而言,难以在市场机制中加以界定出来。

根据塔尔柏特(Talbot)的分析,目前美国行政机关运用 3E 的情况相当普遍,其中至少有 68% 的政府机关使用"效果"指标,14% 使用"经济"指标,8% 使用"效率"指标。在实际的绩效衡量过程中,通常都以 3E 指标为关键性思考主轴。在经济指标内考虑"成本"与"资源",在效率指标内考虑"资源"与"产出",在效果指标内考虑"产出"与"结果"。以此观察、衡量标的组织所产生的"服务水准"。

(1)经济指标测定

经济测定的目的是在公共部门树立浓厚的成本意识,降低成本,节约开支,花较少的钱办更多的事。在西方公共管理实践中,经济测定往往采取多种形式:

①成本与投入的比率

资金是公共管理的血液,但一个公共管理机构从事管理活动时直接付出的并不是金钱,而是由金钱转化而来的人力、物力、设备等等。这些要素就构成了公共组织对特定管理活动的投入,而

132

获得和维持这些人力、物力、设备所花费的资金,就是投入的成本。经济测定就需要探讨投入与成本之间的关系。当然,成本与投入的比率只是经济测定的内容之一。

从投入与成本的比率来看,所谓不经济的情况大致有两种表现,其一是:为获得某一投入(如购买一台设备)花了高于市场价的资金;其二为超量投入,如盲目追求高学历而导致雇员素质远超工作需求(对于特定的工作岗位来说,并不是任职者的整体素质与学历越高越好。研究表明,雇员过分合格对社会是一种资源浪费,对雇用者来说不仅会增加不必要的财政负担,而且可能导致雇员队伍的不稳定,因为"屈才"感会导致离职或缺乏积极性,从而取得适得其反的效果),还有办公条件过于豪华,设备闲置等。经济测定的主要目的是在获得特定水平的投入时,使成本降到最低水平,或者说充分使用确定的成本获得最大限度和最佳比例的投入。

英国财政部于20世纪90年代初成立了一个工作小组,探讨如何科学地计算各部门所使用的固定资产的成本,其主要特点是:实行固定资产注册制度;建立统一的固定资产计费标准,按照这一标准把固定资产的占用列入成本;拟订一些示标来显示固定资产的使用情况。将固定资产的使用列入成本有助于遏止公共机构对豪华办公设施的追求,因为办公设施的豪华和设备的闲置会增加成本,降低经济水平,最终影响到机构负责人的地位。

②行政开支和业务开支的比率

对公共服务机构来说,直接用于服务对象的开支为业务开支,服务机构和人员本身的开支则为行政开支。以环境卫生部门为例,建设公共绿地、修建公共厕所等实际支出的资金是业务开支,而用于办公场所、设备、工作人员的工资收入等方面的支出则为行政开支。

从行政开支和业务开支的比率方面看,不经济主要表现为行政开支在总开支中的比重过大。英国在"雷纳评审"中曾发现不少这方面的典型案例,如森林保护项目的行政开支。中央政府拨出专款用于森林保护,但评审时发现,专款中实际用于树木的每100镑支出,就有相应的90镑行政开支,也就是说,有将近一半的森林保护专款被用于运营开支,包括办公设施、设备、雇员工资、差旅费等。

对多数公共服务机构来说,由于其工作性质的复杂性,很难确定一个统一的行政开支和业务开支的理想比率来衡量各部门的经济水平,但这种测定仍然有其重要作用。如:可以比较工作性质相同或相似的不同单位的比率,比较同一工作部门在不同时期的比率,将有助于促进各部门降低成本,提高经济水平。

③资源浪费状况测定

主要是计算各种形式的失误所带来的经济代价。失误可能是工作程序设计不当,也可能表现为个人工作方面的细小失误。下面以20世纪90年代英国的一项开拓性研究为例,说明为工作失误计价的基本方法和结果。

研究者首先把病房在服务质量方面花费的成本分为四种类型:评价成本:为保证质量而付出的视察、审计等方面的成本;预防成本:质量保证体系的设计成本和实施成本;内部失误成本:工作失误对病房带来的直接经济损失;外部失误成本:工作失误造成的外部经济损失,如应诉费,对病人的赔偿费等。然后,研究者对内部失误成本作了具体计算。

内部工作失误的经济代价

1. 接待病人方面的延误——大部分延误时间并不长,延误时间较长的约每周一个。延误造成以下成本:

如果延误意味着18点以后入院,就需要用出租车把化验的样品送到化验室,从而增加病房的直接开支;

134

延误入院的病人由值班医生检查处理,主治医生第二天要做同样的检查以熟悉病人,造成重复工作。

2. 信息不完整——入院登记处填表失误或漏填项目。经计算,弥补这种失误每年需要一个高级职员工作 26 小时,其实际代价为 156 英镑。

3. 获得化验结果方面的延误——延误平均每周一例。其原因如标签错误、字迹潦草难认、无医生签名、无接受者地址等,这造成了约 15%—20% 的样品被退回。此外,有约 5% 的样品严重受损,无法化验,须重新抽取。这方面延误对病房造成的经济损失约为每年 3848 英镑,化验单位由此增加的成本还没有计算在内。

4. 透视等待时间——等待透视结果需要多少时间为合理并没有标准,在需要护士陪病人去透视案例中,有时护士离开病房达两小时之久。

5. 透视结果的丢失——透视结果丢失或损坏造成重新透视,这每年给病房增加了 5572 英镑的开支。

6. 病人感染——病人在医院受感染而造成的损失相当于每年 12 个人需要多呆 9 天,由此造成的床位损失约一年 7992 英镑,病人的医药费还没有计算在内。

7. 工伤事故——电梯和其他设施造成的工伤事故一年涉及 5 个雇员,共合 205 个工作日,由此带来的直接经济损失约为 3600 英镑。

8. 病人出院方面的延误——由于种种原因而造成的延迟出院一年涉及 48 个病人,合计成本为 35520 英镑(以床位天数计算)。

把上面各项相加,计算出内部失误总成本为 56720 英镑,这些应该说都是资源的浪费。将工作失误所带来的成本增加展示出来,不仅对管理者和雇员起到警示作用,而且可明确需要改进的环节,从而起到促进经济水平的提高。

经济测定的主要目的是追求"资金的价值",其作用机制是把各个部门的经济水平科学计算并公布于众,通过公众监督和部门之间的比较和竞争,在政府雇员中形成浓厚的成本意识,最终起到提高经济水平的效果。英国财政部在经济测定过程中,除了要求各部门测定并公布经济方面的信息外,还提出一些经济水平改进的硬性指标,如要求各部门每年经济水平提高1.5%,行政开支在总开支中的比率降低1.5%,并将这些方面的改进作为各部门获得预算外资金的先决条件。

经济测定和评审在一些国家取得了令人瞩目的效果。以英国雷纳评审为例,据统计,从1979年到1985年6年间,雷纳评审小组共进行了266项调查,发现并确定了6亿英镑的年度节支领域和6700万英镑的一次性节支领域。截止1986年底,评审共支出了500万英镑,而它所带来的直接经济效益,据统计高达95000万英镑。

就现实情况来看,我国财务管理基本上还属于以投入为关注焦点、以详尽的规章制度和严格的审批为主要手段的传统模式。例如,从用车规格到办公条件,出差时从饮食到住宿标准,都有详细的、具体的规定,但对各部门的经济水平(如上面提到的各种比率),并没有给予必要的关注,由此陷入了"关注投入但不计成本"的矛盾。在实践中,"四菜一汤"变为"四盆一缸",16万元买车装修也花16万元的现象。

以投入为关注焦点,以规则为主要手段的管理容易陷入被动应付的困境。首先,规则的制定可能赶不上客观情况的发展变化。奥斯本在《改革政府》一书中说道:"试想一下,学校的校长发现有学生随身带着无线寻呼机与他们的头头联系做毒品生意,……校长就要求学校董事会颁布一项管理寻呼机的规定。等到上面的决定传达下来,六个月过去了,那时学生身上带的即使不是枪支也是移动电话了"。其次,规则为本的管理并不能带来浓厚的经济意识和成本意识。规则为本的管理可能带来的最理想结果不过是按规定购买,按规定使用,一切按规定办事,至于工作岗位是否需要并不在考虑之列。可以说,规则为本的管理起不到鼓励官员千方百计降低成本,节约开支的作用。相反,它可能带来"用足政策"的冲动。

经济测定的好处则在于信息的公开和公众的监督,如果把经济水平测定和其他管理措施如财政拨款制度和领导者个人的升迁等结合起来,可以在公共管理部门形成浓厚的成本意识,有效地推动各部门经济水平的提高和资源的节省。在实行经济测定的前提下,可以允许单位自行决定购买任何车辆和办公设备而不加限制,但必须将这些计入成本。如果某一单位的经济性很差(如上述几个方面的比率明显不合理),可能影响到单位的财政拨款和领导者的职位。可以设想,这种以经济测定为基础的管理比面面俱到的规章制度更为有效。在英国,政府部门在用车、办公设施、设备使用方面并没有类似于我国的详细规定,但它们的经济水平却在逐年改善,其中绩效评估和经济测定应当是一个重要原因。例如,长期以来,英国政府部门的办公楼建设采取了与我国相似的无偿拨款制度,结果是财政部难以满足各部在这方面的财政需求。自90年代初期实行固定资产注册和固定资产使用折算成本制度后,许多部撤回了改善办公条件的拨款申请,而用内部挖潜和其他办法解决问题。原因很简单,办公条件过于豪华会提高运营成本,降低部门的经济水平,最终会影响到领导人的声誉和地位。

(2)效率指标测定

效率指标测定的是投入和产出的比率。效率测定对效率的描述至少具有两个特征:第一,这一描述是定量的而非定性。一个案件从发生到破案只用了很短时间,我们往往会说侦破单位的效率很高,但这不是严格意义上的效率评估;第二,这一描述反映的是整体而非个别情况。所谓整体性,简单地说,就是不是根据对象的一时一事,而是看它的整体表现,整体效率。

西方一些国家在公共组织效率测定的方法和技术方面较为成熟,既有平均个案处理时间、反应速度等简单的效率示标,又运用了许多较复杂的量化分析技术,这类效率测定的具体方法主要有:①特定法。指用某些特别的方法,如用某个学校中教师与学生人数之比,某个机构中各个部门的人员数目之比等来测定某一方面的效率。当学校与教师人数之比过高或过低时,该校的效率就会降低。当然,在应用特定法时,需要事先确定什么是最佳值。②回归模型法。采用特定的函数形式来匹配已有的数据,以得到投入与产出的关系并测定样本的效率。③数据包络分析法。特点是无需用特定的函数形式来表达投入与产出的相互关系。

上述效率测定的技术与方法主要是专家设计应用并具有实验的性质,因而比较复杂。其实,实践中的效率测定有时并不需要采用复杂的技术,往往一个简单的效率示标测定就可以起到意想不到的积极效果。在一些国家,为解决公共部门办事拖拉弊病,采用"平均个案处理时间"这样一个简单的效率示标(我国有些银行曾推出"两分钟一项业务"规定),对政府部门造成了很大的压力和推动力。办事拖拉会延长平均个案的处理时间,对雇员来说,会影响到他们的待遇、地位和职业生涯的发展。对组织来说,会影响到部门的财政拨款和领导者的前途。这样,平均个案处理时间测定和比较在组织和雇员中形成了竞争和危机意识,最终导致工作效率的明显提高。

(3)效果指标测定

这里的效果指标包括公共部门提供的产品和服务质量、公共部门活动的客观社会效果、公民的满意水平等一系列要素。如果说经济测定的目的是树立成本意识,效率测定的目的是树立效率意识,那么效果测定的目的就是树立服务意识。

①质量测定

质量测定既设计一系列质量示标来测量各个部门的工作质量。由于质量表现形式的多样性以及某些工作质量直接测定的不可行性,在绩效评估实践中往往采用两类示标来测定工作质量。

质量示标:质量示标是对质量的直接展示,是质的量化。一般质量示标如差错率、准时率、合格率、优秀率等一般可应用于所有公共部门的工作。对于特定的公共部门来说,则需要根据工作性质和特点设计具有针对性的质量示标。如英国卫生和社会保障部在为医疗系统拟订的绩效评估方案中,曾经为医院的服务质量提出了一些示标,包括病人在院感染率、非计划重新入院等等(非计划重新入院指:有的病经医院治疗后需要重新复查,医生在病人出院时就预约了复查的次数和时间,按预约来复查的就属于计划重新入院。对有的疾病,如急性阑尾炎来说,经过医院手术治疗后一般不会再犯,按规定医生也没有必要预约复查。如果病人为了同一疾病再次来医院治疗,就属于非计划重新入院。这种情况显然反映了医疗质量方面的缺陷和问题。

替代示标:在质量测定实践中,有些工作质量难以直接量化,这就需要采用替代示标,通过间接方式显示质量。例如,由于专业方面的差别与多样性,不同大学的毕业生质量难以进行直接测定和比较,人们于是用毕业生在一定时期的就业率、申请就业的成功率、首次就业的平均工资水平等要素来间接测定。有些国家的地方政府也用替代示标来衡量它们所提供的社区服务的质量,比如服务设施的利用率。这里的逻辑是,如果一个体育中心或一个公共娱乐场所的光顾者越来越少,可从一个侧面反映出服务质量的下降。

替代示标显然存在一定的缺陷,但在没有更好的选择的情况下,它也不失为一个可供采用的方法。甚至在公认为最科学的经济学中,替代示标也常常使用,如用以比较居民的实际生活水平的恩格尔指数即为一例。

②社会效果测定

社会效果测定的主要形式是社会项目评估和政策效力评估。所谓社会项目,指的是公共部门有计划地对社会的干预活动。在干预措施实施之后是否在目标群体中产生了所期望的变化?这种变化的程度有多大?干预措施是否在带来预期变化的同时产生非期望的副作用?这些都是项目评估所要回答的问题。

社会项目评估需要一套专门的技术,具有相当的复杂性。以缉毒为例:缉毒是现代政府的一个重要工作领域。警察、海关和其他有关部门与毒品作斗争付出了很大努力,但他们的工作效果如何测定依然是一个难以解决的课题。长期以来,政府部门以增加投入来表明与毒品作斗争的决心,用破获的贩毒案件数量、抓获的贩毒者人数和缴获的毒品数量作为评价缉毒效果的标准,这些作为效果示标的可靠性日益受到怀疑。研究表明,在持续性缉毒努力(即非运动式缉毒)的前提下,破获的贩毒案件数量、抓获的贩毒者人数和缴获的毒品数量大致为一个固定的比率,这可能意味着,破获的贩毒案件越多,说明毒品活动越猖獗,毒品防范工作的效果可能越差。在充分研究的基础上,有关部门增加了缉毒工作效果的评价示标,包括毒品的纯度、毒品的市场价格、与吸毒相关的死亡人数、吸毒入院人数等等,对缉毒工作效果的评价趋于准确、客观、全面。

③顾客满意度测定

公共部门管理和服务的对象是公民,公民作为"顾客"对这些服务的满意程度应当是检验公共部门效果的主要标准。

顾客满意度可以直接测定,也可以间接测定。直接测定即通过民意调查形式了解公民对特定公共部门和特定服务的主观感受和评价。间接测定即设计一些标准或使用特定的方法来测定顾客

满意程度,这种测定不简单地依赖顾客的主观感受,具有相对的客观性。具体方法大致有:

a. 可得性测定

可得性涉及公共部门所提供的服务的量和类型。可得性测定主要用需求分析和目标群体分析结合的方法,测定服务的量和类型是否反映了目标群体多样化的特点和多样化的需求。服务的量和类型如何能够反映目标群体多样化的特点和多样化的需求,顾客的满意度当然会比较高。

b. 公众知晓度测定

指公众对公共服务内容的知晓程度和获得有关信息的便利程度。它是公共部门服务质量的一个有效显示,也是顾客满意程度的一个间接示标。

公众知晓度测定可通过调查方法,确定目标群体中知道特定服务内容的对象所占的比例。由于不了解服务内容和条件而没能享受到公共部门提供的服务,应被视作服务质量不高的一个表现。特别在那些社会保障服务中,最需要服务的人往往处于文化水平低,信息不灵的状态,因而对公众服务的知晓程度对改善他们的生活状况至关重要。

公众知晓度的另一个示标是公众获得有关服务信息的便利程度,如获得信息的渠道的多少及其经济性。在英国,公共服务信息的一个主要来源是邮局,公民可以在邮局领取一系列表格,如学习执照申请表、正式驾驶执照申请表、儿童补助申请表、医疗处方费减免申请表、汽车注册表格、退休金和贫困救济金申请表等等。如此安排的原因是为了便利公众,因为邮局的服务网点很多。

c. 公共服务便利程度测定

便利度即公民获取和享受公共服务的方便程度。便利度的测量标准主要有两个:第一,公共服务网点的集中或分散程度和服务半径。服务网点越大越集中,每个网点的服务半径就越大,公民所获得的服务就越不便利。公共服务部门小规模化是目前西方行政改革的一个趋势。小而多应该是公共服务部门网点设置的指导原则,追求庞大集中则是落后的标志。发达国家的邮电所多数很小,有的甚至就在杂货店占一小角。正是这种安排保证了集中居住的居民步行15分钟之内就能够找到邮局。第二,公共部门工作程序的简化和合理程度。政府的程序过于复杂必然增加公民办事的困难。如果各部门之间缺乏协调,公民办起事来就会更加困难。

d. 社会成本测定服务网点的数量和分散程度、服务网点的服务半径、工作程序的简化和合理程度等,都是便利度的示标。便利度低必然会增加公众办事的时间、精力和费用。如果把公民办事平均花费的时间、精力等折算成金钱,就形成了公共服务机构的社会成本。社会成本越高,说明公民获得服务的付出越大,满意度也就越低。

e. 顾客满意度的直接测定

指用民意调查方法来了解公众对特定部门工作的满意程度。这种方法虽然应用比较广泛,但它成本较高,结果有局限性:其一,公众的判断力问题。政府提供的服务不少具有垄断性,公众无法进行比较;在那些非政府垄断的服务领域,政府服务又往往免费或享受补贴,这也影响到公众的比较判断。其二,公众的情感因素和利益因素。如那些因违章而受到处罚的司机,因卫生不合格或偷税漏税而受到惩罚的经营主体,他们对有关执法部门的评价可能难以完全公正。其三,在某些资源不充分的服务部门,对服务对象的民意测验难以全面反映服务质量。比如对一个养老院来说,已充分利用现有设施接受老人并使他们得到很好的照顾。但对在院老人的民意调查却无法涉及这样一个问题:这一服务是否提供给了最需要它的人? 而这点恰恰应当成为评价服务质量的首要标准。

4. 公共组织绩效评估中需要注意的问题

（1）目标的选择与量化

绩效评估特别是效果评估往往需要以既定目标为基础，目标要明确，多重目标时要对不同目标的重要性进行排序。

目标的选择实质上是一种价值的选择，在这方面，有关人们往往难以达成共识。过去的"友谊第一，比赛第二"现在恐怕没有多少人会接受了，但依然有种种新的价值目标选择摆在我们面前，例如，卫生系统应以治疗还是以预防为主（公安部门类似问题：降低犯罪率与提高破案率）？监狱的首要任务是监管犯人还是对他们的教育感化；中小学教育应着眼于升学率还是整体素质培养？缺乏共识会导致目标不明确或多重目标上主次不分，这对绩效示标的设计和绩效评估会造成困难。

目标选定后要进行量化，使之成为具体的指标。没有进行量化的目标难以进行严格意义上的绩效评估。绩效测量必须制定清楚而又可以计量的结果来量化前景规划，可以计量的结果将会在达到前景规划的过程中起指导作用，并将告诉你是否有了改进。该结果应该根据将来的具体日期说明，以便于进行回顾时，可以得知是否在预期的时间范围内达到了这些结果。可计量的结果的重要特征是：①可计量的，我们可以弄清它们是否已经达到；②定日期的，它们有时间目标；③有关的，它们对顾客很重要，或公众需要它们。例如：到2004年，某县生活在贫困线下家庭的百分数将从目前的12%减少到7%；到2004年，某县人均收入将是全省人均收入平均值的110%（符合可计量、定日期、对公众很重要三项特征）。绩效管理的一个重要前提是必须将所有绩效都以量化的方式确认，再据此进行绩效衡量。这对私人部门基本不成为问题，因为私部门的服务是可以出售，可以用金钱予以衡量；但公共部门则面临着如何将公共服务量化的问题，要精确算出"投入—产出比"并不容易，这就使得难以衡量"效率"这项绩效。

（2）在各层次间确立可操作的评估系统

这种系统可以把各类雇员的工作和整个单位的工作联系起来进行评判。在设计任何种类的评估方法时,需要把握好以下重要环节:①完整性:所设立的具体指标项目是否足以反映出总的目标? ②及时性:在需要测评时应立即进行,评估应该足以及时发现问题,而不能将它混同于年度工作检查。③透明度:有助于对整个评估过程进行必要的监督。④廉价:实际调查所投入的费用比较大,为此,可以利用为其他目的已经收集的现成信息,以节省开支。⑤可解释性:评估内容、方式等要素应易于理解,信息数据在组织内或同其他组织具有可比性。⑥时间平衡:评估系统应该反映长期和短期目标的平衡,以牺牲长期目标为代价而解决短期问题只能进一步增加问题。⑦积极性平衡:总的评估系统还应当达到竞争激励和团队协作精神的平衡。⑧评估系统的目的必须在组织内家喻户晓,人人皆知,以确保评估工作的顺利进行。

(3)评估顾客的满意度

顾客的满意状况,应当是绩效评估的一项重要指标。通过了解顾客的需要、期望和满足情况,来评估公共部门的工作绩效。在对顾客满意度进行评估时,私人部门常常使用无限制问题法。无限制问题让回答问题者有较大的自由,而限制性问题通常只能简单回答"是"或者"不是",或只有一个字的回答。无限制问题由"怎样"或"为什么"开头;限制性问题由"是否"开头。无限制问题是"您对我们的服务满意程度如何?"限制性问题是"您是否喜欢我们的服务?"第一个问题使公司能理解顾客并获得可用于改进产品的信息,后者只能告诉组织顾客是否满意。如桂格燕麦食品公司常常通过无限制问题听取顾客的声音。公司知道它的顾客中大部分是孩子的妈妈。通过与这些母亲的交流,公司了解到其中许多人都有工作,但很想在早上给孩子准备热腾腾得早饭。倾听顾客的声音使该公司生产出可用微波炉烹调的燕麦片,按单人用量包装在容器内。因此,忙碌的母亲们可以把这一小包装盒放进微波炉,很快为孩子们做好热乎乎的早餐。如果桂格燕麦食品公司只是问:"您喜欢燕麦食品吗?"它就不会发现并生产这种产品。这种无限制问题法也可适用于公共部门对顾客满意度的评估。

(4)环境因素

在实施绩效评估过程中,必须考虑到环境因素。比如测定中小学校的工作绩效,应当充分考虑到学生来源、家庭环境、家长职业等多种因素。这些因素在学校的控制之外,但却对学校的教学效果有直接影响,把这些因素作为考虑工作效果的一个变项,可以使评估结论更为公平。功能相同的公共组织有地区性的差异,其规模大小也不尽相同,以同样的绩效指标来衡量它们之间的绩效,并作比较,并不公平。

(5)绩效评估内容之间的关系

经济、效率和效果是绩效评估的主要内容,这三者之间有时会发生冲突。如追求成本降低(经济目标)时,可能会程度不同地影响到社会效果;追求高效率有时需要一定的经济投入(购买计算机等电子设备),影响到经济性;追求社会效益,如把政府服务送到人烟稀少的边远地区,必然会对效率产生负面影响。

(6)绩效管理或衡量制度的成效,很大程度上取决于绩效指标的制定是否合理、客观,是否能涵盖该组织的重要绩效,为此,这个组织是否拥有从事绩效管理能力、能够制定绩效指标的专家,就成为绩效衡量的先决条件。

(7)绩效管理做得如何,同所需信息得拥有情况相关。如果组织所收集得信息不足或错误,就难以真正反映机关得实际绩效。

(8)游戏现象

指某些单位或工作人员消极应付评估的做法,其表现可谓五花八门。如为了缩短个案的平均处理时间,有的单位采取收到申请后推迟几天登记的办法;有的用种种借口拒绝登记注册,要求申请者重新申请,等到申请重新交上来后,有关调查基本完成,决定也就很快作出,其结果是处理者的效率提高了,而申请者的效率降低,获取服务的成本加大了。1992 年英国有关部门提出把等待手术的人数和平均等待时间作为医院服务效率的一个示标,不久就有个别医院拒绝给需做手术的人登记排队的报道。

(9)绩效评估的副作用

任何绩效评估都不可能设计和执行得完美无缺,因而总会出现一些副作用,主要表现为急功近利、急于求成,不考虑长远影响;将注意力集中于那些已拟订了绩效示标的内容,忽视那些尚未建立绩效示标的方面;重视可以测定的东西,忽视不能测定的项目等等。英国有关部门在对高校绩效评估状况考察后发现一些问题:对科研的重视超过了对教学的重视,重视那些成果可以用著作、论文数量来测定的科研项目,忽视其他重要的科学课题,对教师施加了快出成果的压力,忽视成果的实际价值,等等。

5. 绩效管理成功的途径

美国会计总署于 1983 年在对一些公司和地方政府实施绩效管理得做法进行调查后,确认了 7 项成功进行绩效改进的做法,它们是:①管理者要成为组织绩效的中心,中心可以是一个人,也可以是一个群体。绩效中心的作用在于促使绩效管理制度化;收集和传递绩效信息;向高层管理者提高绩效数据。②高层的支持和承诺。这并不意味着行政首长仅仅阐述绩效的重要性,更重要的是,要求高层管理者定期地审查组织以及组织管理的绩效,促使组织成员要为绩效的改进负责。明确的高层支持可以使绩效改进具有合法性和有效性。③制定绩效目标和绩效规划。一个组织必须在绩效改进方面有明确的目的和目标。目标可以是宏观的,亦可以是具体的。要将总体的目标与实现目标的方法结合起来。尽管适应每个组织的规划可能千差万别,但规划本身是必要的,因为它向所有的组织成员阐明了目标,以及如何实现这些目标。④绩效衡量对组织要有意义。绩效衡量是绩效改进中重要的一个环节。绩效衡量并不一定要非常全面,但它必须是那些容易理解和计算,并且对管理者和组织成员有意义的。⑤利用绩效规划和衡量体系使管理者负责任。要通过阐明预期的绩效,比较现有绩效与预期绩效的差距,并运用这些信息评介管理者和组织的绩效等方法,促使责任的实现。每一个组织必须研制适合自己的绩效责任体系。⑥意识到绩效的重要,并促使组织成员参与绩效改进。要促使组织成员认识到绩效的重要性。组织的成员要参与到组织绩效改进的进程中。⑦要连续不断地发现问题和绩效改进的机会。要通过绩效评估,发现绩效管理存在的问题,并寻找机会加以改进。

三、政府绩效评估的动力机制

近年来,有关政府绩效评估过程中的公民参与问题受到广泛关注,并已有较多的研究成果。由于我国所推行的绩效评估本质上是由政府主导,因此,公民在绩效评估领域的参与状况必然在相当程度上受到政府态度及行为的影响与制约。19世纪法国思想家托克维尔在比较当时欧美政治法治化时曾归纳出的一个结论:政治法治化的进展不仅取决于民众的需求程度,更主要地取决于政府的需求程度。政治法治化的进展是政府、社会和个人共同需求的结果。换句话说,如果一个国家的法治化进展还不够理想,那主要是因为政府对它的需求不足。在我国的政治体制和文化环境中,没有政府的主导性推动,很难凭借公民自身的责任意识积极地参与政府绩效评估,政府的态度与行为不仅影响着公众对绩效评估的参与状况与作用程度,同时将最终决定绩效评估的走向与成效;而政府对绩效评估的态度与行为同政府自身的需求密切相关。制度经济学家道格拉斯·C·诺思的"诺思悖论"指出,国家的存在是经济增长的关键,然而国家又是人为经济衰退的根源。许多行业因为事关国计民生,需要管制和行业准入,因而需要政府干预;但政府却又因自身利益的考虑、有限理性的限制等等,其努力常常不能带来好的效果,相反却造成更坏的结果。就目前实际情况分析,推进政府绩效评估所面临的主要困惑,并不是找不到技术手段,也不是缺乏有效资源,更不在于缺乏基本共识,而是要客观面对并切实解决政府集评估主导者与受评者于一身的悖论。公民参与政府绩效评估只是一种外部监督,但实际上,任何制度的建立和有效实施,都必须以主要利益方的认同和积极配合为前提。绩效评估制度的建立与完善,必须把社会需求、公众需求转变为政府的自身的利益需求,此乃绩效评估得以顺利而有效实施的关键性要素。为此,要推进我国绩效评估的深入发展,应重视研究政府在绩效评估中的需求与动力问题,激发政府在绩效评估过程中的主动性与积极性,解决政府对绩效评估缺乏内动力的困境,这是确保政府绩效评估健康、常态发展,并真正达到评估目标的关键性环节。

1. 绩效评估:巩固执政合法性的重要基础

合法性(Legitimacy)是政治领域被广泛使用的一个概念,通常指作为一个整体的政府被民众所认可的程度。从政治学的角度理解,一个政府通常需要得到大多数民众心理认同与行为一致才真正具有执政合法性,并在此基础上有效行使其职能。马克斯·韦伯认为,没有任何一种统治仅仅以价值合理性的动机,作为其继续存在的机会,任何统治都企图唤起并维持对它的合法性的信仰。马克斯·韦伯的这一观点表明,合法性具有对立统一的双重意义:其一,对于处于命令与服从关系的服从者来说,是一个对统治的认同问题;其二,对命令者来说,是一个统治的正当性问题。统治的正当性与对统治的认同构成统治的合法性。因此,就本质而言,执政合法性并非简单地来自所颁布的相关法律和法令,不能仅仅依靠主流意识形态的宣传,也不取决于执政者的个人魅力,而是基于民众所给予的积极支持与社会认可。

探讨合法性问题,必然涉及到执政的价值倾向问题。从历史上看,任何政府体系都需要确立、维护一套相对稳定、统一的价值体系,以证明其存在与发展的合法性。"社会群体鉴别一个社会制度是否合法的依据,是看它的价值取向与他们的价值取向如何相吻合。"(S. M. 李普塞特:《政治人》(political man)第71页,纽约花园城双月出版社1960年版)一位西班牙学者曾提出:"公务人员的主要任务是属于公共性质的,他们的工作要符合社会的需要。因此,道德或道义的考虑已成为文官制度中固有的属性。文官制度中道德良知必须占有其应有的地位。"(《反贪污与社会的稳定和发展》第218页,红旗出版社1995年版)在现代国家,政府总是实现公众利益的主要载体,而政府的价值理念,根本上影响甚至决定着政府功能发挥的方向与程度。近年来,党和政府一直强调"以人为本"、"执政为民"的价值导向,并进行了一系列"政绩工程"建设。但合理的价值目标、价值要求同实际政绩之间有时会发生某种程度的错位甚至相悖的情况,这将对政府的合法性形成一定程度的挑战。这意味着,政绩同合法性之间存在着直接的关联,由此形成的便是政绩合法性问题。

随着社会民主化的发展,人们越来越认识到"政府管理的本质不是管制而是服务",意识到权力与权利之间的关系,并由此对政府职能提出了种种期望与要求,绩效评估正是公众期盼通过一系列正当而合理的程序,对政府职能与实际政绩作出客观的、实事求是的评价与认定。在此背景下,政绩合法性主要指政党和政府通过转变职能、改善政绩,提高民众生活水平,满足民众生存与发展的基本需求,获得大多数民众对其政权的认同与支持。以人为本的执政理念、依法行政的执政原则、服务民众的执政绩效构成政绩合法性的基础。政府绩效评估正是通过对政府实际政绩的科学与合理评估,检验并考证政府合法性的基础。就此意义而言,绩效评估便可成为政府维护、巩固执政合法性的重要途径。正是绩效评估与执政合法性之间的这种内在关联性,有助于激发政府主动而积极实施绩效评估的内在动力。值得关注的是,20世纪70年代末至80年代初,在公众对政府信任度下降的背景下,包括美国、英国在内的一些西方国家在新公共管理、新公共服务等理论的指导下,先后开展了一系列"以公众为导向"的行政改革,这场改革超越了意识形态,注重管理技术变革,将提高政府行政绩效作为改革的实质性内容与目标,以此为路径努力巩固并加强政府在新形势、新挑战下所必备的执政合法性。可以说,有效地推进政府绩效评估,是破解政绩困局、化解合法性危机、巩固和增强执政合法性基础的重要途径。

2. 绩效评估:优化政府形象的重要途径

一般来说,政府形象是指在了解和经验的基础上,社会公众对于政府的价值导向、精神面貌、行为特征和工作效果的总体印象与评价。作为一种特殊的政治资源,政府形象是政府目标、意图、倾向能否为公众所接受或在多大程度上被接受的一项重要因素,并直接影响着公众的心理、行为或行为倾向。良好的政府形象是奠定执政合法性的一项重要的政治资源,能形成巨大的凝聚力,孕育出社会公众对政府的信任感与认同感。在良好政府形象的感召下,公众会大大增强执行政府政策、方针的自觉性,积极主动地团结在政府周围,与政府共进退。如果政府在形象方面出了问题,必然会削弱政府的威信和影响力,导致政府的政策、方针难以得到普遍认同,从而无法有效地行使其职能。在当前形势下,塑造良好的政府形象,关系着政府职能的有效行使与发挥,影响着政府工作的实际效益;同时,良好的政府形象还有利于优化投资环境,畅通对外开放渠道,促进我国经济的持续稳定地增长。20世纪70~80年代,以英、美等国为代表推行的公共行政改革,正是因公民对政府的信任危机所引起。根据一次民意调查,1978年美国公民对其政府不信任的人数比例为58%,信任政府的人数比例仅为34%,由此影响到了政府执政的合法性问题。(左然:《当代国际公共行政的发展与改革（下）》,载《中国行政管理》1997年第10期）一般而言,一个政府的形象状况,同该政府是否能够充分理解、尊重并满足公民的各项正当的、合理的利益需求直接相关。政府形象的根本状况取决于政府的实际表现,这是政府形象的客观性基础;当然,这种表现必须通过公众心理上的感受才会形成一种总体印象与评价,它实际反映着某种思想情感方面的活动,因而带有相当的主观倾向。种种主客观因素的交织与相互作用,使塑造与完善政府形象成为一项复杂的课题,涉及到对一系列相关问题与矛盾的认识、理解与处理。

政府形象作为政府体系输出的一项综合性"产品",自然应由"消费者"来评价,通过公众的感受予以定位。一般来说,政府的实际表现与公众对政府的主观评价应当是一致的。但实际上,这种"一致"仍属于可能性范畴。公众对政府形象的认识评价,至少受到两种因素的影响和制约:其一,由于政府的结构、层次以及事务的复杂性,由于政府对有关信息的控制,由于人们所处社会环境、受教育状况等等方面的不同,因而在对信息的接受与掌握方面,不仅有着横向的差异,并在信息的可靠性与完整性方面,难免会受到种种主观或客观因素的制约,从而导致对政府不同程度的"形象偏差";其二,公众对政府的评价状况在根本上还是取决于政府满足他们期望的情况。我国舆论历来强调以正面宣传为主,这当然不错,但并不排除"凡典型的官僚主义主义、命令主义和违法乱纪的事例,应在报上广为揭发。"（《毛泽东选集》第五卷第73页,人民文学出版社1977年版）有人认为,消极的、负面的情况公之于众,有损政府形象。其实,在传媒相当发达的现代社会,政府已难以对重大信息实施垄断性控制,而如果缺点与错误由政府自己公开,一可起到监督、警戒作用,二可体现政府光明磊落、是非分明、主持正义、为民除害的良好形象。

塑造良好政府形象的关键是优化政府自身素质,而实施绩效评估,对于政府自身素质的提高有着重要的促进功能。通过绩效评估,可以加强政府与公众间的经常、直接、及时的沟通,也有利于公众对政府行为进行有效的监督。公众通过与政府的沟通,及时了解政府的政策、方针和各项措施,从而能对政府公共行政活动发表意见,提出建议;对政府而言,通过与公众的相互沟通,能更全面、更准确地了解公众的愿望与需求,更清晰地体察民情,由此可以加强政府公共决策的科学性,并能及时发现政府工作中的问题,提高政府公共管理效率。政府与民众之间的沟通加深了相互了解,使公众能进一步理解政府,支持政府,而政府也在这样一种双向交流过程中不断优化自我形象。

完善政府形象是一个不断发展的过程。社会经济的发展与政府职能的转换,将对政府形象不断提出新的要求与期望,公众的心理、意向会随着社会发展而不断变化,各类信息的作用和社会舆论的发展变化,必然影响公众对政府的形象要求。良好的政府形象是一种"无形资产",作为"资产",自然需要不断"投资"才能生成与发展。同时,政府形象本身体现为复杂性、矛盾性、综合性的特点,不仅以政府自身的素质与行为表现为基础,而且受公众价值意向、主观评价的影响,并同政府对自身形象的设计又有直接联系。为此,更需要通过绩效评估的方式,对政府形象资源进行全方位的、综合性的开发与优化。

3. 绩效评估:服务性政府建设的必然要求

在市场经济的基础上,公众与政府之间客观上存在着某种仿契约化的交易关系:一方面,公众对政府在政治上予以服从并从经济方面承担纳税义务;同时,公众对政府也会有两个方面的期望要求:一方面,期望政府能够更多地承担公共服务职能,提供自己所需要的各项公共服务;另一方面,由于政府为公众所提供的各项公共服务必须由公众自己支付所需成本,因此,公众又期望政府能够以最经济的手段,花最少的钱,提供更优质的服务。公众对政府的上述期望是否能够实现,必然会影响到政府的形象及其合法性基础,而要使这种仿契约化的交换关系真正落到实处,实施绩效评估应当是有效途径之一。

公共服务的绩效评估一般是指通过政府部门自我评估、专家评估、公民及舆论评估等多重评估体制,运用科学的指标体系、方法和程序,对公共服务行为主体的业绩、实际作为及其在经济、政治、社会等各方面所产生的影响与结果作尽可能准确的评价,通过掌握公共服务绩效方面的信息,诊断各类公共服务主体运作过程中存在的问题,由此推进公共服务效率和服务质量的提高。具体而言,实施公共服务绩效评估,是公民和社会对所接受、所感知到的公共服务的结果、水平以及服务方式的评价。这些评价包括公共服务数量是否充足、价格是否合理、质量是否保证、方式是否有效、结果是否满意等要素。公共服务涉及到社会公众普遍关注的民生问题,为不断提高我国公共服务的水平和公共产品的质量,提升公众对公共服务的满意度,需要建立并完善相关的绩效评估制度。尤其是基层政府直接面对公众,为公众提供基本公共服务。对基层政府所提供的公共服务进行必要的绩效评估,有助于增强基层政府完善供给体系、优化供给能力的动力与行为,从而有利于公共服务提供的规范化、程序化,保障各项资源的有效产出,更好地满足人们对于公共服务的多样化需求。

公共服务的供给必须有相当的经济支持,服务职能所指向的主要是经济目标。由于政府自身也有着特定的经济利益需求,使得政府不可避免地具有特定的经济性质,成为社会结构中特殊的"经济人"。根据服务型政府经济价值目标的要求,政府提供公共服务需要以相应的财力为基础,政府获取财政资金的途径、数量及支出的内容与方式,必然会涉及到经济约束问题。对政府财政活动实施必要的经济约束,有利于规范政府行为,制约政府挥霍浪费社会财富、危害社会经济的内在倾向,处理好政府与民众之间的利益关系,提高政府管理效率,满足民众对公共服务的要求。同时,由于政府的主体是政府公职人员,研究政府特性、政府行为以及服务型政府的经济价值目标,自然不能将政府公职人员排除在外,政府的经济性质最终还是要在政府公职人员身上、在他们的具体行为中表现出来。尽管社会要求政府公职人员廉洁奉公,但由于他们并不是生活在真空中,必然会受到社会上各种各样的诱惑,其中包括金钱的诱惑;他们不是不食人间烟火的圣者,同样有着七情六欲,有着生存的问题、发展的问题,有着自己的利益追求,从而难以普遍做到"全心全意"为人民服务。表现为在自己职权范围内,确实存在着自觉或不自觉地谋求个人或部门经济利益的倾向。对政府公职人员这种特殊的"经济人"实行有效的约束,已成为各国政府正在设法解决的一项重要课题,而实施绩效评估则是对政府经济约束的一项重要手段。

绩效评估也称"三 E"评估,即经济(Economy)、效率(Efficiency)和效果(Effect)。经济性是使所费资源成本最小;效率性是指从一定的资源投入中获得最大产出,或是为取得一定产出投入最少资源;效果性指某项公共服务达到预期目标的程度。绩效评估主要是对公共服务项目的合理性、经济性、有效性进行监督、评价和鉴证,提出改进建议,促进其管理,提高效益。可以说,绩效评估的关键就是要求花费最少的资源取得最好的公共服务效果。

政府在行使服务职能过程中常常会面临两大现实问题的困扰:其一,政绩的目标指向。由于绩效评估的缺位,造成少数地方领导者热衷于种种"形象工程"、"政绩工程",虽然这些工程也打着"为民"的旗号,但往往得不到人民群众的认同,以致劳民伤财,在一定程度上损害了政府的形象;其二,政府的自身利益。政府履行服务职能当然需要一定的条件如财政资源、物质条件和技术保证等等,但寻求改善的努力超过了限度就成为自利行为。英国学者帕金森曾揭示了英国官场的一个定律:办公大楼愈堂皇,设备愈精致,往往管理愈腐败无能。这意味着,政府部门对自身利益的过度追求会损害它的公益精神。

绩效评估以提高政府服务绩效为最终目的,其最重要的意义在于:促使政府在行使公共服务职能过程中加强成本—效益的考虑,注重纳税人的经济投入,尽可能减少政府机关资源浪费现象,以实现资源更为有效的配置。具体而言,绩效评估是检查公共资源使用情况的方式与效果,其中对经济性的评估主要是关注在保证质量的前提下尽可能将资源消耗量降低到最低水平;对效率的评估,主要是对比产出或服务与资源投入的关系,以一定的投入实现最大的产出或实现一定的产出应使用最少的必要投入,保证资金支出的合理性;对效果状况的评估,则主要是通过对比资金支出后所实现的实际效果和预期效果之间的关系,保证资金支出达到理想效果。实际上,经济性、效率和效果三者之间并没有明确的界限区别,所谓绩效评估只是将三项内容综合起来考察,并据以判断公共资金的支出是否实现了物有所值。为判断绩效状况,评估人员可对被评估单位或部门信息的完整性和准确性,实现目标的方法、规划、控制手段、费用和效果等各个方面进行检查。

在实际操作过程中,政府公共服务绩效评估必然会遇到一系列的困惑和挑战。由于公共服务绩效是一个内涵十分丰富的概念,它包括了效率、效益、行为、成就、责任、回应、公平、顾客满意度等等一系列的要素,对如此丰富的内涵进行评估是一项十分复杂和艰难的工作;同时,由于政府公共服务职能在不同层次、不同地区和不同部门差异较大,而且政策目标往往具有多元性,要把这些法定的职能和目标转化成具体的、清晰的、量化的、广为接受的、可考核的目标确实具有相当的难度。这些情况的客观存在,对如何推进政府公共服务绩效评估规范化建设,以及不断完善政府绩效评估指标体系提出了比较高的要求。

4. 绩效评估:促使政府行政成本合理化的重要举措

20 世纪 60 年代,鉴于行政成本大幅上扬,政府财政面临危机,公民对政府的不信任比例上升,美国政府开始对政府部门实施以"项目、计划与预算系统"为目标的绩效评估尝试;至 70 年代,该系统被改进为政府"目标管理系统"与"零点预算系统";1989年,美国管理与预算局起草的《管理报告》正式提出了政府绩效评估的建议,并描述了其操作性方案,构成了美国政府绩效管理法的基本形态;1991 年,奥斯本和盖布勒合著的《政府再造:企业家如何改造公共部门》一书直接催生了戈尔主持的国家绩效评估委员会的《国家绩效评估报告》;1993 年 7 月,美国国会通过了《1993年政府绩效与结果法案》,并成立了政府再造全国伙伴关系联盟。可以说,正是由于美国政府管理的浪费与无效大大提高了由纳税人所支付的行政成本,削弱了政府充分满足公共需求的能力,降低了美国人民对于政府的信心,动摇了政府执政合法性的基础,从而促使美国政府下决心依法推进这场大规模的绩效评估运动。

近年来,有关行政成本居高不下问题一直受到我国公众的广泛关注。在 2008 年"两会"期间,九三学社中央提出《关于建立行政成本信息公开与监督机制的建议》的提案,该提案数据显示,我国的行政成本不但远高于欧美发达国家,而且高出世界平均水平25%,已成为世界上行政成本最高的国家之一。据国家统计局数据,1995~2006 年,国家财政支出中行政管理费由 996.54 亿元增加到 7571.05 亿元,12 年间增长了 6.60 倍;行政管理费用占财政总支出的比重在 1978 年仅为 4.71%,1995 年为 14.60%,到 2006年上升到 18.73%。从国际横向比较来看,据全国人大代表、湖北省统计局副局长叶青介绍,拿 2006 年预算内的行政管理费占财政总支出的 18.73% 这一比例去比较,远远高出日本的 2.38%、英国的 4.19%、韩国的 5.06%、法国的 6.5%、加拿大的 7.1% 以及美国的 9.9%。从 1986 年到 2005 年我国人均负担的年度行政管理费用由 20.5 元到 498 元,增长 23 倍,而同期人均 GDP 增长是 14.

6倍,可见20年来人均负担行政费用的增长速度明显快于人均GDP和财政收支的增长速度。实际上,在探讨行政成本时,数据的缺乏非常明显,准确的政府行政支出数据公众并不知情。特别是由于预算外支出的不透明、不公开,我国的行政成本究竟有多高,恐怕谁也说不清楚。行政成本过高的直接后果不仅加大了财政负担,还大大挤占教科、文卫、社会保障等公共服务事业资金,进而影响着政府与群众的关系及政府的自我形象。

我国行政成本居高不下有多方面的因素所造成,其中,政府行为和公务消费缺乏有效的约束评估机制是极为重要的原因之一。目前,对包括行政公务支出在内的财政支出,更偏重预算的制定与支出规模的合法性,但对资金的使用过程与结果缺乏有效的管理和绩效评估。同时,由于政府支出没有全部纳入预算,还存在大量的不受监督的预算之外的政府性资金,从而为控制行政成本带来了相当的难度。

控制快速增长的行政成本,需要实施多管齐下的举措。在第二届中国法治论坛上,多名学者在发言时呼吁,必须尽快解决财政资金预算时的问题,包括预算编制粗疏、预算约束无力、预算执行灵活性太大等等,要求对公共财政经费的支出范围作出明确的界定,对财政预算的数额作出刚性的规定,对变更预算增加财政支出的项目应进入法定程序进行审批,坚决纠正手中握有资金权力的人随意批拨财政资金的现象,加强对预算资金和预算外资金的管理,严格执行《预算法》及其他财政法规,充分发挥预算的刚性作用,减少分配的随意性,增强预算的约束力。九三学社中央在2008年"两会"提案中就强调了行政成本信息的公开与监督,尤其指出普通老百姓比较关注的政府部门公车使用,手机话费,办公用品、公务接待费,以及出国考察培训等支出情况,应在政府与决算和政府行政成本信息公开中以比较详细的类别列出。

在所提出的控制行政成本的各项举措中,最核心的还是要建立科学的绩效评估制度。一些国家的改革实践证明,绩效评估制度是治理政府行政成本过高的有效途径。英国的"雷纳评审"通过对155个项目的评审,平均年节约支出4.21亿英镑。美国的《政府绩效与结果法案》实施了10多年,有力推动了以绩效和结果为本的政府再造运动的开展,提高了政府的工作效率和公众的满意水平。从1993年1月至2000年9月,美国联邦政府费用节省了1000多亿美元。参考借鉴先行国家的经验,为了降低行政成本,提高资金使用效益,应该加大对预算编制和部门预算执行审计力度,建立健全合理的绩效预算和公用支出成本核算即绩效审计体系。

绩效审计是绩效评估制度中的一项重要举措,旨在将经济监督与经济管理结合起来,对经济活动的节约、效率和效果等进行综合考核和评价,所考察的重点在于财政资金项目的实施效果和对社会经济产生的影响;它要求财政投资在制度上要公开透明,在效果上要合理实用,并接受社会监督。绩效审计重点不仅要审查政府及相关机构使用资金量的多少,更要审查财政资金项目对社会经济发展的影响力,对被审单位或项目的经济活动的合理性、经济性、有效性进行预测、监督、评价和鉴证,提出改进建议,以优化管理,提高效益。可以说,绩效审计的关键就是要求花费最少的资源取得最好的效果,"花最少的钱,获得最需要的服务。"国外有句名言总结审计的责任:审计是对纳税人负责——纳税人交给财政部门的钱,怎么花得向纳税人有个交代。目前,我国绩效审计尚处于启步阶段,绩效审计工作量在政府审计工作中仅占几个百分点,为此,需要进一步加大政府绩效审计的比重,通过人大立法确立绩效审计的权威性与独立性,强化人大对绩效审计工作的全程监督;进一步完备绩效审计法律体系,使整个绩效审计过程都能做到有法可依;将绩效审计与问责机制结合起来,对违法违规使用资金行为依法进行处理。以此促进政府公共投资决策者增强公共行政精神,主动接受社会监督,避免盲目性和随意性,提升公共资源使用的经济性、效率性和效果性。

四、政府绩效审计

据北京语言大学、中国新闻技术工作者联合会、中国中文信息学会联合发布2004年春夏季中国主流报纸十大流行语(综合类)中,"审计风暴"赫然名列其中。近年来,"审计风暴"清扫出多项重大违规违法行为,无以计数的网上留言表明,社会公众对"审计风暴"举双手欢迎。但不能不看到,连续两年的审计报告,都只公布了违规挪用资金的部门和项目,没有点具体责任人;对于胆敢动辄挪用千万元、上亿元专项资金者,还没有形成一套追责机制、堵漏机制;不少地方的审计部门更没有像国家审计署那样动依法审计的"真格",许多问题还在有意无意地被掩盖着。其实,从1996年国家审计署向全国人大常委会提交审计报告以来,差不多每年都要披露类似的严重问题。时间过去了8年,问题年年揭露,但由于我国政府审计基本属于财务审计性质,预算编制的审议以及审计后的纠错机制和问责机制缺失,违法现象虽连年曝光,其势头却未见遏制,导致公众产生"雷声大、雨点小"的质疑。由此,如何从制度上进一步完善审计过程,提高绩效审计的实效,正越来越引起人们的广泛关注。

所谓绩效审计,是指将经济监督与经济管理结合起来,对经济活动的节约、效率和效果等进行综合考核和评价,它所考察的重点在于财政资金项目的实施效果和对社会经济产生的影响,它要求财政投资在制度上要公开透明,在效果上要合理实用,并接受社会监督。

加拿大前审计长埃尼斯 M·戴依·FCA 受世界银行的委托,经过近一年的调查,写出了《亚洲发展中国家和工业化国家的绩效审计——谋求发展的机会》的调查报告,对于亚洲发展中国家开展绩效审计提出了颇有价值的参考意见,包括:要有良好的政治和经济环境,绩效审计必须得到政府的支持;政府委任有水平的最高审计机关领导人,最高审计机关领导者任期要长;吸取其他最高审计机关绩效审计的经验和教训;开展绩效审计的目的以及发展态势十分明确,已有审计法规和一定的发展能力;有财务审计基础及必要的人力和财务资源;加强对绩效审计人员的激励和培训等。

基于我国审计体制的特点,根据政府绩效审计发展现状以及经济体制、行政体制改革的要求,我国政府绩效审计的制度化建设目前应注重完善以下主要环节:

1. 提升绩效审计工作量在整个政府审计工作量中的比重

1986年,在悉尼召开了第十二届最高审计机关国际组织会议,会议发表了"关于绩效审计、公营企业审计和审计质量的总声明",对绩效审计作如下定义:"除了合规性审计,还有另一种类型的审计,它涉及对公营部门管理的经济性、效率性和效果性的评价,这就是绩效审计"。同时还提出了绩效审计的四个目标为:(1)为公营部门改善一切资源的管理打好基础;(2)使决策者、立法者和公众所利用的公营部门管理成果方面的信息质量得到提高;(3)促使公营部门管理人员采用一定的程序对绩效作出报告;(4)确定更适当的经济责任。上述提法,明确了绩效审计与财政预算执行和其他财政收支情况的审计重点是不一样的。财政预算执行和其他财政收支情况的审计重在监督财政预算资金在使用过程中是否有违纪违法行为。尽管这类审计维护了市场经济秩序,也维护了财经法规的严肃性,但由于这是一种事后审计,因而不能直接为国家(或企业)事前防止损失浪费和增加价值,因为这种损失浪费已经造成了。而绩效审计重点不仅要审查政府及相关机构使用资金量的多少,更要审查财政资金项目对社会经济发展的影响力,对被审单位或项目的经济活动的合理性、经济性、有效性进行预测、监督、评价和鉴证,提出改进建议,以优化管理,提高效益。可以说,绩效审计的关键就是要求花费最少的资源取得最好的效

160

果,"花最少的钱,获得最需要的服务。"国外有句名言总结审计的责任:审计是对纳税人负责——纳税人交给财政部门的钱,怎么花得向纳税人有个交代。由于绩效审计具有增加价值的功能,所以又可以说它是审计发展的高级阶段。如果把把财务审计看作是"保值性"审计,那么在某种意义上也可以将绩效审计看作是"增值性"审计。

从国外的情况看,美国的绩效审计工作起步较早。早在20世纪40年代,美国国家审计机关就开始对国家资金进行绩效审计,并产生了较大的经济效益和社会效益。目前,美国绩效审计工作量占政府审计工作量的比重达到90%以上,澳大利亚达到50%以上,瑞典、日本等国也达到40%以上,绩效审计已成为这些国家政府审计工作的主流。我国绩效审计目前尚处于起步阶段,绩效审计工作量在政府审计工作中仅占几个百分点,远远够不上主流。为此,需要进一步加大政府绩效审计的比重,促进政府公共投资决策主动接受社会监督,避免盲目性和随意性,这将有利于促进政府审计体系的合理性,提升公共资源使用的经济性、效率性和效果性,阻止那些热衷于乱铺摊子乱上项目,只问投入不问产出的违规行径。

国家审计署长李金华在一次谈话中表示:我们的工作重点正向绩效审计转变,打算到2007年拿出一半的力量来搞效益审计。审计署五年发展规划在审计内容和审计方式上坚持实行财政财务收支的真实合法审计与效益审计并重,逐年加大效益审计分量。效益审计以揭露管理不善、决策失误造成的严重损失浪费和国有资产流失为重点,促进提高财政资金管理水平和使用效益,维护国有资产安全。该规划确定了今后五年审计工作的三项主要任务,其中第三项强调"积极开展效益审计,促进提高财政资金的管理水平和使用效益",将其作为今后实践中不断探索的新任务。

尽管绩效审计是审计工作的发展方向,是现代审计的主流,但从总体上看,全面开展绩效审计的条件尚不完全具备,正如国家审计署副审计长刘家义所指出的:由于我国在思想观念、法制基础、标准规范、人员素质和技术手段等方面不健全,当前并不具备全面开展绩效审计的条件,但仍可循序渐进。重大违法违规案件、因盲目决策造成的资源浪费和国有资产流失、单纯追求速度而片面提供优惠政策造成国家和人民群众利益受到重大损害等三大领域将成为绩效审计的重点。因此,必须从实际出发,积极探索中国特色的绩效审计路子,而不能完全照搬国外绩效审计的模式。

2. 进一步完备绩效审计法律体系

法律依据是开展绩效审计关键的一环,因为依法审计是审计的基本原则,只有以法律、法规的形式把绩效审计确定下来,审计人员在进行审计时才有法可依。有关依法审计,李金华审计长诠释了两层含义:一是国家审计是宪法规定的一项重要工作,这就为审计机关独立行使职权提供了法律保障。审计要维护国家法律的严肃性,使国家的法律法规特别是财经领域的法规得以贯彻落实,在维护和促进法制建设上发挥重要的作用。二是要以法律法规作为审计工作的标准和依据。审计就是要监督法律法规的执行情况,违法必究,促进法律法规的完善和发展。

做好绩效审计执法工作,首先要进一步完备绩效审计法律体系,并加大力度尽快完善绩效审计处理处罚法规的制订工作,以利于绩效审计工作有法可依,严肃财经法纪。

从世界范围看,许多国家已经制定了专门的绩效审计法律制度。如美国最早将绩效审计以法律形式规定下来的文件是《联邦公司控制法案》。1972 年,美国会计总署的文件《政府机构、计划项目、活动和职责的审计标准》(《Standards for Audit of Governmental organizations, Programs, Activities and Functions》)对政府部门及其他非政府部门有公共资金的领域进行绩效审计作了具体规定;在英国,1983 年《国家审计法》第一次从法律上正式授权英国国家审计部门实施绩效审计,该法授权国家审计署对政府部门及其所属单位,以及一些使用公共资金的单位(但不包括地方政府和国有企业)资源利用的经济性、效率性、效果性进行检查;加拿大在《审计长法》中要求审计长报告缺乏效益和不节约的事例,或在能够合适与合理施行评价及报告计划效果的程序的地方,尚未建立令人满意的程序的事例;澳大利亚绩效审计起步于20世纪70年代,绩效审计分为效率审计和项目绩效审计,审计法授权审计长对所有机构进行项目绩效审计,明确规定在他(她)认为合适的时间间隔内,对政府各部、其他政府单位、联邦机构进行效率审计。

我国绩效审计的法律制度建设还比较落后。据了解,近两年来,全国仅有深圳市《深圳经济特区审计监督条例》、湖南省《湖南省审计监督条例》、珠海市《珠海经济特区审计监督条例》引入了绩效审计的概念。《审计法》规定了国家审计监督的地位和作用、监督的原则、审计机关的领导体制、审计机关的职责、审计机关的权限、审计程序和法律责任等方面的内容,为充分发挥审计机关在监督国家财政收支和国有资产管理等方面的作用提供了法律依据。但随着改革的深化与审计作用和地位不断得到提高,需要对政府审计监督的方向依法进行调整,由单纯的合法性审计向合法性审计与效益性审计兼顾转向,并将评价领导人的经济责任作为一项重要的指标。

此外,还需加大力度尽快完善绩效审计处理处罚法规。目前,我国各级审计机关对违法违规问题的处理处罚,主要还是依据1987年6月国务院发布的《关于违反财政法规处罚的暂行规定》。近20年来,我国经济体制和环境已经发生巨大变化,继续沿用原来的处理处罚规定,已经很不符合实际情况。有些审计机关对查出违法违规问题的处理处罚,只能依据相关部门的法律法规来定性并进行处理处罚,导致国家审计机关工作被动,产生相当的审计风险,有些行政复议案件的发生,也是由此而产生。为此,应从实际出发,尽快修订《国务院关于违反财政法规处罚的暂行规定》,同时审计署也可建立健全相对独立完善的审计处理处罚体系,将一些常见的违法违规行为加以分类,排列出若干种违法违规形式,并明确规定相应的处理处罚条文和措施。对某些不宜归类的违法违规行为,设立相应的主客观要件,只要符合这些主客观要件的,都是违法违规行为,都要设定相应的处理处罚措施,以利于审计处理处罚工作的顺利进行,严肃国家财经法纪。

为加强绩效审计的操作性与公平性,需要建立一套科学可行的绩效指标评价体系,指标内容包括对经济效益的评价和社会效益的评价。由于社会效益是一个很难用定量指标来衡量的,而定性指标有时难以保证公平。因此,在制定社会效益评价指标时,可以作出一些原则性较强的定性规定。另外,针对弹性较大的、容易使公平性受到损害的项目或领域,可通过总结经验增加一些补充性质的规定,以不断完善制度建设和规范化建设,努力形成"事事都在制度中,时时都在规范中,人人都在监督中"的审计法制工作环境。

3. 强化人大对绩效审计工作的法制监督

国家审计署就有关部委严重违规的问题向全国人大报告后,有论者欣慰地认为这是"政府自觉接受了人大的监督"。确实,在这整个过程中,国务院的态度——敢于自揭家丑的勇气是值得肯定的。但是,一个具有高度政治文明的国家,需要的并不仅是政府"自觉接受人大的监督",更需要"人大主动对政府进行监督"。

为确保审计部门对立法和司法系统负责,需要通过人大立法来确立绩效审计的权威性,颁布审计工作的制度和规范,授予审计机构享有调查、审计公共部门活动的权力,不受任何政府部门或个人的干扰,对审计项目的确定及审计形式等作出详细规定,审计结果能得到有效传递、反馈和处理,保证绩效审计成为公共管理的基本环节,促进公共管理部门自觉而有效地开展绩效审计工作。

164

将"绩效审计"被纳入人大监督范围,意味着将政府花钱引上法制化、规范化的轨道之上。在减少和避免政府花钱随意性的同时,监督机制也可以防止腐败分子贪污受贿、权钱交易。从以往情况来看,由于政府和一些部门领导缺少监督,一些政府预算资金便成了"唐僧肉",时不时就被人"吃"一口,造成政府财力紧张不说,政府的公信力也受到了影响。从一定意义上讲,人大对绩效审计进行全程监控,体现了监督机制的进一步完善,从过去只是管审批到现在的管住花钱,使整个监督机制更加规范与完善,从而减少了"漏洞"的存在。

广东省人大财经委与省财政厅已实现正式联网,通过"广东省国库集中支付系统",人大财经委可以从网上直接查询、监督省财政厅的每一笔政府财政支出。该系统就像政府的"账本",记录着数以百亿元计的财政支出和 80 个由省财厅直接拨款单位的政府采购情况。人大与财政厅实现联网,使人大能够及时掌握财政资金的收支及预算执行情况,强化了人大监督,也推动了政府依法行政。这种创新的监督方式使原有的"走过场"的预算批准制度,转变为多层次、多方位的实质性监督,既可以帮助纳税人随时盯住财政资金的流向,也可以约束政府花钱的随意性。

在对审计出的问题严肃查处方面,各级人大及其常委会还可发挥更大的作用。各级人大每年都对"一府两院"的工作报告进行审议,可以要求对前一年审计出的问题的处理情况作为报告的内容之一,包括有关问题是否查清,有关责任人是否承担了应该承担的行政责任或法律责任。这种审计问题整改报告机制,有助于完善绩效审计的过程,而不至于给人"虎头蛇尾"的感觉。

2004 年 11 月 28 日,审计长李金华在中央财经大学法律系举行的"中国财经法律论坛"上所作的讲话中肯定,今年审计署整改的情况可以说是 20 年来最好的。并表示,增强审计的透明度,公开审计接口,也许是落实责任,推动一些问题整改的最好的办法。

4. 提高绩效审计的透明度,加强社会对绩效审计的依法监督

按照 WTO 规则,有关政府行为要公开透明;十六大报告也指出,要进一步转变政府职能,形成行为规范、运转协调、公正透明、廉洁高效的行政管理体制。审计机关作为政府的组成部门,也应将提高审计工作的透明度作为一项必要的工作程序;而作为社会主义国家,人民当家作主,自然有权对政府的经济活动进行监督。可以说,政府绩效审计信息的公开化,逐步提高审计过程各环节的透明度,尽快推行审计机关对外公布审计结果的制度并加以规范,不仅是绩效审计管理内在的需要,也是提高绩效审计成效的必要途径。

从国外绩效审计信息披露的情况来看,审计结果一般要以某种表达方式传递给四个方面的利用者:一是立法机构。立法型、司法型和独立型国家审计机关每年都要向国家立法机构提交年度审计报告、专项审计报告或特殊审计报告;二是司法机构。审计机关遇到已经超越权限的问题时,采取移交移送等方式,将审计结果传递给国家司法机构。三是行政机构。国家审计要将审计结果以审计报告、审计建议书(意见书)、审计判决书、审计决定等方式传递给政府各级行政机构。四是公众传媒,即传递给社会公众。世界各国国家审计机关基本上都被授予并保留这一有力手段,它是借助公众舆论的力量来发挥审计监督的作用。英国审计署每年都将所有审计报告全部在审计署网站上刊登,任何人都可随时查阅。审计署认为,扩大新闻媒体的曝光可以对被审计单位形成一种压力,使其更愿意实施审计署的建议。

长期以来,国家审计机关没有真正建立审计结果的公告制度,只有少量的审计结果按需要并经批准通过新闻媒体予以公布,这方面信息公开的力度有待于进一步加大。按照公正透明的要求及国际上许多国家的做法,除规定密级档案以外,政府部门档案要允许社会公众查阅,目前档案管理部门也已经提出了这方面的设想

和要求。公布审计结果和容许公众查阅档案,势必大大增强审计工作的透明度。一方面可以让社会更多的人了解和支持审计工作,宣传审计成效,增强审计监督的权威性,为审计工作创造良好的社会环境。另一方面也在实际上强化了社会对审计部门是否依法审计以及审计质量等方面情况的监督,而通过加强社会对绩效审计的监督,可以促进政府绩效审计在规范我国经济发展秩序方面发挥越来越重要的作用。

令人欣喜的是,国家审计署近年来报告的透明度越来越高:2002 年的审计报告有 30 页,但点名的案件只有一宗;2003 年的报告减到 16 页,但曝光内容大大增加;今年的审计报告省略了惯有的综合统计说明,篇幅 1.2 万字,大批案件被曝光,十多个部委被点名。据了解,国家审计署力争在 2007 年全面推行审计结果公告制度,力争做到所有审计和专项审计调查项目的结果,除涉及国家秘密、商业秘密及其他不宜对外披露的内容外,全部对社会公告。

提高绩效审计的透明度,应按照程序化要求贯彻于绩效审计整个过程,包括预算编制这一重要环节。实行预算公开化,将预算过程纳入公众和社会监督的视野,这不仅是建设公共财政的要求,也是根治财政腐败的不二法门。预算不公开,容易导致职务腐败和决策失误现象的发生,比如,没有约束的接待费预算很容易导致"吃喝风"和贪污受贿;缺乏监督的工程预算则很容易导致政绩工程、腐败工程的上马等。所以,要防止预算腐败行为,就必须加强对财政预算的管理和监督,以防止各类预算"黑洞"问题的发生。从目前来看,应逐步做到政府预算收支计划的制定、执行以及决算的形成等过程都向社会公开,让公众知情,方便人大代表开展审查和监督;在公开的同时,进一步细化预算,将所有的预算指标都核定到具体项目,使大家清楚要办哪些事,用多少钱,怎么用钱,做到责、权、钱的统一。

5. 健全预算管理体制,完善法制监督程序科学的管理体制,需要有科学的程序安排。在第二届中国法治论坛上,多名学者发言呼吁,必须尽快解决财政资金预算时的问题。有专家比喻道,洪峰来临之时,上游不筑坝,下游如何抵挡?而绩效审计相对于财政预算时人大的审议监督,就程序上就属于下游范畴。审计署报告中所暴露出来的严重问题,大多与上游的财政预算制度建设不力、预算编制粗疏、预算约束无力、预算执行灵活性太大有密切关系。因此,需要进一步完善绩效审计法制监督程序,重新构建公共财政制度,尤其要强化人大及其常委会在预算编制、监督中的权威作用,把财政真正纳入法治、民主的框架中,尽可能防止财政资金被不良官员滥用。

《中华人民共和国预算法》第十二条规定:全国人民代表大会审查中央和地方预算草案及中央和地方预算执行情况的报告;批准中央预算和中央预算执行情况的报告。但是,每年"两会"在3月召开,中央预算已经实行了两月之久,上述规定自然难以完全落实。而且,在每年的人代会上,政府向人大提交的预算报告往往比较简单,代表们只知道教育要用多少钱、医疗要用多少钱,却不知道它们分别要花在哪里。此外,还有预算外支出,因为它们并未纳入国家预算,几乎成了一个"黑洞",人们根本搞不清楚它们是怎么使用的。这部分资金数额巨大,在有些单位,甚至比预算内资金还多。

全国人大是国家最高权力机关,也是国家最高立法机关,政府各部门的每一分钱支出,都需要经过人大的审议批准后方可支出,各部门的各个具体预算科目,应当事先由各级人大的各个专门委员会进行详尽的审议。事实上,这也正是人大之为最高国家权力机关的当然职权。目前全国人大所审计的预算报告,存在两大问题:一是过于粗略。至今每年春天财政部门代表政府向各级人大所作的预算报告大多过于笼统,各部门只有总体数字,而缺乏部门内部的详尽预算,不仅老百姓看不懂,很多专业人士也不甚明了。

而在发达的市场经济国家,类似的报告细分化程度很高。每一笔财政支出用途何在以及相关的细节问题,在报告中都列得很详细。二是执行中弹性太大。预算案中各个科目的支出,应当是"铁预算",基本上是不留任何弹性的,只有人大或其常委会本身能够对预算案进行修正,包括追加预算或改变拨款用途。而传统上,政府各部门预算执行的各个环节弹性很大,几亿、甚至数十亿巨资,可以仅仅根据一些官员的意见而随意改变用途,甚至都没有通知一声人大。这样的"灵活性"给各部门挤占挪用财政专项拨款、财政收支不列入预算等违法违规行为提供了非常便利的条件。

为此,预算管理体制改革的基本思路应当是淡化决算,强化预算编制。各个部门的各个具体预算科目,事先由人大的各个专门委员会进行详尽的审议。事实上,从人大所扮演的角色来看,这些专门委员会的主要职能,就应当是审议政府各部门的预算,并对其执行情况予以监督。预算监督的内容主要体现在三个方面:一是财政资金分配是否合理,是否把钱花在社会发展最需要的地方;二是财政资金的使用是否绩效最佳,有没有发挥最大效益;三是防止财政腐败,财政资金有没有被贪污、挪用。因此,绩效审计的关键性环节是从最上游建立合理的架构,首先是对于预算编制要建立科学严格的审议和批准制度,其次才是对预算执行的监督机制及违规后的纠错和问责机制。这个问题不解决,"审计风暴"虽一年猛似一年,问题也许仍将一年又一年地重复。

预算管理具有专业方面的要求。在英国,财政预算管理是由普选产生的人士组成预算管理团体与地方政府首脑共同进行的。预算管理团体的人士经考试、资格审查、面试后作为候选人参加普选而产生,是体现各方面意志的优秀专业人士,约有500—600人之多,依靠高素质、有广泛代表性的预算管理团体和比较科学、全面的预算指标体系来保证政府预算质量。为进一步强化对预算过程的管理与监督,可吸收有关政府部门领导同志、专家等组建财政预算管理委员会,加强对预算的经济性、效率性、效果性的事先评估,以提高财政预算的科学性与合理性。

6. 健全与推进审计个人问责制度

每年的"审计风暴"过后,人们都会期待对那些被审计出来的问题进行认真追究,对有关责任人做出严肃的查处。但在实际审计问责过程中,由于种种因素的关系,针对查出的问题,往往是偏重于一般的整改,比如违规资金的追缴、经办人员的处理等。在审计报告中,我们更多看到的是"某某行政部门挪用资金、违规收费"等等,最终还是由单位或部门"埋单"了事;而对于单位或部门的主要负责人,则习惯于以"下不为例"的方式予以对待和解决,这也是导致"屡审屡犯"、"屡犯屡审"持续存在的重要原因之一。

国际最高审计机构组织出版的《利马审计规定指导方针宣言》(INTOSAI)中指出:"审计本身并不是终点,而是管理体制不可或缺的组成部分,这一管理体制的目的在于及早披露偏离公共标准的行为和违反财务管理的合法性、效率性、效果性和经济性原则的现象,以便就各种情况采取纠正性措施,使有关责任人承担责任,进行赔偿,或者采取措施防止这种违法、违规、违反原则的行为——或者至少使上述行为更加困难。"审计是为了发现问题、揭露问题,更是为了解决问题。问题的善后处理是审计的终结目的,它关系着审计的经济效益与社会效益的实现。近年来,不少部门违法违规使用资金规模大、范围广、持续时间长,但受到惩处的高官鲜而有之。有的照样升迁,更多的大事化小,小事化了,或内部从轻处理。审计法规定,被审计单位的财政收支、财务收支违反法律、行政法规的规定,构成犯罪的,依法追究刑事责任。但对于被审计单位的领导们该追究什么责任,目前似乎没有什么明确的说法。按照现有的法规,国家对"县以下党政领导干部任期经济责任审计"和"国有企业及国有控股企业领导人员任期经济责任审计"有相应的规定条文,再上级的部门似乎无人承担审计责任了。

170

综观一年多来备受关注的几起问责事件,我们不难发现其问责范围存在一定的不确定性,也就是说,只有在事故或事件引起了中央高层的关注后,才能促成相关责任人被动辞职。而且总的来看,目前"引咎辞职"基本锁定在人命关天的大事上,尚未引入决策失误、用人失察、经济责任等领域。这与国际社会广泛的引咎辞职事项相比,范围显然偏窄。另外,问责对象具体到何人,在党政领导、正副职、不同层级的官员之间,责任如何分配,也带有一定的不可预期性。这种不可预期性又与权责不清相连,因而很难令当事人心服口服。

库珀指出:"应该尽量培养个人责任,因为这样才能抵消官僚机构所倾向于要求的代理转换所造成的弊端。"尽管近年来对于个人责任追究的数量有所提升,但相对于动辄数以千万、数以亿计的严重违法违纪行为,目前所受到追惩的对象显然是远远不够的。同时,这些行为虽然从形式上讲是带有组织性、系统性的违规行为,但决策者、实施者总是一个一个具体的人,尤其是主要领导者,为此,应尽快完善个人问责制度,将部门、机构的主要责任人纳入审计问责范围。实施全面审计问责一个最起码的必要条件,就是"法无例外",即应坚持权力与责任相对应的原则,确保所有审计出来的相关责任人尤其是主要负责人都受到应有惩处。其实,现在很多部门的人事权、财务权都集中在主要领导手中,重大财务违纪行为,没有领导的授意和默许,具体经办人员是不会自作主张的。为此,要避免审计责任追究中"追下不追上",追执行者不追决策者,追当事人不追管理者,避免"丢卒保帅"、组织或部门"埋单"等现象的持续发展和蔓延,必须由大而全的组织问责、部门问责转向具体化的、有针对性的个人问责。同时,对于一些屡审屡犯部门的主要负责人,以及中央三令五申和已经列入违纪违法行为的项目,必须加大审计法律问责的力度。如果只是要求整改了之,而不依法问责和处理这些部门的当事人员,实行责任者个人"埋单制",难以遏止"屡审屡犯"的违法违纪现象。

新《审计法》有一处重要的修订就是有关"经济责任审计"的规定,该规定将经济责任审计的范围进一步扩大至"对国家机关和依法属于审计机关审计监督对象的其他单位的主要负责人"。经济责任审计主要通过核查账务,对党政领导干部任期内执行财经纪律等情况进行监督检查,并在一定程度上判断领导干部是否正确履行其经济职责、是否遵守廉洁从政的各项规定的审计制度。将经济责任审计写入《审计法》,把在实践中行之有效的规定上升到法律层面,对"审计决定"执行的法律程序和相关责任进行了明确规定,为领导者个人责任追究提供了更具体、更坚实的法律依据,进一步强化了审计个人问责的效力。最近,教育部向部属各高等学校和各事业单位下发了《关于做好领导干部经济责任交接工作并将经济责任审计报告作为交接内容的通知》,规定从 2007 年起,教育部部属高校领导离职前,必须将经济责任审计报告作为交接内容,必须说明重大经济决策和经济事项决定的程序和效果情况。前一时期召开的全军领导干部经济责任审计工作领导小组全体会议透露,2007 年,军队领导干部经济责任审计将突出单位主官和承担军事斗争准备专项任务单位的领导干部,其中军、师、团职领导干部的审计,单位主官比例不低于 30%。由此反映出,对责任个体的审计问责正越来越引起有关领导层的关注,并纳入法制化的范畴。

第四章　公共政策创新

一、公共性:公共政策的价值导向

公共政策一般指公共领域里的行为规范、准则或指南,是以政府机关为代表的公共权威为解决公共问题或满足公共需要,有意识地采取的积极行动或不行动。公共政策所关心的问题是政府行为涉及到的相关内容,包括:政府如何控制社会内部的冲突,如何协调各类社会组织的关系,如何为社会成员提供他们所需要的公共服务,如何促进社会经济的发展以及建设一个和谐与公正的社会,等等。可见,公共政策涉及到对行为的合法管制与引导、对社会资源的有效开发与利用、对社会利益的合理分配等。

公共政策中的"公"是指其社会性、公众性的导向;"共"谓之资源共有、共享。可以说,"公共性"是公共政策所固有的本质特性,公共政策的制定主体只能是公众,政府则是作为公众的代表,以公共利益作为基本导向,通过合法程序制定各种服务于社会全体成员,并规范、引导其行为的准则或指南。公共政策的正当性、可行性来自于它的公共性。美国公共政策学者斯图亚持·尼古认为,公共政策分析就是根据政策与目标之间的关系,在各种备选的公共政策中确定何种政策将最有效地实现一套既定目标的过程。这一分析过程,是政府"政策主张的先决条件",亦即政府决策、主张及其实施的前提,从而决定了公共政策的性质。可持续发展,是指既满足当代人需要,又不危害后代人满足其自身需要能力的发展;是指既实现人类经济发展的目标,又保护人类赖以生存的自然资源,并促进人与环境和谐地发展。

公共政策的科学性来自于它的创新性。这意味着公共政策的制定与实施应与时俱进,要根据社会的发展及公众的需要,即时制定新的公共政策,用新的方法、新的思维来规范、引导人们的行为,对原有的制度设计和政策安排有选择地扬弃与创新,以大大提高公共政策的效率。

现代市场经济下公共政策有三个突出特点:一是公共政策出点以市场为基础;二是公共政策的制定的法律准确;三是公共政策的目标以实现效率、公平和发展要求为重点。从传统的计划经济到市场经济的模式转变,以及由这转变所引起的一系列制度和社会变革,将对政策的公共政策基础或政策环境产生决定性影响,致使公共政策需在资源配置方式、政府角色、宏观调控模式,以及所有制结构转变中的加以重新定位。最后就中国转轨经济的实际情况看,公共政策转型需重点解决的几个突出问题,即公共政策范围和目标的非市场化问题;公共政策的灵活性与稳定性问题;公共政策的科学化、民主化和公开化问题。

公共政策一旦形成,就具有一定的权威性、强制性和持续性,就会对一代乃至几代人的生活方式和命运产生决定性的影响。

美国公共政策学者斯图亚特·尼古认为,公共政策分析就是根据政策与目标之间的关系,在各种备选的公共政策中确定何种政策将最有效地实现一套既定目标的过程。在公共政策分析过程中,必须遵循"公共"原则,才能使公共政策有利于经济、社会的可持续发展。我国台湾学者张世贤、陈恒均认为,公共政策是政府用来"处理或解决公共问题或公共目标"的。日本学者药师寺泰藏也认为,公共政策就是为"公共"而制定的政策。可见,"公共"指向的目的性是公共政策的本质属性。公共政策分析只有遵循"公共"原则,才能真正体现这一本质属性。

这里所谓"公共"原则,一是指政策问题取向的公共性,即在公共政策分析过程中坚持以公共利益的实现为原则。公共利益是

174

一个结构复杂的系统。各利益主体间的此得彼失,影响着公共利益的实现,甚至影响着正常的社会秩序。因此,政府作为"一个国家或社会的代理机构",在借助政策手段行使公共权力、承担公共责任、解决公共问题的过程中,必须谋取公共利益,而不能在私人领域侵犯私权,或为少数人甚至政府自己谋取私利。"公共"原则要求,要以公共利益的实现问题为纲领性的政策问题进行公共政策分析,使政府决策能够更有效地约束、引导各社会主体,包括政府自己在公共领域内以其秩序化的活动增进公共利益,并"中立"地使之为现实和未来的各社会主体所平等分享。

二是指政策目标取向的公共性,即在公共政策分析过程中坚持以代际目标的实现为原则。从一个历史过程来看,"公共"原则要求,通过公共政策分析,使政府决策得以把政府的行为目标,规范、约束在既立足当代人的利益要求,又确保未来人可发展的基本条件的取向上。唯有如此,才能体现政府行为在代际之间的公共性、公平性,而不是偏执于当代的自私性、狭隘性。"发展才是硬道理"。从某种意义上讲,只有当代和未来连续、不间断的发展,即持续发展,才能真正确保全社会公共利益的实现。这种代内和代际的持续发展,是当代人和未来人公共利益的根本体现。因此,从另一角度也同样可以说,以代际目标为取向的公共政策分析,同样是在公共利益实现意义上的"公共"原则的体现。

三是指政策问题范围取向的公共性,即在公共政策分析过程中坚持以整个发展系统全面、协调的发展为原则。根据前面的结论,持续发展问题也应该是当代政府纲领性的政策问题。持续发展是整个发展系统内各因素的全面、协调发展。目前,全球范围内形成的威胁着持续发展的资源短缺、环境污染、人口剧增、生态破坏等严峻问题,正是由于当代政府违背"公共"原则,默许甚至鼓励人们对公共资源"各取所需"式的无节制开采与利用,才造成了发展系统内部各因素之间,尤其是人与资源、生态、环境之间关系的失调,使符合持续发展需要的公共资源的供给呈现出间隙性,甚至短缺或中断。因此,从政策问题认定的范围来看,"公共"原则就是要求政府就所有制约持续发展的问题,包括从自然界到人类社会、从当代人到未来人的各种有关发展问题的有序而系统的解决,既尊重人类的利益,又尊重自然界的利益;既尊重当代人的利益,又着重作为利益主体目前尚还缺位的未来人的利益。

还需提及,如上所述,公共政策分析中的"公共"原则,实际上已内在地与持续发展问题联系在一起了。可持续发展既是一种持续发展的状态,又是当代人类在发展问题上的一种价值取向。可持续发展问题与公共政策分析中的"公共"原则之间,是内在相连的。可持续发展理应成为人们透视公共政策分析的"公共"原则的基本角度。

从可持续发展这一基本角度看,当代公共政策在若干环节上的局限,使公共政策难以真正体现公共利益要求,实现代际发展目标,协调可持续发展的发展系统内各因素之间的关系,偏离甚至违背了"公共"原则。

1. 公共政策理念对"公共"原则的偏离

20 世纪 70 年代以来,以美国哲学家约翰·罗尔斯为代表的新自由主义者提出的个人利益先于公共利益的思想,一直深深地影响着现代政府的决策理念,以至于发展为约瑟夫·雷茨自由主义的国家中立原则,认为纵使公民的所作所为为社会上绝大多数人所不赞成或违背了绝大多数人的愿望,只要不侵犯他人权利,国家也不得干预。美国诺贝尔经济奖获得者肯尼思·阿罗甚至专门论证了"不可能定理",认为社会一般不可能形成某种一致的选择,或对事物进行一致的优劣排序;即使这里的所谓"一致"仅理解为"多数决定",也是不太可能的。按照这样的逻辑,根本就不存在什么公共利益,至少,不存在一种能够明确定义,在现实中能够实际起作用的公共利益。这种否定公共利益的存在,片面强调

176

国家中立,而不得干预所谓不损害他人利益的个人利益的决策理念,无法使公共政策分析体现"公共"原则,必然损害公共利益,当然也影响着体现了公共利益的经济、社会的可持续发展。

2. 公共政策过程对"公共"原则的偏离

不少学者认为,"公共物品生产的资源配置问题不能通过经济市场来解决,而要通过政治市场来解决"。因此,当代政府的政策分析过程,多是凭借政治市场进行博弈的过程。一方面,公共选择理论认为,尽管政治市场在起点上具有一人一票的平等性,但在终点上受"少数服从多数"的主导,表现出了"多数"强制"少数"的不平等。并且,"国家在过去被看作是大公无私的,现在则被当成参与政治活动者进行交易的市场"。因此,作为有"经济人"特征的选民与政治家,其政治市场上的价值取向,不能不受组织良好或力量强大的利益集团的影响,使政府常常不得不制定有违"公共"原则的政策,把公共资源的利用导向对公共利益的破坏,或者反过来,借公共利益之名,据公共资源为非"公共"之用。另一方面,受认知能力的局限,当代政府还不具备足够的能力,按政治市场的要求去准确地收集信息,并形成与整个社会的公共要求相一致的偏好。这就使政府与其各个部门之间难以获得有效的沟通,形成对公共利益的共识所需要的充分信息。其结果是,政府及其部门之间政出多门,难以协调发展系统内部诸因素间的矛盾,误导出包括政府在内的各社会主体对公共资源的无序利用,最终使发展失去其可利用的资源而被迫中断,无法实现经济、社会的可持续发展。

3. 公共政策的公平目标对"公共"原则的偏离

公共政策分析的公平目标,是指"政策执行之后,政策的标的团体,所分配到的社会资源,所享受到的效益,所负担的成本等公平分配的程度"。公平应该是代内公平与代际公平的统一,是政府维护经济、社会发展秩序,满足社会公共利益要求,提高自己的合法性及其政策权威的重要目标。它既是一种客观状态，又是一种主观判断。从伦理上讲，公平是指未来各代人与当代人分享资源与环境利益的平等权利。然而，当代人的认知局限及其难免的功利主义倾向，使他们难以克服代内公平的目标偏好，很难理性、自觉地从未来人的角度，要求公共政策分析能着眼于在代内和代际之间公平地分配公共资源，并使之成为其政策诉求的主要取向，谋求从当代指向未来的持续发展。

不仅如此，当代政府还面对着解决有关代内公平的公共问题的现实压力。斯图亚特·尼古认为，"从政治上讲，增加效益也许要比降低成本容易些"，效益的增长意味着政府及其政策"运作得更有效或会得到更高的评价"，"而降低成本或削减项目预算"，"也许会激起人们的反对"，因为这意味着在一定效率的条件下，人们可能获得的效益将下降。因此，当代政府为了实现公平，在"使穷人的境况好起来，而不使富人的境况坏下去"的前提下，其"公共政策只有当它们提高最小人群组的福利时，才应该被采纳执行"。可见，人们要求公共政策实现的代内公平目标，不是靠清教徒式的节俭，而是靠成本投入、靠自然资源利用量的不断增加，来最大限度地提高社会平均效益，并扩大其在穷人当中的得益面与得益程度的。

显然，严峻的问题是：公共政策分析的这种公平目标，存在着严重的结构缺陷。它忽视了代际公平而偏于代内公平；并且，在代内公平的现实压力下，难以对超越资源与环境的承载能力、盲目追求当代人的利益要求进行有效限制，将断送未来人发展的条件，使经济、社会的发展呈现出间隙性。从人类历史的动态过程来看，与其说当代公共政策分析由于公平目标的结构缺陷，不如说由于严重违背了"公共"原则，才使政府的职能范围超出了其广义的公共领域，使人类（包括本来人）的公共利益更多地满足了当代人（或政府）的眼前私利，制约了经济、社会的可持续发展。

178

4. 公共政策模型对"公共"原则的偏离

国内外学者都把公共政策分析的理论模型概括为多种决策模型。其中一些决策模型的固有局限,决定了相应公共政策偏离"公共"原则的倾向。国内也有相关著作对这些决策模型的局限性提出了批评。最典型的,一是团体决策模型的局限。该模型认为,作为政治过程产物的公共政策是利益团体间斗争的产物,并反映占支配地位的利益团体的利益。随着各利益团体力量和影响的消长,公共政策将变得有利于其影响增加的那些利益团体的利益。这就清楚地表明:该决策模型下产生的公共政策,反映的是占支配地位的利益团体的利益,而不是社会整体的公共利益。尽管在实际决策过程中,无论哪一个利益团体,在法理上,还是能力上,都无法取代政府的主导地位,公共政策不一定就反映影响力最大的利益团体的政策要求,但是,这种模型无视公共利益要求的倾向,无疑将是对政府及其政策背离"公共"原则的某种认可。二是精英决策模型的局限。该模型认为,公共政策是由掌握统治权的精英人物决定,并由行政官员和行政机关付诸实施的,公共政策反映的是精英阶层的偏好、利益和价值选择。很明显,虽然该模型一定程度上反映了代议制民主下各国决策实际可能的情形,然而,与团体决策模型相比,该模型更多地强调了居社会少数的精英阶层的利益,更是直接地背离了公共政策的"公共"原则,漠视了公众的公共利益。总之,这些局限,将不同程度地带来了公共政策分析对"公共"原则的偏离,弱化了政府的政策手段对人与公共资源间关系的协调能力,难以实现对公共资源掠夺性利用的控制,破坏了可持续发展赖以实现的条件。

公共政策从本质上是导向未来的。从可持续发展的角度看,在公共政策分析中体现"公共"原则,就是使公共政策能既立足当代,又面向未来;既面向人类自己,又兼顾资源、生态、环境,维护人(包括当代人和未来人)与自然共有的公共利益。只有这样,人类才能真正在自然限度内合理地开发、利用和保护自然,并使其利益得到持续实现与尊重,进而使经济、社会可持续发展具有可靠保障。

具体分析,公共政策体现"公共"原则的具体要求可从以下几个方面考虑:

其一,公共政策分析的理念必须反映"公共"原则。人类的活动在自然界面前不是绝对自由的。为了保护更多的公共利益,政府在公共决策中,必须彻底抛弃视人类为自然界的中心的陈旧理念,形成以保护自然并协调其与人类的关系为主要内容的新理念,进而"建立一个以自然持续发展为基础、经济持续发展为任务、社会持续发展为目的"的人与自然和谐一致的新的发展观。按可持续发展的要求,公共政策分析的理念反映"公共"原则,一方面,就是以新的伦理道德和价值标准,把人类利用自然的自由,限制在自然界本身作为人类生态体系总体利益中利益主体的一方,使其权利不被侵犯的范围内,不再把自然界看作是被人类随意盘剥和利用的对象,而看作是人类生命和价值的源泉;另一方面,就是要求当代政府必须将其关注的公共领域进一步拓展到自然界,使自然界中的每一个变化,无论是否人类活动所致,无论是否对人类有直接利害,都成为公共问题而进入政府的视野,进而进入政策议程。只有这样,才能在更广的范围内,从根本上协调整个经济、社会的发展系统,确保可持续发展的实现。

其二,公共政策分析的主体必须遵循"公共"原则。政府是公共政策分析最重要的主体。在公共政策分析过程中,能否满足经济、社会发展系统内各因素、各环节的利益要求,包括资源、生态、环境作为利益主体的利益要求,即能否遵循"公共"原则,既影响着政府自身的合法性,又造成人们对资源的种种不合理占用,进而使政府面临着能否遵循"公共"原则,按可持续发展的要求协调人与自然之间关系的重大压力,也就如著名政策科学家叶海卡·德罗尔所说的政策制定中的"逆境"。德罗尔认为,在决策主体处于"重大的两难境地"时,应尽量"将这些政策坚持若干年","因为对大多数逆境来说,没有持续和连贯的多年努力是不可能取得成效的"。这就提示人们,着眼于人与自然各自利益及其共同、长远(包括本来人)的公共利益。公共政策分析主体理应在各种干扰面前"不为所动",在人与自然组成的公共领域内,坚持"公共"原则,不徇政府私利,力戒价值偏好,协调整个发展系统内各利益主体的利益。否则,可持续发展将难以实现。

需要进一步指出,由于长期以来工业的盲目增长,已经导致了全球范围内可持续发展的发展系统的失调。如若美国学者詹姆斯·安德森所说"政府的任务是服务和增进公共利益",并且这种公共利益是"普遍而又连续不断的为人们共同分享的利益"的话,那么,当代各国政府作为决策主体,就应该遵循全球范围内的"公共"原则,加强国际合作,解决全球性的环境污染、生态恶化、人口膨胀等公共问题,在可持续发展的条件下使全人类"可持续"地享受其应得的公益。可以认为,把利益的可持续性分享看作公共利益的属性,是安德森有关公共决策问题的深刻见解,他实际上已经把公共利益与可持续发展问题内在地联系起来了。从这个意义上讲,为了全球的公共利益,即可持续发展,就会如德罗尔所说的,将"减少了各个国家政策制定的自主程度"。各国政府作为公共政策分析的主体,甚至不能因本国的价值偏好而违背全球范围内的"公共"原则,损害可持续发展的全球条件。

其三,公共政策分析的公平目标必须体现"立体"要求。多数学者公认,就社会意义而言,公平是经济、社会发展的重要动力,是现代社会规范的灵魂,因此是公共政策分析的重要目标。要促进可持续发展,公共政策分析就要在其目标取向上,以横向的代内公平促进经济、社会的当前发展,从而为未来发展准备条件;以纵向的代际公平保障经济、社会未来不间断的发展。也就是说,以"立

181

体公平"来反映代内、特别是代际间的"公共"原则,才能真正实现经济、社会可持续发展。

以代内公平为目标的公共政策分析有利于促进当前的发展。人们达成的共识是,代内的公平,有助于增强政府的合法权威,提高政府的公信力,使公共政策作为"看得见的手"而更具有效性。一方面,代内公平的提高,可以抑制经济、社会活动对资源、生态、环境的不公平利用以至破坏,并使之纳入到秩序化的轨道,促进全社会对自然资源的节制性使用,进而,减少对未来发展可能有的资源短缺或生态、环境制约。另一方面,代内公平可以保护穷人在当前公平利用资源方面不可侵犯的权力,以避免各社会主体对资源占有的不平等,解决贫困问题。常常是,在贫困状态下、人们处于基本生存需要难以满足而无奈的境地,"只好顾及眼前利益,采用高贴现率的方法,去利用资源",从而"加剧资源的退化以至枯竭"。因此,立足于避免或减少代内贫困,代内公平既是现实的发展,又是资源可持续供应,生态、环境可持续平衡和利用的必要条件。同时,代内公平的导向下,有利于实现公共政策对经济、社会的当前发展所需的资源,特别是稀缺资源的有效配置。美国经济学家保罗.R.格雷戈里等认为:"只要经济是完全竞争的,资源配置将处于最优状态"。而"完全竞争"的逻辑要求,就是公平,起码是代内公平。在当代条件下,作为"有为"政府,就要能够通过公共政策分析,获得必要的政策手段,营造公平的市场竞争环境,把社会最短缺的资源配置到最需要的环节中去,维持资源、生态、环境以及社会生产结构与需求结构之间的协调与平衡,在有效、低水平地消耗和利用自然的基础上,满足社会的当前需求。这样,既可以节约资源,又有助于提高资源满足未来的持续供给能力,进而又将有助于未来人的发展。以代际公平为目标的公共政策分析有利于保障未来不间断的发展。固然,代内公平也有利于未来的发展,但其着眼点仍然是当前的发展,只具有未来发展的起点意义。代

182

际公平"是从时间特性和人类认识能动性出发提出的现世人类应有的责任感和对未来人类利益的义务感"。令人担忧的是,由于缺乏可行的体现代际公平目标的政策约束,常常是"从事长期行为的人,只承担长期行为的成本,而未必能得到长期行为的收益"。其结果,必然使短期行为普遍化,不顾及甚至破坏未来的发展。因此,当代政府的重要责任,就是在"公共"原则下,通过公共政策分析,形成政策导向,使当代人负起历史与道义的责任,避免其利用相对于未来人"近水楼台"的优势,垄断性地主宰自然,并掠夺性地开发和利用。从伦理意义上讲,当代政府的公共政策,不仅要从当代人,而且要从未来人的角度,看待有关发展的公共问题。在未来人作为利益主体缺位的情况下,由当代人短视需要的满足,透支资源、生态、环境的成本,伤害甚至丧失未来人赖以发展的客观条件,是不道德的。19世纪末美国的自然保护运动,已明确提出要将资源留给子孙后代。必须通过"公共"原则下强制性的政策规范,立足于人与自然间的互惠互利,在代际之间实现人类对于资源、生态、环境的共同利用。只有这样,才能确保经济、社会的未来发展和可持续发展的条件。应该注意,这里强调以"公共"原则,而不仅仅是以公平目标进行公共政策分析,其优越性在于,前者立足于各利益主体,包括富人和穷人、人类和自然共同利益的实现,来解决贫困与发展,以及持续发展问题,而又一般不至产生富人与穷人、人类与自然的对立,有助于使可持续发展的发展系统内各种因素内在的协调,更好地促进经济、社会的可持续发展。

二、发展中的公共政策研究

公共政策研究的兴起和发展始终围绕着一个十分现实的问题:如何使政府的决定和行动更合理并且更有效。公共政策研究一开始就具有十分强的应用性目的,并要求运用和发展科学的可行的研究方法和手段。这种综合性研究和应用性目的的特点使公共政策研究与传统政治学在研究取向和方法上有了很大的差别。

它不但使得许多从事政治学研究的学者越来越关注公共政策取向的研究,并致力于从其他社会科学中寻找新的研究方法。

美国是公共政策研究的发祥地,同时,其公共政策研究的发展也最迅速,研究成果也最多。美国公共政策研究的理论和体系对其他国家公共政策研究有着极大的影响。公共政策研究之所以首先在美国诞生并获得迅速发展,这同美国的政治生态环境(政策土壤)的特殊性有相当关系。美国多元化的社会结构和两党制的政治体制使政策问题和政策选择(政策替代方案)成为普遍关注的问题。政党之间的政治斗争一般不是围绕着不同的意识形态展开,而是围绕着不同的政策选择所进行。因此对政策替代方案的比较重视。

此外,国内一些学者提出,政策科学的出现和兴起有着深刻的理论背景和实践依据。在理论上,本世纪下半叶经济学、统计学、行为科学和管理科学的发展为政策科学提供了许多新的分析工具和方法论基础;在实践方面,各国政府为解决国防、经济以及社会问题,需要社会科学界的帮助和参与。正是在这种情况之下,公共政策研究作为融合了多学科的研究成果并以一门相对独立的综合学科得以不断的发展和完善。

公共政策研究在 20 世纪 50 年代没有引起普遍关注,除了当时的倡导者在理论和方法论上存在明显缺陷之外,公共政策问题还没有成为迫切需要解决的普遍问题。到了 60 年代,美国社会开始遇到前所未有的政治与社会问题。越南战争给人们带来的困惑引发了全国性的反战运动,长期的种族隔离政策激发了大规模的争取平等权利的民权运动。同时,快速的工业化和都市化带来了迫切需要解决的犯罪、贫困,教育,住房、就业、养老和环境保护等一系列棘手的社会问题。这些问题首先引起了社会科学界的普遍重视,许多学者开始从这些社会问题着手研究公共政策,大学里也开设了许多关于公共政策问题的课程。同时,面对这些问题,政府迫切需要社会科学界对政策问题的研究,以帮助政府分析问题和制定政策方案。另外,从60年代开始,社会科学和应用科学发展突飞猛进,公共政策研究也正是在这种相关学科的发展高潮中得到发展的。

综合一些学者的分析,公共政策研究在美国的兴起和发展有两个相互关联的基本原因。第一,社会对公共政策研究的普遍需求。这种需求不仅仅来自政府制定政策的需要,而且还来自社会对政策问题的普遍关注。在政策问题的压力下,美国政府以及许多企业、财团和基金会投入了大量的研究基金和学科建设资金资助与政策问题相关的社会研究和学科建设,为公共政策的研究和发展提供了大量的资金来源。同时,社会对政策问题的普遍关注也激发了知识界对政策问题的研究热情,使许多学科的研究更注重于实际社会问题,注重研究的实用性。第二,社会科学研究的发展和跨学科的交流。当各国政府日益重视解决各类社会问题并通过学者专家提供相关知识和具体方案时,所面临的首要问题就是原有的知识体系与实践应用之间的差距。这种差距给知识界敲响了警钟,并多少促进了社会科学在应用方面的发展。同时,由于政策的议题往往涉及许多方面,单一学科研究遇到的困难促使跨学科研究的兴起和发展。学科之间的交流与合作开辟了公共政策研究的新领域,也产生了许多新成果。

公共政策研究的兴起和发展是由社会的需求和社会科学发展的趋势所决定的。但是,公共政策研究应该是一门什么样的学科,它应该研究哪些实质性的内容以及采用什么样的基本方法,只有对这些问题作出理论上的回答,才能为公共政策学科的发展奠定基础。美国政治学学者拉斯韦尔可以说是公共政策研究的第一个理论奠基人。

在1951年斯坦福大学的学术研讨会上,拉斯韦尔以"政策取向"为题论述了公共政策研究建立应该注重的六个方面。他认为,公共政策研究首先应该研究政府的行动及其对公共权力的运用。因为政府在制定政策时必须了解社会群体和个人对政策可能作出的反应,因此,公共政策研究又是和个人选择相关的学问。但是,公共政策在这方面的研究不同于政治学的研究,它应该融合其他社会科学的成果,建立自己的新的学科体系。其次,公共政策研究的哲学基础应该建立在理论实证主义之上。公共政策应该追求政策的"合理性",是一门用科学方法论进行方向研究的学问,理论实证主义的思维方式是公共政策学科研究的基本方式。第三,公共政策研究应该是对时间和空间都十分敏感的学问。公共政策都是在特定的时间和空间被制定和执行,并为解决特定的社会问题和实现特定的社会目标而设计的,因此,公共政策研究在政策分析模型的选择时,必须具有充分的时间和空间的观念。第四,公共政策研究应该具有跨学科的特征,它不但应该强调政治学和经济学的合作研究,而且还要注重政治学与社会学和心理学的合作研究。第五,公共政策研究的研究必须注重学术界和政府部门的共同研究。在政策问题的研究上,学者应该了解政府官员对政策的认识和其掌握的相关数据资料,同时也应该联合政府官员一起参与学术研究。最后,公共政策研究应该具有"发展的概念"。当制定和实施一项社会发展为前提的政策时,公共政策的研究必须要了解和预测该政策将给社会带来什么样的变化。因此,公共政策研究是一门以社会变化为研究对象、以动态模型为核心的学问。

拉斯韦尔提出的公共政策研究所应有的研究取向,实际上是试图为公共政策研究确定基本范畴、研究领域和研究方法,确定范畴和研究领域的目的就是要产生更多和更好的跨学科的公共政策知识,在研究方法上则强调科学性和实证主义。虽然拉斯韦尔提到的某些原则(如规范性、知识背景的相关性和跨学科性)在社会科学研究中并非是全新的东西,但是,由于他强调这些原则应该与政府的决策和公众关心的议题相联系,从而为社会科学提出了许多实质性的研究课题。公共问题的原因和公共政策的效果成为学术界以及政府所关注的问题。而拉斯韦尔提到的这些研究取向在随后一直是美国社会科学热衷探讨的领域。

由于受当时盛行的行为主义的影响,拉斯韦尔尤其强调理论实证主义方法论的发展对公共政策研究发展的重要性。这一观点后来受到了一些后行为主义政治学家的批评。例如,阿尔蒙德指出,拉斯韦尔把方法论的发展看成是公共政策研究在学术上发展的唯一动力的观点是完全错误的。德罗尔也批评道,行为主义的方法一味坚持对个人行为研究的科学性而很容易陷入完美主义的泥潭,为了完美无缺地描述个人的行为,势必回避无法量化的许多政策问题。德罗尔认为,具有实用价值的应用技术是在没有理论的情况下开发的,因此,把政策科学建立在纯理论的行为主义的基础上的观点是错误的。在对行为主义的批判的基础上,德罗尔提出了自己对政策科学基本范畴的研究框架。这一研究框架主要建立在他的元政策的概念之上。元政策实际上涉及政策优化的制度和程序的设计,元政策指的是具有指导性的政策,它涉及到制定总体目标、制定政策范围,设定时间单位,设定风险承受力,选择渐进的或者激进的政策手段,确定具体政策的普遍性和特殊性以及选择协调式或侧重式政策取向等若干个方面。

另外,拉斯韦尔关于政策科学必须以民主政治为研究前提的假设也颇引起人们的争议。因为,在政策科学的领域里人们要求的是科学性和有效性,科学的和理性的方法是研究和分析的主要手段,专家和专业技能充当重要的角色。而在民主政治的领域里,人们要求的是平等的政治参与和利益的实现,政治过程中的协商、妥协、说服和对抗等是主要的手段,在政策制定方面充当主要的角色。政策学科和政治民主之间明显地存在一定的不相容性。强调民主政治为政策科学研究的前提,就会使后者追求科学性和有效性的逻辑陷于混乱。

从 70 年代开始,西方政治学和公共行政学日益重视对公共政策的研究。越来越多的政治科学家、行政学家将其研究集中在公共政策的规划、制定和执行过程中来。在政治科学领域,公共政策过程的研究已经成为支柱研究领域之一。公共政策的经验性研究坚持较为传统的描述性和记述性的分析方法,从宏观和微观两个层次分析和探讨公共政策的制定和发展过程。以宏观理论模式为基础的政策过程研究注重政策或政策领域的长期发展与变化,政治思潮、社会观念、政府组织和社会制度等对公共政策发展变化的影响,以及公共政策对社会发展变化的影响。以微观理论模式为基础的政策过程研究则着重于政策过程中单个的行动者的行为分析,试图从这些对公共政策过程的全面细致的观察中归纳出政治精英、利益团体和官僚机构的行为模式,以及这些行为模式的制度和文化原因。

公共政策分析是公共政策研究中最为活跃也最有成果的研究领域。70 年代以后,公共政策分析崭露头角,并受到学术界和政府共同的关注。公共政策分析所取得的成果一度对传统的公共行政学形成很大的冲击,使人们认为公共政策分析有可能取代公共行政学而成为培养政府公共管理高级人才的重要学科。公共政策分析一开始就很注重于公共政策的实际应用,它关心的是如何解决所面临的问题而不是如何解释这些问题。公共政策分析主要是运用科学的和理性的系统方法寻找实现公共政策目的的最佳替代方案。在早期,公共政策分析在很大程度上受美国著名咨询机构兰德公司的影响,其主要目的是对公共政策进行科学评估和预测,而分析方法则主要是经济学、数学和统计学等数量分析方法。政策分析的大量研究成果主要以实质性政策个案分析为主,并围绕具体政策的评估建立了许多适用范围有限的分析工具和方法。在以后的研究中,一些政策分析的学者也开始重视关于政策分析的伦理问题,这些问题涉及作为职业的政策分析家和项目承受人在政策分析中面临的价值冲突和如何处理这些价值冲突。

比较政策研究是公共政策研究中的一个重要分支,它兴起于60年代,其研究包括对某些特定国家(如欧美国家)之间的比较,不同国别之间实质性政策(如保健政策、税收政策、教育政策、住房政策和环保政策等)内容的比较以及公共政策过程比较。早年公共政策比较研究由社会学和经济学的发展理论所主导,主要研究和探讨在经济发展和社会现代化一般过程中,国家是如何作出政策反应的。这种发展理论认为,随着各国从农业社会进入工业社会进而进入发达的现代化社会,每一个国家都要经历同样的发展阶段,而在同一发展阶段各国政府所作的政策反应是相同的。在这种理论指导下,一些学者试图通过比较政策的研究来检验社会和经济发展的一般性理论。进入70年代以后,这种理论越来越受到人们的批评,因为人们发现各国政府在同一政策问题上所作的不同反应与它们所处的经济社会发展阶段并不一定相关(如欧洲大陆国家和英、美国家在社会福利政策上的差异)。对发展理论模式的批判促进了比较政策研究方法的多样化。一些学者试图证明不同历史经验和文化积淀所形成的不同文化价值对公共政策制定和执行的影响。也有学者重新从历史—制度的角度研究不同国家的政策过程,把人的行为或组织的行为放在特定历史环境和特定制度安排中进行考察。比较研究的发展和多样化使得公共政策研究突破了美国主流学派(多元主义学派)对该领域的垄断,新协作主义(neo‑corporatism)、新制度主义(neo‑institutionalism)、政策网络分析(policy networks)和社会选择理论(social choice)等新的理论和方法近期已经在政策过程研究中产生影响。

在对公共行政组织的研究方面,人们早已普遍地认识到公共政策不仅仅是政治活动的结果,而且也是政府运行的产物。许多学者甚至认为政策过程是政府运行的核心,公共行政组织是政策过程的一个部分,强调公共政策的研究可以涵盖公共行政的领域而成为公共行政学研究的重心。与政治学研究相比,公共行政学更注重公共政策设计和管理的科学化、理性化方面的问题。早年人们关注的是行政决策的科学化和最优化,采用的是理想型的理性选择模式,这种模式强调在政策选择中充分掌握相关的政策知识和信息,并通过科学理性的分析方法选择最佳的政策方案。随后有学者注意到了理想型的理性模式过于脱离现实,忽视了人类认识能力的局限性和政治因素对决策的影响,因此提出了渐进的决策模式。进入80年代,随着新公共行政学影响的不断扩大,公共政策研究开始注重社会多元价值和伦理方面的研究,强调应用更多的社会知识来规划和设计未来政策。政策设计的概念被引进公共政策的研究和分析中来,这一概念要求公共政策的制定应考虑更多的社会环境的因素,尤其是考虑公共政策对社会及其成员将产生的影响,而不是只考虑谁在统治,谁是政策的获利者和谁在政策制定过程的参与竞争中胜出等传统政治学问题。他们一般认为,政策的失败与否从根本上讲是一个政策设计的问题。政策设计不是一种纯技术和纯工具性的应用领域。成功的政策设计必须考虑人们的政治、社会、文化和经济方面的环境,并能诱导人们采取有利于政策实施的行为。因此,政策设计理论包括了至少三个方面的内容:政策结构性逻辑的模式、个人决策模式和政策环境模式,而这些概念和模式应该是建立在经验性研究的基础上的。

公共政策研究的实用性和学科的综合性使该学科体系变得十分的庞杂,其学科发展在理论和方法论等方面都呈现出多头并进的趋势。这种现象虽然繁荣了公共政策研究的领域,但过分开放的学科领域使得公共政策研究很难成为一门相对独立的学科体系,这正是为什么公共政策研究在半个世纪的发展中一直存在着对其学科的基本概念、范畴和体系的争论的原因之一。

三、公共政策制定:过程与原则

一般认为,公共政策制定过程包括如何界定问题、提供解决方

190

案、设计选择方案并选择政策解决方案,执行、评估与修订解决方案等。

这一政策过程是显然非常复杂的,其具体表现很多,很多学者恐怕对如下方面都会有共识:一是它涉及到有无数的行为者,包括大小不一的利益集团,不同层次的政府机构、立法机构,还涉及到某个阶段的形形色色的研究者和新闻记者,更涉及到社会的方方面面。这些行动者都有不同的价值或者利益,对同一情形有不同的看法,还有不同的政策偏好。

二是表现在政策过程往往有较长的时间跨度。很多即使是不经意制定的政策,其影响往往极其深远。如 20 世纪 50 年代中国为应付粮食危机制定的临时性的粮食政策极大地影响了中国城乡二元化的发展格局。从研究角度来看,如果要理解长期的政策过程,理解各种各样的社会经济条件对政策的影响,以及政策对社会经济的长期影响,并积累有关特定政策问题的科学知识,20－40年的时间跨度是必要的。除非是进行当前即时性的政策研究,一般都需要较长的时间跨度。而且即便短期性的对策研究,如果要提高质量和可靠性,也需要有长期的分析为基础。

三是在任何给定的政策领域,比如污染控制或者卫生医疗政策,都涉及到各个层次政府的许多项目,也涉及到社会、企业,甚至是个人的研究和行动计划。人们开始时可能接触到的是一个综合的项目,但这些项目往往是由无数个子项目构成的。这些子项目及其相互关系显然是极其复杂的。

四是在很多场合的政策辩论,对问题严重性的认定、原因以及政策方案的可能影响等有很多技术性、价值性的甚至是政治性的分歧。政策过程研究必须关注这些辩论对整个过程的影响。即使在公共空间不够开放的社会里,人们的种种分歧没有浮出水面,但政策过程研究也必须给其以充分的关注,需要想方设法透视和把握没有浮出水面的政策辩论以及分歧。

五是政策过程往往充满政治因素,在价值、利益、资金的数量、强制程度等方面都有很多分歧。而且政策辩论往往充满火药味,不礼貌,对证据有选择性,有意误述对手的立场,强制或者贬损对手,以使自己获得优势。这在任何国家任何具体政策过程中都是常见的。政策过程研究必须给其以充分的关注。

政策过程是复杂的,人类的思维能力是简单的。分析家为了理解复杂的政策过程,必须把复杂的情景简化。其实人类文明的积累恰恰是对复杂现实的简化实现的。政策研究的发展,也需要忽略一些东西,重视一些东西,把一些复杂现象抽象并进行归类。不同的理论框架运用不同的眼镜观察同一个情形,并且看到的东西可能是不一样的:大家用不同的窗口去看一个东西,看到的东西不一样,分析不一样,结论也不一样。为了更好地理解复杂的政策,显然需要有各种各样的理论视角。

原则从哲学意义上说是一般性、共性,是一面旗帜。不论决策主体或客体如何变化,都要遵循一般标准,它直接关系到公共政策制定的科学性和效果。根据公共政策的公共性特点与要求,在公共政策制定过程中应注意贯彻以下原则:

人民利益高于一切的原则:中国公共政策的制定与执行的核心原则是群众路线,宪法规定人大代表、各级领导和干部在制定政策时,要关心群众疾苦,以人民利益为最高利益;在执行时要发动群众,依靠群众的力量来管理社会公共事务。党章中也明确规定,群众路线是党的基本路线,党组织除了人民的利益之外没有自己的特殊利益,制定政策要依靠群众,执行政策更要依靠群众。群众利益原则是制定公共政策的基本原则,它高于其他原则,这是由我们国家的性质决定的,也是行政决策目标的集中体现。

实事求是原则:公共政策的决策必须以尽可能客观、科学的眼光对现存系统进行考察和诊断,特别是要勇于指出系统存在的缺陷和弊病,而后在此基础上制定公共政策。制定公共政策必须考

192

虑到系统所处环境中的各种因素和变量,特别是国家的具体情况,要根据现实需要和具备的条件制定公共政策。

产出优先原则:公共政策制定要把政策对社会产生的实际影响放在首要位置。公共政策制定的形式必须根据其能否促进系统的产出来确定。把公共政策对社会的影响作为根本出发点。

有选择的激进主义原则:公共政策制定中不可避免地要遇到激进主义和渐进主义两个对立范畴。在制定政策目标时应经过认真研究和周密考虑,选择好目标,在短时间内,带动整个系统的提高。

综合协调原则:制定公共政策要对系统内外各方面的情况做通盘考虑和安排,在把握系统整体的前提下,实行科学的分析和总体的综合,以实现公共政策决策的总体目标。

远期与近期成效兼顾的原则:制定公共政策在总体规划前提下,分清主次先后,轻重缓急,使远期与近期成效达到兼而有之的原则。

四、公共政策过程中的公民参与

一般来说,政策过程是精英决策。无论领导决策,还是专家决策,由于缺乏大众参与,所以还不能称为真正意义上的公共政策。公共政策不是技术问题,它是政治问题。公共政策最重要的一点就要考虑到它政治上是不是可行的,不是说你政策本身是否很完善,是否很科学。以公共政策问题的议题设定为例,在中国,议题设定基本上都是领导人来做的。根据领导人、官员的意思来做,公众对公共政策的议题设定的影响力就弱了。所以,就公共政策自身的性质而言,必须重视公民对议题设定的真正参与。

作为公共政策核心制定与执行主体的政府,并不是神造物,并不具有无所不在和正确无误的天赋。公共选择理论的中心命题和全部的理论意义也就是"政府的失败",即国家或政府的活动并不总是像应该的那样"有效"或像理论上所说的能够做到的那样"有效"。公共选择学派认为,政治家和官员在参与公共政策时有自私的动机,政府不可能自动代表公共利益。这一观点虽然有点偏激,但却从另一层面反映了一个事实:人都是复杂人,作为制定与实施政策的政府官员也有经济人的一面,也要追求自身利益,政府机构本身也不是一个没有自身利益的超利益组织。由于政府在社会生活和经济生活中所处的特殊地位使其在制定与实施公共政策时,往往会借社会利益之名行机构私利之实,这当然就难以制定并执行正确而有效的公共政策,必然导致政府失效。退一步讲,即使政府官员能完全代表公共利益,也由于其知识可能是不完备的,所获信息可能是不充分的,理性能力是有限的等,而导致其行为的结果与目标背道而驰。于是,愈来愈多的人热衷于以治理机制对付市场和(或)政府的失败。而治理理论的理想境界善治,实际上就是国家权力向社会的回归,善治的过程就是一个还政于民的过程,表示政府与社会之间的友好合作,它有赖于公民自愿的合作和对权威的自觉认同,要求公民的积极参与,通过合作、协商、伙伴关系等方式形成一个政民互动的合作网络。

1. 公民参与是公共政策核心内容。公共政策的性质决定了公民对政策过程的价值,而随着市场经济发展而日益觉醒的公民意识,为公民进入公共政策过程提供了必要的条件。

(1)公共政策的整个运行过程都以社会民众为基础

首先,政策的需求信息来自社会民众或团体(利益集团)。任何一项政策的实际需求总是来自社会的实际需要,代表公众实际利益和要求的政策总是从民间社会首先萌发。且任何公共政策总是涉及广大民众的,公共政策应是以保护他们的起码利益为目的的。舍此,公共政策的效果就无从谈起。其次,民众也是公共政策运行的主体,公共政策的执行常常需要施政者与影响对象之间的密切合作。如果后者是被动的、消极的,那么政策的效果会打折扣或成本大增。所以,政策的最终实施依靠社会的贯彻。而且,一项政策制定出来以后,也只有回到民间社会去被检验,才能发现其是否符合实际的需要,是否需要作进一步的调整,而这一切都是只能以现实的需要和检验才能做出判断。其三,由于上述原因,民众参与公共政策的制定过程就显得十分必要。这不但可以加深他们对政策意义的理解,而且会使他们知道政策何以如此,而不是另外一种形态,这显然会增加他们配合政策运行的自觉性,对提高政策效率的意义也是不言而喻的。而且,政策制定者也只有在充分考虑到政策相对人的态度、利益得失,才能够制定出最符合社会需要、最能为社会公众所接受的公共政策。这样,从公共政策的效果来看,我们可以发现公民参与的重要性。甚至可以得出结论:既然公共政策是为民众的,那么没有他们的参与何以成为公共政策?

(2)社会主义市场经济促进公民参与的发展

首先,社会主义市场经济将唤起公众的参与意识。社会主义市场经济体制,其深刻性、广泛性、艰巨性都表明,它需要全体社会成员的积极投入,广泛参与。只有充分发扬民主,使公众有更多的参与机会、参与条件、参与渠道,社会公众才会真正树立起高度的主人翁责任感,才会积极投身这项伟大的改革中,这必将增强公众的政治参与意识,鼓动起人们的政治热情。其次,社会主义市场经济将激发公众的政治参与愿望。市场经济体制的构筑过程也就是利益关系不断调整的过程,它打破了原有的社会利益格局,打破了社会利益平均化的状态;它给公众普遍带来利益的同时,也造成了公众之间的利益差距;它在满足公众的利益愿望的同时,又激发了其更大的利益期望和利益追求。因此,公民在争取自己的利益的过程中,必然要求过问和参与与自己利益关系密切的公共政策过程,甚至就某些利益关系重大的问题向政府讨价还价,施加压力。所以,在市场经济条件下,政府必须学会与公众协商一致地处理公共政策的艺术,公共决策系统也必须顺应这个变化而加以改善,注重公民参与。再次,社会主义市场经济将为公民参与提供条件,如产权保证、物质和必要的设备保障等。总之,社会主义市场经济的发展为公民参与公共政策提供了强大的动力背景。

(3)政治现代化促进公民参与公共政策

我国社会主义由传统型向现代型转变,政治过程必须向民主化和法制化方向发展。从民主化角度来看,人民越来越强烈地意识到,作为国家和社会的主人,在公共政策过程中就应当强化自己的主体地位。公民再也不仅仅满足于作为公共政策的客体(对象)而存在,被动地认可和接受政府的公共政策方案,而是强烈地要求向公共政策系统表达自己的意愿,具体过问公共政策制定、执行和反馈的全过程,使公共政策能够更充分地代表自己的利益。公民参与也是民主程序的核心概念,"真正的民主,需要通过'公民不断的参与'. 方能领略什么是民主,在心理上融会和建立民主作风,在行为上获取民主办事的技巧和方法,这样才可以保证社会运作是真正由人民主宰。"从法制化的角度来看,公民会产生强烈的权利和义务对等的意识,公民要遵守政府的政策法令,维护法律的尊严,同时也必然会通过各种方式维护自己的合法权益,包括向公共决策系统施加影响,使公共政策方案对自己及其所属团体更有利或少受损。为了达到这个目的,必然要求有规范化的公共政策参与方式,同时从法律上明确自己的公共政策主体地位。

(4)社会信息化为公民参与公共政策创造了条件

随着信息网络技术和大众媒体的发展,政策科学知识得到极大普及政策信息的传递和使用变得十分便捷,使公共政策从狭小的政治精英圈子中解放出来,变成社会化的科学研究对象。在高等学校、社会科学研究、大众企业等机构中形成了数量颇为壮观的民间思想库和政策分析学者群体,成为现代政府提高公共政策质量的重要智力支持力量。那种封锁政策信息,限制公众参与公共政策活动的做法已经走到尽头,必将为更开放的公共政策参与方式所取代。另外,随着教育水平的提高,资讯的发达和生活的复杂化,公民的素质也在不断提高,较以往更有能力参与公共政策,这也进一步消除了公民参与公共政策所遇到的障碍,提高了公民参与的效率。

2. 公民参与公共政策的价值功能

公民参与公共政策已是大势所趋,越来越多的人支持公民参与。"安思坦、桑利、皮而斯和斯蒂菲而,均认为公民参与是增进人民在决策程序中的权利的一个重要手段。柏特曼强调了直接的公民参与在改善民主质量中的作用。弗里德曼把它看作是一个增进公众理解规划程序的重要战略。"公民参与,具有极其重要的功能,是贯彻民主信念的进一步落实,他可以发挥集体智慧去解决社会问题,它可以发动社区资源或公民来推动发展计划,它也可以使更多公民通过参与的过程认识政府政策的制定和执行。具体分析如下:

(1)公民的广泛参与可减少政策上的流弊与个人的私欲,进而确保一个更可行及公平的决策。基于每个人知识有限,思维的方法不同,群体智慧对于决策来说相信是比较优越和可靠的,因为这是经过众人参与,互补长短的情况下得出来的。其次,通过意见的交流和不同观点的冲击,不但可以使个人的眼界得以开阔,而且个人的私欲亦得到调适,使政策依据群体的意愿而作出。

(2)公民对公共政策的广泛关注和参与,对于一个政策的成败起着决定性的影响。首先,公民参与,有助于政策决策主体充分考虑和重视广大人民群众的疾苦、利益和愿望,并把政策目标的确立和政策措施、手段的选择建立在符合这种利益和愿望的基础之上,以减少政策决策的盲目性,提高政策的合法性。其次,公民参与,可以减低执行时遇到的困难,有利于政策的有效执行。因为,通过群体参与而得出的成果,基本上都是大多数人愿意接受,且群众基本上都对事件有了认识,了解到政策的关键所在,加上个人对政策的亲切感,相信政策更易施行。

（3）通过公民对公共政策的参与过程，无论对个人的成长，思想的领域和方法都起着教育和锻炼等功能。由于每个人都享有同等权利去表达自己的意识，去考虑或批评别人的观点，久而久之，通过讨论的过程和和事后的反省，公民都会逐渐培养出独立和批判的思想，成为一个自觉的个体。这一点是每个社会实现民主的基础，因为这样个人的权利才受保障，而社会的发展，亦不会因少数领导人的错误而走了弯路。

（4）公共政策过程的公民参与，促进了政策相对人主体地位的确立。这有助于提醒政策执行主体尊重政策相对人的人格，并注意激发政策相对人对公共政策的认同感和接受主动性，减少政策执行中的阻力和实际存在的强迫性和人格侮辱等违背政策和法律的行为。还有助于改变政策研究和咨询过程中普遍存在的自上而下的单一视角，而代之以自上而下和自下而上相结合的双重视角，扩大政策研究和咨询的领域，并使研究成果能直接为广大人民群众服务。

总体而言，公民对公共政策过程的参与，有助于充分保障广大人民群众的主人翁地位，真正贯彻公共政策的民主化原则，对制定出科学、合理、公正的公共政策，实现公共政策的有效性有着实际的意义。

3．公民参与的政治文化效应

政治文化不可能不影响到政治过程的各个方面。如前所述，政治过程实质上就是一种决策和制定政策的过程，政治过程的结果和最终成型产品是政策。由此可以想见，政策选择在所难免地要受到政治文化的制约。从一定意义上说，政策选择也是一种文化选择，而政治文化即"选择文化"。

政治文化对政策输入的影响：系统论者把政策制定过程作为一个"输入—转换—输出"的系统看待：环境作用于政治体系，就产生了政策信息，政策信息在政治体系内部经过转换变为公共政策,政策输出的同时,就开始了执行与评价过程,产生的作用和影响通过反馈渠道又再次输入政治体系。在现实生活中,人们对公共政策的种种要求和支持即为政策信息,这种要求和支持进入政治体系即为输入。政治文化对政策输入的干预效应是全面的,它不仅影响政策输入的数量、内容、强度,同时还影响到政策要求进入政治体系的方式。阿尔蒙德在研究了若干国家和地区的政治文化后,把政治文化区分为三种不同类型,即偏狭型、顺从型和参与型,并依次把处在这三种不同文化圈层中的属民称为偏狭者、顺从者、参与者。这三种不同类型的政治文化人在一定意义上恰好反映了人们对政策输入的三种趋向。

所谓偏狭者,主要是指那些在生活中只关心非政治性事物,对政治体系所知甚少,甚至一无所知,同时也不具备政治技能的属民。处于这种政治文化中的个人虽然被动的介入政治生活,但却未意识到政治结构和政治过程的存在,没有从整体上意识到自已是某一个政治体系、输入过程、输出过程的参与者的公民身份。他们不期望从政治体系那里得到什么,因此,也就没有什么政策要求输入政策系统。阿尔蒙德等人认为,非洲和拉丁美洲一些酋长领地、王国和部落社会以及现代的墨西哥、意大利便是偏狭型政治文化的典型。

所谓顺从者,就是指那些已成为政治体系组成部分的、并对政治体系施加于他们生活的影响或潜在影响有所认识的属民。但是,他们对自己在政治中的作用的看法,正象"顺从"这个术语所表明的那样,只是扮演被动的角色,而不是积极地去影响政府的行动。他们可能喜欢这一个官员而不喜欢另一个官员,喜欢这一项政策而不喜欢另一项政策,但他们并不认为自己的参与能改变既成的事实,因而也从不积极主动地把自己的政策要求输入政策系统,他们的公民角色只限于在政策的输出过程中,即充当政策的执行者。这种顺从型的政治文化圈,在许多国家,包括一些发达国家都是存在的。如一些研究者指出,德国的政治文化基本上属于顺从型的,英国保留了君主制和它的所有机构设置,亦因此具有顺从文化。

在参与型的政治文化中,公民拥有相当高的政治意识,可获得较多的政治资源,他们对作为整体的政治体系及它的输入和输出过程,有着相当程度的理解,并形成了鼓励自己利用各种参与机会的态度,坚信自己只要努力去做就能影响国家的政治事务,并能熟练地运用影响现存体制的某些政治技能。在参与型的文化中生活的个人既属"输出"取向型,亦属"输入"取向型。英国是人们研究这种文化时常举的例子,由于美国实行分权制衡制度,同时决策过程比较分散,因此给公民带来了更多的政治参与机会。据肯尼迪任内的助理国务卿罗杰·希尔斯曼估计,美国有十万个协会、俱乐部和私人组织,其中有许多利益集团,如有色人种协会、海外战争退伍军人协会、美国以色列公共事务委员会、全国农场主联盟、美国大学教授联合会、美国反对活物解剖联合会等。这些大大小小的利益集团,都企图把各自的政策主张输入政策系统,以产生有利于自己的政策输出。

政治文化对政策体制的影响:政策信息进入政策体系后,经过加工处理才能转换为公共政策。政策体制就是这样一个由政策制定介入者组合而成的加工处理政策信息的机器。它的部件包括政治首脑、行政机构、立法机构、研究机构、利益集团、政党等。由于政治文化的不同,这种组合在不同的国家会呈现不同的方式,从而对政策制定产生举足轻重的影响。在偏狭型、顺从型的政治文化中,政策决策的主体是少数政治首脑及行政机关。他们垄断了经费、信息、权威、立法权等政策资源,政策输出更多地反映着精英阶层的价值偏好和利益。在少数官僚主义独裁政权或君主制遗风犹存的国家,重大政策的决策权常常握在最高首脑一人之手,他们一言九鼎,旁人莫想摇撼。这种政策体制的政策产出,失误率是很高的,而且常常伴随着激进的政策。在参与型的政治文化中,政策决策往往呈团体决策模式,政策体制是多元力量的组合。这种模式认为政治决策过程中最核心的事实是各个利益集团之间的交互作用,公共政策是利益集团经过一个竞争过程后达到的均衡。

西柏林的两位学者P·瓦格纳和H·沃尔曼曾对美国、瑞典、奥地利、联邦德国、日本、英国、法国、西班牙、意大利八国的政策风格进行过研究。虽然我们很难按图索骥,把这八个国家分门别类地嵌入上述三种政治文化类型中的某一框架,但他们在政治文化上的差异及其对政策体制的影响却是显而易见的。在英国,由于存在着一种强有力的、政治上中立的文官制度传统,而且他们一贯认为,政府工作中所需要的分析技巧和知识都可由传统的文官机构直接提供,因此,他们倾向于实行精英型的自行决策,对征求外部意见的兴趣不大,议会、利益集团以及社会科学家在政策制定中的作用都比较弱,其政策风格属"官僚适应型"。而瑞典作为一个协调组合主义国家,有一个显著特征,就是各项政策务求"各方协商一致",而不是互相对立,因此,其政策体制是开放型的。政府在重大决策以前各个阶段都注意吸收各种行为者参加,共同寻求合理的解决方案,政策制定和政策研究已纳入到由政府、中央行政部门、议会,以及代表各利益集团的社团所组成的互相咨询与合作的网络中。连大学也很重视政策研究和咨询,社会科学家事先就为决策提供知识和信息,而不是事后才调查研究和评价。法国和英国的情况有些类似。法国政界精英有一种万事不求人的态度,又有根深蒂固的依靠技术专家治国的干预主义传统,这种传统又因坚持从各个培养精英的学校录用人才而因袭下来。政府制定政策,主要依靠强有力的直属分析研究机构,几乎不大征求外界的意见。议会、利益集团的作用也较弱,社会科学工作者均崇尚学术研究。因此,可以说法国的政策风格是"自给自足型"的。在美国,"试验主义"的政策模式是这个同家"决策文化"的组成部分,政策决策权力很分散。总统和行政部门虽然大权在握，但却受到国会的牵制和对抗。人们对各国议会进行跨国比较后发现，美国国会是唯一拥有重要的政策研究实力的议会。为数众多的利益集团和智囊机构，也都试图并在实际上对政策制定施加着重大影响。瓦格纳和沃尔曼给美国和法国的政策风格画了一幅"漫画"：法国的公共行政植根于依靠技术专家的干预传统，具有把客观的科学知识作为合理的决策的决定性组成部分的倾向；而在美国所有的社会行为者都把政策研究成果当作政治斗争中加强自己地位的论据，并不认为对政策问题可以找到科学上正确的解决办法。

政治文化对政策执行的影响：政策方案一经合法化，就进入了执行阶段。政策执行在整个政策过程中占有很重要的地位，甚至应与政策制定等量齐观。因为再好的政策如果没有落实，就等于一纸空文。然而，政策过程个案研究中反复发现的一种情况，恰恰是"微效现象"——即政策方案所预期的目标往往不能达到，或至少部分不能达到，政策意图和政策结果之间始终存在着巨大的差距。"有时，政策制定出来了，获得了批准，但执行政策的人却将它引向完全不同的方向，达到完全不同的目标。有些政策则根本没有得到执行。有时，一些问题总是争论不决，直到其他事情不断增加，以致这争论的问题连同那些争论者全部消失得无影无踪。"影响政策执行的因素是多方面的。政策本身的条件，如政策目标是否清楚，政策标准是否适度，政策资源是否充盈，政策手段是否得力等固然关系重大，但政策本身以外的条件，其中特别是政策执行机构和标的团体与既定政策的政治文化取向是否一致，也是一个很重要的原因。一些国家人口政策的执行情况很好地证明了这一点（人口问题一般来说属于社会范畴，但一个众所周知的事实是，许多国家都把人口政策作为基本国策，于是人口问题便染上了浓重的政治色彩，人们的生育观念亦成为一种政治文化）。在欧洲，由于不结婚的年轻人越来越多，结婚的人也倾向于晚育和少生

202

孩子,因此,人口下降。法国前总理希拉克说:"从人口统计学角度来说,欧洲正在逐渐灭亡。"卢森堡前首相加斯东·托恩也警告说:"欧洲人正在集体自杀。"为了尽快结束"人口寒冬",欧洲国家采取了一系列鼓励生育的政策。如法国政府决定发给生育三胎的妇女三年的临时津贴,并建立了一支训练有素的产前警务人员队伍,为生育孩子的父母提供帮助;东德政府规定,产妇可享受六个月的产假及其他额外假期,并准许给育儿之家发放无息住房贷款;罗马尼亚则干脆宣布人工流产为非法,并停止进口避孕药品和用具……然而,这些政策均收效甚微,欧洲人口的冬天仍然是寒冷的。究其原因,主要是人们的价值观发生了变化,实利主义思潮已泛滥于欧洲,自我发展成为人们的主要目标。与欧洲相反,亚洲和非洲的一些国家,却为人口爆满而头疼。政府的人口政策目标是控制而不是增长。然而,遗憾的是,这些政策的执行效果同样也不理想。如早在1951年就提出计划生育政策,并于1986年发起过耗资过亿美元的计划生育运动的印度,目前的人口出生率仍高达34‰,人口增长率为2%。究其原因,同样来之政治文化:那里的人们往往认为生育是按上帝的旨意行事,而且"多子多福"。有人说,人口增长率把世界划分为两个部分,大相径庭的政治文化无疑促成了这种划分。上述例子涉及的是不同的洲、不同的国家,实际上,即使是生活在同一个国家同一种政治体制之下,人们在政治文化上的微妙差别,也会使政策执行的实际效果,发生不同程度的扭曲而异于原来的意图。国外一位学者在对劳工关系政策的一项研究中发现,犯法率因被研究的企业所在的社区不同而不同。造成这种不同的一个原因是对法律、政府和违法的道德观不同。工厂管理人员声称,他们在劳工关系的活动中遵循社区行为模式。事实证明,政策执行机关与标的团体对政治结构的取向——包括对政治体系合法性的看法,对政治结构的输入与输出之认知与评价;对政治体系其他层面的取向——包括民众的政治认同感、政治信任感,对自己政治活动的取向——包括民众所持的政治能力感与政治效应感,都会影响到政策执行的目标效应。

上述效应分析表明,政治文化作为政策系统的文化背景,影响到政策过程的各个阶段。我国政策制定和执行的过程也不例外,政治文化的影响随处可见。一方面,由于我国公民具有较强的政治认同感,政治信任感和良好的政治宽容精神,政策资源的动员及调控组合较为容易,从而使党和国家的政策选择能够在一种较为平和的气氛中进行;另一方面,由于我国公民从整体上看对自己的公民角色的认知程度还比较低,政治能力感和政治效应感相对贫弱,尤其是在心灵深处还潜藏着不少保守和僵化的、与现代化建设格格不入的政治准则、政治情感等,致使我们党和国家在新时期的多项重大政策实施都受到来自政治文化方面的障碍。因此,政治文化的开发已成为当代中国现代化政策推进的当务之急。

政治文化开发的首要任务是培育公民的政策参与意识。公民的政策参与程度,在一定意义上反映了国家政治现代化的水平。公民的政策参与就是将公民放到政策过程的政治角色中,其中特别是作为政策制定的介入者,参与政策的制定过程。唯其如此,才能使政策更加充分地体现公民的利益,反映公民的各种需求,从而使政策执行得到公民的广泛支持;唯其如此,才能充分发挥广大群众的聪明才智,减少政策性失误,使政策建立在更加科学的基础上。

公民的政策参与程度,取决于两个方面:第一,取决于公民的政治主体意识、政治效能感、政治安全感和政治技能等主观方面的因素。如果公民意识不到自己是国家的主人,缺乏公民权利观念,他就不可能主动地向政府表达自己的政策意愿;如果公民认为自己的作为无足轻重,无论怎样努力都不可能对政府政策有所影响,他就会丧失参与的信心和勇气;如果公民认为政策参与会危及自己的名誉,地位和人身财产安全,他就会尽可能躲避参与;如果公民不具备基本的政治技能,他仍然与参与无缘。中国公民政治心理调研组提供的资料证明,中国公民并不缺乏政治责任感和政治热情,但却缺乏政治主体意识,往往把自己当作国家和政府的附属物。同时,人们对政治的戒惧心理还一定程度地存在,有43.11%的公民对"对谈论政治问题,我很谨慎"的观点表示赞同,相当数量的公民对"政治上的事还是少介入为妙"的观点表示"同意"、"基本同意"、"我不反对"。至于公民的政治效能感和政治技能方面,虽然调查材料没有给我们提供确切的量的概念,但显然不容乐观。因此,就公民角色的认知和实现而言,政治文化的开发任重道远。第二,公民的政策参与程度,还取决于政治体制所提供的政治参与的形式和途径是否充分和有效。公民参与一般通过(1)投票(包括选举自己的代表和领导人,就某一问题进行集体或全民公决);(2)民意代表;(3)和政府官员面对面地接触及信访;(4)专门的政治输入机构(如政治团体、利益集团,政党等);(5)大众传播工具等几种方式。如果这方面的渠道不畅,民意难以上达,政策参与就难以实现。党的十三大以后,党和国家的党务、政务活动的开放程度正逐步增强,社会协商对话制度正逐步建立,选举制度也在不断完善,这无疑将会给公民的政策参与带来更多的机会。但这只能说是有了一个良好的开端,制度化、规范化的程度还有待提高,要做的事还有很多。

政治文化开发的第二项重要任务是通过"政治再社会化"重构与党在社会主义初级阶段的总方针、总政策相适应的新的政治文化观念。政治社会化是一个政治共同体内部传播政治文化的过程。一代人的政治准则、政治态度、政治情感就是通过这种过程传给下一代人的。在这个过程中,公民在政治上逐渐成熟,形成自己的一套政治倾向体系,发展成一个"政治自我"。除了"延续"的功能,政治社会化还有一种"再造"的功能:在一定的条件下,它还可以改变政治文化甚至可以创造出一种全新的政治文化,这又叫做

"政治再社会化",当政治体系面临重大历史变革和政策调整之时,政治文化的"再造"比"延续"更为重要。我国目前就正处在这样一个伟大的历史变革时期,党和国家制定的一系列重大政策无不是革故鼎新的结果。但是,由于封建主义残余的存在和"左"的思想的长期影响,我国公民现时的政治文化中却有不少与新时期的政策取向相左的成分。一些人仍然把过去附加在社会主义上的种种不科学的东西,奉为自己的政治准则,用以衡量改革中出现的新事物;一些人对"大锅饭"体制旧情难忘,排斥竞争机制的引进;封闭观念,等级观念、官本位观念,一元化观念等大有市场,并对新时期的现代化政策推进形成阻力。因此,必须通过"政治再社会化",对我国公民的政治文化进行更新再造。实施政治社会化功能的结构有家庭、学校、同辈集团,大众传播媒介等,我们应该充分发挥这些社会化工具的综合效用,大力传播现代政治意识,建构与现代化政策取向一致的政治文化,为我国的社会主义现代化建设创造一个良好的政治文化环境。

4. 公民政策参与存在的问题与对策

虽然近年来公民参与已得到愈来愈多的人的接受与支持,形成了前所未有的全新格局,但不可否认我国公民参与公共政策的总体水平较低,存在着诸多现实问题:其一,公民参与的主动性和自觉性较低。有资料显示,真正出于自主意识自愿参加的公民参与行为具有随大流的从众性;其二,公民参与的理性化程度较低。相当数量的公民参与不是基于公民的责任感,不是出于对自己的权利和义务的认识,而是凭着心中激荡 的冲动参与的,有时甚至只为了发泄心中的不满情绪,不能采取规范化、程序化的参与形式;其三,公民参与的能力不足。由于公民的自身素质,对资讯的掌握程度、理解程度及对政策目标实现的可能性和途径的认识等诸多因素的影响,使得现实中公民参与的能力与参与要求不符,其行动显得笨拙,参与效率低微;其四,公民参与的制度化较低。我

206

国的基本社会制度为公民参与提供了根本保证,但具体的关于规划参与行为,畅通参与渠道,保证参与实施的制度却不够健全,致使许多公民参与以非制度化的形式出现;其五,政府官员的错误观念。一些政府官员具有严重的官僚主义思想,不尊重公众应有的政治权利,仅把公众当作公共政策的客体,认为公众理所当然应绝对接受和服从公共政策。致使"公民参与"仅流于形式,或被当成某些领导的恩惠或权益之计,严重阻碍了公民参与的正常发展。

根据我国当前公民政策参与的现状,在发展公民参与方面需要着重从以下环节着手:

(1)建立、健全公民参与机制应以是否有利于社会主义市场经济发展为标准。建立、健全公民参与机制,需要在对中国经济、政治、思想、文化状况深入研究的基础上谨慎行事,又要积极而审慎地借鉴西方发达国家较为成熟、完善的公民参与机制。

(2)加强公民参与的制度化建设。就是在充分尊重宪法和法律赋予公民的政治权利和自由的前提下,对公民参与的内容、方式、途径作出明确的规定,使其可以按一定的程序实际操作,并用法律的形式固定下来,作到有法可依,依法参与,使公民参与经常化、制度化。

(3)建立、健全公民参与的方法和渠道。一方面,为了进一步推广公民参与,政策制定者可以多采用一些公民参与的方法,如深入交流法、在政策组织中加入公民代表、公民训练、基层意见搜集法、价值取向法等;另一方面,更为重要的是,公民自己应懂得运用不同渠道去影响公共政策的制定,如个别接触、舆论扩散、集体推动、游说工作等政策参与渠道,这是较为积极和主动的做法。

(4)营造有利于我国公民参与的政治文化,为公民参与创造良好的政治心理背景。一般来说,有利于公民参与发展的文化氛围有:一是普遍的平等观念;二是广泛的自主意识;三是强烈的责任感;四是法制原则。为此,必须克服传统政治文化造成的参与中的冷漠和急躁情绪,积极培育公民参与所需要的适度、理性的心理背景。

(5)树立政府官员的正确理念。政府部门是公共政策的主要制定者和执行者,政府官员对待公民参与的理念直接影响到公民参与的作用发挥。这就要求政府官员必须树立正确的理念,充分尊重公民的人格和合法权利,承认公众在公共政策整个运行中的主体地位,积极推进公民参与公共政策。

(6)增强公民的参与能力,提高公民的参与水平。许多公民有很高的参与热情和强烈的参与愿望,但是由于其素质不高、能力有限,致使参与效率低微以至"无效",常常被认为是"徒添麻烦"。所以,必须加强对公民的教育和培训,增强其参与能力,有效地发挥公民的参与角色。

五、公共政策的民意评估与回应

人们常常认为,当政府推出一项政策,并投入了资金、组织了人员、采取了相应的执行政策的行动,这些政策就会获得预期的效果。但实际上,这些想法并不是总能够得到保证。为此,需要对每一项公共政策的经济性、效益性以及效果性进行科学的评估。而在公共政策评估方面,民意评估的价值功能越来越引起人们的关注与重视。

我国自1986～1992年起,在政府内部开始出现利用传统的网络和自己的研究人员进行的民意测验,间或有半官方半民间组织的测验形式,国务院体改办属下的中国社会调查系统、国家统计局属下的民意调查机构等官方民意测验机构出现,同时出现半独立的民间社会调查机构,如中国社会调查所、北京社会和经济研究所民意测验中心等。此阶段所进行的民意研究集中于少数经济与人事改革政策,例如,领导干部终身制问题等。

1992～2001年是中国民意研究发展重要的十年,在这个十年中,中国的民意研究有如下特点:(1)中国政府进行民意测验的数量开始增加,内容也更广泛,从与经济发展有关的地区投资环境评估,与政策制定有关的公众对个人所得税征缴体制的评价研究,到与特定社会群体发展有关的妇女、儿童、青年群体研究,流动人口权益保障研究,百姓生活满意度研究等林林总总,涉及社会生活的方方面面。(2)允许民间独立市场研究与民意测验机构合法注册,允许民间组织从事民意调查工作,零点调查正是在这个阶段出现并开始从事民意研究工作的。2000年由专业市场研究和民意测验机构联合发起成立了非政府性质的行业协会——中国信息协会市场研究业分会(CMRA, China Marketing Research Association)。(3)媒体开始大量使用民间独立机构的相关调查数据。在1992年之前,中国媒体只使用官方数据,零点研究集团最早透过媒体发布大量的民意测验结果,到这一阶段后期,零点每周向全球八个语种的媒体至少提供2~3项有关中国社会的政治经济和商业发展的独立研究结果。各类中国媒体上能看到的独立民意测验结果80%来自零点研究集团。(4)政府与独立民间调查机构开始合作进行研究与评估项目,如公众安全感的调查、中国内地地级以上城市投资环境的评估等。(5)在这一阶段,民间独立机构还开始有机会介入一些对于公共项目的评估,如联合国儿童基金会及其他国际NGO组织在华援助项目的评估。

2001年以后中国公共政策和政府表现评估研究出现新的发展趋向,以2003年为例,中国GDP初步核算增长9.1%,总量达到11.7万亿元;国家财政收入增长20%,总量突破2万亿元⋯⋯总的来看,与改革开放初期相比,中国的国家实力和政府能力已经有了较大的提高,中国已经到了可以有条件(如沿海发达城市)、有选择地放松管制,逐步增强官方民间研究组织的自主性和发展独立的民间研究机构的时候。与此相对应的在民意研究介入中国公共政策研究与政府表现评估历程上所表现出的最新发展趋向包括:(1)中国政府将原有的隶属于政府或半官方性质的民意研究机构,如美蓝德、华通等基本私营化,政府的统计调查职能基本上集中在从事国民经济的宏观统计研究。(2)媒体更大量地使用各类民意研究的数据,政府对针对政策的独立民意研究结果的敏感度降低。(3)同时正是在这一阶段中国政府产生了购买民间研究服务的迹象,这一迹象首先在中国东部沿海省市的经济管理部门,然后是区县一级政府中出现,并且很快政府开始使用竞标等更为专业的方式来购买政策研究、民意测验、对政府部门的行为与成效评估等服务。

在中国民意研究发展历程中,还存在着政府机构把自己机构直属的研究机构当作"自己人",其他的民间研究机构被当作"外人"的情况。中国政府最初开始做民意研究时,管理机制相对落后:每一个政府机构都设有一个自己的研究机构,是一对一的形式,其他政府机构的研究机构也被看作为"外人"。但是在过去的5~8年的发展过程中,出现了不同政府部门共享的研究机构,"自己人"的概念开始泛化。例如统计局,是所有政府都要借助的研究机构,所以被各级政府逐渐纳入为内部共享型研究机构,被认同为"自己人"。但是民间的研究机构在这一阶段仍被当作"外人"。最近几年中行政研究事业单位人员和预算的紧缩则进一步促进了这种共享化。在原有的外部研究机构中出现了分化趋势,有些机构,例如零点研究集团由于与政府有很多的合作,包括政府委托的研究和零点自己做的与政府政策有关的许多民意研究对于政府决策有直接借鉴作用,这样就与政府建立了一种更可接近的联系。所以外部研究机构渐渐分化为与政府距离比较近的和与政府距离比较远的两类。这样在整个的内外部研究机构图谱上就产生了两种中间状态的机构:一种是内部的管理经营机制比较灵活的共享型研究机构,比如中国体制改革基金会;另外一种是外部的,但是比其他外部机构与政府有更多合作。这两类机构是目前在中国民意研究机构中发展最快的类型。

通过零点研究集团所做过的公共政策、民意收集研究和政府表现评估研究,总结出中国政府研究主要表现为8种形式:

第一,投资环境研究。中国的政府在过去的十余年里因为贯彻以经济建设为中心的指导思想,各级政府表现为"公司型政府",各级政府最核心的工作是招商引资,市长就像公司总经理一样关心怎样发展本市的各类产业和生意。零点研究集团最早在1994年就开始进行区域投资环境的研究,根据投资者的意见,评估各个城市或开发区政府投资环境建设的优劣。

第二,政府施政议程研究。政府资源有限,但要想使百姓满意,需要知道先管什么,后管什么。零点研究集团每年都有全国性的施政议程研究,研究每个地区的老百姓希望政府如何分配有限的资源,集中精力做好百姓最关注、对区域发展最重要的事情。

第三,政府的表现评估。与服务质量与顾客满意度导向的绩效评估很相像,目前中国政府表现评估主要是对服务对象进行研究,针对每一个评估部门,包括内部客户与外部客户的评估。这一评估活动本身一方面用于促进政府服务效能的提升,另一方面也构成了公众参与政府管理,政府贴近公众的一种重要的方式,这个活动本身就起到了提升公众对政府服务满意度的作用。

第四,公共项目评估。这部分研究大部分是针对一些国际NGO组织的在华资助项目所进行的,其评估对象包括受资助开展各类社会救助计划的中国政府与非政府组织,如各地的残疾人组织、妇女组织、公众卫生组织等,是针对各类资助项目是否有效达到设定的目标的评估。

第五,公共政策选择研究。比如公众对政府所执行的"低收入保障"项目的看法非常两级化,对这个项目非议很多。研究显示,"低保"项目虽然给的现金不是很多,但是相应的关联福利待遇却很高,所以会导致有很多人争当低保户。研究在于寻找关于低保政策的取向是朝向减少关联福利扩大覆盖面,还是朝向为现

211

有低保家庭提供更为有力的帮助。

第六,社会群体发展的研究。比如说残疾人发展、流动人口的发展、青年的发展等,主要针对社会弱势群体以及对社会生活有重大影响群体进行,而且大多已形成连续性的跟踪数据。

第七,行政首长表现的研究。在国外民意测验很重要的是评估首长,例如总统、议员支持度等,中国是从2002年才开始这方面的探索的。最为引人关注的是零点研究集团2002年开始发布的中国县市首长的调查结果,2003年度该项调查受访人数为5613人,包括中国的大城市居民、小城镇居民和农村居民。调查显示13个城市的全部市长的市民支持率均超过了50%,但受评的7个县长的支持率只有3个超过50%。调查发现,现任县市长的认知度与行政透明度不高,而且这一问题越在基层越严重,县长们所面临的民意支持基础相对薄弱。

就调查本身而言,结果是简单的、局部的,但在中国国内年引起的影响却是很大的,远远超出了其民意调查本身的意义。它使服务型政府的原则得到操作化、具体化;为政府绩效评估增加了新的途径;是对定期选举的政府领导人的民主制约机制的补充;是政府进一步了解公民需求的重要机制;进一步完善了中国政府政务公开的制度建设。

第八,对公公众生活满意度的研究。零点研究集团定期进行年度的"中国人民生活质量指数研究",这一研究非常接近国际上的"一般社会研究"的内容,但是有非常显著的中国社会特点。这一独立研究结果一直受到政府研究机构的重视,是一项主要针对政府机构销售的研究结构。

独立民意研究介入中国政府公共政策和政府表现评估,可能有以下发展趋势:(1)由单项的政府项目和工作任务评估深入到更多的社会综合性试验与行动研究中;(2)由目前主要集中于社会福利、教育、投资方面的评估,延伸到向国际问题、宗教、两岸关系、政党事务以及其他更多过去认为敏感性的领域;(3)由对基层政府进行的评估延伸到省级以及更高一级中央政府部门表现方面的评估;(4)由对政府工作的某些点进行评估,延伸到行政流程各环节的全面的评估;(5)由描述性的评估和议程设定方面的研究延伸到政策对策性的研究。

公共政策的民意评估旨在为公共政策回应提供必要的信息。所谓公共政策回应是指公共政策对社会公众的意愿和需求的反应和满足程度,包括对来自政策环境及基层、民众的信息的反馈速度,对公共问题、突发性事件的应急水平。如基于"孙志刚事件"由原来的《生活无着的城市流浪乞讨人员收容遣送办法》的废止而代之以《生活无着的城市流浪乞讨人员救助管理办法》,就是回应型公共政策在具体实践中的及时表达。近几年来,从艾滋病人可以结婚、取消婚检、结婚离婚无需单位介绍信、WHO针对娱乐场所的100%使用安全套试点、公务员招考中的"乙肝歧视"突破等等方面反映出中国公共政策的回应性特点。公共管理学者格洛威·斯塔林(Grover Starling)认为,回应(responsiveness)一词是指公共组织快速了解民众的需求,不仅"回应"民众先前表达的需求,更应洞识先机,以前瞻主动的行为研究问题,解决问题。从某种意义上讲,公共政策要求政府能够积极地对社会公众的政策反应做出回应,并采取积极的措施,公正、有效率地实现公众的需求和利益。传统回应体制下的政府往往扮演管理者和统治者的角色,缺乏互动的动力。因此,政府被动多于主动,不能够达到政府与民众的和谐沟通。现代社会倡导建立服务性政府,要求政府通过公共政策途径服务于民众,为此,必须要有健全的社会回应机制来弥补传统模式的不足,从而达到政府与民众之间的互动。公共政策中缺乏政府与公众的互动,就难以说是一个完整的公共政策过程。其实,无论是政府职能部门还是民众,都愿意而且都有内在的要求来进行彼此的互通。如政府必须通过民众来了解最新的发展动向和最全面的情况,以使政府能够做出准确的政策决策和采取合理有效的方针措施;而公众能够通过公共政策回应机制集合起其共同的愿望,在一定程度上参与决策制定,或者是影响政策决策的出台,从而保障自己的利益。我们可以对娱乐场所的100%使用安全套试点、公务员招考中的"乙肝歧视"突破等等方面感受出来。

第五章　公共事业民营化改革

中共十六届三中全会审议通过了《中共中央关于完善社会主义市场经济体制若干问题的决定》,指出要大力发展和积极引导非公有制经济,允许非公有资本进入法律法规未禁入的基础设施、公有事业及其他行业和领域,从而正式揭开了深化经济体制改革的又一个序幕。其实在此之前,北京、深圳、山东、广东和湖北等省市早已开始将社会资金和国外资本引向城市的供水、供气、供热、公共交通、垃圾污水处理等市政公用事业。

一般说来,公共事业以政府必须提供的服务为前提,在经济学上的公共服务被看作非排它性消费,为社会大众所享有。民营力量在公共资源不是十分稀缺的情况下介入的现象就与政府承担公共事务的效率性与能力有很大关系了:民营力量介入公共服务事业会客观上加剧行业良性竞争,提升公共事业的服务质量,带来积极的社会效应。但长期以来,我国包括市政公用行业在内的公共事业管理均由政府一手包揽,社会资本不能进入这一领域,使得该领域长期以来对外缺乏竞争和压力,内部缺乏激励和制约,不但引起国有资产流失,而且服务效率低下。随着改革开放的深入发展与市场经济体制的确立,公共事务不断膨胀,政府能力的不足已越来越成为一个明显的事实。目前,我们实际面临着这样一种悖论:一方面,感到政府规模太大,负担过重,效率低下,于是需要精简机构;另一方面,又感到政府太小,有大量的公共事务没有人去做,或者没能做好。要解决上述矛盾,向民营企业开放公共事业是一条有效的途径。

但在范围上如何划定公共事业的范围，目前法律还没有提供一个明确的答案。因为它是不是公共事业，政府采取的相应的政策应该是不一样的。公共事业就是大家都要用的，政府是有义务的。如果通过市场化无法完全解决公用事业的问题，或者无法提供这种服务，政府就需要通过一定手段，或者通过财政手段，或者其他手段，必须给予某种补贴，满足普遍服务的义务。如果不是公共事业，政府就不具有这种义务，就不能提供这种额外的优惠。这种结论有时候很重要的。在中国改革过程中，城市供水、城市天然气和城市公共交通这三个方面一般都被纳入公共事业的范围。问题是说这三个领域是不是城市公共事业的全部？国家工商行政管理局1993年有一个规定，其中规定的公共事业涉及供水、供电、供热、供气、邮政、电讯、交通运输等行业，但也不明确。建设部的规定中，城市绿化也是作为公共事业的。其他如固体垃圾的处理，还有公共厕所等是否也属于公共事业？这些都需要我们作出回答。尤其是最近这二三十年的规制改革之后，很多原来认为是垄断的行业现在都可以进行自由竞争。这样又为界定公共事业增加了难度。

在经合组织的一个研究报告当中，把城市政府的职能分为三类，这个分类对我们有一点提示。第一类就是为国防提供公用物品，只能政府来提供，不能民营化（在美国，以前民航上的安检是由公司来经营，有的地方的监狱可以做到由公司来经营）。城市道路建设、警察和消防也只能由政府来提供。道路清扫、照明、洪水、扫雪在中国范围都不明确，到底政府来做，还是可以搞民营化？消防和警察不能搞民营化，不能搞一个消防公司，也不能把公安局私营化。这些必须是政府做的。第二类就是供水污水处理、城市公交、地方电力、天然气与有线电视服务、地方邮政等等。第三类就是在监管体制下的竞争性服务，包括城市的公屋、提供教育、公用保健、家庭护理、健身设施等等。

216

公共事业的范围一旦界定了以后,公共管理者与决策者还面临着复杂的选择:哪些公共服务应继续留在公共部门？哪些服务可以纳入民营化？民营化的目标应当是什么？如何调控、规范民营化进程？对提供公共服务的民间部门应如何进行有效监督？等等。

民营化一般指通过市场化途径和引进民间部门来生产并提供公共产品、改进公共服务、实现公共政策。这意味着政府取消对无端耗费国家资源的不良国企的支持,从国企撤资,放松规则以鼓励民营企业家提供产品和服务,通过合同承包、特许经营、凭单等形式把责任委托给在竞争市场中运营的私营公司和个人。"民营化的一种更为专门的形式旨在改善政府作为服务提供者的绩效。这包括打破不必要的政府垄断,在自来水供应、街道清扫、垃圾收集处理、公园和树木维护等公共服务供给中引进竞争。"(E. S. 萨瓦斯:《民营化与公私部门的伙伴关系》第 16 页,中国人民大学出版社 2002 年 6 月版)尽管至今对民营化概念的界定依然不一,但公认其核心在于更多地依靠民间机构,更少依赖政府来满足公众的需求;在产品服务的生产和财产拥有方面减少政府的作用,增加社会其他机构的作用和行动。民营化的具体形式主要有合同外包、业务分担、共同生产、放松规制等。

从世界范围去看,很多国家,包括美国都认为 privatization 直译私有化,有政治上的麻烦,各国政治家发挥种种政治才能,发明容易接受的词汇。在美国,萨瓦斯建议新当选的州长和市长,不用民营化,而是用"公共服务中引入竞争机制",里根政府则用"生产力改进";希腊叫做"非国家化 destaization";西班牙叫做"社会主义民营化";匈牙利叫做"经济复兴";斯里兰卡叫做"人民化";拉丁美洲叫做"人民资本主义";越南叫做"革新";中国则用"民营化"替代"私有化或者私营化"(以民替代私)。由于各国政治情况不一样,政治家出于减少政治阻力的考虑,各自选择有利于民营化的"政治话语"。

一、公共事业民营化改革的动力

公共事业民营化改革一般指通过市场化途径,引进社会资本和民间部门来生产并提供公共产品、改进公共服务、实现公共政策。E.S.萨瓦斯认为,从狭义上看,民营化指一种政策,即引进市场激励以取代对经济主体的随意的政治干预,从而改进一个国家的国民经济。这意味着政府取消对无端耗费国家资源的不良国企的支持,从国企撤资,放松规则以鼓励民营企业家提供产品和服务,通过合同承包、特许经营、凭单等形式把责任委托给在竞争市场中运营的私营公司和个人。民营化的一种更为专门的形式旨在改善政府作为服务提供者的绩效。这包括打破不必要的政府垄断,在自来水供应、街道清扫、垃圾收集处理、公园和树木维护等公共服务供给中引进竞争。尽管至今对民营化概念的界定依然不一,但公认其核心在于更多地依靠民间机构,更少依赖政府来满足公众的需求;在产品服务的生产和财产拥有方面减少政府的作用,增加社会其他机构的作用和行动。民营化的具体形式主要有合同外包、业务分担、共同生产、放松规制等。

民营化趋势的形成与发展其原因主要有:

1. 政府对公共事业管理的绩效不佳,公共服务质量低下,难以满足广大社会公众对公共服务的需求。在一个资源稀缺的世界,效率被公认为是一个重要的社会目标,然而,公共部门的固有垄断性,往往会导致政府管理中的失控、低效和官僚主义,最终损害政府"最后的依靠"形象,产生庞大的"信任赤字"。20世纪80年代行将结束的时候,美国《时代》周刊在其封面上提出了一个严重的问题:"政府死亡了吗?"在问题的背后隐含着另一个更为严重的问题:对政府的信任一再降到创记录的最低点。人们发现,在经历了100年之后,科层官僚制已经演变成为了一个庞大无比的官僚主义怪物,这使得政府不得不把诸多不该管的以及该管但管不好的服务项目交给市场。"治理"一词源于希腊语 kybern,其含义为"掌舵",而不是"划桨"。提供具体的公共服务,都是在划桨,而政府并不擅长于此。民营化就是要使政府回到掌舵者的位置上,由社会力量承担划桨的职能。一些国家的实践证明:如果实施得当,民营化一般能明显提高公共事业管理效率,并改善公共服务的水平与质量。

2. 民营企业的挑战。随着个人经济力量的增长,消费者对公共物品和服务的支付能力日益提高,人们已不再满足于被动地接受或依赖福利国家所提供的各项服务,希望有权界定并处理共同的需求,他们对这些服务的需求大大超出了政府的提供能力,由此为公共服务领域的民营化发展提供了机会。在长期的市场竞争环境中成长和发展起来的民营企业,为回应日趋激烈的竞争和挑战而进行了管理机制、管理技术和管理方法上持续的制度创新,提高了服务质量,改善了组织绩效,业绩斐然,赢得了公众和顾客的一致好评。反观政府机构,则因其所提供服务的质量低劣和态度傲慢而形成了庞大的"公共悖论"。在 80 年代初的欧洲,银行业和航空业上的缓和管制迫使各公司为赢得顾客而展开激烈的价格和服务竞争。这对公共部门产生了两方面影响:第一,它提高了公众对高水准服务的认识和期待;第二,它向公众表明,提供服务可以有更佳的方法,没有必要依赖官僚们根据他们自己的意愿和便利行事。因此,私营企业的革新精神及改革成果无疑对公共部门构成了现实而又巨大的改革压力。

3. 理论上的支持和推动。公共选择、新公共管理(管理主义)、新自由主义经济学、后官僚主义等理论思潮起到了推动市场化行政改革的重要作用。与传统行政学致力于改革完善政府本身不同,公共选择关注的中心是政府与社会的关系。在公共选择理论看来,没有任何逻辑理由证明公共服务必须都由政府机构来提供。私人企业、非赢利性公共机构,半独立性公共公司等各种类型的组织,也可以提供必要的公共服务。可以说,民营化既是公共选择理论的逻辑结论,又是公共选择济世药方中的一味主药。新公共理论最显著的特征就是将市场机制引入公共管理领域。就主体而言,公共服务的提供者应当是由包括政府,但又不限于政府的一整套社会公共部门和行为者所组成的系统。如在英国,撒切尔主义改革的直接理论渊源在于:撒切尔夫人及其"思想部长"基思·约瑟夫深受中右的一个"反费边主义"的思想库经济问题研究所(IEA)的影响。代表该研究所主流思想的是信奉市场的奥地利学派的精神领袖弗里德里希·冯·哈耶克和货币主义理论的代表米尔顿·弗里德曼。他们的论著及所提倡的公共服务市场化思想构成了撒切尔主义改革的圣经。在美国,则是归因于罗纳德·里根对芝加哥学派"政府是问题之所在,而不是解决问题的方法之所在"信念的推崇。

二、国外公共事业民营化改革实践

第二次世界大战结束后,一些西方国家曾对部分行业和企业,尤其是公共事业实行国有化经营,但自二十世纪八十年代开始,尤其是进入九十年代以后,不少国家对原先由国家垄断经营的公共事业又开始逐步向民营化管理转轨,公共企业民营化运动席卷全球,开始是发达国家,然后是发展中国家,大量出售各种类型的公共企业。目前,在市场经济国家,大多数政府倾向于对公共事业实行民营化的方式,尤其是在买方踊跃、信息充分、竞争机制健全的环境下,民营化被认为是一种较好的选择。

在英国,撒切尔当选为英国首相后,全国掀起了关于民营化的热烈讨论,不少人将民营化视为可集中关注核心活动的一种方法,并认为是提高收入的便利手段。英国电信从20世纪80年代开始民营化改革,随后自来水和电力等公用事业也分别于1989年和1990年实行了民营化。1991年,英国通过"公民宪章"界定政府机构对于公民的义务关系,并通过改革创造了"政府业务合同出租"、"竞争性招标"等治理方式,取消了公共服务供给的垄断性,在政府服务系统中引入了竞争机制,例如,在对全国保健事业的改组过程中,把政策管理同履行保健服务分离,迫使医院和医师为争取合同而竞争。英国政府实施的公共事业民营化改革主要采取了三种形式:一是出售国有资产,主要形式是向社会公众发行股票以出售国有资产,实现国有资产从公共部门向私人部门的转移;二是放松政府管制,打破国家对产业垄断的格局,取消新企业进入产业的行政法规壁垒;三是通过特许投标、合同承包,鼓励私人部门提供可市场化的产品或服务。具体选择哪种改革形式,决定于政府的目标和产业特点。同时,英国政府重视对民营化的法制规范。1984 年,英国政府颁布了《电信法》,废除了英国电信公司在电信业的独家垄断经营权,允许民营化;1986 年颁布《煤气法》,废除了英国煤气公司的独家垄断经营权并进行民营化;1989 年颁布了《自来水法》,允许 10 个地区自来水公司民营化;1989 年还颁布了《电力法》,把电力企业分割为电网、分销和电力生产公司并允许民营化。这些法律的颁布,使民营化改革具有了法律依据和实施程序。

美国自里根时代也开始了类似的改革进程。美国公共事业民营化改革的重点落实于市场竞争机制的建立和政府管制的放松。1978~1982 年,美国政府对航空、铁路、运输业放松管制,并撤消了民用航空局;通信市场和有线电视的市场准入限制也被取消。1981 年,解除了对石油价格的管制,并从 1978 年起部分放松对天然气的管制,到 1989 年天然气管制完全消除。放松管制的改革引发了竞争,取得了较好的成效:行业收益大幅提高,并提高了服务效率。美国的公共事业改革也十分注重立法先行。美国政府于1976~1982 年仅在交通运输领域就颁布了《铁路振兴和管制改革法案》、《航空货运放松管制法》、《航空客运放松管制法》、《汽车运输法》、《铁路法》和《公共汽车管理改革法》等一系列法案,对交通运输企业的改革进行了规定。1996 年,美国国会通过了新的《电信法》,推动美国电信市场改革。美国的监管法律坚持标准中立、程序固定、正式辩论和公开诉讼的原则,能较好协调不同利益集团的矛盾。在地方政府层次,合同承包的民营化方式不仅涉及辅助性服务,而且涉及到对公众的直接服务,如垃圾清理、街道清扫、公园维护等。民营化甚至已进入美国司法系统,田纳西州决定建造三所新监狱,一所交给一家私营企业,另外两所由州政府办,看看谁办得更便宜。警察机关也在从容不迫地民营化,私人安全保卫的数量已三倍于警察。到 90 年代中期,州和地方服务的民营化在美国已十分普遍,成为联邦政府的基本政策,民营化不再是一个党派或集团问题;不论是民主党还是共和党,自由派还是保守派,黑人还是白人,都在接受并推行民营化。戴维·奥斯本等人在所著《改革政府:企业家精神如何改革着公营部门》一书中提出在公共服务的供给上,应该采取各种竞争方式,认为竞争不仅关乎政府向公众提供服务,也可为改善政府内部的服务工作提供思路。对该书所提出的上述观点,克林顿大加推崇,提出:“美国每一位当选官员应该阅读本书。我们要使政府在 90 年代充满新的活力,就必须对政府进行改革。该书给我们提供了改革的蓝图。”(《改革政府:企业家精神如何改革着公营部门》封底,上海译文出版社1996 年版)与此同时,瑞典、法国、加拿大、澳大利亚等国也纷纷进行了类似的改革,“竞争服务”成为全球所普遍认同的政府治理方式。到 1992 年为止,全世界有 7000 多家公共企业(其中发展中国家的企业约占 2000 家)被私人买断(Worlt Bank,1995)。

日本的公共事业民营化改革始于 20 世纪 80 年代,进入 90 年代后改革步伐加快。日本改革的一个重要方面是改革原有的国有企业,组建新的企业,使其自负盈亏,隔离其与政府的关系。同时,进行组织结构调整,将竞争机制的建立与企业产权制度改革同步进行。如 1987 年 4 月对国家铁路公司实行民营化,将“国铁”分割为 11 个单位,各公司都实行股份制,通过各公司之间的竞争而提高经营效率,不仅降低了票价,而且使"国铁"扭亏为盈。日本政府在推进公用事业改革过程中也制定了许多法律,如《电力事业法》、《铁路事业法》、《电气通讯事业法》等,对民营化发展实行法律规范。

西方国家公共事业管理民营化改革的基本手段,就是以竞争为动力,放松规制(deregulation)充分发挥市场调节功能,切实优化公共服务,提高公共服务的效率。所谓规制,指社会公共机构按照一定的规则对特定的经济主体的自由活动空间和行为方式的规范、制约和限制。放松规制包括放松市场规制、放松社会规制和放松产业规制,但重点是放松市场规制。到 80 年代,放松规制的领域和国家日益增多,"市场和竞争就是主要的规制"成了西方各国的流行口号。在对待社区管理、环境资源、公共工程、扶贫开发、文化保护等领域,民营和志愿性机构的作用越来越明显,在某些领域,非政府组织和个人甚至比政府拥有更大的优势。政府对公共事务的垄断是传统层级制行政模式的显著特征。尤其在电信、电力、天然气供应、供水系统和排水系统等服务领域,存在着自然垄断的事实,一旦服务性网络建立起来,增加一个客户的成本就会降得很低,同时竞争也会受到限制,因为增加一个新的服务性网络的成本很高,例如,与地方电信网络或电力网络进行竞争,就得在街道两旁再铺设另外的电缆,在公路两边再另立电线杆。由于成本太高,挤进这些行业不太可能,使政府对这类服务的垄断成为自然趋势。美国学者奥尔森综合《美国公共行政评论》的研究成果指出:公共部门运营环境的根本特征是"市场显露程度"比较差,即"市场指示和市场信息(价格、利润等)的有效度差"。市场显露程度差必然导致两种结果:"在降低成本、工作效率、有效的业绩等方面的动机减弱;……资源配置的低效率"。(彭和平等编译:《国外公共行政理论精选》第 341 页,中央党校出版社 1996 年版)在奥斯本等人看来,导致公营部门普遍低效率的关键性因素在于缺乏竞争,鉴于此,他们将"竞争性政府"作为公共管理新范式和根本原则之一,强调"商界总是比政府更富有效率的老生常谈并不正确。主要的区别不在于公营还是私营,而在于垄断与竞争。哪里有竞争,哪里就会取得较好的结果,增强成本意识,提供优质服务"。对公众来说,"维护自己作为消费者利益的关键实际上不是所有制,而是竞争。"(奥斯本等著:《改革政府:企业精神如何改革着公营部门》第57、61页,上海译文出版社1996年版)从理论上讲,竞争对优化服务和提高效率具有强有力的刺激作用。一旦将竞争机制引入公共事业管理领域,服务对象便成为可以自主选择的"顾客",服务者若不以顾客的需求为导向,或是所提供的产品价格过高,都可能会失去顾客,而这意味着市场份额的大量丢失,经济收入的大量减少。

公共服务领域的竞争机制一般有三种形式:公与私即政府同民间资本之间的竞争;私与私即民间资本彼此之间竞争;公与公即政府组织之间的竞争。从实践上看,公共服务的市场化与民营化以及在公共事业管理领域"引进"竞争机制,已成为当代国外公共行政改革的普遍性趋势。当然,引进竞争机制的可行性方法是放松对公共事业行业的垄断性管制,而不是简单地实行门户开放,一揽子地由公营向民营转轨。对此,一些国家的政府一方面采取积极的步骤打破某些行业实际上所处的公共性垄断地位,并注意防止新的私营垄断行业的形成;另一方面,通过对合同承担者的工作绩效进行全面而科学的评估,以有利于公共服务中竞争机制更有效地发挥作用。铁路这类自然垄断性行业在德国原归铁道部管辖,铁路员工属国家公务员,自1994年开始,德国铁路由政府机构向股份制企业转轨,并逐步减少国家所持股份。1997年6月,德国联邦议会决定,允许私营公司经营部分邮电业务,至今,已先后有700多家公司得到了邮政经营许可。美国菲尼克斯市因受抗税的困扰,早在1978年便开始了一项试验,即由公营经济同私营经济就该市的垃圾的收集工作进行投标竞争,市政工程部门把全市划分为若干区,每个区的垃圾收集工作通过招标签定一项为期5至7年的承包合同,大致每年签订一个合同。进入80年代以后,菲尼克斯市又先后将废渣埋填、照管服务、停车场管理、高尔夫球场管理、街道清扫、道路维修、食品和饮料经营特许、印刷与治安等业务纳入竞争,使公共事业管理进一步向民营化方向发展。在竞争的氛围中,民营经济开始逐步夺取公营组织的市场份额:公立学校正在把地盘让给私立学校,邮政管理局正在把地盘让给联邦快递公司和联合包裹快递服务公司,政府的警察局正在把地盘让给私营保安公司,等等。即使是核电站这类涉及国家安全的国有企业,或者监狱这样特别敏感性的领域,一些国家也进行了民营化尝试,并取得了良好的社会效益与经济效益。

实践证明:引入竞争机制后,确实有助于增强成本意识,为社会公众提供更优质的服务。目前,在德国境内寄一件10千克的包裹,如果要求邮政公司上门来取,"德国邮政"的收费是45.24马克,而一家名为"海默斯"的私营邮政公司仅收费18马克,并能保证两天内送到。5千克的包裹从德国寄往奥地利,"德国邮政"需要2到4天,收费36.5马克,而一家名为"德国包裹服务"的邮政公司却只收取13.92马克,寄送时间也只要2到3天。同样重的包裹寄到美国,"德国邮政"需要10到12天,"德国包裹服务"只需要2到4天,价格也仅比"德国邮政"贵一倍。英国的经验显示,一度是政府财政包袱的英国石油、英国航空公司、电信公司等转移民营后,从1979年起,英国政府每年增加50%的收入。

在那些目前只能由公共权威独立经营的行业和非盈利性公共服务行业,政府部门则努力引进内部竞争机制,充分发挥市场调节的功能。在这方面,英国公费医疗拨款制度的改革做得比较成功。英国的公共医疗系统由两个层次组成:一是负责检查诊断和处理小疾病的家庭医生,他们分属遍布各地的医疗中心,以方便患者就近求医;二是为数不多的大医院,主要负责手术和大病的处理。长期以来,政府的定额财政拨款分别交给医院和家庭医生。在免费医疗的条件下,不可避免地会出现医院的服务质量越高、治理病人越多,就越容易亏损的矛盾。对此,自1992年开始,政府将原来给医院的大部分款项转拨给家庭医生,医院的手术和住院服务实行明码标价,形成医疗服务的内部市场。家庭医生代替病人选择医院,然后从自己的预算中向医院交付手术费和住院费。在不影响公民免费医疗权利的前提下,该项改革不仅改变了医院效率越高越容易亏损的矛盾,而且通过各家医院之间所展开的激烈竞争,不断优化医疗服务质量,降低价格,提高了公众对医疗服务的满意率。当然,由于各国的医疗体制不同,英国政府对医疗系统具体的改革措施与经验不可能被别国照搬,但如何在公共服务机构内部引进竞争机制的思路可以参考借鉴。

根据国外理论界的分析,实行公共事业管理民营化的功能具有双赢的效应:其一,政府将某些公共服务的功能转包给私营部门,由于利益因素的作用,私营部门的经理们在提供公共服务时往往会比公共部门的同行有更强的责任感,它们会按照其自身的责任要求提供优质服务,并尽可能地提高工作效率;其二,在同各类社会机构的服务竞争中,政府有意识地将私营部门责任机制的某些有效成分引入服务过程,并逐步建立一套适用于政府机构的绩效计量指标和常规的合同机制,以形成一种在没有铁饭碗的基础上,对公共机构管理人员的行为产生有效激励与制约的机制,促使他们改进绩效。

三、我国公共事业民营化的改革与发展

一项由远景投资和指标数据最新发布的关于城乡居民对中国公共事业民营化程度及民营化社会效果的认知与评价的研究结果表明:在本次所调查的五项公共事业中,城乡多数居民认为医院民

营化程度较高并且民营化后的服务质量也有相当改善;在城市中小学民营化程度高于乡镇的同时,乡镇居民对民营化中小学的社会效果却给予了高于城市的评价;广州公共事业民营化的进程均衡稳健,而北京则相对谨慎保守。

此项调查结果来自指标数据受哈佛大学肯尼迪学院亚洲部指导于 2004 年 12 月合作完成的《中国居民评价政府及政府公共服务研究报告》。该调查使用多阶段随机抽样方式(城镇地区)和整群抽样方式(农村地区)对京沪穗等 7 个大城市、河北与浙江等 7 省的小城镇和农村地区的 3859 名 16 岁~60 岁的当地居民进行的入户访问,其中城市居民为 1876 人,县级小城镇及农村居民为 2102 人。数据结果已根据各地实际人口规模进行加权处理,在 95% 的置信度下本次调查的抽样误差为±1.78%。

我国传统的公共服务提供模式是"公共机构直接生产",政府和生产者是合一的。其特征是,中央集权化的,政府供给的角色没有分化,个人是公共部门的雇员,其业绩好坏没有奖励,也没有惩罚,很多承包合同都是没有人负责任的,强调控制和标准化服务,即千篇一律。由于一直将自来水、公用煤气和天然气产业视为公益性事业。与长期以来的低工资政策相适应,公用事业采取的是低价格、高财政补贴的机制,价格基本不受供求关系和成本变动的影响。20 世纪 90 年代以来我国对公用事业的这一传统体制进行了一系列改革,如减少或取消财政补贴、实行以成本为基础的定价制度等。但是,从总体上看,城市公用事业是 20 年间改革幅度和变化都较小的产业,传统体制的弊端不仅没有消除而且随着公用事业规模的扩大表现得更为明显和严重。

传统的公共服务,在某些公共服务领域里取得了很大的成功,如防疫运动几乎取得了全球性的胜利,天花基本上已经绝迹了。在很多国家,通过这种传统的方式,迅速普及了教育,饮水和灌溉用水的基础设施得到了迅速改善。

中国计划经济时代虽然经济没有实现持续迅速的增长,但在医疗卫生、初等教育和水利工程方面的成就依然是不可抹煞的。

这是传统模式有效的一面,但传统的模式有很多失败的地方。

第一,亏损经营,财政补贴沉重。由于受城市公用事业指令性价格形成机制及宏观经济调控和城市居民较低收入水平的约束,加之原材料、燃料、劳务成本上升过快和经营管理不善的影响,我国城市公用事业企业普遍存在亏损运行的现象。自来水、煤气和公交等公用产品由于本身具有一定福利性和公益性,为了保证社会安定,国家财政无可奈何地背负起补贴亏损的沉重包袱。

第二,公共事业建设投资主体单一,缺乏稳定、规范的建设资金来源渠道,没有形成多元化的城市基础设施建设投融资新机制,造成城市基础设施建设滞后于城市发展。基本服务在很多地方形成了盲点。相对而言,城市供给还比较充分,农村供给缺口很大;即使城市提供,城际之间、城市不同地区的差异也很大,如天然气供给、公交车密度、路灯亮度、公路卫生清洁程度,是与政府权力配置格局密切相关。如果某个地区住着几个政府官员,这个地区的路灯就会亮一些、公用交通就会多一些、周围的工厂冒的烟也会白一些。

第三,企业缺乏自主权和积极性。公用企业的生产经营活动,特别是较大的投资活动一般均由政府安排,企业没有实质性的经营决策权。考虑到公用企业在生产经营中亏损巨大,而政府财力有限,所以有些地方政府尽量控制企业的生产能力,只要求满足基本供求矛盾,不鼓励技术创新,宁可让多余的生产能力闲置。提供者缺乏提高效率、降低成本、改善服务态度的积极性。

第四,生产效率低,服务质量差。由于公用企业一般在特定的地区范围内具有独家垄断经营权,不存在由多家企业的平均成本决定的社会成本,这样,企业的实际成本就成为"社会成本"。以此作为定价的基础,企业增加的成本可轻易转嫁出去。政策性亏

228

损掩盖经营性亏损,掩盖管理薄弱和经营不善。这样就不可能刺激企业努力降低成本,从而不能促使企业提高生产效率。同时,由于垄断经营,公用企业服务意识较淡漠。公众对公共服务部门意见较大,公用事业部门民间业绩评估往往问题最多,如果是万人评政府局长的话,公用事业局局长要得高分的机会往往是很低的。

2000年10月,建设部副部长刘志峰在"城市市政公用事业改革与发展研讨会"的讲话中提到:

1. 城市市政公用事业要加快改革步伐,尽快改变改革滞后的状况,要实行政府全面规划、统一管理、特许经营、适度竞争的方针,引入竞争机制,鼓励非国有经济进入城市市政公用事业领域,通过有序竞争,促进行业的发展和服务的改善。

2. 加快城市市政公用事业改革的步伐,应注意把握以下几个问题,一是要以法律制度作为城市市政公用事业改革的准则,要体现市场经济是一种法制经济的原则,以立法为先导,依法行政,减少改革的盲目性;二是要以政企分离作为改革的关键,从根本上改变以往城市市政公用事业单位政企合一的状况;三是要以发展作为的主题,通过改革引进竞争机制,并把规模经济与竞争活力相兼容的有效竞争作为政府调控的目标导向;四是要按照市场规律并结合各地的实际来制定城市市政公用事业的政府管制价格;五是要将推行股份制作为城市市政公用事业改革的主要内容。城市市政公用事业改革实际上是政府管制体制改革的重要内容。必须实行政企分开、政事分开,使企业真正成为独立的经济实体和市场主体,使政府成为平衡社会利益风险的实际承担者。

3. 逐步放开非国有经济进入城市市政公用行业的限制。大中城市市政公用行业中的供水、管道燃气供应、公共汽车电车、集中供热、排水与污水处理、垃圾处理等,是国家需要控制的领域,但控制不一定控股,控制不一定独资(国有独资)。为满足市场需要,要根据行业不同特点,有条件地允许非国有经济介入,并依法经营,积极探索吸收多元投资发展公用事业的途径,通过吸收各种经济成分,改制为有限责任公司或股份有限公司。投资主体可以是国有企业、集体企业、中外合资、也可以是自然人。政府在坚持统一规划、统一服务质量标准、统一市场准入制度、统一价格收费制度的基础上,加紧研究在多元投资主体的情况下,国家对城市市政公用行业进行调控和监管的办法。同时,要鼓励国外供水、供气、供热企业投资参股,通过引进国外先进技术和管理办法,提高企业经营管理水平。

4. 要努力做好城市市政公用事业改革的服务工作。目前,地方的机构改革工作正在进行,各级建设行政主管部门要进一步解放思想,转变职能,切实为改革和发展搞好服务。要认真研究解决行政管理中审批事项过多、审批范围过宽、办事程序繁杂、工作效率低下及对行政管理行为缺乏监督等一系列问题,使各级建设行政主管部门逐步从繁琐且不够规范的审批事务中解脱出来,转到依法进行宏观调控、制订市场规则、加强监督管理和完善社会服务上来,要及时发现和认真研究改革和发展中的困难和问题,制订相应的政策和措施,给予企业积极的指导和帮助。必要的办事程序和审批规定要很好地进行公示和宣传,使企业能够理解和了解。

2001 年 12 月 11 日,国家计委发出了《关于印发促进和引导民间投资的若干意见的通知》,指出要"逐步放宽投资领域。""除国家有特殊规定的以外,凡是鼓励和允许外商投资进入的领域,均鼓励和允许民间投资进入;鼓励和引导民间投资以独资、合作、联营、参股、特许经营等方式,参与经营性的基础设施和公益事业项目建设。"

2002 年 1 月,国家计委发出《"十五"期间加快发展服务业若干政策措施的意见》,指出要积极鼓励非国有经济在更广泛的领域参与服务业发展,放宽外贸、教育、文化、公用事业、旅游、电信、金融、保险、中介服务等行业的市场准入。国务院有关部门要尽快制定并公示有条件准入的领域、准入条件、审批确认等准入程序以及管理监督办法。

2002年3月4日国家计委公布新的《外商投资产业指导》,原禁止外商投资的电信和燃气、热力、供排水等城市管网首次被列为对外开放领域,国家在城市公用事业及基础设施行业扩大开放政策的逐步到位。另有消息称,即将出台的国企并购政策将给供水、供热、供气、污水及垃圾处理等一般性城市公用企业向外资全面开放提供政策保障。

2002年12月27日,中华人民共和国建设部出台《关于加快市政公用行业市场化进程的意见》,要求以体制创新和机制创新为动力,以确保社会公众利益,促进市政公用行业发展为目的,加快推进市政公用行业市场化进程,引入竞争机制,建立政府特许经营制度,尽快形成与社会主义市场经济体制相适应的市政公用行业市场体系,推动全面建设小康社会。鼓励社会资金、外国资本采取独资、合资、合作等多种形式,参与市政公用设施的建设,形成多元化的投资结构。市政公用行业主管部门要进一步转变管理方式,从直接管理转变为宏观管理,从管行业转变为管市场,从对企业负责转变为对公众负责、对社会负责。另外,允许企业跨地区、跨行业参与市政公用企业经营。

1997年亚洲金融危机后,上海将有盈利的基础设施项目推向市场进行社会融资,仅已建成的项目以公司上市方式筹资就超过了100亿元。社会投资是筹措城市建设资金的重要途径,其中应当充分发挥资本市场的融资功能。2001年法国昭和水务公司与奉贤自来水公司第三水厂合作成立了上海首家中外合作的昭和自来水公司。国内第一家引进外资建设的自来水厂项目——上海泰晤士大场自来水有限公司已经顺利完成了一期20万吨和二期40万吨供水建设,为上海市北地区120万人生产自来水,被誉为上海市成功吸引外资的典范项目之一。

2002年年2月,南京市市长罗志军表示,政府将逐步推出城市公用事业领域,逐步把城市建设的投资和经营部分交给市场来完成,外资企业、私营个体企业等国内外各种经济成分的企业均可参与平等竞争。打通资金"瓶颈"最重要的就是引入经营城市的新理念在经营城市过程中,政府逐步退出公用事业领域,卸下财政补贴的包袱,在公用行业引进竞争,而且还要把政府无偿投资已建成的具有竞争性的如水、电、公交等城市基础设施项目、公用设施,通过招标、拍卖、租赁、承包等方式,将其经营管理权、使用权或产权有偿转让给国内外企业,各种经济成分企业包括外商投资企业、私营个体企业均可参与公平竞争。还可以选择一批资产优良、可经营的基础设施项目进行拍卖、转让经营权。

香港中华煤气国际有限公司与无锡市燃气总公司签下总投资6000万美元的天然气一期工程阶段性协议,香港公司占股49%,同时负责天然气在无锡的经营。美国金州(控股)集团有限公司与市自来水总公司签下合资建设锡东水厂意向书,初步意向由外方建设、经营,若干年后再移交给中方。无锡市公用事业局排水管理处与中新技香港有限公司签下城北污水处理厂二期工程的合资建设意向书。

广东鼓励和引导民间投资参与能源、交通、供水、污水处理等基础设施及公共事业建设。广东省政府提出,在促进和引导民间投资工作中,要为民间投资者创造公平的投资环境,建立与市场经济相适应的民间投资项目管理体制,向民间投资开放基础设施和公用事业领域。1992年法国苏伊士水务投资广东中山市坦洲自来水公司,成为"洋水务"进军中国的开始。2002年起,广东省的基础设施、公用事业领域将向民间投资开放。凡对外资开放的领域和国家未明确限制的投资领域,都要对民间投资开放,鼓励和引导民间投资参与能源、交通、供水、污水处理等基础设施及公共事业建设,经营性的基础设施项目也可以由民间投资。为此,广东省

232

有关部门将通过采取基础设施项目投资主体招标、新建基础设施项目上市融资以及选择基础设施向社会出让股权等方式,拓展投融资方式,扩展民间投资参与基础设施和公共事业投资的机会与空间。

2002年8月,深圳市政府推出城市公共服务领域投融资改革新举措——对外开放一直由国企垄断经营的城市水、气、公共交通等公共产品的供给服务市场,欢迎国外投资者通过增资扩股或股权转让参与深圳市公共服务领域的市场化运作。此消息一传出,很快就有70多家国际投资机构表达了合作意向。

广州市委、市政府下发了《关于促进个体私营经济上新水平的若干意见》,在开放投资领域、支持引导做强做大和改进服务环境上采取40条措施,全面促进广州个体私营经济发展。被业界认为是扶持、壮大私营经济方面最开放、最到位的政策。在投资准入制度上,对个体、私营企业一视同仁。除国家有特殊规定的以外,凡法律、法规和政策未明确限制的投资领域,对个体、私营经济全面开放。个体、私营企业获准参与兴建和经营城市基础设施及公用事业。通过合资、合作、参股、项目法人招标、TOT(转让－经营－转让)、BOT(建设－经营－转让)等方式,个体、私营经济主体可投资经营城市轨道交通、公共交通、公路、桥梁、隧道、港口、站场、停车场、生态修复、污水处理、垃圾处理、排污管道、电力、绿化、园林、道路、能源、水利、公共信息网络、公共文化设施等基础设施和公共事业。

成都市市政公用局于2002年7月将6条公共汽车线路的特许经营权进行拍卖。将原有国有公交公司独家经营的公共汽车线路有偿出让,这在全国还是首例。

浙江省的一些城市,社会资本收购城市水厂、参股水务公司、组建民营公交、合股经营管道燃气等事已屡见不鲜,但就开放的程度看,仍停留在点上的尝试阶段。2004年上半年,浙江省平均每天有 2.97 亿元注册资金新进入经济领域,其中大部分集中在公共事业领域,浙江民企老板转战公用事业,电力行业、交通、市政等公共事业领域都热得烫手。

2002 年上半年,香港李嘉诚旗下的和记黄埔斥资 2.5 亿港元收购在香港创业板上市的百江燃气 12.8% 的股份,借此进入内地燃气市场。此前,百江燃气早已在昆明、贵阳、衡阳等地有投资项目,现正全力抢占西气东输沿线城市。香港另一大腕人物李兆基旗下的中华煤气在取得广东液化天然气项目的股权后,又分别斥资 6 亿、2 亿元人民币,及 3000 万、2000 万美元,参股武汉燃气热力集团、控股泰州市、南通市、南京市浦口区燃气管网的控股权。据知情人士透露,该公司目前还在继续与内地 10 余个城市洽谈投资事宜。2002 年 5 月 13 日,中华煤气与珠海功控集团订下项目总投资额达 1.6 亿元的合资盟约,独家享有 50 年的全市燃气业务经营权。

四、加强对公共事业民营化的法制规范

近几年来,各地推行公共事业民营化可以说是方兴未艾,都在搞不同形式的尝试。很多地方连公厕的经营权都出让了,南京把报恩寺也以民营化的方式来吸引投资者进行经营。可以说,民营化在实质改革的步伐上进展得比较快,但在相关的法律保障与法律规范方面则显得比较滞后。由于中国在公共事业领域长期实行的是政府独家经营的模式,一直没有一个大的方面的、制度性的、法律的规定,来为民营化提供比较统一的法律制度安排。目前的有关规定主要还是部门制定的,如建设部有 100 多个规定,国家计委、工商行政管理总局等也有一些规定。有的地方,在改革过程当中,推出了自己地方做出的一些规定。从法律制度的构造来看,法律法规的总体层级比较低、比较单一,尚缺乏普遍适用民营化发展要求的法律制度规范,这将在一定程度上影响我国公共事业民营化的健康发展。

公共事业是个涉及到社会公众切身利益的敏感领域,正如某西方学者所警告的:民营化就像拆除炸弹,必须审慎对待,因为错误的决定或过激的行为会导致危险的后果。从一些国家民营化的实践来看,并不能说都已获得成功,因为种种原因,有些方法取得很大成效,弥补了传统模式的缺陷,但也有一些实践不仅没有取得成功,反而导致了不少问题,尤其是东欧国家快速而又无序地实行民营化的糟糕后果已引起人们广泛关注。研究结果表明,民营化成功或受挫的原因不仅仅是内部管理的问题,根据一些制度学者的分析,成功的实践在于采用新的方法时引入了制度变革,而失败的实践往往是在采用新的方法时没有提供适当的制度激励,用句形式化的语言表达就叫做缺乏规范化的操作。为此,在开放公共事业民营化进程中,如何进一步加强法制规范,以法律制度作为公共事业改革的准则,依法在决策者(政府)、提供者(包括公共机构、非盈利机构、私人企业)和公共服务的消费者(公民)之间形成一种良好的互动结构,实现一种共赢的结果,尚需要作认真而具体的探索。

1. 加强对进入公共事业领域民间资本的法律支持与保障

推行公共事业民营化对民间资本而言,意味着一次极好的投资机会。与民营企业已经进入的产业相比,公共事业显然是一个更为庞大的产业,每年的投资达数千亿,服务收入当是一笔巨大数额。尽管由于政府对价格的管制,销售利润不可能太高,但却具有相当的稳定性,如果能够很好地运作,资本的利润率还是非常诱人的,所以,进入公共事业领域,对民间资本应当会有很强的吸引力。

在美国,民营化更多地倾向于放松规制(deregulation)。所谓规制,指社会公共机构按照一定的规则对特定的经济主体的自由活动空间和行为方式的规范、制约和限制。放松规制包括放松市场规制、放松社会规制和放松产业规制,但重点是放松市场规制。到20世纪80年代,放松规制的领域和国家日益增多,"市场和竞争就是主要的规制"成了西方各国的流行口号。在对待社区管理、环境资源、公共工程、扶贫开发、文化保护等领域，民营和志愿性机构的作用越来越明显，在某些领域，非政府组织和个人甚至比政府拥有更大的优势。

近年来，我国各地已逐步放开非国有经济进入公共事业的限制。一些大中城市市政公用行业中的供水、管道燃气供应、公共汽车电车、集中供热、排水与污水处理、垃圾处理等，正有条件地允许非国有经济介入。2002年3月4日公布的《外商投资产业指导》中，原禁止外商投资的电信和燃气、热力、供排水等城市管网首次被列为对外开放领域。2002年10月国家计委、建设部、环保总局出台《关于推进城市污水、垃圾处理产业化发展的意见》，提出改革价格机制和管理体制，鼓励各类所有制经济积极参与投资和经营。

不过就目前来看，市场准入的限制依然是制约公共事业民营化发展最突出的环境因素，对此，应进一步加大改革力度，依法加快推进公共事业市场化进程，引入竞争机制，建立政府特许经营制度，尽快形成与社会主义市场经济体制相适应的公共事业市场体系，鼓励社会资金、外国资本采取独资、合资、合作等多种形式，参与公共事业设施的建设，形成多元化的投资结构。国务院有关部门要尽快制定并公示有条件准入的领域、准入条件、审批确认等准入程序以及管理监督办法，逐步建立与社会主义市场经济体制相适应的投融资及运营管理体制，实现投资主体多元化、运营主体企业化、运行管理市场化，形成开放式、竞争性的建设运营格局。

由于历史的原因以及目前体制方面实际存在的一些问题，使得一些民间资本所有者对进入这一领域心存疑虑，对此，需要对民间资本进入公共产品与公共服务领域予以制度与法律方面的保障，消除民间资本所有者的后顾之忧。只有当国家能够形成一个比较好的对私有财产的保护体系，才能吸引那些成规模的企业进

236

入公用事业,如果我们现在的法律和税收政策使他们觉得很不安全,即使民间资本进入了公共事业领域,但他可能随时准备撤退,在这种情况下,谁敢把水、电等公共资源交给他?万一以后水出问题了怎么办?电没有了怎么办?那可能冒的风险更大,所以这是我们面临的一个比较棘手的问题。这里不仅涉及到财产权的问题,还有民间资本投资范围的限定问题,为此,需要从法律上确认民间资本进入公共事业领域的合法性,在税收、价格、信贷、进入市场条件等方面均一视同仁、公平对待,给予它们合法经营权利和均等获得经济收益的机会,这样才能吸纳更多的民间资本投向我们可以接纳它们的公共事业领域,确保公共事业民营化的正常发展。

2. 以法律为导向,循序渐进,谨慎推进民营化改革

推行公共事业民营化需要面对的一个重要问题是城市公共事业的范围到底有多大?包括哪些领域?因为它是不是公共事业,政府采取的相应政策应该是不一样的。在中国改革过程中,比较一致的,就是把公共事业的重点主要集中在城市供水、城市天然气和城市公共交通这三个方面。这三个方面是比较有共识的,问题是这三个领域是不是城市公共事业的全部?承德的城市公共事业局管理范围包括供水、供热、公交、园林、液化气、节水、客运。垃圾的处理,包括固体垃圾的处理,在很多国家一直是作为公共事业来看待的,而且常常采用投标的机制,选择一家竞标者承担经营固体垃圾的回收。另外,公共事业是否还要包括公共厕所?这些都需要我们有一个明确的认定。国家工商行政管理局 1993 年有一个规定,其中规定的公共事业涉及供水、供电、供热、供气、邮政、电讯、交通运输等行业,但也不明确。建设部的规定中,城市绿化也是作为公共事业的。

在经合组织的一个研究报告当中,把城市政府的职能分为三类,第一类是为国防提供公用物品,这类物品只能由政府来提供,不能搞民营化。第二类是供水污水处理、城市公交、地方电力、天

然气与有线电视服务、地方邮政等等。第三类是在监管体制下的竞争性服务,包括城市的公屋、提供教育、公用保健、家庭护理、健身设施等等。对中国来说,需要从法律上对公共事业的范围作出明确区分,以确定改革的具体领域以及可以适用的政策。公共事业管理自身的特性决定这一领域的改革有着相当的敏感性,其政策导向、推进方式及其发展进程都要受到整个社会环境的制约。不仅社会公众对服务主体的转换具有相当的敏感性,而且不可避免地会涉及到公共事业管理部门员工的就业及其他利益方面的问题,他们将要担心可能会失去工作岗位,工资降低,福利减少,工作压力增加等等,由此产生对民营化的怀疑或不予认同的态度;民营化意味着公共部门原有资源的"流失",导致一些公共官员地位下降、权力减少、特权丧失,促使他们中的部分人站到民营化的对立面。正是由于公共事业管理民营化所牵涉面相当广泛,一旦处理不当,可能会影响到社会政治稳定与经济发展,所以在推行民营化实践过程中,需要从实际出发,依法而有序、渐进地推进,不能简单地实行门户开放,一揽子地由公营向民营转轨。就我国目前情况来看,对于包括供水、排水、电信、电力等具有政治敏感性和自然垄断性的公用事业,仍由政府实施管理更加妥当;而包括银行、保险公司、城市环境卫生和公共运输等竞争性行业和公共企业,可根据具体条件,通过制定必要的法律法规,运用不同方式逐步加大市场化、民营化的步伐。近几年来,一些地方政府在道路、桥梁建设方面引入民间资本或国外资本,在交通运营、城市环境卫生等领域实行民营化尝试,均已取得一定的经验和成效。通过对有关经验的总结,逐步扩大并深化公共事业民营化的进程。

3. 依法确立以效率、效果为导向的民营化改革价值目标

一般而言,企业经营的最高准则就是赢利,而政府经营公共事业尽管也含有经济成分,但政府更为关注的应是这一经营所带来的社会效果,关心如何为社会公众提供优质的公共服务,注重经济

效率与社会效果的一致性,这应成为公共事业民营化改革的基本原则。"民营化的一种更为专门的形式旨在改善政府作为服务提供者的绩效。这包括打破不必要的政府垄断,在自来水供应、街道清扫、垃圾收集处理、公园和树木维护等公共服务供给中引进竞争。"(E.S.萨瓦斯:《民营化与公私部门的伙伴关系》第 16 页,中国人民大学出版社 2002 年 6 月版)从根本上而言,公共事业管理改革的目的在于提高公共服务效率,满足社会公众对公共产品和服务在速度、多样性、质量以及便利等方面的个性化需求。就此意义而言,公众的需求比公共产品和服务自身的价值功能更为重要。如果公共产品和服务不能满足公众需求,其价值便是零,以至成为多余动能。对于公众来说,他们可能并不特别在乎由谁来提供公共产品和服务,但必然会非常关心公共服务的质量和自己在需要方面的满足状况。为此,政府在考虑实施民营化改革时,必须以提高公共服务效率、满足社会公众需要为基本目标,而不是简单地随大流、搞形式、卸包袱,或只是为了节省开支、平衡预算。由于企业"利润至上"的本能冲动,可能导致民营化后的公共服务在"最高效率、最低成本"的价值观念指导下,忽略了社会责任和公共利益,为此,政府需要通过制定必要的法律法规"迫使"进入公共服务领域的民间组织贯彻"公众至上"的理念,尤其要加强对民营化项目实施过程中的全面质量管理和绩效管理,评估合同执行情况,注重民营化的实际效果。

4. 对公共事业的合同承包予以法律规范与控制

公用事业民营化不是说把一个公司找来就完事了,找来以后后续事情非常多,不光是价格问题,还有服务的义务问题、政府监管的监管权配置、监管程序、怎么样来维持正常运转等等。否则这种特许合同,如果没有后续的管理制度,那必然产生非常严重的问题。据美国公共服务管理的专家研究,在公共服务运营中,假承包以营私的例子屡见不鲜,"没有适当的机制来处理冲突和监督公共服务经济的运作,契约承包就会成为实施最粗俗形式的腐败机制"。政府对市场不要干预得太多,指的是不要直接插手某个企业经营事务,但政府需要制定统一的标准,如服务指导标准、价格指导标准,长期有效的监管将成为政府的职责,这就是政府"裁判"定义的现实考量。

　　对于那些工作内容、预期工作成就的衡量方式、监督方式等信息能够充分获得的公共事业项目,常常可通过委托授权、签订合同的方式实现民营化管理。这种合同承包带来了典型的委托——代理关系,委托人(所有者)目标与代理人(经营者)目标可能并不完全一致,由此带来一个有关控制的问题,即政府作为委托人必须对其代理人(承包者)进行控制,这种控制应依法进行,将其贯彻于合同的签订、履行和验收三个主要过程。由于合同承包的基本目标之一是节约成本、提高效率,因此,需要审视现行成本并确立成本底线(包括生产成本即合同标价,一次性的交接成本和政府合同管理成本,如筹备和谈判的行政开支、监测、非预期情境下修正原始合同、解决争端等成本),为随后的合同定价提供参照;同时对机构内部的工作质量与部门绩效进行评估,以作为服务效率比较的依据。政府在同项目承接单位订立有关公共事业项目合同细则时,必须用普通而准确的用词规定服务要求、绩效目标和绩效标准,这种绩效示标体系可为绩效目标的具体化和操作化奠定客观性基础,并保证在合同履行过程中,政府部门可以对其实施情况进行严密的监督与控制。对于合同履行情况的监测需要事先认真规划,明确监测什么,如何监测,建立科学而规范的测算模型,对监测者进行必要的培训,确定记录和分析的适当格式和方法;监测的手段包括对投诉的确定、民意测验、实地观察和测定、工作记录的检查等等,所有为绩效评估建立的绩效信息系统都应有助于使得这一监督及时而有效。待合同期满后,政府可按照指标评价体系对合同承担者的工作绩效进行全面的评估,这将有利于竞争机制在公共事业民营化过程中发挥更有效的作用。

随着服务主体的转移,服务价格会成为一个非常敏感的问题。公共事业的服务对象是每个公民,其价格的制定与服务的提供往往具有超越经济的意义,一旦发生问题,可能影响到社会政治稳定。巴基斯坦的供电系统和斯里兰卡的天然气民营化后,立即发生了提价现象,公众对民营化的热情随即破灭。我国一些地方在把外资、民营资本引进公共事业领域后,接着就是涨价,就要大家付更多的费用,引起消费者的不满。2003 年武昌城管局对 6 座收费公厕进行招标,武昌火车站前的两座公厕一年的经营权各卖出 100 多万元的高价,其收费标准为 1 元,远远高于普通公厕 2 角的收费水平。公共事业服务项目的定价确实是个相当复杂的问题,比如说收集垃圾是不是要付费,国外很多城市垃圾处理是不收费的,因为一旦收费,别人就有一套规避的办法,如果要按量来收,他就不处理垃圾、自己把他烧掉,这样实际上对环境的破坏更大。

实施合同承包后,承包企业潜在的"利润至上"意识在缺乏有效管制的环境下,必然会同公众发生价格方面的冲突,为此需要政府予以规范与控制,这种规范与控制一般由政府通过政策和法规予以实施,而不再是直接干预。少数情况下,承包者与政府主管部门之间会发生争执,合同文件中可以明确争端处理程序,当矛盾发生时,可以按照程序处理。在政府的承包活动中,可能会发生公共官员与承包者之间有关利益交换的密谋倾向,对此,需要通过立法建立预防与制裁机制,以确保承包过程的公正性。如果搞特许经营,合同的管理非常重要。因为公用事业民营化不是说把一个公司找来就完事了,找来以后后续事情非常多,不光是价格问题,还有服务的义务问题、政府监管的监管权配置、监管程序、怎么样来维持正常运转等等,所以需要设计、签订一份投资者和政府特许经营的合同,明确界定双方的权利与义务关系。在这方面,我们的法律形式还很不完善,美国加州有关公共事业的法典就有 2400 页,光目录就十多页。为此,在实施公共事业合同承包过程中,有关监管法规,定价机制,参与机制等等,都需要作出切合实际的规定。

5. 营造一个法制化的公平竞争环境

在公共服务的供给上,应该采取各种竞争方式,因为竞争不仅影响到政府向公众提供服务的效率与效果,也可为改善政府内部的服务工作提供思路。政府部门所提供的服务通常成本高而质量差,究其原因并非政府部门工作人员的素质比民营部门差,而是同经营方式即垄断还是竞争密切相关。在提供低成本、高质量的物品和服务方面,竞争往往要优于垄断。民营化可提供政府部门和社会公众更多自由选择的机会,这种自由选择能够推进竞争,而竞争又能带来更多成本收益比高的公共服务。就此而言,民营化意味着在公共服务领域清除垄断,引进竞争,使服务提供者与接受者均能受益。由于计划经济时期的政府管理没有建立起竞争框架,使得民营化以后要建立必要的竞争机制比较困难,处理不当,结果可能会是以垄断性的民营企业取代垄断性的公共事业管理,为此需要政府通过必要的法律法规与政策对竞争行为实施调控,避免出现新的垄断格局。对今后一段时间中国非公有制经济发展产生重大影响的文件——《国务院关于鼓励支持和引导个体私营等非公有制经济发展的若干意见》已于 2005 年初下发,《若干意见》明确表示,中国将在电力、电信、铁路、民航、石油等行业和领域,引入竞争机制,允许非公资本进入这些垄断行业和领域。同时,将加快完善政府特许经营制度,规范招投标行为,支持非公有资本参与各类公用事业和基础设施的投资、建设和运营。此外,该文件还支持、引导和规范非公有资本投资教育、科研、卫生、文化、体育等社会事业,包括非营利性领域和营利性领域;并明确在加强立法、严格监管、有效防范金融风险的前提下,允许非公有资本进入金融业。

目前公共服务项目的民营化大都采用政府与民营企业签订承

包合同的方式予以实施,对于直接为公众服务的公共事业其职能自然仍归政府负责,但在经营上不再由政府垄断,而是实行政府向社会招标,并由政府同中标者签订包括服务内容、服务标准、服务价格、服务期限等内容的合同;对政府而言,该过程涉及到一系列非常具体而又相当关键的环节,如发包的依据、标价的确定、招标程序的公正性与合理性、承包商的经济与信誉资料、评标机构的设置、对合同履行情况的监测与评估、发包方与承包商之间关系的处理与协调等等,这些问题如不能得到很好解决,势必会影响到竞争的公正性,对此,必须依法予以规范与控制。对民营企业来说,他们比较关心的问题包括:政府是否会拖延付账,与主顾交流与沟通的渠道是否畅通,竞标规章的合理性与规范性,公文手续的繁简,恶性竞争的压力等等,这些方面发生问题,也会损害公平竞争,并影响潜在投标商参与竞争的数量与质量,为此,也应通过立法予以法律上的保障。

政府的宗旨在法理上是"为公众服务",这一原则已被不同意识形态的国家所普遍接受。但在如何为公众服务问题上,各国政府有着各自的做法。是否真正为公众服务可以看作意识形态问题,如何服务应当看作是一个社会工程技术问题,而法制保障则涉及到公平与效率的问题。公共事业管理民营化在我国是一项创新工程,加强对该实践各个环节的法律规范,将其纳入法制化轨道,还需要我们作更深入的研究与探讨。

第六章　公共行政责任培育

据媒体报道,美国威斯康星州斯图镇镇长哈格斯·希尔知道邻居出门未归却忘了帮其扫雪,被邻居告上法庭。法院裁定其"故意不作为",罚款 1000 美元,并令其在所在社区做 72 小时的义务社工。

镇长的这位邻居隆加·伏比与镇长相邻而居,两家相距 30 米左右,两家几乎每天都要碰面并且互致问候,两家主人常常在一起打橄榄球。这天,伏比全家开着车去外地度假去了,临出发前,伏比向镇长发了一个邮件,告诉希尔一个星期后回来,希尔收到后立即回了邮件:祝你们全家玩得愉快。

伏比走后的第五天晚上,斯图镇下起了大雪,一夜之间整个小镇成了冰天雪地的世界。次日晨,希尔带领着全家大小穿着胶靴,拿着铁锹,清扫着自家门前的积雪。因为威斯康星州法律规定,这种气候,每户居民周围四米半径以内的积雪,必须在次日上午九点以前清扫干净,否则将受到相关法律的制裁。希尔将自家的门前积雪清扫干净以后,便骑着自行车去上班了,而此时伏比家门前的积雪却原封不动。当行至途中的希尔忽然想起伏比家门前的积雪也要清扫时,立马往回赶,可是已经来不及了,镇上的社区管理人员已经用数码相机将伏比家周围的厚厚积雪之景拍摄下来了,当即发给了镇法院。

当伏比一家完成了度假回到小镇时,镇法院的传票也送上了门。伏比却不服,他认为自己不应该承担这样的法律责任,伏比毫不客气地将镇长希尔告上了法庭,控告希尔"故意不作为"。其理由主要是：当天气变化下起了大雪时，我们全家在外地度假并不知道，雪后的次日也没有回来。这场突如其来的大雪，使我的车困在回家的高速公路上，难以及时赶到家中。但作为邻居的希尔知道我的这些情况，身为镇长，不仅仅要清扫自家门前的积雪，同时也应该安排社工及时将我家门前的积雪清扫干净——当然，我也不会让社工白干的，当我回到家以后，一定会支付相应的酬金。希尔先生为啥不这样做呢？

法庭最终支持了伏比的意见，对于邻居的控告，希尔也没有提出任何异议，因为镇长明白，此时的任何解释和辩解都是无济于事的，只能苦笑着接受法院的处罚：罚款1000美元，并且在社区内做72小时义务社工。

两千多年前，罗马诗人朱文诺曾问过这样一个问题：谁来监督监督者（施政官员）？美国有一位思想家詹姆士·麦迪逊（James Madison）则这样说道：假如人类是天使，则不需要政府。假如天使治理人类，则有关控制政府的内部、外部措施统统没有必要。在有关建构一个由人类治理人类的政府议题上，最大的困难在于：首先必须使政府有能力管理被统治者；其次是让政府能够控制自己。无疑，人民是控制政府的主要方式，但是历史经验告诉我们辅助性预防措施是必须具备的方法。

自20世纪70年代以来，不少民主制国家都加快了责任政府建设的步伐。所谓责任政府，简单概括，就是指政府在行使职能过程中，必须时刻贯彻责任意识，依法承担相应的行政责任。具体而言，责任政府应当包括这样几方面的要素：行政组织责任制、行政权力职能制、行政岗位责任制。

2002年4月16日，荷兰政府集体辞职，起因是一份有关波黑维和的报告认为，参加联合国维和任务的荷兰军队未能制止1995年发生在波黑斯雷布雷尼察的种族大屠杀。两天以后，现任荷兰陆军参谋长也引咎辞职。这一集体辞职事件也许有着复杂的原因,但它确实体现了目前西欧各国政府普遍实行的集体责任制,即政府成员、政府各部都被视为一个集体,政府的每个成员均应对其他成员的决策和公务行为承担责任。按照现代民主原则,政府权力的合法性来自于民众的委托,由此决定政府在行使行政权力的同时,也就担当了相应的责任。如果政府行为违背了委托者的意愿,损害了公众的利益,或侵入了某些不可逾越的道德底线,自然应当承担责任,包括政治责任、行政责任、刑事责任、赔偿责任、道义责任等责任形式,而不能以"代价"、"失误"作为遁词。当然,追究责任只是一种事后的补救与警示,如何防患于未然,减少或避免各类行政失责情况的发生,则更值得重视。

根据吉布森·温特(Gibson Winter)的考证:在伦理学术语中,责任是一个较新的词汇。它出现在 19 世纪时,具有一定程度的野心勃勃的含义。它对行为进行评价,认为行为的动因在于行为者,而不在于义务本身的宇宙或自然结构。19 世纪是一个具有历史性意义的人类思维觉醒时代,科学技术的革新、形而上学体系的垮台都严重冲击了义务的固有含义。责任一词通过在法律和大众文化的背景下,对职责和义务进行界定,弥补了原有义务含义的不足。

包括行政人员在内的每一个社会个体在社会生活中都要扮演一系列几乎被规定了的角色,如雇员、教师、公民、父母、丈夫或妻子等等,而每一种角色都承担着一系列相应的责任和义务。这样,尽管行政人员要为自己在政府机构中所担任的特定的角色承担责任,但在某些时候,他们也会面对角色与角色、责任与责任的冲突,使个体处于尴尬、矛盾状态。对此,当事人必须采取某种行动才能最终解决冲突,但究竟采取何种行动,个体自己有很大的选择权。法规通常只给行政人员提供含义宽泛的倾向性指导,将之精确化、具体化是行政人员自己的任务,这里,就取决于行政人员的道德责任状况。

长期以来,我国主流意识形态一直在不懈地宣传党政机关工作人员必须"全心全意为人民服务"的思想,并在典型教育与激励方面做了大量的工作,但缺乏行政责任的现象却比比皆是:政府机关"门难进、脸难看、话难听、事难办"的衙门现象顽固地损害着政府形象;一些地方政府乐此不疲的"形象工程",既劳民又伤财;一些重大决策发生失误,往往以"代价"搪塞了事。这些情况的存在,既有体制方面的原因,也同政府责任相对缺失有密切关系。

随着行政改革的深入发展,行政责任意识的培育与加强越来越引起人们的广泛关注。考察实际行政过程,每一位行政人员不管是自觉地还是不自觉地都会确立某种特定的行政责任倾向,并在自己的工作实践中表现出来。行政人员的行政责任倾向对行政领导、行政决策、行政法制、行政人事等活动过程与环节的价值内容及发展趋向,客观上起着十分重要的影响作用;优良的行政责任还是一种节约机制,能够通过减少执行过程的费用或交易费用而成为提高行政效率的促动因素。我国新一轮的政府机构改革,其实际目标是要通过转换政府职能,建设一个有限责任政府,切实提高行政管理效率。

一、责任政府与政府责任

近年来,建设"责任政府"已经成为中央政府乃至许多地方政府所确定的政府发展取向。对于我们的政府以及人民来说,责任政府既是一种新的政治理念,又是一个新的政治话语。责任政府这一政治理念,本质上是由政府与人民之间的基本关系所决定的。按照现代民主政治的一般理论,国家权力的本源在于人民,这个被称为人民主权的原则,是当代民主政治的理论基石。但是,人民主权原则的命题仅仅是个原则而已,一个非常现实的问题是:无论是在理论上还是在实践中,在任何一个国家,要让其人民都来直接行使他们应该拥有的国家权力,这在操作层面上是不可能的。关于这个问题,竭力主张人民主权原则的法国启蒙思想家卢梭在其代表作《社会契约论》一书中就说过:"就民主制这个名词的严格意义而言,真正的民主制从来就不曾有过,而且永远也不会有。……我们不能想象人民无休无止地开大会来讨论公共事务。"(《社会契约论》,商务印书馆1982年版,第88页。)于是,解决这一政治问题的普遍主张就是:国家通过一定的制度规则,按照人民的意志(不同性质的国家具有不同的理解),产生出能够代表人民意志的国家权力主体来管理国家、管理社会的公共事务。政府就是这种权力主体的一个非常重要的部分。

因此,人民与政府之间存在着一种委托与被委托的关系。政府接受人民的委托,行使管理社会公共事务的权力。正是存在着这样一个基本关系,即权力的本源在于人民,所以作为受托人的政府在行使权力过程中,必须对作为委托人的人民负责,成为一个对人民负责任的政府。我国宪法明确规定,"中华人民共和国的一切权力属于人民",因此,我国的政府理所当然地应该成为真正意义上的责任政府。

政府之所以需要负责任,是由于其执掌着社会公共权力,拥有强制性的力量。要求政府负责任,正是对其执掌权力所提出的重要规范。因为责任政府可以抑制政府权力的任性和张力,而把权力的行使限制在合法的范围之内,使权力不越界。英国思想家斯图亚特·密尔在其名著《代议制政府》中,反复强调了权力与责任相统一的原理。他甚至认为,如果能够将权力和责任统一起来的话,那就完全可以放心地将权力交给任何一个人。(密尔《代议制政府》,商务印书馆1982年版,第192页。)曾经担任过美国副总统的蒙代尔在其所著《掌权者的责任》一书中也指出,当年美国制宪者所致力于解决的一个基本问题,正是想通过制度的设计,使各种权力的主体都能够切实地负起行使权力的责任,以避免不负责任的权力。一些思想家和政治家对于政府责任的主张,基本上都是建立在政府的特定性质和功能基础之上的。

由于不同国家的政治实践以及社会、政治发展的不同,使得政府责任制度具有不同的形式,但其基本形式可以概括为形形色色的责任追究制度。其基本含义是:政府受托执掌社会公共权力,作为权力之本源的人民按照法定程序(主要是通过其民意机构),可以对政府及其官员行使权力的行为直接或间接地进行询问、质询并要求其作出解释或答复;可以对政府及其官员的严重失职行为采取更进一步的措施,包括罢免其职务甚至在罢免职务之后通过司法途径进一步追究其法律责任,以使之承担在其行使权力过程中所产生的不当行为或不利后果的直接或间接责任,等等。

当代政府责任制度的主要形式包括弹劾、信任投票、罢免、质询等制度。通过这些制度,使政府既受到能否在下届继续执政的压力,又受到在其任期内能否稳定执政和有效执政的压力,从而促使其在宪法、法律以及民意的规范下执掌社会的公共权力,管理社会的公共事务。

我国现行宪法的有关规定,体现了责任政府的基本精神根据宪法,我国的中央人民政府以及地方各级人民政府,均由同级人民代表大会产生并向其报告工作。同时,宪法还对有关质询制度作出了规定。如宪法第七十三条规定,全国人民代表大会代表在全国人民代表大会开会期间,全国人民代表大会常务委员会组成人员在常务委员会开会期间,有权依照法律规定的程序提出对国务院或者国务院各部委的质询案。受质询的机关必须负责答复。在罢免制度方面,宪法的基本原则是:国家权力机关有权罢免由其产生的其他国家机关组成人员,包括政府的组成人员。在这方面,全国人民代表大会有权罢免的人员是:(一)中华人民共和国主席、副主席;(二)国务院总理、副总理、国务委员、各部部长、各委员会主任、审计长、秘书长;(三)中央军事委员会主席和中央军事委员会其他组成人员;(四)最高人民法院院长;(五)最高人民检察院检察长。地方各级人民代表大会有权罢免由其产生的同级政府组成人员以及其他地方国家机关的组成人员。

党的十六大按照"三个代表"重要思想的基本精神,提出了物质文明、政治文明、精神文明共同推进的发展战略。作为政治文明建设的一个重要组成部分,建设一个责任政府的理念,已经得到了中央政府以及各级地方政府的广泛认同。中央政府以及地方各级政府普遍认识到,建设对人民负责任的政府是众望所归,重塑人民政府的诚信形象更是迫在眉睫,需要进行综合整治、深化改革,进行深入研究和探讨,更需要正视政府信用建设中存在的问题,增强危机感和紧迫感。要以扎实工作的实际行动,取信于民,对人民负责,为人民谋利。人们认识到,代表人民的根本利益,最根本的问题,就是要摆正政府的角色地位,甘当人民公仆,切实对人民负责任。

行政学者斯塔林(Grover Starling)认为,尽管很难确切界定政府的行政责任,但政府责任所涵盖的基本价值在于:①回应。这意味着政府对民众对政策变革的接纳和对民众要求作出反应,并采取积极措施解决问题。②弹性。在政策形成和执行中,政府不能忽略不同群体、不同地域或对政策目标达成的情景差异。③能力。行政责任同样要求政策的制定和执行受到恰当的、认可的目标标准的指引,政府的行为应是谨慎的,而非仓促的,应当关注结果,不应玩忽职守。同时政府的行为应当是有效率的和有效能的。④正当程序。政府的行为应当受到法律的约束,而非受到武断的意志的支配,非经法律程序不得剥夺任何人的生命、自由和财产。⑤责任。一个组织必须对其外部的某些人和某些事负责,在做错事情时,一些人必须承担责任。⑥诚实。

责任是公共管理理论和实践中的一个关键性概念。弗雷德里克·莫舍(Frederick Mosher)曾说,"在公共行政和私人部门行政的所有词汇中,责任一词是最为重要的。"对政府责任,可以从两个角度进行考察。就广义分析,政府责任意味着政府组织及其公职人员履行其在整个社会众的职能和义务,即法律和社会所规定的义务。这种社会职能和义务不仅仅要求政府正确地做事,即不做法律禁止做的事,而且意味着政府应当做正确的事情,即促使社会变得更美好的事情,而不做有损于社会的事情。就此而言,当一个政府组织在履行了自己的社会义务时,我们可以说政府是有责任的。从狭义的角度考察,政府责任指当政府机关及其工作人员违反法律规定的义务,违法行使职权时,所承担的否定性的法律后果,即法律责任。这种责任与违法相联系,意味着国家对政府机关及其工作人员违法行为的否定性反应和谴责。从这个意义上讲,当政府机关对其违法行为承担法律后果时,政府责任便得到了最低限度的保证。

在公共管理实践中,常常需要区分和界定两种类型的责任,即客观责任和主观责任,客观责任与从外部强加的可能事物相关;而主观责任则与那些我们自己认为应该为之负责的事物相关。

客观责任的具体形式大体有两个方面:职责和应尽的义务。客观性,是因为产生这些职责和义务的原因存在于你自身以外的世界。客观责任并不是你自己考虑该如何做而做出的一系列决定的产物,而是源于他人对你目前所处职位的要求。你一旦接受了公共管理职位就等于接受了这些期望和约束。客观责任为所有接受公共管理职位的对象提出了总的义务,并不考虑个体的需要、喜好和追求。正是通过这些外在的总的义务,公共管理人员角色形成并被赋予了特定的角色内容,而且这些角色随时间、在职者、环境的变化得以维持。正是通过等级制度的安排,职责才得以维持。

公共管理人员作为一种代理人角色,承担着复杂的责任内容,即需要对多种委托对象负责。

首先,他们必须遵守所供职的组织的等级职责制度,即对自己所在组织的上级负责和为下属的行为负责。保罗·阿普尔比(Paul Appleby)提出,科层制是"正式的责任结构和工具",只有通过"科层制约束所训练的对上级的忠诚",公众才能在民主决策中保持最高的地位。这就要求公共管理人员必须贯彻上级的指示或相互之间业已达成一致的目标任务;同时,也要求对下属的行为负责,指示自己的下级行事,给他们提供完成工作所需的资金,为了职责分配和执行监督适当地授权给下级,并为自己的下级如何使用所提供的资金和如何实施所授权力去完成任务而负责。

公共管理人员从组织科层制中所承担的客观责任并不是一个严格的单向性过程。任何官僚机构中的上级都要高度依赖下属的专业知识和经验;而下属也需要经常和自己的上级就一些问题进行磋商。这就是说,任何公共管理人员在科层制中的客观责任不仅仅使被动地从上级那里接受指令或片面地给下级下达指令,它包括系统地向上传递信息,以更准确地表达问题;同时能经常地给下级提供清楚的、可接受的行为准则。

所以,公共管理人员在科层制中的客观责任不仅仅是在问题超出他们的权力范围时将问题上交上级去解决,而且也要尽可能多地将那些被认为对决策有必要的信息传递给上级。这不仅仅是个人责任的问题,而是一种负责任的公共管理行为。

官僚组织常见的病症之一表现为,当你实际上有权力也有义务做出决策时,却没有履行这一职责,因为不希望承担决策责任而将问题逐级向上推诿,这同你在没有权力做出决定时却做了或允许下属采取不正当行为一样,都属于不负责任的行为。由于下级组织不愿承担上级组织委派的责任,这就造成了上级组织被本不应当由其做出的大量的决策所淹没,这就使他们无法给下属提供适当的指示,这样,组织结构被扭曲,工作流程也被阻断了。

其次,公共管理人员要对法律负责。公共管理人员所在的组织和每一个体的行为都要在法律的管制范围内进行,这是作为一个公共管理人员角色的客观责任的一种形式。基本的法律责任包括拥护宪法的义务。公民正是通过宪法和与宪法相一致的具体的部门法,正式地表达出对公共管理人员的要求。就此而言,对公共

252

机构的法律管制首要义务就是为公共利益服务而不是为行政人员的利益服务,对法律负责也就是要求公共组织和公共管理人员要为代表公众的利益而存在。这种责任关系不像对组织的上级之间的关系那样直接,但它是更为根本的义务,公共管理人员对法律的义务应超过对组织上级的义务。

最后,公共管理人员还要对社会公众负责,了解、理解、权衡、满足他们的愿望、要求和其他利益。这是一种最根本的义务关系,因为公众是主权者、委托人,而公共管理人员是他们的受托人。在现代民主社会,与民选官员一起分担代表和受托职能意味着公共管理人员也要与官员们分担这种义务关系。

纵观中外历史,任何政府系统都需要设立和维护一套具有统一性与持续性的行政责任体系(为什么?),这些行政责任信条的基本功能在于规范政府与公众之间的契约关系,说明并证实其存在与发展的合法性,如同李普塞特(S. M. Lipsett)所说:"社会群体鉴别一个社会制度是否合法的依据,是看它的价值取向与他们的价值取向如何相吻合。"(李普塞特:《政治人》(political man),纽约花园城双月出版社1960年版,第71页)自20世纪50年代以来,不少民主国家都加快了行政责任建设的步伐。美国国会于1978年通过了"政府伦理法案",并成立了政府伦理办公室。

美国公共行政学会1985年公布了12条伦理责任法典:

(1)公务员执行公务,应表现出最高标准的清廉、真诚、正直、刚毅等特质,激发起民众对政府的信任;

(2)公务员个人不能运用不当的方式执行职务而获得利益;

(3)公务员不应有抵触职务行为的利益或实际行为;

(4)公务员要支持、执行、提升功绩用人及弱势优先计划,确保社会各阶层适合人士,均能获得服务公职的平等任用及升迁机会;

（5）公务员要消除所有歧视、欺诈、公款管理不善行为,并负责对主管此事的同仁在困难的时候予以肯定支持;

（6）公务员要以尊敬、关怀、谦恭、回应的态度,为民服务,公共服务要高于为自己服务;

（7）公务员要努力充实个人的专业知识,并鼓励各类公务员的专业发展和服务公职的意愿;

（8）公务员要用积极的态度及建设性的具有开放、创造、奉献、怜悯等精神,去推动行政组织及其运作的职责;

（9）公务员要自尊并保守公务机密;

（10）公务员在法律授权内进行行政裁量,增进公共利益;

（11）公务员要有随时处理新问题的能力,有以专业能力、公正无私、效率及效能管理公共企业的能力;

（12）公务员要支持、研究有关行政机关、公务员、服务对象、全国民众四者之间相互关系的联邦和各州的宪法和法律。

美国联邦政府制定的政府公务人员必须遵守的10条道德准则:

（1）忠诚于最高道德原则的国家,这种忠诚要高于对人、政党和政府部门的忠诚。

（2）拥护美国的宪法、法律和规章制度,拥护其中各级政府的法律和法规,绝不做规避法规的当事人。

（3）从事全天工作以取得全日工资;对职责的履行作出最热诚的努力和最佳的筹谋。

（4）试图找到并运用更有效和更经济的完成任务的方式。

（5）不论是否出于酬劳原因,对任何人决不给予特殊优惠或待遇,不得另眼看待,有失公正;也决不在明白人可能认为旨在影响履行职责的情景下,接受给予他（或她）本人或其家庭成员的恩惠或好处。

（6）不做任何对政府部门职责有约束力的私人允诺,这是因为一名政府雇员无需发表可能对公共职责有约束作用的私人谈话。

（7）不得以直接方式或间接方式同政府发生商业关系。因为这种做法是同自觉履行政府职责不相符的。

（8）决不利用在履行政府职责过程中所取得的信息,作为牟取私利的手段。

（9）无论在哪里发现有腐败行为均须予以揭发。

（10）坚持上述原则,始终意识到公共机关是负有公众的依赖的。

有关政府责任的思考与实践,需要注意这样几个环节:①认识到责任的优化对政府职能实现的重要意义;②在人事录用、晋升和福利等环节体现责任的要求;③将责任评价纳入组织绩效的评价过程之中;④建立有助于责任发展的组织文化;⑤通过有针对性的培训提高公务人员的责任水准;⑥为处于责任困境的对象提供咨询与帮助;⑦高层领导以身作则,践行责任。

由于文化方面的差异性,要想确立某种统一的、普遍适用的政府责任要求是难以实现的。实际上,在不同时代、不同国家,甚至在同一国家的不同地区,责任的评价标准与要求不可能相同,但这并不排除存在着责任规范的一致性或相似性。例如,忠诚于国家,拥护宪法和法律,公正施政,不谋取私利,为公众服务等等,应当是具有不同文化背景的民主制国家一致要求的政府责任,也是一个国家中各级政府都必须遵循的责任规范。

二、公共行政人格:责任与信念

就理论上分析,公共行政的道德建设包括两个方面的内容:即行政制度道德化与行政人员的道德化。这两者相互依存、相互促进,不可偏废。没有行政人员的道德化,行政制度的道德化难以确立,也不可能在正常的轨道上运转;而没有行政制度的道德化,要想实现行政人员的道德化是相当困难的。不过,两者之中,行政人员的道德化具有更重要的意义。

实现行政人员的道德化,就行政伦理学方面来说,也即确立公共行政人格。

人格一词源于拉丁文面具(Persona)。面具是在舞台上扮演角色时所戴上的特殊面目,它表现剧中人物的身份与某些外在特点。把人格说成是面具那样的东西,意在说明人格就是表现于外在的、在公共场合中的自我。心理学家对人格这一概念曾作过大量探讨,并提出过众多的定义。一般来说,人格意指一个人以特殊的方式,对环境作出持久的和有组织的反应的气质。人的活动都是有意识的,故人格应作为意识的主体来看待,这种人格主体的自身认知就形成自我,当然,这种自我的发展和表现都离不开人的实践活动。人格给人行为以特色,使一个人有别于他人,成为独特的个体,这就是人格的个性化。从专门的意义上来说,人格通常是构成人的行为基础的气质或特质,而不是行为本身。

从理论上说,行政机关是全社会成员共同利益的代表者和各社会成员个人利益的维护者,行政机关所拥有的各项公共资源和公共利益,不是用来供其自身或其工作人员享受的,而应用于满足社会公众合理的、发展的、多样化的需要,这是公共行政精神的核心所在。由于单个的社会成员无法或难以实现自己的种种利益需求,因此,他们需要这样的公共服务机关。我国宪法典明文规定了行政机关的公共服务性质,《宪法》第27条规定:"一切国家机关和国家工作人员必须依靠人民的支持,经常保持同人民的密切联系,倾听人民的意见和建议,接受人民的监督,努力为人民服务。"第22条规定:"国家发展为人民服务、为社会主义服务的文学艺术事业、新闻广播电视事业、出版发行事业、图书馆博物馆文化馆和其他文化事业,开展群众性的文化活动。"根据公共服务理念,行政行为的内容和效果都涉及到相关的公共服务和公共利益,如:

行政处罚行为是为了给公众提供一个良好的社会秩序,行政征收行为是为了给公众提供公共设施服务的需要,行政许可行为是对资源和机会的一种公平合理的分配,等等。行政机关通过行政行为维护社会公众的利益,决不是一种恩赐,而是社会成员应当拥有的并受到法律保护的权利。这就改变了将行政行为作为主权者命令,以相对人的服从为内容和目的的"警察行政法"观念。

就此意义而言,行政权实质上是对公共利益进行集合、维护和分配的权力。行政机关通过对公共利益的集合、维护和再分配,目的是为了保护社会公众的利益,确保社会成员追求和实现自己利益的公平机会。因此,行政权是一种公共服务权,这种公共权力不再是一种"发号施令"的权力,而应当是一种内涵着道德责任与道德信念的公共资源。这种道德责任与道德信念的要求,也是对行政人员的特殊期望,是公共行政人格的核心内容。

近些年来的比较文化研究认为,在中国传统行政文化体系中,对道德责任与道德信念的要求始终是一曲主旋律,受到历代统治阶层和文人的推崇。中国的传统行政文化基本上是以道德责任与道德信念为特征的文化。由封建专制制度所孵化出来的行政责任主要内容大体包括:其一,调节自身的行为:对执政者自身道德素养作出较高的规定,要求在上者"以身作则"、"安贫乐道",节制自己的"欲望";其二,调节君臣间关系:要求"忠君为上",为主上"鞠躬尽瘁,死而后已";其三,调节官民之间关系:推行"以民为本"思想,要求为人民利益敢于抗争,不怕丢官。其实,就该责任体系的主导倾向来看,所强调的显然是一种权力型道德观念,注重自上而下的权力要求与自下而上的责任和义务,而"以民为本"的责任理念仅起到一种点缀作用而已。只是在进入近现代社会以来,随着民主政治的确立与发展,以权力主义为核心的行政责任才逐渐向以尊重和保护个人自由、为社会大多数人提供最大利益以及依据正义原则实施管理等为内容的权利主义责任观转变,这种权利主义责任观的实质性内容体现为政府行政必须对社会公众承担相应的责任,从而将责任的主客体位置作了根本性的转换。

与中国传统文化不同,西方文化所突出的是责任,是一种责任中心的文化。信念中心的文化相信人的道德能力,所以必然会发展出一种所谓"人治"的社会治理理念;而责任中心的文化,是不相信人的道德能力的,必然寻求外在约束的路径,所以发展起来了"法治"的社会治理理念。尽管这种概括有着一定的道理,但是,在根据这种认识得出结论的时候,往往容易出现偏颇,那就是怀疑人的道德能力与道德自律,盛赞西方"法治"的社会治理理念,要求效仿西方的社会治理模式,彻底废除中国传统的社会治理模式。如果说确实存在着两种社会治理理念和模式的话,那么可以说,这两种不同类型的社会治理理念和模式都是畸形的、片面的。一种健全的、完善的社会治理理念和模式应当是两者的有机结合和统一。

在公共行政过程中,对中国封建社会的社会治理方式进行有针对性的批判是应该的。中国长达两千多年的封建统治期间,先后建立了中央集权、分层管理的"世袭官僚制"和"科举官僚制",并发展出一套严密的组织机构和治理制度。但是,由于中国传统官僚体制中固有的专断独裁特征以及历代官制上的弊病,再加上盘根错节的宗法势力的影响,中国始终未能建立起理性的政府权力和法律秩序。科举取士虽然实现了知识分子向官僚体系的流动,但他们与皇帝毕竟是一种以父子关系为比附的带有强烈人伦色彩的人身依附关系。各级官员升迁的标准乃是个人是否具备作为一个可资信赖家臣的忠诚,并不看重行政专业知识。可以说,中国古代严密的官僚体制在整个统治形态上只能是人治,其基本功能只能是推行专制主义的工具。所有这一切,都证明中国传统官僚制是一种落后了的官僚制形式,是无法与西方现代官僚制相提并论的。

现代官僚制是与现代民族国家、法治、工业化、合理化、专业的技术官僚制度相联系的产物。而在中国古代的官僚组织中,不可能培育出现代的理性精神。但在对中国传统的官僚制与西方的现代官僚制进行比较的时候,我们注重的往往只是形式方面的东西。在形式方面,我们可以说中国的传统官僚制问题重重。但如果我们不满足于这种形式上的比较,而是深入到官僚制的实质性内容方面进行分析的话,就会发现,在中国传统官僚制的封建形式之中确实也包含着一些有价值的因素的,这些因素可以用来补救现代官僚制责任中心主义体制设置上的缺陷。

考察中国传统的治理理念就会发现,它是一种通过完善"官"的道德修养来提高其道德责任感的。也就是说,中国传统文化注重人的内在德性的修养,追求的是"人皆可为圣人"的道德自觉与自律。认为人皆具有"善"的道德本性,尽管人的气质禀赋有所不同,但"为仁由己","圣人与我同类……人皆可以为尧舜"。并把"内圣"与"外王"统一起来,企图用"内圣"来指导"外王"。"内圣"是指内有圣人之德;"外王"是指外施王者之政。儒家所讲的八条目:格物、致知、诚意、正心、修身、齐家、治国、平天下,前五个条目都是讲自身道德的完善,属于内圣的范畴;后三个条目讲的是外在事功的建立,属于外王的范畴。儒家认为,内圣外王是统一的,内圣是外王的基础,是出发点、立足点和本质所在。人如何才能成为圣人?儒家提出了"由内而外,由己而人","为仁由己"的修养原则。孔子认为,"仁人"要修己、克己,不可强调外界的客观条件,而要从主观努力上去修养自己,为仁由己不由人,求仁、成仁是一种自觉的、主动的道德行为。他还说:"克己复礼为仁。……为仁由己,而由人乎哉?""我欲仁,斯仁至矣。""仁"是依靠自己主观努力追求所要达到的崇高的精神境界,所以要修己以求仁。在儒家看来,只要具有"内圣"就自然能施行王者之政,就能成为"仁人",不需要外在行为规范的控制。显然,这是注重道德自律的价值的,是一种试图通过人的道德自律而实现对"官"的岗位责任的超越。引申地说,也就是道德责任至上的理论设置。如果我们摒弃其封建内容,它的道德逻辑价值可以成为现代公共行政建设中最有意义的因素。

近代以来所确立的并在韦伯的官僚制中得到典型体现的价值中立原则,使作为一个整体的公共行政体系只对代议制机构负责,而对社会、对公众则放弃了其责任感,在政府部门的行政人员那里,则表现为严格的规章制度运行,个人情感因素被彻底排除出了行政过程,行政人员成为政策执行的工具。行政人员对制度的技术性依赖越大,政府在整体上和在行政人员这两个层次上的责任感就越低。我们知道,行政体系是一个权力体系,结成权力体系的是那些掌握权力的人,如果掌握权力的这个集团中的每一个人都丧失了责任感,仅仅依靠外在的规定来强化他们的责任的话,这个权力体系就会背离其公共性质,而变异为权力集团专属的权力,从而会处于与社会、与公众相对立的境地。

其实,任何责任都不是一种纯粹的外部性设置,任何责任都只有通过具体的人的信念才能发挥作用,才能得到履行。如果责任不是转化为个人的信念,人就自然而然地会尽一切可能来回避这种责任。一个政府官员,如果没有建立起维护公共利益的信念,他也就不会承担起维护公共利益的责任,无论制度的设计多么完善,他在维护公共利益方面也不会表现出热情,甚至有可能在产生了个人的利益要求的时候,就会破坏公共利益。政府作为一个整体承担的责任,如果不是建立在全体公共行政人员都能够较好地承担自己的责任的话,也就会成为一种空洞的幻想。而一旦行政人员回避责任的做法成了一种风气,那么政府官僚制的设计无论多么的精密,政府的总体责任也无法得到履行。如果避开责任的问题不谈,官僚制的形式合理性设计都是可取的,但是一旦涉及责任的问题,官僚制体系祛除价值判断的做法就暴露出了其缺陷。因为责任的外在规定本身也是属于价值的,对不承担责任的任何惩罚性措施,都无非是为了唤起行政人员的责任意识,而这个责任意识本身就是以价值因素为内容的,是对责任的性质的信念。

所谓信念,是人对某种现实或观念深信不移的精神状态,它是人们在生活实践中实际地体验了怎样想、怎样做才有益和才有效的基础上形成的思想与行动的模式。信念是对现实所做的一种价值判断和推论,它所揭示的内容总是同人们认为"应当"抱有的态度和"应当"采取的行动有关。不过,个人的信念与一个整体所拥有的共同信念又是有区别的,个人在经验事实中可能会形成一种信念,这种信念如果与整体的利益相冲突的话,那么这种信念就是一种不良信念,是应当破除的。当然,个人信念由于直接来源于经验事实,是一种不稳定的信念,是容易改变和可以加以塑造的。但是,如果整体信念长期受到了忽视的话,那么个人信念就会不断地凝固在人们的意识中,并外显为一种行为的惯性。现代官僚制由于忽视了行政体系中的整体信念,以至于纷乱的个人信念对公共行政形成了严重的冲击,导致了权力的滥用和以权谋私等腐败现象。

为人民服务已成为当代公共行政的根本宗旨和基本理念。政府在总体上的责任与行政人员个人的责任是一致的,而不是像现代官僚制的设计原则那样,政府的总体责任与行政人员的个体责任是分立的甚至是无关的。公共行政必须首先建立起服务于民众的普遍信念,才可能在这种信念的基础上明确责任。在这里,信念是先于责任的,信念是责任的支柱,也是责任发生的机制。服务民众是一种行为表现,它的实质内容就是维护公共利益。服务民众的信念也就是公共利益至上的信念。所以,行政人员的行政行为必须以为人民服务为宗旨,必须贯穿公共行政公共性的信念,不仅在政府的制度设计和体制设置上要体现出公共意志,而且要把公共意志作为行政人员必须加以执行的信念。公共行政无论在总体上还是在行政人员个体那里,都应当把维护公共利益作为不可移易的目标,任何脱离这一目标的行为,都是对其责任的背离,而且应当承担其后果和责任,即使得不到法律的惩罚的话,也应受到道德的谴责。

总之,责任不仅是一个法律性的制度性的规定,而且是与信念联系在一起的,是一种道德的自觉。一般说来,法律制度所确立的责任,是作为基准而存在的,是一种最低限度的责任,它只是出于抑制行政人员作为人的恶的一面而做出的设置,但对于张扬行政人员善的一面来说,却无法发挥作用,甚至使所有的行政人员都仅仅满足于履行最低限度的责任,以至于出现整个政府体系中不再有任何履行责任的主动性了。因此,对于公共行政来说,法律制度规定的责任是消极的责任,是被动的责任,而积极的责任则是道德责任,它使行政人员在充分地履行了责任的过程中,获得自我价值实现的感受,在没有较好地履行责任的时候,受到道德良知的谴责。

道德责任不仅是法律责任的补充,而且是法律责任的提升。如果行政人员能够具有充分的道德责任意识,他就能够超越法律制度对他的岗位责任的一切规定,使他的岗位责任得到最充分的履行,并在这种履行岗位责任的过程中,使法律制度的不充分性得到补充,使法律制度的一切不适时的和不正确的规定得到纠正。

政府需要对社会承担必要而实际的行政责任,这是现代民主政府与传统专制政府的最大区别之一。根据民主政治的理念,政府的一切措施及官吏的任何行为必须以民意为依据,也即政府必须对民众意志负责,进而向民选的代议机构负责。洛克早在《政府论》一书中就提出,国家即政府的性质"不是,并且也不能是专断的",而是承担着保护人民的职责。因为任何人在自然状态中就不享有"支配另一个人的生命、自由或财产的专断权力",因此,他们交给国家或政府的权力也只能是"自然法所给予他的那种保护自己和其余人类的权力"。(《政府论》下篇,第83页,商务印书

262

馆1981年版)弗雷德里克·莫舍(Frederick Mosher)曾经说道,在公共行政和私人部门行政的所有词汇中,责任一词是最为重要的。公共行政人员作为一种代理人角色,承担着复杂的道德责任,即要对多种委托人负责,这些委托人包括党政组织、组织关系中的上级、各种职业性协会和广大的社会公众。在所有各项道德责任关系中,对公民负责、为公共利益服务应当成为最根本的、终极性的道德目标,这意味着,任何公共行政人员的行为都要以是否符合公众的利益为标准来衡量是否属于负责任的行为。尽管要明确界定公共利益有相当的难度,但作为一项行政道德原则,承担为公共利益服务的责任应当成为公共行政人员基本的价值观念和行为准则。

任何公共行政都存在和发展于特定的文化背景之中,这意味着:任何一种具体的行政行为与责任表现,实际上均反映着一种道德选择和追求的过程,都深深刻有某种特定的行政文化烙印。对道德努力的重视和行政责任的承诺已成为当代公共行政改革和行政文化建设的一个重要取向和特征。我国理论界正在探讨的有关"引咎辞职"、"责任领导公开道歉"等制度设想,反映着中国行政责任建设正在迈向新的台阶。

三、以德行政:后官僚制对官僚制的超越

自20世纪七、八十年代以来,西方一些国家经历了超越官僚制的尝试,提出"绩效管理"、"企业精神"、"政府再造"、"顾客驱使"、"公共服务"、"民营化"等一系列新的理念,其改革的实际成效见仁见智。我国在行政改革的起步阶段,一度接纳了官僚制的某些要素,近年来开始提出超越官僚制的要求。可以说,走出官僚制已逐渐成为推进行政改革国家的一种共识,反映着公共行政发展的必然趋势。当然,由于国家性质及体制、文化传统等等因素的差异,对官僚制的改革与超越自然有不同的路径与模式。就我们国家而言,社会主义公共行政的性质是服务行政,它的基本宗旨是

为整个社会提供公共服务,确保社会公共利益的实现,由此决定了我国的行政改革在借鉴和吸收官僚制的技术性成就的基础上,需要实现实质性的超越,选择以德行政作为社会主义公共行政的基本性质,并通过有效的制度设计,推进公共行政的道德化再造。

官僚制又称科层制,威尔逊和韦伯的学说,实际上构成了现代官僚制的理论基础。现代官僚制是一种具有复杂的管理等级制度、专业化的技术和任务,以及权力有明确规章规定的特定的正式组织。这种管理体制的基本特征就是韦伯所描述的具有形式合理性,也正是这种形式合理性造成了严重的官僚主义。根据"官僚制理论模型"建立起来的政府行政体制形成了其自身的一些特点,具体表现为:

第一,投入要素成为行政部门关注的焦点。财政预算过程中存在非理性化倾向,资源配置取决于行政部门自身维持的需要而不是为了有效地履行职责,预算与工作结果没有实现有机联系;工作部门以预算最大化为目标,对预算的追求胜过对工作结果的追求;注重形式主义,以组织活动的数量和规模作为判断工作成绩的标准,很少考虑这些活动所产生的实际效果。

第二,过程取向的控制机制,即上级对下级的控制着眼于行政过程而不是工作结果。这种过程取向的控制机制导致按行政命令行事的心态,行政人员只需对上负责,不必对组织的成功承担义务,也没有追求良好结果的动机和条件。由于职业发展靠的是上司推荐,以职业发展为目标的行政人员会努力取悦自己的上司,他们为了自身的或既得利益集团的利益会故意隐瞒详细的信息,导致行动偏离组织期望的目标。韦伯本人曾悲观地表示:早晚总有一天,世界上充满了齿轮和螺丝式的芸芸众生,他们会紧紧抓住职位,处心积虑,不顾一切地沿着官僚化的等级层次阶梯向上爬。

第三,规则为本的服从意识。层级制依赖正式的规章制度进行管理,机构的管理建立在书面文件的基础之上,政府中的各项活动都有说明书并要按照文件的规定进行。过度的规制在政府机构中逐渐导致对规则负责而不对结果负责的行政管理哲学。当规则变得比结果更重要时,必然产生官僚制的功能失调:参与者对组织规则得内在化日益加强,最初为实现组织目标而设计的规则采取了一种与组织目标无关的积极的价值观,最终导致评价行政工作人员的主要标准不是看他们的业绩和对组织目标所作的贡献,而是看他们是否严格遵守规则。

第四,固定的官员管辖权原则。在行政体系中,每个官员有固定的职责,在职责和职权范围内有权发布命令。机构等级制度和多层权力机构原则。即在政府中,有一个严格规定的上下等级体制,高级机构对低级机构进行监督和管理。但由于过分推崇组织结构的科学性和法律制度化的形式,这使它难以应付政治、经济、社会个性化的发展要求。特别是由于官僚制部门分割、各自为政和互不融通,这种体制最终造就出来的各级各类官员大多是不求有功但求无过者。

从组织方式上看,行政控制是传统官僚制行政的关键。它涉及财务系统、预算冻结、组织重组、汇报制度以及以无数方法扼制公务员的自由处理权。如此严格、机械的控制观念受到传统官僚制的推崇,其最根本的原因在于为了维护金字塔结构的行政体系,只有加强控制,才能保证处于尖端的行政官僚的权威。因此,规则、中央集权、强制性成为传统官僚制行政的特征。官僚制对个体行为的控制,一方面扼制了组织成员的创新思想,成员的竞争不以个体的创新与成就为标准,而以其职权的重要程度和服从表现为评价和晋升的条件,使组织内部竞争不公正;另一方面,组织的刻板性导致组织服务功能的减弱,增加用户即顾客、公众的困难。

第五,标准化的公共服务。20世纪的前75年,公共行政的趋势是:赋予标准化服务很高的价值,而对社会的多元化现象反应迟钝。从韦伯、威尔逊、古德诺、怀特,到久利克和厄威克,这种观念得到了相当连续的发展,即公共行政人员的任务就是运用一般科学原则有效地执行政策。该观念不承认社会和文化的多样性对于行政原则的明显影响作用。

官僚制作为一种理性的和有效率的行政体制,一方面迎合了工业社会大生产和行政管理复杂化的客观需要;另一方面,又以非人格化、制度化的特征而得到了科学理性时代的文化认同。官僚制理论的产生与实施,促进了政府技术化水平的提高,在推动资本主义经济发展和社会进步方面确实发挥了相当的作用。进入20世纪七、八十年代以来,官僚制理论开始受到严峻挑战,行政本位、政府中心、官僚垄断、服务单一、权力集中、机构臃肿、人员庞杂、公文泛滥、财政危机乃至官员腐败等等现状,严重影响了行政效能与效率,败坏着政府在公众心目中的形象,由此在西方现代化国家掀起了一场普遍的行政改革,努力探求一种替代官僚制的公共行政模式。在此过程中,尽管各国的做法各有特点,但基本形成一种共识,那就是要通过相关价值因素的引入和政府的道德化来重构政府与公众之间的关系,实现对现代官僚制的超越。

后官僚制又叫后科层制,其行政范式从官僚制行政范式演化而来,同时又对官僚制行政范式进行了改造。后官僚制更重视管理中人格化的因素,以公众为主体,鼓励公众的参与,重视政府与各种非政府组织之间的平等对话和系统合作;行政实践重结果甚于重过程,强调内在秩序的整合,反对信息的扼制,注重破除传统官僚制刻板的自上而下、等级分明的组织秩序,加强市场和社会对政府公共行政的渗透。1992年,戴维·奥斯本和特德·盖布勒在《改革政府:企业精神如何改革着公营部门》一书中提出的10大管理原则,可以说是对官僚制理论的全面质疑和超越。它为政府职能的优化、管理内容的取舍、内部体制的变革、行政管理模式的转换提供了重要的理论取向,也为行政学的研究拓展出新的视角。这一时期,反映后官僚制度理论的行政学著作,还有美国学者彼得

·卡克的《后资本主义管理》、马克·巴斯里的《打破官僚制度》,戴维·奥斯本、彼得·普拉斯特里克的《摒弃官僚制:政府再造的五项战略》,B.盖伊·彼得斯的《政府未来的治理模式》,麦克尔·巴泽雷的《突破官僚制:政府管理的新愿景》等等。这些著作从不同的侧面丰富和完善了后官僚制理论的基本内涵,揭示了公共行政及公共行政学理论发展的后官僚制总趋势。

后官僚制体现着社会化、民主化、多元合作化的公共行政理念,具体表现在:

1. 由行政本位向公民本位转换。官僚制追求效率目标,后官僚制的目标是公共利益,目标选择与价值选择本质上不同。"在新公共服务中,公民权和公共利益处于舞台的中心。"③后官僚制把"公共性"看作最大的行政价值目标,权力范围的扩大突破了官僚制组织的界限,基于公共要素与公民利益的考虑,将曾经由政府垄断的权力领域向私营部门和第三部门开放,这样,政府组织、非政府组织和私营部门都可以成为公共物品的提供者,公众切实获得了对公共服务的自主选择权。

2. 由行政集权向公众参与转换。在传统官僚体系的金字塔结构中,整个官僚体系的运作以集权为支柱,上层发号施令,下层服从执行,传统的官僚制行政体系中普遍弥漫着对权力的崇拜。后官僚制使政府不再是公共产品提供的唯一来源,也不再是唯一掌管公共权力的组织。随着公共管理的社会化与私营部门、非政府组织的介入,政府必须同其他非政府公共管理组织竞争,如果没有优质的服务,他们终将失去权力。因而政府无论是在公共政策的制定还是在公共政策的执行方面,都必须有更强的公共精神与服务意识,从而激发政府通过开拓广泛的公众参与途径,了解公众的实际需要,更多地听取公众的意见,以满足公众对公共服务型政府建设的要求。

3. 由效率优先向公平与效率均衡转换。传统的官僚制注重于集中审核、预算估计、统一采购、汇报制度等效率理论,致力于追求效率的单向维度,而忽略了效率的社会反应,也缺乏对效率与公平一致性的考虑。后官僚制认为,政府不同于私营部门,对它们而言,效率不是所追求的唯一目的,政府在追求效率的同时理应兼顾公平。后官僚制通过公共部门的社会化,政府内竞争机制的引进以及承诺服务等方式致力于均衡公平与效率的双向维度,合理定位效率标准。

4. 由规则的外部控制向对规范的自觉责任转换。传统的官僚制行政范式以规章制度等手段严格控制着科层金字塔中的成员,以此制约他们的个人行为,管理者的主要作用是使用他们的权力加强其下属职责。而后官僚制则重视通过分权、代理、简化、激励等一系列体制与机制的作用,激发行政人员的创新思维,培养他们的责任心,不断加强和改进工作关系,促使他们为"顾客"提供更优质的服务。

后官僚制立足于对传统官僚体制的反思,关注同社会发展、公众利益相关的价值取向问题,主张以公共行政的"公共"部分为研究重心。它不仅认为公共行政应以经济、有效的方式为社会提供高质量的公共物品,而且更强调把社会公平作为公共行政所追求的目标。"他们建议的是以顾客为中心的行政管理,以及非官僚制、民主决策和行政过程的分权,这一切都是为了更有效、更人道地提供公共服务"。这实际上意味着行政人员应当担负起对社会的道德责任,把有效的政府管理与普遍的社会公平作为一种新的公共行政的基本追求、应履行的必要职责和应遵循的社会准则,而且社会公平这一社会准则本身又赋予了公共行政以崭新的使命,即它有责任改革那些在制度上、功能上、效果上妨碍社会公平的政策与影响实现社会公平目标的政府行政管理体制。

公共行政不仅是一个执行法律和实施政策的过程,而且是一个实现伦理价值的过程,它有着丰富的伦理学内涵。主张政治—

行政二分的美国公共行政学的创始人伍德罗·威尔逊早在1887年就承认,"行政管理的领域是一种事务性的领域,……却同时又大大高出于纯粹技术细节的那种单调内容之上,其事实根据就在于通过它的较高原则,它与政治智慧所派生的经久不衰的原理以及政治进步所具有的永恒真理直接相关联的"行政伦理学家特里·L·库珀宣称,负责任的行政不仅仅是公共行政工作者的任务,它更是所有的试图在行政事务中追求民主社会的人的事业。

以德行政是对传统官僚制的超越,是我们在行政改革的过程中,走出对官僚制的模仿而进行创造的要求。其实,走出官僚制已经是公共行政发展的必然趋势,西方国家在近20年的行政改革中虽然也一再提出超越官僚制的要求,但就其改革实践来看,所推行的方案大致是通过精简一些机构,尽可能地革新行政管理的技术水平以提高其效率。在这种制度体系下,政府依然是管理的主体,是凌驾于整个社会之上的公共力量。我国行政改革的目标是建设服务行政,基本宗旨是为整个社会提供公共服务,这就决定了社会主义行政管理体系在借鉴和吸收官僚制的技术性成就的基础上,实现更为根本性的超越,需要选择以德行政为社会主义公共行政的基本性质,扬弃官僚制的形式合理性和工具理性,把道德价值判断引入到公共行政的体制和行政人员的行政行为中来。

近代社会推出"依法治国"、"依法行政"之道,但就本质而言,法制属于强权的范畴,作为强权,自然存在导致政府合法性危机的诱因。而以德行政,其价值目标在于运用道德的力量规范公共权力,保障公共权力真正成为服务于社会公共利益的权力,并在权力的行使过程中不断地增强政府的合法性而不是削弱政府的合法性。行政领域的道德要求,主要体现于政府与公民、权力与权利、权力与责任等等一系列关系之中;优化行政道德、推进以德行政,关键在于正确认识并处理好上述关系。

公共行政虽然是人的活动领域,每一件事都需要人的介入,但

269

它毕竟是一个规范的行为体系,需要以一系列合理而有效的制度设计以显示出自身的优势。为此,在实施行政道德化构想的时候,如何真正把这种道德化落实到制度上,通过制度设计和安排推进行政道德化实践,是一个需要深入研究和探讨的问题。实际上,在公共行政的法律制度和权力结构体制及其运行机制方面,都需要包含道德的内容,并配备把这些内容付诸实施的具体方式和方法。正如制度伦理学家约翰·罗尔斯指出,个人职责确定依赖于制度,首先是由于制度有了伦理的内涵,个人才能具有道德的行为。一个人的职责和义务预先假定了一种对制度的道德观,因此,在对个人的要求能够提出之前,必须确定正义制度的内容。这就是说,在大多数情况下,有关职责和义务的原则应当在对于社会基本结构的原则确定之后再确定,这是道德制度化的基本要求。因为只有制度的和体制的道德才是深刻的和广泛的,才是具有稳定的引导功能的行为规范,在这一点上,是任何个体道德所无法达到的。关于制度的作用,邓小平在《党和国家领导制度的改革》一文中作了重要论述:我们过去发生的各种错误,固然与某些领导人的思想、作风有关,但是组织制度、工作制度方面的问题更重要。这些方面的制度好可以使坏人无法任意横行,制度不好可以使好人无法充分做好事,甚至会走向反面。可见,在制度安排、体制设置中贯穿道德原则是公共行政道德化的基础工程,只有这一基础工程搞好了,才能为行政人员提供明确的道德目标,时刻提醒行政人员自重、自省、自律,更好地发挥道德的导向作用。

以德行政的制度化首先是其法律制度、权力体制、组织结构、公共政策及典章制度等具有道德的合理性。这种以职业道德规范或法典为内容的道德合理性作为控制手段,能够有效地使公共行政人员处于道德规范的约束之下,协调组织、机构之间良好的合作关系和改善公共行政的服务供给,使整个公共行政体系进入良好的运行状态。制度的伦理性、公正性、合理性是行政机关和行政人

270

员道德进步、符合行政伦理要求的根本前提和基础。行政伦理的制度化,就是将重要的伦理道德规范融入公务员的管理制度和行为守则之中,确保各种公务员管理制度符合责任、公正、服务等行政伦理的要求。如果行政体制本身赏善罚恶不力,甚至颠倒错位,任何道德教化都会显得苍白无力,行政伦理的良性运行更无从谈起。

由于人的道德品质的不完善性和认识客观事物的局限性,难以保证行政人员永远正确地行使权力而不发生失误和偏差。为此需要有一种外在的力量对行政权力实行制约。完善伦理立法,通过法律的强制力来维护行政道德的纯洁性与有效性,已成为现代国家共同的发展趋势。

我国的公务员法已于 2006 年 1 月 1 日起正式实施,"规范国家工作人员从政行为的制度"、"领导干部重大事项报告和收入申报制度"等相关规定,都已属于行政伦理法的立法内容,这为以后行政伦理法的制定奠定了重要的法律基础。行政伦理的基本问题是权力与利益的关系问题,这是一个相当敏感的领域,为此,实施行政伦理立法需要同整个行政体制改革的发展进程相适应,逐步完善以德行政的制度环境。

四、公共行政人员所面临的道德责任挑战

由于公共行政责任对象的复杂性,行政主体常常会陷于道德责任相互冲突的困境,乃至处于"做了你要下地狱,不做你也要下地狱"的两难选择。其实,各种冲突最终涉及到的无非是个人利益与道德责任之间的关系。如果潜伏于我们心理深处的个人利益影响到了我们的思考与行为,我们就可能置道德责任于不顾,将个人的利害得失作为自己行为的指导原则。公共行政人员普遍面临的"个人利益与道德职责之间"的紧张关系深深根植于现代社会的结构和动力系统之中,现代化既大大激发了个人意识与自我感,同时又将这种充满爆发力的个体置于相互关联和相互依赖的复杂的网络之中,在这样的网络系统中,个体与集体的紧张关系难以避免;尤其对正处于社会转轨时期的中国来说,新旧道德价值观念之间的冲突,使得人们一时难以找到可以帮助解决问题的道德方案,由此导致公共行政人员常会体验到公共利益与个人利益之间的紧张关系,并为如何处理这些关系而感到困惑。由于公共行政人员手中多多少少掌握着一些稀缺资源,在责任意识确失的状态下,就会表现为谋求私利的行为。例如,在处理公共事务时给行贿者提供特殊优惠而非法接受钱财或其他有价值的东西;私下将不该公开的信息通知了某些对象,并以此为自己获取钱财或其他好处;组织外兼职,将本该用在行政事务中的时间和精力用于组织外工作上;利用自己的权位为亲属提供优惠,以获得间接利益;等等。这种政府资源的流失最终将有损政府形象。

1. 公共利益和私人利益的二元分离

现代社会市场经济的发展,促使公共领域与私人领域分离开来。公共领域成为相对独立的领域,体现社会整体的公共利益,满足私人领域公正和秩序的需求。公共行政人员作为公共利益的维护者,公民和公务员双重角色的统一,在行使公共权力的过程中,必须同时兼顾公共利益最大化和私人利益最大化的双重取向。这样一来,公共领域与私人领域截然相反的利益取向,就都集中了到行政人员身上。行政人员作为个人,是私人领域中的成员,以个人利益作为行为诉求;但是由于他又扮演着公共权力行使者的角色,就决定了他还有着维护公共利益的一系列责任和义务。由于行政人员的责任和义务与其个人的利益诉求之间的矛盾,仅仅通过立法和制度安排,还不能够完全避免行政官员个人利益对公共利益的侵害。

正如公共选择理论所揭示的那样,作为自利的、理性的效用最大化者,行政官员在其行为选择中,经常不是按照集体逻辑行事,而是与市场中追求个人利益最大化的个体一样,将个人或者所属组织的利益凌驾于公共利益之上。在利己主义动机的驱使之下,两者之间有时可能存在不可回避的冲突。因此,建立在行政官员都遵循公共利益最大化取向基础之上的现有制度,将无可回避的面对行政官员的道德风险。一旦失去道德目标的规范和约束,行政人员手中的权力往往会演变成他谋取私利的工具。

2. 公共行政人员作为代理人的机会主义行动

政府可以被看作一个多级授权组织,某一级政府总是上级政府、权力机关、全体公民的代理人。当代理人不需要完全承担其行动的全部后果时,就会产生代理人的激励问题。公共行政人员作为代理人,比之他们的委托人即外部公民,拥有十分明显的信息优势。并且,行政领域的信息不对称,比起竞争性企业,其监督成本要高昂的多,企业还受到市场竞争机制的约束,而行政部门则垄断了公共服务的生产和提供。所以公共行政人员作为内部人,拥有十分强烈的机会主义行为激励。

这种机会主义行为主要表现在两方面,一方面,包括我们通常说的“打擦边球”、“钻空子”、利用职权获取灰色收入等等;另一方面,则是以腐败为代表的违法乱纪行为。第一种道德风险来源于行政官员对社会规则的变通性处理,从而能在规则的边界上,既不违反形式上的合理性,又能实现自己主观策略性的介入,造成一种形式上的名实相符但实际上名实分离的结果。第二种道德风险来自于社会特定利益集团和行政官员的共谋。针对原本应当是普遍适用于全体社会成员的制度,特定利益集团通过行贿而寻求有利于自身的歧视性变通,而行政官员也有意地设租,以寻求政治支持和物质利益,两方面的力量使行政过程演变为一场权钱交易。

3. 传统行政模式下的“道德困境”

在政治与行政二分的官僚制行政模式中,公共行政人员的职责,只在于忠实地履行政治官员的决策,他们是不应该也不能够承担任何主体性责任的。米歇尔·哈蒙揭示了这种政治——行政二分法假设下的"责任困境",按照这种二分法的逻辑,"如果行政人员仅仅负责有效执行由政治[家]制定的目的,那么,作为他者权威的工具,他们就不应对其行为承担任何个人的道德主体责任。反之,如果行政人积极参与公共目的的决定,那么,他们的责任性又成问题,而且政治权力将受到削弱。"因为行政人员的责任只在于遵循工具理性去执行国家意志,只要他有效率和经济地完成了被指定的工作,那么就是道德的。由于效率本身成为唯一的伦理目标,当面临多元道德目标的冲突时,正义、公民权利等等对于公共利益至关重要的价值,就都有可能在效率的名义下被淹没。这一"道德困境"从更深的层次上说,还潜伏着另外一个冲突,即公共行政人员到底是对上级负责,还是对公民负责之间的冲突。行政人员总是属于特定组织的,他所属的组织的利益与公众利益之间可能存在冲突,一旦发生这种情况,效忠组织的公务员道德要求,与维护公共利益的伦理要求,就会构成对行政人员道德选择的严峻考验。由于前者的道德约束力和激励机制强大而具体,而后者却往往是模糊而缺乏硬性约束的,此时,行政人员就可能为了组织利益而牺牲公众利益。

在民主和法治社会,法律规定和制度设计基本都遵循了权力公有的导向,并且设计了一整套制度来防范公共权力对公民权利的侵害以及以权谋私行为的发生。但是,制度和法律始终都只能在基本的层面上规范行政人员的行为。况且,制度和法律应该在多大程度上为行政权留下自由裁量的空间,这种自由空间如何才能不被行政官员滥用,脱离伦理约束,都会成为一个难以解决的问题。

为此,要解除公共利益和私人利益之间的紧张关系,在很大程度上还是必须依赖于行政伦理的建设。因此,在法律和制度不能有效约束行政人员行为的领域,往往都需要运用伦理观念和道德准则来唤醒行政人员的行政良心,从而对其行为给予道德方面的

274

约束。物质利益和利己主义尽管在相当大的程度上主导着我们的行为，但是，像自我成就、社会认同、道德良心等等伦理因素，也同样起着不可忽视的作用。行政伦理关键在于通过调动这些因素，增加行政人员的利他主义倾向，从而减少行政过程中普遍存在的机会主义行为。

既然拥有稀缺资源的公共行政人员所受到的利益诱惑是客观存在的，如何有效地激发他们的道德责任感，使他们在行政道德责任与个人利益的冲突中能够洁身自好，合理摆正责任与利益的关系，乃是行政改革与行政道德责任建设进程中所面临的一项现实而重要的课题。

通过行政伦理来约束官员的行为，可以通过两个基本的途径，内在控制和外在控制。前者由行政官员内心的价值观和伦理准则构成，能够激励行政官员在缺乏规则和外部监督的情况下，自主地从事合乎道德的行为，后者来自于外部因素的控制，包括法律、外部监督或者官僚制组织。

自从19世纪30年代以来，行政学界就对内控还是外控的行政伦理构建产生争论，其中尤以卡尔·弗雷德里奇（C. J. Friedrich）和赫尔曼·芬纳（Herman Finer）之间旷日持久的争论为代表。双方围绕如何使公共行政处于责任状态进行了广泛而深入的争辩，弗里德里奇主张内部控制的重要性而芬纳则主张外部控制更重要。

这场争论虽然后来仍有发展，但是这并不表示两个观点之间的严重的对立，争辩的焦点在于哪一种观点更为重要。其实，行政伦理的构建，如果要达到理想的效果，保持内部控制和外部控制之间的平衡才是至关重要的。如果没有足够的外部控制，行政官员的利己动机和机会主义行为就会泛滥开来，使得个人完全以私人利益作为行为导向。可是如果没有充足的内部控制，行政官员就会沦入传统行政模式中的"道德困境"无法自拔，利他主义、理想主义、伦理的自主性等等值得赞赏的个人品德都会消亡殆尽。并且，停留在外部控制阶段的行政伦理，无论行政官员怎样尽职地去遵守它，只要尚未将其内化为自己的品格，也就是转化到内部控制的阶段，那么行政官员的伦理构建就是不完全的。因此，内部控制和外部控制，对于通过行政伦理实现行政责任，规避行政官员道德风险，都是必不可少的关键因素。

五、行政伦理法制化是实现以德行政的关键环节

古希腊学者亚里士多德曾提出，"最好的办法是建立一个关于公共规则的正确制度"，认为人们"对德性的共同关心要通过法律才能出现。"为此，亚里士多德主张礼法并举，以法律支持道德的普遍原则。德国哲学家黑格尔在《法哲学原理》一书中指出，社会健康有序发展的第一阶段是法阶段。法作为客观的意志，不能完全实现自己，需要向前发展；第二阶段是道德阶段，道德是具有特殊规定的内心的法；第三阶段是伦理阶段，伦理是法与道德的统一。这三个阶段不是孤立的、并列的，而是有机联系的、由低级向高级不断丰富和充实的过程。这样，在黑格尔看来，伦理是一种包含着法与道德，同时又高于法与道德的一类社会现象；其本质特征是法与道德的统一、他律与自律的统一，客观与主观的统一。黑格尔的上述辩证思想，肯定了法律与道德之间的内在联系。

作为一种价值形态要素，道德责任状况总是受着外部环境的制约，培育公共行政人员的道德责任既要重视个人因素，也不可忽视外部环境的影响与作用。作为道德主体的个人，必须在诸如组织、社团和国家这样的社会集体之中得到规范或限制，才能作出符合道德规则的行为。在缺乏外在制约的情况下，行政人员谋求自身利益的本能冲动便可能脱颖而出，压倒道德责任。完备的外部控制机制有助于在行政人员的心理上竖立一道抵制外来诱惑、防止个人欲望失控的屏障。在现代社会，通过道德立法以加强行政伦理法制建设已成为一种国际性的趋势。道德立法，就是把有关的行政道德规范纳入现行的法律体系之中,给予所有行政机关及其工作人员以相同的行政道德判断、选择、评价及其要求的模式和能力,促使行政道德规范与原则成为行政机关及其工作人员的一种内在的、稳定的品质。道德立法为行政官员解决伦理冲突提供了一般性的指导,也为惩罚那些违背基本行政伦理要求的行为提供了依据。

美国是西方国家中较早开始行政伦理法制建设国家。卡特政府于1978年10月制定出《美国政府伦理法》并经国会批准;1989年4月2日,国会批准由布什总统提交的《美国政府伦理改革法》,为美国行政、立法、司法三大机构政府工作人员规定了更为严格的伦理标准;1989年4月12日和1990年10月17日,布什总统两次签署12674号和12731号行政命令,颁布《美国政府官员及雇员的行政伦理行为准则》。1992年,美国政府颁布了由政府伦理办公室制定的内容更为详细、操作性更强的普遍适用于联邦政府的伦理行为标准,即《美国行政部门工作人员伦理行为准则》。加拿大政府于2003年元旦开始实施《公共服务的价值与伦理规范》,以指导和支持公务员的职业行为。韩国《大韩民国宪法》规定,公职人员应该为全体国民服务;公职人员总的伦理标准,是把国民利益作为价值基础,而不是为特定集团局部利益服务。韩国宪法确立的行政伦理精神,在韩国《国家公务员法》、《地方公务员法》、《公职人员伦理法》、《<公职人员伦理法>实施令》、《公职人员伦理法实施规则》、《公职人员伦理宪章》、《公共事务条例》、《公务员服务规定》以及《防止腐败法》中都得到具体体现。日本自2000年4月1日起,全面实行《日本国家公务员伦理法》,对"职员必须遵守的与其职务有关的伦理原则"做出了明确规定。日本内阁依据该法,并在听取国家公务员伦理审查会意见的基础上,制定了《国家公务员伦理规程》,内容包括禁止或限制收受与职员的职务有利害关系的人员的赠与,不得与职员的职务有利害关系的人员接触,防止出现招致国民的怀疑或不信任的行为等职员必须遵守的事项。主要由发达国家组成的经济合作与发展组织在 1996 年决定推进行政改革之际,即把加强行政伦理建设列入重要议程。1997 年 11 月,经济合作与发展组织召开了研究行政伦理建设的工作会议,来自 29 个正式成员国和 5 个非正式成员国以及联合国有关机构、世界世界银行等机构代表共 120 人与会;1998 年 4 月 23 日,通过了《改善行政伦理行为建议书》,在该建议书第一部分"行政伦理管理原则"中,特别强调了"行政伦理规范应纳入法制框架。"制定了行政伦理管理的十二条原则,这些原则吸取了各成员国的经验,阐明了行政伦理体系中关于指导、管理、监督的功能,反映了成员国关于"完善伦理管理"的共识,并建议各成员国积极行动起来,确保建立行之有效的机构和体系,改进公共机构的伦理行为。

在现代社会,一方面,行政人员的自由裁量权范围表现为扩大的趋势,公务员均掌握一定的行政资源及其衍生出来的自由量裁权,尤其是中高级公务员存在着相对多的"权力寻租"的可能性;另一方面,由于人本身所固有的自利动机和认识客观事物的局限性,行政官员难以完全依靠内在的自我控制而始终正确地行使权力。正如芬纳在《更好的政府员工》一文中所指出的:"尽管道德规范、内心自律以及所有使它们发挥作用的办法,为行政管理具有创新性、灵活性以及富有成果提供了保障,但在现今还没有任何东西比基本的政治控制和政治责任更为重要。"为此,需要设置外在力量来控制和制约行政权力运行过程中的自利与异化倾向。根据我国近年来推进以德行政的实践情况看,单纯地从道德领域对行政人员的行为予以约束与规范,其效果确实有限,这就需要运用外在的制度力量来控制和制约行政权力运行过程中的非道德行为。关于制度的作用,邓小平在《党和国家领导制度的改革》一文中曾作过重要论述:我们过去发生的各种错误,固然与某些领导人的思

278

想、作风有关,但是组织制度、工作制度方面的问题更重要。这些方面的制度好可以使坏人无法任意横行,制度不好可以使好人无法充分做好事,甚至会走向反面。可见,在制度安排、体制设置中贯穿道德原则是公共行政道德化的基础工程,只有这一基础工程搞好了,才能为行政人员提供明确的道德目标,时刻提醒行政人员自重、自省、自律,更好地发挥道德的导向作用。

一般而言,以德行政主要应包含制度伦理与行为伦理两项基本内容,这就要求:首先,在公共行政的法律制度和权力结构体制及其运行机制方面,都需要考虑道德的内容,并配备把这些道德内容、道德要求付诸实施的具体方式和方法。正如美国学者罗尔斯指出:"一个人的职责和义务预先假定了一种对制度的道德观,因此,在对个人的要求能够提出之前,必须确定正义制度的内容。这就是说,在大多数情况下,有关职责和义务的原则应当在对于社会基本结构的原则确定之后再确定。"肯定个人职责确定依赖于制度,首先是因为制度有了伦理的内涵,个人才能具有道德的行为。这就是说,在大多数情况下,有关职责和义务的原则应当在对于社会基本结构的原则确定之后再确定,这是道德制度化的基本要求。因为只有制度的和体制的道德才是深刻的和广泛的,才是具有稳定的引导功能的行为规范,在这一点上,是任何个体道德所无法达到的。如果制度本身缺乏合理性与公正性,任何道德教化都会显得苍白无力,行政伦理的良性运行更无从谈起。在此基础上,再根据制度伦理的原则与内容,进一步制定出对行政人员普遍适用的行政伦理要求与规范,并将"行政伦理"上升为法律规范,以法律制度化的形式予以确定,从法律与伦理的关联性方面规范公务人员的道德行为。完备的法律控制机制有助于培育行政伦理意识,在行政人员的心理上竖立一道抵制外来诱惑、防止个人欲望失控的屏障。行政伦理的法制化,通过制度道德与行为道德的结合,将有利于伦理道德进一步发挥调整作用,起到治标并治本的效用,切实推进以德行政的健康发展。

根据我国行政改革的实践与以德行政的要求,参考借鉴一些先行国家行政伦理法制化的做法与经验,我国在推进行政伦理法制建设过程中需要重视以下主要环节:

1. 加快行政伦理立法,逐步完善行政伦理法制体系,依法规范行政人员道德行为。法律是道德的底线,道德是法律的升华,这是两者关系的经典概括。行政伦理立法的目的旨在通过法律的强制力,增强行政人员的道德意识,遏制不道德的行为,并逐步实现他律向自律的转化,提高政府整体行政伦理水平。道德的法制化是实现公共行政伦理的前提,通过道德立法将行政伦理予以制度化、法制化,依法规定一系列具体的、必要的、可行的公共行政道德规范,使行政人员确立正确的道德价值定位和价值取向,明确什么是应当做的,什么是不应当做的,这将有利于道德因素的生成和成长,对行政人员的道德修养的提高有着鼓励、导向的作用;同时,这种法制化的行政伦理对不同的行为主体具有同等的客观有效性,它不为个体的偏爱所左右,对个体的偏爱、价值追求起到矫正作用,把个体的行为纳入到统一的行政伦理秩序中来,实现对行政行为的调控,并通过正强化和负强化的双重功能,鼓励行政人员的道德自觉性,强化道德的他律性,把褒扬和惩治结合起来,使一切行政行为都能够在这一道德化的条件下有规可循,有据可查,有法可依。

2005 年 1 月,中共中央颁发的《建立健全教育、制度、监督并重的惩治和预防腐败体系实施纲要》明确指出:"完善反腐倡廉相关法律和规范国家工作人员从政行为的制度。加快廉政立法进程,研究制定反腐败方面的专门法律。修订和完善刑法、刑事诉讼法等相关法律制度。抓紧制定公务员法。探索制定公务员从政道德方面的法律法规。完善领导干部重大事项报告和收入申报制度。"由此提出了建设行政伦理法规体系的任务与目标。我国的公务员法已于2006年1月1日起正式实施,第十二条"公务员应当履行下列义务"中所提到的"遵守纪律,恪守职业道德,模范遵守社会公德"、"清正廉洁,公道正派"等相关规定,都已属于行政伦理法的立法内容,这为以后行政伦理法的制定奠定了重要的法律基础。根据我国行政伦理法制建设的要求,当务之急是要加快行政伦理立法,探索制定、逐步完善专门的国家公务员伦理法制体系。伦理立法首先需要考虑典章规则的道德合理性,使公共行政人员处于合理的道德规范的约束之下,协调组织、机构之间良好的合作关系和改善公共行政的服务供给;其次,立法内容应具体、实际,日本、韩国、美国等一些国家的行政伦理法规对公务员在兼职、受礼、捐赠、股票、保密、财产申报等多方面都作了详细、严格的规定,伦理法规具有较强的针对性与可操作性,有助于保障其有效性。再次,在国家公务员伦理法的指导下,一些具体的行政部门和地方政府还可根据自身的工作性质与职业特点,制定适合本部门的伦理规范及其实施办法,以完善行政伦理法制体系。

2. 设置行政伦理管理机构,强化行政伦理立法执行的管理与监督机制。建立健全行政伦理立法执行的管理与监督机制,这是实现行政伦理法制化的根本保证。列宁曾经说过:"究竟用什么保证法令的执行呢? 第一,对法令执行加以监督。第二,对不执行法令加以惩罚。"法律监督在法律调整过程中起着保证依法办事的重要作用。韩国根据《公职人员伦理法》第九条的规定,在国会、大法院、宪法裁判所、中央选举管理委员会、中央政府、地方自治团体以及汉城特别市、直辖市、道教育厅,分别设立公职人员伦理委员会。职责是对规定的财产登记对象的财产登记事项进行审查,并对其结果进行处理。美国众议院内设置有"众议院伦理委员会",该委员会可以建议众议院对其议员和雇员采取它认为合适的"行政措施"以执行行政伦理准则;可以调查任何违反有关雇员或议员行为方面的法律、条例或规则,并向众议院建议该委员会认为应采取的合适的措施。根据《美国政府伦理改革法》，美国联邦政府也设有伦理委员会和伦理办公室等机构，美国政府伦理办公室具有很大的独立性和职权，直接向总统、国会和国务院负责，可以就高级公务员的行政伦理和廉政等方面的问题召开听证会。此外，在诸如大法官会议、国防部以及美国的许多州和市的议会和政府，也设有伦理办公室或伦理委员会。印度国会于2003年出台了中央监察委员会法案，从法律上进一步确立这个机构独立于政府外的地位，并赋予它接受公众投诉和检举、对问题官员进行调查、向政府提出处理建议的权力，同时规定政府部门对中央监察委员会的处理意见必须给予反馈。

从我国的实情出发，一方面，可以赋予中央纪委和监察部有关行政伦理管理职能，同时在全国人大常委会设立伦理委员会，承担监督或参与监督行政伦理法的实施；地方各级人大也可设立相应的委员会，形成多领域、多层次、具有实权的行政伦理管理与监督机构。

3. 优化行政人员内在的道德约束机制，增强行政伦理法制化的有效性。应当肯定，制度设计确实可以在一定程度上优化公共行政人员的道德意识，引导与培育公共行政人员良好的道德行为；但值得注意的是，任何倾向的道德习惯都不会确定不变，在种种因素的作用下，可能向积极的或消极的方向发展，近年来一些政府官员在道德方面的起起落落，正是反映着道德习惯变动的特性。行政道德状况的不稳定性告诉我们，在实施行政伦理法制化建设工程中，不能仅仅停留于道德习惯的优化，还应当着眼于超越，进一步将道德习惯提升到道德信念的层面，使之积淀为一种文化形态。在行政道德人格系统中，道德责任信念处于最高层次，它反映着一种理性自觉的道德责任生活。如果说，公共行政人员道德习惯的种种表现是因为程度不同地受到外在制度压力而具有被动性、消极性、波动性、阶段性的话，那么，对于以行政道德信念为基础而形成的良好的行政意识与行为,则具有主动性、自觉性、稳定性、持久性等特点。为此,在行政伦理建设中,重视运用信仰力量以优化行政人员的道德人格结构,将公共行政人员良好的道德习惯发展为一种道德信念,不仅有助于稳固他们的道德行为,还将提升整个行政道德的水准。内化于行政人员心中的道德价值观有助于巩固行政自律。如果公共行政人员已经将一套职业道德价值观深深地内化于心中,形成了某种坚定的道德信念,那么,即使上级不在场或面临外界某些诱惑,行政人员的内心自我控制仍可以发生作用;甚至当某行为缺乏相应的法律规定时,行政人员仍可以求助于内心的道德指导准则,进而作出合乎公共利益的选择。

道德信念的形成与发展本质上都受着现存的社会道德状况的影响与制约,但这种作用并不是一种纯自发的过程。一方面,道德总是以一种超越的、理想化的形态对现实予以价值观方面的批评与引导;另一方面,道德观念与道德实践的变更又往往落后于经济的发展与变化。这就要求,在既定的社会道德环境下,通过必要的、有针对性的道德宣传,对公共行政人员进行行政伦理的灌输,培育他们良好的道德习惯,激发他们的道德信念,以此巩固并升华行政伦理法制化的成果。

行政伦理的基本问题是权力与利益的关系问题,这是一个相当敏感的领域,为此,推进行政伦理法制化需要同整个行政体制改革的发展进程相适应,逐步完善以德行政的制度环境。

六、优化内在的道德约束机制

尤金·德沃林和罗伯特·西蒙斯在《从不属于道德范畴的官僚机构到有人情味的官僚机构》一文中提出,"勇气"、"尊重人类价值"、和"正直"是公共行政人员最为重要的品质。没有基本的对价值的尊重,"外部的审查或其他制约因素就不可能使现代政体中的官僚制权威向人性化方向发展"。并提出要"以人为本",这样才能保护公众的基本尊严。

应当肯定,制度设计确实可以在一定程度上引导与培育公共行政人员良好的责任行为,优化公共行政人员的责任意识;但值得注意的是,任何倾向的行政道德习惯都不会确定不变,在种种因素的作用下,可能向积极的或消极的方向发展,近年来一些政府官员在道德方面的起起落落,正是反映着行政道德习惯变动的特性。行政道德行为的不稳定性告诉我们,在实施行政责任文化建设工程中,不能仅仅停留于行政道德习惯的优化,还应当着眼于超越,进一步将行政道德习惯提升到行政道德信念的层面,使之积淀为一种文化形态。在行政道德人格系统中,行政道德信念处于最高层次,它反映着一种理性自觉的行政道德生活。如果说,公共行政人员道德责任习惯的种种表现是因为程度不同地受到外在环境的压力而具有被动性、消极性、波动性、阶段性的话,那么,对于以行政道德信念为基础而形成的良好的行政责任意识与行为,则具有主动性、自觉性、稳定性、持久性等特点。

元代大学者许衡一日外出,因天气炎热,口渴难忍。正好路边有一棵梨树,行人纷纷去摘梨解渴,唯独许衡不为所动。有人便问:"何不摘梨以解渴?"许衡回答:"不是自己的梨,岂能乱摘?"那人笑其迂腐:"世道这样乱,管他是谁的梨。"许衡正色道:"梨虽无主,我心中有主。""我心有主",这就是一种道德信念,是对某种道德准则的一种信仰。当一个人对道德规则的认识达到信仰的高度,将会在任何情况下,自觉地按照道德规范的要求约束自己的行为,而不会放纵自己,作出违反道德信念的从众行为。

信仰是一种特殊的社会心理现象,是人的一种特殊的情感和心理体验,表现为人对周围世界的信念与态度。信仰的前提是信仰者对信仰对象持有一种积极的认识、情感、评价和态度,一旦信仰形成,便成为指导个体行为强有力的导航器。由信仰所驱动的行为,往往具有自觉性、深刻性、持久性、非功利性等特征。为此,在行政责任建设中,重视运用信仰力量以优化行政人员道德人格

284

结构,将公共行政人员良好的道德习惯发展为一种道德信念,不仅有助于稳固他们的道德行为,还将提升整个行政责任文化的水准。

如同任何一种信仰一样,道德信仰也有着认识论根源,它是人们对某一判断的确信,是人们在认识活动中形成的信念;作为道德信念所包含的教条往往具有超越性,个体一旦达到对它们信仰的程度,就能"自觉地"运用这些道德信条对自己的行为进行调节。中国古代思想家孟子有句名言:"鱼我所欲也,熊掌亦我所欲也,二者不可得兼,舍鱼而取熊掌者也;生我所欲也,义亦我所欲也,二者不可得兼,舍生而取义者也。"在儒家传统思想中,道德是至上的,一些信仰杀身成仁、舍生取义者,往往自觉地、无怨无悔地不惜以自己的生命作为代价去追求所尊奉的道德信念。

内化在行政人员心中的道德价值观有助于巩固行政道德自律。如果公共行政人员已经将一套职业道德价值观深深地内化在心中,形成了某种坚定的行政道德信念,那么,即使上级不在场或面临外界某些诱惑,行政人员的内心自我控制仍可以发生作用;甚至当某行为缺乏相应的法律规定时,行政人员仍可以求助于内心的道德责任指导准则,进而作出合乎公共利益的选择。

道德信念从根本上体现着个体经验的积累。这里所述的经验,包括间接经验与直接经验两大类,间接经验的获取主要通过宣传与灌输,而直接经验的形成则往往源于个体的切身感受。无论是间接的还是直接的道德经验,根本上都受着现存的社会道德状况的影响与制约,但这种作用并不是一种纯自发的过程。根据恩格斯的说法,道德文化的演变大致要滞后于经济的发展。道德具有双重属性:一方面,它总是以一种超越的、理想化的形态对现实予以价值观方面的批评与引导;另一方面,道德观念与道德实践的变更又往往落后于经济的发展与变化。这就要求,在既定的社会道德环境下,通过必要的、有针对性的道德宣传,从情感影响入手,立足于对公共行政人员进行优良道德责任的灌输,培育他们良好的道德责任习惯,激发他们的道德责任信念,逐渐优化他们的道德人格结构,这应当是培育并巩固良好的行政道德责任的重要而有效的途径。

七、完善官员财产申报制度

在实施反腐败战略中,官员财产申报问题正越来越受到中国理论界与社会公众的广泛关注。意大利法学家贝肯尼亚的名言称:预防犯罪比惩治更高明,所有腐败犯罪的人,他在腐败的时候首先想到的是自己会不会被发现,而不是会不会被惩处。基于"预防为本"的思路,官员财产申报对于肃贪反腐的作用,正越来越受到各国的重视。

早在 1766 年,瑞典官员均被要求"晒财产"——不论是一般官员还是首相,其家庭财产均须申报、登记和公布,公民有权随时查看各级官员的纳税清单。1883 年,英国议会通过《净化选举,防止腐败法》,如果官员个人财产与其正常收入之间存在差距,他就必须作出解释与说明,如不能提供合法所得的证据,就会被认定为灰色收入,进而被治罪。目前,世界上已有美国、法国、泰国、墨西哥、新加坡、韩国、俄罗斯、加拿大、尼日利亚等近 100 个国家和地区建立起了符合本国国情的财产申报制度。经过 240 多年的探索与实践,这一制度已成为现代法治国家普遍实行的反腐利器,有着"阳光法案"、"终端反腐"之美称。

在中国,早在 20 世纪 80 年代就已出现建立官员财产申报制度的设想。1987 年,时任全国人大常委会秘书长、法制工作委员会主任的王汉斌在第六届全国人大常委会第二十三次会议上,对提交审议的《关于惩治贪污罪贿赂罪的补充规定》作出说明时提出:"一些国家规定公务员应当申报财产收入,我国对国家工作人员是否建立申报财产制度问题,需在其他有关法律中研究解决。"1995 年 5 月,中共中央办公厅、国务院办公厅联合发布《关于党政机关县(处)级以上领导干部收入申报的规定》,构建了官员财产申报制度的一个政策框架,出台了官员收入申报的初步规范。1996 年,中央纪律检查委员会发布《中纪委关于对＜党政机关县(处)级以上领导干部收入申报的规定＞若干问题的答复》,进一步明确了一些具体的制度规范。1997 年 1 月公布的《关于领导干部报告个人重大事项的规定》中,要求领导干部报告本人、配偶、子女在房产、出国、婚丧喜庆、经营企业、违法犯罪等六方面重大事项的情况,其中的一些重大事项与官员财产状况有关。2000 年 12 月,中央纪律检查委员会决定在省部级现职领导干部中首先实行家庭财产申报制度。2001 年,中央纪律检查委员会、中央组织部联合发布了《关于省部级现职领导干部报告家庭财产的规定(试行)》。2006 年 9 月 24 日中共中央办公厅印发《关于党员领导干部报告个人有关事项的规定》,该规定比 1997 年的规定在报告事项范围上更为详尽。2007 年 9 月 13 日,国家预防腐败局成立。国家预防腐败局官方表示,中央纪律检查委员会、国家监察部一直在研究财产公开申报制度,在适当时候将建立财产公开申报制度。

尽管十多年来在官员财产申报方面进行了一些尝试,但由于缺乏制度化的约束,难以获得切实成效。在此期间,包括胡长清、成克杰、陈良宇等贪污受贿案的败露或是因群众的举报,或是由他案牵出,或是中央在巡视中发现,几乎没有一起重大的腐败犯罪案件是通过官员财产申报而暴露的。近年来,国内一些地方先后进行了官员财产申报的有益尝试,2009 年 3 月 1 日"两会"前夕,国务院总理温家宝与网友在线交流时表示,建立官员财产申报制度是反腐败重大举措,政府正在积极准备这项工作。为确保官员财产申报有效实施而不是走过场,根据一些先行国家的经验,结合中国社会政治现状与行政改革实践,官员财产申报制度建设需要特别关注以下问题:

1. 制定财产申报法,明确规定财产申报的主体、内容与种类
   纵览各国财产申报制度,相关的法律制定是申报制度建设最

为根本的一项工作。1766 年,瑞典制定了历史上第一部财产公示规则,1883 年英国通过了《净化选举防止腐败法》这一世界上第一部有关财产申报的法律,1978 年,美国通过了《政府官员行为道德法》,1989 年又修订为《道德改革法》,明确规定行政、司法、立法部门的官员,必须公开本人、配偶及子女的财产状况,并按规定程序提交财产状况的书面报告。在韩国,1981 年全斗焕政权就制定了《公职人员伦理法》,首次出台公职人员财产登记政策。1993 年 5 月,韩国金泳三政权通过了《公职人员伦理法》修正案,进一步为财产申报制度等反腐败政策奠定了法律基础。金泳三的继任者金大中继续建章立制,出台《防止腐败法》,扩大了财产登记及公开者的范围,加强了对财产公开的审查,增强了司法机构的独立性,设置了总统直接管辖的"反腐委员会"。印度于 2007 年建立了公务人员财产申报制度。2008 年 12 月 25 日,俄罗斯总统梅德韦杰夫正式批准并签署了经俄罗斯议会上下两院通过的《反腐败法》,这部《反腐败法》中最引人注目的是,"国家公务员应公开申报其本人及其配偶、子女的收入、房产、资产和收入情况",并要求公务员汇报所有与涉腐行为和与潜在腐败行为有关的情况。

中国要建立健全规范的官员财产申报制度,首要任务是由全国人大常委会制定相关的财产申报法,这是法治社会发展的必然要求,有助于解决现行官员财产申报规定法律地位不明的问题。财产申报法所需要规定的项目主要包括:

第一,财产申报的主体。

就目前情况来看,各国财产申报法律划定的范围有宽有窄,有的国家对公职人员不分级别,一律要求实行财产申报,也有些国家则规定必须是法定的某种级别或等级以上的公职人员才必须进行财产申报。与此同时,大多数国家都规定,申报人不仅要申报本人的财产,还要申报配偶和直系亲属的财产。

2008 年 12 月出台的俄国内首部《反腐败法》规定,除国家和

288

地方行政官员外,诸如法院、检察院、警察、军队、安全部门、选举机构的工作人员都被纳入申报人之列,而且他们的配偶和未成年子女的财产也必须一同申报。与此同时,在不涉及国家机密的基础上,申报资料将在媒体上公开。新加坡制定的《财产申报法》、《公务员纪律条例》、《公务员指导手册》等相关法律规定,每个国家公务员在任职之初,必须详细申报个人财产。此后,每年1月2日申报上一年度的财务情况。1993年5月27日,韩国国会通过了《公职人员财产登记制度》,规定担任公职者必须在一定时期内向有关部门报告自己及配偶、子女的财产状况,包括数量、来源、变动等内容,并要做出"令人满意"、"合理"的解释和"证明"。美国国会《政府行为道德法》(1989年修订为《道德改革法》)规定:行政、立法和司法3大机构的工作人员都必须公开个人财务,参众议员要在每年的5月15日或该日之前,申报上一年度的财产情况。总统、副总统(包括他们的候选人)以及凡是其基本薪金在联邦薪金级别GS-16级以上(包括16级)的官员和雇员,都必须在每年的5月15日或该日之前,申报上一年度的财产情况。同时,财产申报不只限于申报者本人,还必须包括其配偶或受抚养的子女的有关情况。法国规定国家公职人员必须依法对其拥有的财产状况,包括财产的数量、来源、增减等情况向指定的监察机关作出报告,以接受审查和监督。特别是在《政治家生活资金透明度法》中,对公务人员财产公开制度作了较为具体的规定。根据该法,总统及其候选人、国民议会议员以及中央政府组成人员和特定的地方官员,包括大区区长、海外省议会议长、居民达3万以上城市的市长、地方议会主席以及经营规模较大的企业负责人(主要指主管2000套以上低租金住房的机构和年营业额500万法郎以上的合资公司的董事长、总经理和国际经理)都必须报告个人财务情况。在日本,鉴于官房长官等收受企业原始股的利库路特丑闻,2001年1月,配合中央机构重组,内阁会议通过了"大臣规范",其中规定首相、正副大臣、政务官在就任和离任时,要公布包括配偶和子女在内所有家庭成员的资产状况。越南总理阮晋勇于 2007 年 3 月 13 日签署颁布的一项法令规定:专职国会代表、专职地方议会代表、国会代表及地方议会代表候选人均有义务申报财产和收入。墨西哥 20 世纪 70 年代实施的《财产申报法》规定,在政府机构工作的从科长到总统的各级官员,都要定期主动进行家庭财产申报,对易于产生腐败的海关、移民、税务、工程项目管理人员等,也要进行登记。乌克兰将国家公务员职级分为 7 级 15 档,根据国家《公务员法》、《反腐败法》规定,国家领导人和 1 至 4 级公务员规定为强制申报,这里的国家领导人包括总统、议长和副议长、议员、总理、部长和内阁成员、宪法法院院长及宪法法官、州级长官。这些人除了自己申报外,还要申报家人的收入。

为了保证法律体系内部的统一性与法律效应的普遍性,从理论上讲,财产申报的主体应当包括所有的国家公职人员。但基于我国现实国情及反腐现状的考虑,如果申报财产的主体覆盖全体国家公职人员,财产申报的人员牵涉面太广,反而不利于监督机关在现阶段集中力量抓好反腐倡廉建设。为此,可以分阶段、分步骤地推进,逐渐扩大财产申报的主体范围。在起步阶段,可将其界定在某一担任实际领导职务级别的国家公职人员范围内。当然,申报人不仅要申报本人的财产,还应申报其近亲属(父母、岳父母、配偶、子女以及与其共同生活的其他家庭成员)的财产,这将有利于防止一些官员通过转移财产逃脱监管。

第二,财产申报的内容。

从一些国家财产申报的内容来看,主要包括动产、不动产、有价证券、债权、债务、礼品馈赠、招待费以及可能与公职发生冲突的利益等。美国法律规定的申报内容近乎繁杂和包罗万象,凡宪法容许的和国会明确规定的事项都要申报,不仅包括劳务所得、投资收益,而且包括买卖交易情况、接受的赠与和赔偿以及债务和受雇职位的情况,如上年度所获价值超过 100 美元的红利、利息、租金和资本利润;从事贸易、商业、投资或产品收益获得的超过 1000 美元的资产利益;除亲属外的任何方面累计价值达 250 美元以上的食宿、交通运输或款待方面的馈赠,以及除此之外累计价值达 100 美元以上的馈赠等。新加坡法律规定申报的内容包括自己的动产、不动产、贵重饰物、银行存款、股票、证券等,同时还包括配偶、依靠其抚养的家庭成员的财产情况。日本需要申报的资产项目既包含拥有所有权的也包含拥有使用权的土地、房产、存款、有价证券、车船飞机及工艺品、高尔夫会员证、债权债务等诸多项目。韩国必须申报的财产包括任何超过 500 美元的汽车、现金、债券、珠宝、土地、房子、俱乐部会员籍、房地产、股票以及船舶。越南财产申报的内容包括申报人自己、配偶及其未成年子女在国外的财产、银行账户。特别是按法律规定须征收个人所得税的收入,例如贵金属、宝石、现金、存折、股票、债券、支票、摩托车、汽车、船只及其他各类价值在 5000 万越盾(约合 2.4 万元人民币)以上的财产,均须申报。

我国自改革开放以来,财产性收入日益增多,在收入来源日趋多元化的情况下,财产申报的内容必须能全面、准确地反映申报主体的财产状况,而不应仅仅限于收入。需申报的财产应包括工资所得、劳务所得、经营所得;因继承、受赠、偶然所得及证券、股票等风险投资所得;以及汽车、金银首饰、古董、字画、豪华家具、大件电器等动产和房产等不动产。申报内容具体、细致,有助于厘清正当收入与非法收入,不仅可以预防官员的贪污受贿,还可起到保护合法收入的作用。

第三,财产申报的种类。

各国财产申报从时间规定方面来看,大致可分为三种:一是初任申报,指公职人员应在任职时或出任后的一定日期内,就其现有的财产状况进行申报;二是日常申报,指任职后在国家统一规定的时间进行申报;三是离职申报,指公职人员因原先职务任期届满,或不再从事国家公务活动,或因年龄等原因而离退休时,也必须申报其全部财产。美国对不同的对象规定了不同的申报要求,任何将担任法定需申报财产职位的人员,在任职后 30 天之内必须申报本人、配偶以及所抚养子女的财产状况;在职官员和雇员每年 5 月 15 之前申报上一个年度个人、配偶和抚养子女的财产状况;离职官员和雇员在离职 30 天之内递交离职财产报告。日本规定,当选议员后要在 100 天之内向所属议院议长提交《资产报告》,在任期间,每年 4 月份还要提交《资产补充报告》、《所得报告》、《相关公司报告》等。报告书将被保留 7 年,平时在议会阅览室对外公开,可以自由抄录,但禁止拍照。在乌克兰,公务员应在每年的 4 月 1 日前向工作单位提交申报上一年度(1 月 1 日至 12 月 31 日)的收入、开支、财产及金融事务,包括海外收入和家庭成员的收入。

为全面规范和监督官员的财产状况,中国的财产申报制度应明确规定初任申报、任内申报及离职申报,使申报对象的财产状况始终处于有效的监督之下。在任职前,相关公职人员要向相应机关申报其个人和家庭的所有财产;任职中,要根据所规定的时间申报个人和家庭增加的财产;离职时,必须接受审计,说明其现有的一切财产的来源;离退休后,为了防止事后受贿等行为的发生,应规定相关人员在一定期限内继续接受监督。这样,不仅会使腐败官员难以逃脱法律制裁,而且能对其他官员产生巨大的威慑作用,促使其不敢腐败。鉴于目前官场的实际情况,在实施财产申报的初始阶段可设立一个缓冲期,对这一时期主动申报不明财产的官员实行某种相对灵活的政策,以尽可能排解客观存在的财产申报阻力。

2. 建立专门的财产申报受理与审查机关

在制定财产申报法的基础上,要使财产申报真正落到实处,关键在于如何设立一套独立的监管机制,以定期追踪公职人员的财务状况,鉴定不合法的财务来源。就国外情况来看,大致有两种设置模式:一种是受理机关与审查机关相结合的模式,即受理机关同时肩负着对申报材料的审查职责,这也是大多数国家所采用的模式。如在美国,根据《政府官员行为道德法》而设立的廉政署,是美国政府中财产申报受理与审查一体化的实权机构,它由总统直接领导,向总统和国会汇报工作。廉政署的主要职责就是管理政府各级官员的财产申报事务和监督政府官员的道德行为。一旦发现谁有违法收入,廉政署立即处理。正是由于政府直接监督和社会舆论监督双管齐下,美国政府官员不敢轻易以身试法,绝大多数官员都会老老实实申报自己的财产。因此,对美国官员来说,财产申报制度就像一双无形的眼睛,使他们必须时时提醒自己要廉洁自律。按照乌克兰法律,国家税务部门是受理和执行监督的机关,申报人须向国家税务总局提交能够证明申报表资料真实可靠的文件,税务部门负责确定对官员申报收入和开支的评估机制和审查机制,对不如实申报或不报的官员将实行制裁。另一种是受理机关与审查机关相分离的模式,如在韩国,财产申报的受理机关是国家机关的内部各专门部门,而审查机关则是公职人员道德委员会。

财产申报材料公开与否,各国做法大体可分为公开申报和秘密申报两大类。所谓公开申报是指个人财产报告要向社会公开,任何公民均可查看或复印;秘密申报的材料则不予公开,由各单位内部掌握。美国法律规定,除在国家安全部门工作或其他不宜暴露身份的官员外,各受理申报的机关均须将财产申报资料公开,供大众查阅复印,以便接受社会监督。菲律宾人民自1987年开始就拥有宪赋权利,查阅公职人员的财产资料,包括他们的配偶与未成年子女的财产。韩国最高三个等级的公务员财产资料,都会在申报的一个月内于政府公报上公开,并获得媒体广泛报道,公众可能通过公共图书馆取得这些公报。墨西哥于2002年6月10日通过《信息公开法》,规定所有墨西哥公民有权监督国家公务员的收入状况,以杜绝腐败现象。

并非所有推行财产申报制度的国家都允许公职人员的财务资料公诸于世,泰国就规定申报资料只呈交给全国反贪污委员会。该委员会负责审查申报人的财产变化,并准备一份调查报告,这份调查报告将刊登于政府公报供查阅。联合国也没有强制其职员公布财产,而是将他们所申报的财务资料呈交给秘书长属下的联合国道德操守办公室,然后再交由独立于联合国之外的会计公司进行稽查。根据联合国的财产申报政策,是否公开财务资料由申报人决定,联合国只是鼓励职员这么做。越南对财产、收入申报表的内容,按法律规定对外保密,并按干部档案管理制度进行管理,只能在以下场合使用:一是服务于选举和人事任免工作,以及对申报人进行革职、罢免或纪律处分的情况;二是服务于有关部门从事调查、取证、确定腐败行为的活动。

制定官员财产申报法,完善官员财产申报制度,需要健全官员财产申报管理体制。中国现行的官员财产申报重在官员的申报行为,并无严格的审查和核实。为了加大财产申报的力度,完善财产申报的制度建设,应当设立专门的财产申报受理与审查机构,受理机构可以设在税务部门,负责受理申报并登记备案;审查机构可以设在国家监察部的国家预防腐败局,负责对关财产申报材料进行审查核实。

公职人员财产申报制度属于"阳光法案"的组成部分,其基本出发点是公众拥有知情权,由此决定官员的财产申报资料应当向社会公开。但在财产申报制度的起步阶段,为缓解申报者的心理障碍并减少阻力,避免引起社会震荡,可以参照泰国、越南及联合国的做法,官员财产申报的具体资料可以不予公开,而是呈交专门机构,由该机构进行审核与管理;若该机构发现财产资料有问题而认为确有必要公开时,可以有选择地予以公开。由此循序渐进,在条件成熟的情况下,再逐步实施财产公开的范围和内容。

3. 加强对财产申报的监督与违法申报的法律追究

实施财产申报制度的国家都规定了强有力的监督、惩罚手段，除对违反者规定了相应的纪律、行政处分外，还规定了严厉的刑罚制裁措施。美国法典和《政府道德法》对财产申报中的违规行为设置了严厉的处罚措施。对拒不申报、谎报、漏报、无故拖延申报者，各单位可对当事人直接进行处罚。司法部可对当事人提出民事诉讼，法院可判处1万美元以下的罚款。对故意提供虚假信息的对象，可提出刑事诉讼，判处最高25万美元的罚款或5年监禁。在美国，不仅制度比较完善，而且对制度的执行也非常严格。1989年，有关部门发现，美国众议院议长詹姆士·赖特69次违反法规，包括曾超规定赚取讲课费，而他的妻子曾超额收取别人赠送的礼品等。赖特被迫辞职，成为200多年来美国首位因财产申报问题引咎辞职的众议院议长。2005年，美国俄亥俄州州长塔夫脱因为5000多美元礼物未申报，包括球赛门票、飞机票、没有付费的宴会而被起诉。墨西哥《信息公开法》实施后的第7天，约1万名公务员因为没有按照规定公布自己的财产而被停薪停职。越南规定：被认定不如实申报财产和收入者，按性质、程度分别处以谴责、警告、降职降衔等形式的纪律处分。对不如实申报者的纪律处分决定，须公开张贴在其工作所在的机关和单位，期限为三个月。

财产申报制度体系，不仅要求申报，更需要审查与监督，贯彻问责原则。根据《关于党政机关县（处）级以上领导干部收入申报的规定》，对违反规定不申报或申报不实的行为，只是限于批评教育或者党纪政纪处分，包括采取批评教育、限期改正、责令作出检查、诫勉谈话、通报批评等处理方式。制定官员财产申报法，需要完善官员申报责任体系，加强对财产申报的监督与违法申报的法律追究，加强纪律责任与法律责任、行政责任与刑事责任的相互衔接，为此，可以在刑法中设立官员拒不申报财产罪和财产申报不实罪，用刑罚这一强制手段惩治拒不申报或者不如实申报财产的申报人,增强违法者的刑责风险,以确保财产申报制度的贯彻执行。

4. 中央与地方上下联动,逐步推进官员财产申报制度建设

任何制度改革都需要排除既得利益者的阻力。国外的官员财产申报制度也是在面对并解决那些负有财产申报义务官员所制造的种种障碍中得以不断发展和完善。1997 年 5 月,时任俄罗斯总统叶利钦颁布命令,首次规定总统、总理、总统办公厅和政府办公厅高级官员,以及地方行政长官等,必须每年向其常住地税务机关申报自己名下的收入和财产。此后出任国家元首的普京,在申报工作上基本沿袭了前任的做法。不过,这个制度在落实过程中遇到了不少麻烦。2006 年 8 月至 10 月,检察机关在 11 个政府部门发现了约 5 万起违法情况,其中主要问题就是收入申报。2007 年9 月出任俄罗斯总理的祖布科夫曾提出,必须通过一部反腐败法,以建立个人财产申报制度。俄国家杜马于 2008 年 4 月开会讨论,结果"反腐败"法案遭到否决。不少议员认为,要求官员们公开亲属收入和财产的信息违反了公民的"宪法权利"。2008 年俄罗斯总统大选时,除梅德韦杰夫外,其余竞选者都出现了申报不实的情况。在乌克兰,尽管法律对于公务员的财产申报相当严格,但从目前来看,却大约只有 20% 的议员敢于向社会公布自己申报的收入。

中国官员财产申报从提出至今,历经二十余年尚无实质性进展。先行一步的新疆阿勒泰地区,在官员财产申报运作上,可谓阻力重重——不但七成官员反对,而且一些官员提供信息的真实性也大打折扣。有关部门坦言问题的"敏感"与"阻力"之大,表示"条件不成熟"。根据全国人大代表王全杰调查表明:97% 的官员对"官员财产申报"持反对意见。具体分析,中国官员财产申报步履维艰,最根本原因在于该项举措涉及到制度设计者自身的利益。由于官员集财产申报制度的设计者与申报者于一身,一般情况下,很少有官员愿意将自己的财产"隐私"进行曝光,尤其是在财产来

历不明、隐性收入主导的情况下,自然不愿意申报和被公示。

此外,官员隐私权保护也是影响官员财产申报的一个公开理由。对官员隐私权的保护问题,恩格斯早在19世纪就已经指出:"个人隐私应受法律保护,但个人隐私甚至阴私与重要的公共利益——政治生活发生联系的时候,个人隐私就不是一般意义上的私事,而是属于政治的一部分,它不再受隐私权的保护,它应成为历史记载和新闻报道不可回避的内容。"(《马克思恩格斯全集》第18卷,人民出版社1964年出版,第591页)由于公职人员身份的特殊性,为促使他们廉洁自律,避免以权寻租,有必要部分地压缩隐私空间,放弃其作为普通公民可以享有的某些权利,承担官员所必须尽到的道德要求和相应的法律义务。

其实,财产申报的根本难点就难在到底能不能痛下决心,通过基础制度的建立和完善,真正触动那些位高权重者的既得利益。一些先行国家为消除官场阻力,顺利推行财产申报制度,往往由国家领导人率先申报财产,由此自上而下推动公职人员进入财产申报系列。1993年2月,韩国总统金泳三上台后第三天即公布了自己及家人的财产情况,开始强力推进最困难、最富于挑战性的反腐措施——公职人员财产公示制和金融实名制。2008年4月24日,李明博总统就任前一天,韩国政府公务员伦理委员会公开了包括总统李明博在内的103名政府高级官员的财产申报明细,2008年7月28日,韩国国会公职人员伦理委员会公开了新当选的161名第18届国会议员的财产申报清单。2008年10月24日,日本麻生内阁18人公开了资产情况。印度2007年建立了公务人员财产申报制度,2007年5月16日总理辛格公布了个人财产情况。在2009年3月10日举行的总统反腐败委员会会议上,俄罗斯总统梅德韦杰夫表示,虽然目前没有要求总统申报财产的规章制度,但自己今年年内将作出相关决定。不久,梅德韦杰夫便兑现了自己的承诺。克里姆林宫官方网站于2009年4月6日公布了梅德韦杰夫一家的财产状况。俄政府官方网站则紧接着于4月7日公布了普京总理一家的收入和财产状况。在总统、总理带头下,俄政府成员也纷纷亮出"家底"。

中国的官员财产申报是由基层政府率先推行、渐次展开。2009年官员财产申报制度的试点包括新疆阿勒泰、浙江慈溪、四川高县、上海浦东、湖南浏阳和湘潭所辖的湘乡等地,2009年12月,直辖市重庆开始对司法机关部分重要岗位领导干部实行财产申报制度试点。地方政府的财产申报尝试尽管得到广泛欢迎,但质疑声也不绝于耳。就现实情况来看,若缺少中央自上而下的制度支持,这些试点恐难以取得良好的效果。为此,可借助地方政府对官员财产申报制度的实施,对上级机构包括省级和中央层面形成一种倒逼机制,通过上下联动,激发从中央到地方实施财产申报的动力机制,推进财产申报的制度化建设,并使之在反腐战略中真正产生实际效应。

八、从制度上完善官员引咎辞职的动力机制

在过去,政府决策失误,造成国家财产和人民生命损失,往往算是交了学费,政府官员一般不需要承担责任。最近若干年来,政府官员的责任问题终于提上了日程。先是天气预报失误道歉获得一片叫好,但气象部门的官员并不如此认为。接着就是一批重大责任事故,不仅当事人受到处理,而且有关领导干部也被撤职、免职,受警告或者记过处分。对此,被处分的政府官员可能也会感到自己很冤。

对这一话题,政府官员应该承担责任,可能是各方面的共识。因为如果政府官员不对失误的公共政策承担责任,尤其是所发生的重大公共事故承担责任,在操作层次上,政府官员不会有积极性去努力避免重大事故的发生。在集体层次上,弱势群体与强势群体的不对称性就会日益强化,弱势群体的利益会越来越失去保护,强势群体的优势会越来越明显,越容易通过牺牲弱势群体的利益

298

来谋取利益。在立宪层次上,公民权利的内涵就会被虚置,公共权力就会失去控制。所以,政府官员应该对重大事故承担责任,是没有疑问的。现在的问题是,政府官员应该如何承担责任?制度分析学者如何看待这一问题呢?我们是从三个角度去探讨这一问题的:

从结果的角度来说,政府官员承担责任,应该有利于公共问题的解决、应该有利于避免公共事故的发生,有利于公共服务质量的提高,也有利于公共政策质量的提高。为了做到这些,政府官员不能不负任何责任,但也不能多负责任。为了使政府官员承担适当的责任,关键是要对不同的责任,进行适当的分类。对此,需要认真研究,充分考虑到其中的复杂性,厘清不同责任的差异。比如,政府官员承担的行政责任和政治责任就不应该混淆。政治责任的特色是比较笼统,难以精确界定,因此其尺度也是模糊的,最精确的尺度是是否受到民意的支持。具体地说,政府官员即使没有过错,其所制定的公共政策即使是正确的,但失去了民意的支持,也应该承担责任。与此相反,政府官员即使后来证明其决策是错误的,但有民意的支持,也不一定要承担责任。与此不同,行政责任则比较具体,易于精确界定,其尺度也往往比较明确。可以据此直接追究什么官员,并对其采取行政处分。目前我国的做法是,往往以行政责任去取代政治责任。其用意是提高政府官员的责任心,但是,这样做很容易鼓励应该承担政治责任的政府官员放弃进行战略思考,而只是着眼于如何在细节问题上避免自己的责任。

从权利的角度来说,责任问题往往涉及到不同当事人的权利和义务的界定问题。在公共责任事故问题上,实际上涉及到四个方面的当事人:政治官员、行政官员、受害者和一般公民。在此,每一个公民都是公共事故的潜在受害者,他们的生命和财产权利需要得到适当的保障,这是政治官员、行政官员、一线公务员的职责。受害者的生命或者财产权利受到了损害,需要得到损害赔偿,这是他们的权利。受害者的权利受到损害,说明政治官员、行政官员、一线公务员没有尽职,所以他们应该因此而受到处分、惩罚。但是,由于政治官员、行政官员的义务性质不同,其承担的责任也不同。政治官员承担政治责任,接受政治程序的审查,行政官员承担行政责任,接受行政审查和相应的行政处分。当然,在法治社会,如果政治官员和行政官员的责任行为触犯了刑法或者民法,那么他们也需要承担相应的刑事或者民事的责任。但这就不是我们一般所说的政治责任或者行政责任了。

从契约的角度来看,责任制度的实践往往与有关方面当事人的共识有关。一项责任制度的制定,如果得到了政治官员、行政官员和公民等有关方面的认可,在实施过程中,就不会出现较大的阻力。如果当事人对特定责任制度的制定没有任何影响,无论认可与否,都必须接受,那么责任制度的实施就会遇到一定的,甚至是很大的阻力。从这个角度来看,政府官员责任制度的制定和实施本身就需要有比较广泛的民意的和政府官员认同的基础,只有这样,政府官员才能真正承担公共责任。

2004年4月14日至17日,原中国石油天然气集团总公司总经理马富才、原北京市密云县县长张文、原吉林市市长刚占标先后引咎辞职。根据对这3位官员引咎辞职动力背景所作的一项社会调查,30%的人认为“是官员基于责任感而做出的自觉选择”,24%的人估计他们“是在保职无望的情况下做出的无奈选择”,更多的人(46%)认为他们“是迫于舆论的压力做出的选择”。“基于责任感”、“保职无望”与“迫于舆论的压力”这三种情况,揭示了引咎辞职动力的三个基本来源,即官员自身的行政责任意识、组织体制内部的要求以及来自社会的压力。

上述三位官员的引咎辞职能否成为一次良好的示范,使有咎必辞、有责必究、有过必罚发展为政治惯例,成为一种良好的“官德”甚至“官场文化”,也许是政府系统内外更为关注的一个后续话题。就引咎辞职的本意而言，它是职务人因自觉履职不力或自认对职权内发生的问题负有责任，自感辜负公众信任而主动放弃职位。但从实际情况来看，失职官员真正是基于内在的责任意识而自觉地引咎辞职，在我国政治生活中并不多见，为数寥寥的官员引咎辞职通常是受到外界强大压力的结果。例如，自6月23日，审计长李金华向全国人大常委会提交那一份涉及诸多经济案件的"审计清单"起至今，从大到涉案的十数家中央国家机关的高官要员到小到一县一局的七品芝麻小官，无一例外的没有人根据"我主管、我负责"的原则，站出来承担责任，更别说引咎辞职了。在缺乏外在压力的情况下，当事人往往很难当机立断作出辞职的自觉选择。他们或许是还没有认识到问题的严重性，或许是还不了解上级的意图，或许是尚抱有某种侥幸的心理，等等。纵览国内外引咎辞职实例，在失责官员辞职行为的背后，总是存在着源于体制内外尤其是社会公众的各种复杂的外部压力，正是种种有形或无形的压力激发出当事者引咎辞职的"自觉"选择。为此，要使官员引咎辞职成为一种新的政治惯例，进一步从制度上健全与完善促成失责官员引咎辞职的动力机制具有实质性的现实意义。

1. 培育普遍的行政责任文化，是发展引咎辞职动力机制重要的环境因素

任何公共行政都存在和发展于特定的文化背景之中，这意味着，任何一种具体的行政体制、行政过程、行政行为与责任表现，乃至对它们的认识与评价，实际上均反映着一种道德选择和追求的过程，都深深刻有某种特定的行政文化烙印。对道德努力的重视和行政责任的承诺已成为当代行政改革和行政文化建设的一个重要取向和特征。

当浙江海宁市长张仁贵和黄湾镇党委书记、镇长因"2·15海宁大火""引咎辞职"时，海宁百姓普遍表示不解和迷茫，以至当他们离任前挨村去道别时，不少人哭了。连有的遇难者家属都说：

"天灾人祸的,怎么怪得上你们呢?"重庆合川发生的沉船事故,造成了46人死亡的严重后果,2001年3月25日,在事故所在地小河乡人大会上,镇长秦光华和分管安全的副镇长杨镇东向大会主动提出引咎辞职,但乡里的人大代表对秦的印象还相当不错,并不投票赞成他辞职。

据中国青年报社会调查中心和华通现代市场信息咨询有限公司完成的民意调查显示,近七成公众赞同严重失误、失职,造成重大损失或恶劣影响,或者对重大事故负有重要领导责任等的失职官员引咎辞职,超过一半(51%)的受访者认为"这是我国政治进步的标志"。但同样引人关注的是,有近3成公众对此持反对态度,表示"不太赞同"和"根本不赞同"的人分别有19%和10%。理由主要包括:"功过相抵论"、"鞭长莫及论"、"保护能人论"等等。

失责官员面对上述表示同情的态度会有些什么想法,我们不得而知,但来自民众甚至人大代表的这种心态表明他们对官员的权力和责任的关系在认识上尚存有偏误。他们看到的只是这些官员在职期间工作兢兢业业,成绩明明白白,而对于所存在的失职行为乃至由此造成的严重后果认识不足,这从一定程度上反映出行政责任文化在公众层面的缺失。

这种道德责任文化的不足在官场上同样普遍存在。对待失职失责的干部,有关机构常常并不依据现有规则来决定这些干部的去留和处置,而是习惯于按照上级甚至个别领导者的意图,随意决定后路;有的时候不仅不要求这些对象引咎辞职,甚至还可异地升官。由此造就出一批对自己的工作职责、责任并不特别关注,一门心思只是揣摩上级心思,考虑领导是否满意的官员。这类官员的存在,应当是各种人为的重大事故此起彼伏、接连不断的重要原因之一。

从政治学理论的角度分析,免职和撤换一般是针对政务官和科层制官员的做法。这类官员的特点,在于直接对上级负责。而引咎辞职,则适用于选举制下的官员。虽然他也要"对上负责",但更强调"对下负责",即对选民、民意和舆论负责。改善当今的官场生态氛围和优化行政责任文化,就是要强化官员的责任意识,使得每一个官员不仅仅要对上级负责,更要确立对公众负责的意识与态度,使之成为一种普遍的官场文化;同时,应消除百姓对"父母官"的迷信心理,树立权责对等的现代理念,增强公众对官员权力与责任关系监督的意识。作为一种价值形态要素,行政责任状况总是受着外部环境的制约,为此,培育公共行政人员的责任既要重视个人因素,也不可忽视外部环境的影响与作用。作为责任主体的个人,常常需要通过外部压力的规范或限制,才能作出符合责任规则的行为。在缺乏外在制约的情况下,行政人员谋求自身利益的本能冲动便可能脱颖而出,以至压倒所应承担的责任。

任何一种新的行政责任文化的形成都需要自下而上的压力。没有一种能够确保官员向人民负责的机制,各级官员就难以形成有效的动力机制向人民负责。源于社会公众的完备的外部控制机制有助于在领导者的心理上竖立一道抵制外来诱惑、防止个人欲望失控的屏障,强化其履行职责的意识与行为。当来自公众的监督与制约确实能够形成一种对官员履行行政责任的压力,进而能够影响官员的去留,使有咎必辞、有责必究、有过必罚成为各级官员必须奉行的惯例,则将有助于逐渐培育一种普遍的、积极的"官德"乃至"官场文化"。身处这样一种行政文化氛围,任何一名官员一旦失责,都会感受到源于自身或来自社会的强大压力,从而作出"引咎辞职"的自觉选择,这样,才能使官员"引咎辞职"制度真正作为一种常态被人们所接受。

2. 明确各级领导者的责任范围,增强失责官员引咎辞职的自觉意识

早在1995年中共中央5号文件《党政领导干部选拔任用工作

暂行条例》第九章中,已有涉及官员引咎辞职方面的内容,而中共中央新近颁布的《干部任用条例》则明文规定:党政领导干部因工作严重失误、失职造成重大损失或者恶劣影响,或者对重大事故负有重要领导责任,不宜再担任现职,由本人主动提出辞去现任领导职务。在实践中,各地也陆续发生过多起领导干部引咎辞职的实例。但由于引咎辞职的规定很大程度上尚停留于原则要求,对于各级官员究竟应当承担哪些责任?哪些问题是应当引咎辞职的错误和失职?如果官员应当引咎辞职而不辞职该如何处置等等细则,则很少被提及。尤其是在一个"官本位"意识浓厚的国度,如果没有外在的强大压力,要让政府官员完全依靠内心的自觉引咎辞职是一件很困难的事;偶尔出现的引咎辞职者,也往往是在保职无望的情况下作出的无奈选择。因此,尽管引咎辞职的概念在中国出现的时间已不短,民众对失职失责的官员也颇有辞职呼声,但由于对引咎辞职的范围及失责官员的责任认定缺乏具体可行的细则,引咎辞职制度还未能真正落实并成为常态。一些地方政府大多是在事故多发期,追究过一两起"以儆效尤"。官员主动引咎请辞的,极为罕见。

纵观中外历史,任何政府系统都需要设立和维护一套具有统一性与持续性的行政责任体系,这些行政责任信条的基本功能在于规范政府与公众、行政与法律、行政与道德、个人与组织等等之间的责任关系,说明并证实其存在与发展的合法性与合理性。由于文化方面的差异,要想确立某种统一的、普遍适用的政府责任要求是难以实现的。实际上,在不同时代、不同国家,甚至在同一国家的不同地区,行政责任的评价标准与要求也不可能完全相同,但这并不排除存在着责任规范的一致性或相似性。例如,忠诚于国家,拥护宪法与法律,忠于职守,公正施政,不谋取私利,为公众服务等等,应当是具有不同文化背景的民主制国家一致要求的政府责任,也是一个国家中各级政府都必须遵循的责任规范。任何官员违背了这些需要普遍遵循的责任要求,就应当考虑引咎辞职。

2003年底以来,一些地方政府相继出台有关引咎辞职的规定,如四川省2003年11月出台的《四川省党政领导干部引咎辞职暂行办法》首次明确规定:领导干部存在严重过失或不当行为,虽未触犯刑律,也须自行提出引咎辞职;对应当辞职却未提出者,将直接免职;并规定了9种领导干部须引咎辞职的情形。陕西省委2004年8月下发的《深化干部人事制度改革意见》对领导干部应引咎辞职的十种情形作出了明确规定;领导干部年度考核不称职或连续两年基本称职的,也将被要求引咎辞职。深圳市人民检察院代拟的《深圳市预防职务犯罪条例(草案)》于2004年8月2日提交市人大法制委员会审议,该《条例(草案)》中主要亮点当属在全国地方性法规中率先引入引咎辞职制度和免职制度。这些条例或规定的最大意义在于明确了官员必须引咎辞职的具体情形,以及有咎而不辞职者将要承担的成本。通过这一规定,引咎辞职从过去的一般性要求,变成了可以实际操作的制度,让失职失责的官员有"咎"可引;从过去只能由官员自觉选择的软性原则,变成了可以让民众对照监督的硬性规定。这将有助于明确各级领导者的责任范围与要求,强化失责官员主动引咎辞职的动力机制。

3. 加强对官员道德责任的要求,将官德失范纳入引咎辞职的视野

德国央行行长恩斯特·韦尔特克在2002年元旦接受德累斯顿银行邀请,到柏林出席一项庆祝欧元面世的活动。当时他与家人下榻在豪华的阿德隆酒店,7661欧元(约合9437美元)的住宿费最后由德累斯顿银行"埋单"。结果,韦尔特克因这点"小事"而引咎辞职。克林顿任美国总统期间,白宫办公厅主任沃特金斯于某一休假日带了几个朋友,乘坐空军一号专机去度假村打高尔夫球,被媒体曝光后不得不引咎辞职。日本内阁"大管家"、官房长官福田康夫因被查出3年未交养老保险金,在民众的舆论压力下

宣布引咎辞职。几年前北欧某国女教育部长辞职仅仅因为她出国多报销了差旅费。

比较一下，我国时下的"引咎辞职"都是因为发生了重大伤亡事故才出现的。2000年前后，中国重、特大安全事故进入多发期，严重影响到社会稳定和政府的声誉。出于杜绝恶性事故的需要，在重庆等地，地方政府自发地出台了一些官员引咎辞职的规定，比如要求"一次发生死亡10人以上特大事故的，相关负责官员必须引咎辞职"。2001年，高层也制定了《国务院关于特大安全事故行政责任追究的规定》，其中更是提出，如果发生特大安全事故，相关省市的主要负责官员必须承担责任。2004年4月先后引咎辞职的三名官员，马富才是因2003年底重庆市开县天然气井喷事故引咎辞职，开县井喷事故造成234人死亡；张文乃因北京市密云灯展踩踏事故引咎辞职，密云踩踏事故造成37人死亡；刚占标则因吉林市中百商厦火灾引咎辞职，中百商厦重大火灾事故造成53人死亡。如果没有出现如此严重的伤亡事故，就可能没有时下频频出现的"引咎辞职"。我们历来罕闻有官员因"非人命事故"而"引咎辞职"的，比如决策失误，使国家遭受重大损失；比如因违法行政使百姓合法利益受到严重侵害或者因大搞政绩工程而使一方百姓难以安生，等等。至于参加活动是不是住免费的酒店或是公费旅游、收受礼品、公款吃喝、公车私用等更是没人管没人问的"小事"。这说明有关对"咎"的认识无论在广度或深度方面都存在不足。所谓"咎"，《现代汉语词典》的权威解释是"过失、罪过"。按照现代政治理念，为官者权责应该对等，其过失标准应当高于普通公务人员。为此，能够使其引以辞职之"咎"，不应仅仅限于工作上的严重失误、失职，还应及于官德的失范。《礼记·大学》上说："古之欲明明德于天下者，先治其国；欲治其国者，先齐其家；欲齐其家者，先修其身；欲修其身者，先正其心。"魏征《谏太宗十思疏》也提出为政者要弘扬"九德"，天下方能"垂拱而治"。可见，官德的好坏殊非小事,而是事关江山社稷的大事。有些"小事"看上去虽"不足挂齿",但其影响力、破坏力却很大。德国央行行长免费住酒店这样的事在一般人心目中也许不足挂齿,但是德意志联邦银行执行委员会却认为,他的引咎辞职从维护银行的声誉和任务来看"非常恰当"。其实,官场无小事,官员的一言一行、一举一动,都影响着政府在国民中的公信力。一旦他们的言行产生负面效应,造成不良后果,损害政府形象,都可以纳入"引咎辞职"的视野,这有助于净化官场环境,在公众心理上"减少政府的信誉损失"。最近,湖北省《枝江市国税局中层干部引咎辞职实施办法》中明确规定,中层以上干部如果出现"生活作风不检点"问题就要引咎辞职,通过一项随机问卷调查,该规定获得93%的被调查对象赞同。

4. 畅通社会舆论呼吁—回应渠道,强化失责官员引咎辞职的外部压力机制

在一些问责制健全的国家,面对一些与自身相关的责任事故,失责官员往往能当即作出反应,甚至在事件调查结果出来之前,就很快作出了引咎辞职的决定。而我们时下的引咎辞职,常常是相关事件的调查处理结果早已公之于众,这边才慢悠悠地宣布当事官员引咎辞职的讯息。这种滞后的引咎辞职,容易给人以一种经过组织研究决定后强加给当事官员的印象,从而使基于自觉的"辞职"同组织决定、领导责令的"免职"混同起来;至于社会公众在此过程中只是信息的接受者,基本处于一种被动的"不作为"状态。由此,也就失去了引咎辞职的本来意义。

国外一些政府官员面对暴露出的问题,之所以能当机立断地做出"引咎辞职"决定,除了其相关的法律法规已经制度化之外,恐怕当事官员往往能在第一时间了解到公众对这件事情的态度也有极大关系。一旦责任事故发生之后,当事官员不仅能通过媒体了解到民众的反映,更能亲眼看到自身支持率的涨跌,切身感受到

外部的压力状况，从而作出是否引咎辞职的选择。而我们的某些官员，面对一些责任事故的突然发生，习惯的做法往往是能捂就捂，能盖就盖，相关媒体连客观的消息都不能及时披露，更别说报道公众对这些事的评论或反映了；尤其是民众对其"支持率"的高低，当事官员更加无从得知。这种情形，就往往使相关官员两眼一抹黑，根本也弄不清民众对其本人到底有何反映，感受不到来自社会公众的压力，于是引咎还是不引咎，辞职还是不辞职，就只能听天由命，或者干脆等组织或上级领导裁决了。

引咎辞职的压力应主要来自于公众的舆论，它是当事官员对民意作出的一种应答，故其中首先存在一个"民意"如何"互动"的问题。但时下由于民意渠道并不畅通，尤其对于那些突发性或敏感性事件，民众要么投诉无门，要么忍气吞声，而相关官员因为难以得到真实民意，也往往是糊里糊涂，甚至感觉良好，或者仅仅表示象征性的道歉。既然不用面对强大的舆论压力，当事官员也就失去了对相关事件应有的判断力和灵敏度，自然也用不着主动承担责任乃至引咎辞职，直到自己因"运气不佳"而不得不被动地"引咎辞职"为止。因此，要使引咎辞职成为一项问责那些失责官员的正常制度，就必须首先疏通"民意互动"的连线或渠道，尤其应帮助失责官员及时了解并感悟到民众对自己的态度和反响，而不是仅仅被动地听从组织处理了事。

由于引咎辞职在西方国家一般并没有被纳入法律框架之内，故而对失责官员来说，要使他们自觉作出引咎辞职的选择，需要源于两个方面的动力机制，一是权力制约机制。假如官员应当引咎辞职而不作出这样的选择，立法机关可以通过提出质询、听证、弹劾或不信任案的方式对其进行责任追究；二是社会舆论与大众传媒监督机制。一旦官员发生失责行为，公众能够及时知晓，并通过大众传媒形成强大的舆论压力，迫使失责官员引咎辞职。社会应该确立如下信念：引咎辞职的标准应是公众的满意度。而要做到让公众满意,就必须保证政务公开与言路畅通,让舆论、公众对不称职官员的批评能够充分表达出来。这样才能使官员的行为得到有效的监督制约。

畅通社会舆论呼吁—回应渠道,需要确立这样一种制度安排,即公民大众面对某一政府部门或者某些政府官员的失责行为,可以借助一定的通道,通过投诉或者抗议,发出自己的声音,以表达他们的利益诉求和改善公共服务的愿望;而政府官员能够对民众的呼吁、意见予以明确的回应和负责的交代,并且承担相应的法律、政治和道德责任。在责任政府的运作流程中,呼吁与回应机制具有一体两面的互动性:没有呼吁机制,公民的声音无法表达,政府部门和政府官员就感受不到来自公民大众的压力;没有回应机制,公民大众呼吁的效力就等于零,从而最终使公民失去呼吁的兴趣。因此,推进引咎辞职、建立责任政府的重要环节之一就是要使呼吁与回应双向互动、彼此良性支持。就目前中国的实际,必须借助制度安排,拓宽呼吁的渠道,降低呼吁的成本,提高呼吁的效率,增强政府回应的有效性,使失责官员能够及时而准确地感受到来自公众的压力,并作出引咎辞职的自觉选择。

5. 界定引咎辞职的基本属性,缓解失责官员的后顾之忧,激发引咎辞职的内在动力

引咎辞职本质上并不具有强制性。尽管严格的制度可以追究失责官员的责任,但却不能强制他们主动辞职。引咎辞职是失责官员最终认为应该对某些问题负责而作出的自觉选择,是"官德"的一种具体而积极的表现。无论是出于责任感而作出的主动请辞,还是迫于社会舆论压力作出的无奈选择,党政领导干部能够选择引咎辞职,都是一种责任意识的觉醒,应当予以充分肯定。官员主动承担责任引咎辞职,一方面对社会有好处,同时对官员本人也有利,舆论应当给予引咎辞职这一行为予以肯定的评价,这样有助于创造一种敢于承担责任的氛围。而对于那些有"咎"不辞的官

员应该作出期限的规定。凡是没有在期限内提出的,完全可以启动不信任、罢免和弹劾程序,那就带有某种强制性了。只有这样,才能使引咎辞职成为管用的制度,而不是摆设。

如果引咎辞职的官员仅仅是挪了个位置,从这里下来又从那里上去了,即便是与原来平起平坐(因为他们的职务没了,级别没变),百姓那里也首先说不过去;而且对现有官员也失去了应有的警示作用,效力要大打折扣。但倘若就此对他们"一概"作出否定性的彻底结论而永不起用,不仅可能导致人才资源的浪费,还可能会使其他失责官员处于诚惶诚恐之中,增强他们引咎辞职的后顾之忧。一战期间,身为海军大臣的丘吉尔因为决策失误而被迫引咎辞职,但他的政治生涯并未因此终结,作为二战期间的英国首相,他成为了国家英雄与世界著名的政治家。可以说,关注引咎辞职官员的去向与出路,可能同关注谁该引咎一样重要。引咎辞职是失责官员主动的行为,其运作逻辑是"请求—批准",不是法律意义或纪律意义的惩戒,因此不适用法律责任或纪律责任的"追究"程序。引咎辞职的积极效应在于,一个官员一旦面临非直接的责任事故或官德失范等问题时,够不上其他强制性的处罚,但不处罚又有很多人会有意见,实行这一措施可以让各方面都比较满意。它通过让负责任的官员,在执政党和政府难以处理其责任的情况下,主动承担责任,以平息公众的不满,维护执政党和政府的整体道德形象;与此同时也不至于惩罚过分,让一些还能够有所作为的官员过早地结束自己的政治生命,给予其重新奋发、东山再起的机会;同时,此举也是干部制度"能上能下"原则的实际体现。不过,对于引咎辞职官员的重新任用必须谨慎,如需要具备什么条件、考察多长时间、履行什么手续等等,都应有明确规定,能给予公众一个满意的交代。

第七章　公共服务型政府：
发展中的制度创新

2006 年 1～2 月,《小康》杂志社会同有关专家对我国"公共服务小康指数"进行第二次抽样问卷调查(包括有效回收的调查表、手机短信等方式),结合网络调查,就收集的数据进行统计分析,并参照国家有关部门的测量数据,得出第二期中国公共服务指数为 65.4 分,比第一期公共服务指数提高了 2.5 个百分点,由于对指数刊期的调整,本次指数主要测评 2005～2006 年的公共服务质量。

据调查数据显示,被调查者认为政府在过去一年,发布了诸多公共服务领域的政策措施,并增加了很多公共领域的投入,使公共产品的供应越来越充足。在上升的 2.5 个百分点中,相比较而言,公共安全、市政建设及环保、行政管理、文化娱乐等方面有明显提升。

但整体而言,公共服务并不乐观,在《小康》与新浪网进行的"您最关心的焦点问题"调查中,排在前十位的问题多数是公共服务领域的问题。其中,公共服务投入失衡、城乡差距显著、各种不公平现象比较突出。尽管公共服务投入上升,但是占 GDP 的比重仍然很低,人群覆盖面也非常有限。教育、医疗卫生仍然是社会痼疾,在公共安全方面还有很多疏漏。

53 岁的重庆农妇吴远碧因病无钱手术,赌命挥刀自剖放出腹部积水,这是当前进城农民工因病陷入绝望的极端案例。所幸其挥刀自剖的惊世行为,启动了时下底层百姓遇到困境获得救助的一般模式:媒体报道—领导重视—职能部门积极行动,目前得到了救治。一个人自残是需要相当勇气的,否则不会挥刀砍向自己。而勇气何来?首先当然源自不同个体的痛苦和绝望,其次则是整个社会的底层困境与体制缺陷。重庆病妇吴远碧剖腹自医,凸显的则是底层百姓无钱治病之痛,以及医疗价格虚高让农民无法承受之重。虽然最后获得了应有的重视和解决,但这种重视和解决是否来得太迟,成本是否过于巨大,代价是否过于残忍?

自党的十六大第一次把公共管理同经济调节、市场监管、社会管理一起纳入政府基本职能之后,公共服务型政府便成为理论界探讨的一个热点问题。2004年2月21日,在中央党校省部级主要领导干部"树立和落实科学发展观"专题研究班结业式上,温家宝总理就政府所应提供的公共服务作了精辟概括:"公共服务就是提供公共产品和服务,包括加强城乡公共设施建设,发展社会就业、社会保障服务和教育、科技、文化、卫生、体育等公共事业,发布公共信息等,为社会公众生活和参与社会经济、政治、文化活动提供保障和创造条件。"2005年3月5日,温家宝总理在第十届全国人大三次会议上,所做的政府工作报告中强调指出,我们应努力建设服务型政府,创新政府管理方式,寓管理于服务之中,更好地为基层、为企业和为社会公众服务,政府的主要职能是经济调节、市场监管、社会管理和公共服务,这是我国国家领导人第一次正式提出服务型政府的概念。2006年3月,我国政府制定的《国民经济和社会发展"十一五"规划纲要》,进而明确提出,加快建设服务政府、责任政府、法治政府,它标志着服务型政府已经成为中国行政体制改革的目标选择。。可以说,建设服务型政府意味着创新政府管理方式,寓管理于服务之中,更好地为基层、企业和社会公众服务;整合行政资源,降低行政成本,提高行政效率和服务水平。同时也意味着政府职能的转型。

所谓服务型政府,就是要求政府担负起服务公民、服务社会的责任。服务型政府坚持公民本位、社会本位,政府只有有效地提供了公共服务才能获得自身存在的合法性。建设服务型政府,就是要让政府由管理型向服务型转变,由政府本位、官本位体制转向社会本位、公民本位。这就要求政府应当遵从民意的要求,在政府工作目的、工作内容、工作程序和工作方法上用公开的方式给公民、社会组织和社会提供方便、周到和有效的帮助,为民兴利、促进社会稳定发展。服务型政府的服务主体是各级政府,服务对象是公民、社会组织和社会,服务的宗旨是为民兴利,促进社会的稳定发展,服务的内容是由民意决定,服务的方式是公开透明的方式。

公共服务型政府建设是一项全方位的工程,在不同的领域有着其特定的职能要求。就政治而言,公共服务型政府应突出有效的治理功能而弱化统治职能,为社会各阶层,包括弱势群体提供一个安全、平等、自由和民主的制度环境;就经济职能来说,为保障经济的平稳快速发展,政府要向所有市场主体提供经济运行必需的经济环境等软件设施和基础设施等硬件设施,并通过制定公平的规则,加强监管,确保市场竞争的有效性。具体而言:一是政府通过有效的宏观经济调控和管理,为全社会提供良好的金融环境和经济发展环境;二是政府通过严格规范的市场监管,形成良好的市场环境,保持公平的市场竞争秩序;三是要及时、公开地向社会提供经济信息和市场信息;在社会性公共服务方面,政府要为公众提供稳定的就业、义务教育、医疗保险和其他社会保障,为全社会提供水、电、气、交通等最基本的基础设施打击各类违法犯罪,调节贫富差距,维护社会公正,营造一个良好的生存环境。

从国际经验来看,人均超过 1000 美元,社会消费结构将发生重大变化,人们追求生活内容的丰富、生活质量的提高、生活环境的改善的愿望更加迫切,对政府公共服务也提出了新的更高的要求。目前,中国已经到了这一阶段,在逐步建立现代市场经济体制的过程中,各阶层都比以往更需要政府的服务(包括公共政策、公共管理、公共安全、公共品建设和法制构造等方面),建设一个服务型政府的时机和条件皆已具备。

构建公共服务型政府的一个重要议题,就是将政府部门从事的公共管理活动放在市场经济运行的背景下重新定位,阐释其存在的必要,界定其应担负的职能,归纳其必须发挥的作用。从这一角度来说,政府部门产生、存在和运转的重要理由,就在于它要生产或提供通过市场解决不了或解决得不能令人满意的公共物品或服务。在现代经济社会的诸种产业中,政府部门所经营的产业就是公共物品或服务。公共服务型政府的全部职能事项,说到底就是为满足社会公共需要而生产或提供公共物品或服务。

一、公共服务:问题与创新

在西方资本主义国家形成早期,政府都是作为政治实体的形式而存在,其经济实体(经济资源、资产、企业等)均掌握在私人手里,所形成的是一种以私有制为基础的市场经济体制。作为政治实体的政府,所承担的主要公共职能是:国防、外交、安全、公共卫生等。随着市场经济发展,政府的经济职能也逐渐发生演变。在19世纪自由资本主义时期,一些经济学家曾把政府称之为"守夜人",将其职能大致限于防盗贼、防火烛的守护作用;再以后,由于竞争的发展与加剧,政府的经济职能被描绘为竞赛场上的"裁判员"或"巡视员",发挥维护市场秩序、确保公平竞争的作用。20世纪30年代,大危机深刻揭示出市场经济的"缺陷",于是,政府被赋予了"宏观经济调节"或"宏观经济管理"的职能,以弥补体制性"缺陷"。作为政治实体的政府,其经济职能被概括为"经济性公共服务"职能,具体讲具有以下几种主要职能:第一,提供公共产品和公共服务,这些是私人企业不宜承担或无力承担的;第二,执行维护市场秩序,确保公平竞争;第三,实施宏观经济调节(由中央政府而不宜地方政府承担);第四,支持社会保障制度和提供一般福利设施。总之,市场经济中政府的经济职能集中到一点,就是替各行各业的企业,营造一个稳定、公平、有序、有效的投资环境和经营环境。政府的这种经济职能应概括为"公共服务性"的,政府不涉足营利性的一般企业,只经营公益性或非营利性的甚至福利性的企业或事业,实施政策性经营(包括政策性银行),因这一切活动的经费全来自于各级政府的财政预算。

中国的国家性质与西方国家不同,政府不仅只是政治实体,而且还是受国家委托履行经济实体的职能。我国的国家所有制实质上是政府所有制。这个集"政治实体"和"经济实体"双重身份于一身的体制最适合实施集中统一的计划经济制度。由于政府兼有这样的双重身份,导致各级地方政府都在本地区营造了一个巨大国有经济实体网,给宏观管理带来很多困难。如一些地方政府作为"政治实体"手中掌管巨额财政资金,不去充分履行公共服务职能(如义务教育等),却去积极履行"经济实体"的职能,投资于一般竞争性行业(如房地产、汽车、钢铁、建材、娱乐业等)。这种财政软约束的资金往往掀起投资热,引发经济过热。改革开放以来我国多次实行宏观调控,就是为了平抑因各地政府的投资冲动而引发的经济过热。此外,不少政府在利用"经济实体"身份进入经营性、竞争性行业之后,又利用"政治实体"的身份大搞"地方保护",如湖北省政府有关部门1997年曾下达文件,规定各级党政机构购车必须购本省生产的神龙富康经济型车,否则公安部门不得办牌照,社控部门不得办理手续。不少城市政府垄断经营出租车,不许民营企业经营,也不许司机本人买车经营出租,为的是让本市出租车必须用本地出产或组装的汽车。从一些地方政府的"投资热"和"地方保护"等活动中,可明显看出他们与计划经济体制下"投资饥饿症"、"诸侯经济"有血缘关系,其根源还在于政府的"双重"身份。

政府兼有"双重身份"还扭曲了我国金融市场。例如我国的企业债券市场便出现严重扭曲。本来,在成熟的市场经济中,政府等公共部门发行的债券跟公司企业发行的债券,乃属于不同的债券市场。可是目前我国由于担心地方政府滥发债券,《预算法》虽禁止地方政府发行债券,但许多地方政府及其附属机构多办起各种融资公司,以企业债券名义为地方政府筹集基础建设及某些经营性企业所需资金。据统计,1998～2000年我国发行的企业债券中,中央政府机构发行和担保的比重占40%以上,地方政府发行和担保的占20%以上,真正意义的企业债券仅占1/3。有的学者严肃指出,这是"政企不分,鸠占鹊巢"。至于股市,从一开始就由政府保驾由国企所垄断,还"包装上市",只着眼于融资而不重视建立公司治理机构,长期靠"隐性政府担保"运行,甚至酿成政府机构成为证券市场的利益主体之一,"裁判员"与"运动员"的界限濒于泯灭。

可见,目前在微观层面和宏观层面上所出的种种矛盾与困境,追根溯源,均出自"政企不分"和"政经不分",这一切均聚焦于政府一身兼有"政治实体"和"经济实体"的双重身份。这表明经济改革已进入到解决深层次问题的新阶段,即要求解决政府职能与定位问题,分离作为"政治实体"的国家与作为"经济实体"的国家的不同职能,把"经济实体"身份与职能从政府身上分离出去,使政府明确"政治实体"的定位,充分发挥"公共服务型"职能。

当然,将"经济实体"的身份与职能从政府身上分离出去,决不是要否定或切除掉国家作为"经济实体"的职能,否则,便会步入全盘私有化或中国式的"世纪大拍卖",从而改变我国社会主义市场经济的性质。把作为经济实体的国家跟作为政治实体的国家分开,主要指把作为政治实体的政府所属的提供公共产品与公共服务的国有企业,同其他应属于国家经济实体的经营性的国有企业分开,分属两个相互独立的管理系统;凡属从事提供公共产品或公共服务的国企,均体现了作为政治实体的政府的职能,应主要由政府承办。这类国企有以下特性:(1)它们的生产与经营具有公共性,是为了满足公众经济生活、文化生活、社会生活的公共消费的需要,目的是为了把政府所辖地区铸造一个良好的投资环境,它一方面有明显的地方性,另一方面又是开放的,不仅面向本地国有企业和民营企业,而且也平等地面向外地的,甚至外国的各类企业;(2)它们的经营是非营利性的、公益性的甚至是福利性的或政策性的,它们不适宜由私人经营或私人无力经营;(3)它们经济来源靠的是财政预算拨款,政府可以为提高公益性、福利性服务而提供财政补贴。这类国有企业应该是各级政府所有制企业。国外经验表明,这类企业大多由各级政府财政部门管辖。其他属于经营性的国有企业具有以下特性:(1)它们是经营性的和营利性,以赢利为目的;(2)它们自主经营、自负盈亏,有着内在的"成本－收益"经济原则的硬约束性,尽管它们的初始投资资本来自财政,但一旦投入国有"经济实体"系统就完全脱离政府,经营性国企全靠自身的有效经营和赢利能力。

上述两类国企是两种职能和运行规则完全不同的国企,应当分属不同系统。前者应属政府财政部门管辖;后者则可属于与政府部门相独立的作为经济实体的国家管辖之内,但其基本职责是负责国有经济的战略性、结构性调整,国有企业的战略性重组和按照经营性原则经营国有资产,实现保值增值。只要各地经营性国有企业面向全国的产品市场和投资市场,哪里投资环境好就往哪里投资;只要各地政府都悉心于营造良好的投资环境,努力吸引来自各方的投资者,就会在出现一个全国统一大市场的同时,形成一个"公共服务型"的政府。

温家宝总理在2005年的政府工作报告中明确提出了"建设服务型政府"的要求,这充分说明党和国家已把创建服务型政府作为主导理念、工作重心和总体目标。政府的管理观念决定着政府的行为。因此,树立服务理念是建设服务型政府的前提条件。作为以"全心全意为人民服务"为宗旨的各级政府,应以人民为本位,确立亲民意识与责任意识,树立以人为本的管理理念,并把以人为本作为公共服务的逻辑起点和最终归宿,其公务活动都应做到保障民权、尊重民意、关注民生、开发民智。

目前,我国公共服务领域主要存在三大问题:其一,公共服务产品总量不足。日益扩大的公共服务需求与严重不足的公共服务供给形成矛盾。在实物产品大量过剩的同时,我国公共服务供给却严重不足,在农村公共医疗等领域甚至出现了倒退。从国际经验看,在人均 GDP 超过 1000 美元之后,人们对各种公共服务的需求开始进入高速增长期。事实上,我国已经开始进入公共服务业加快发展的新阶段,进入以发展服务行业拉动需求,进而扩大就业和拉动经济增长的新阶段,进入以发展公共服务业为重点推动社会事业发展的新阶段,但公共服务产品无论是在数量还是质量上都还不能满足社会公众日益增长的需求。其二,公共服务的投入严重不足,国家对各类事业机构的投入与公共服务产品的产出严重不对称。在我国改革发展的新阶段,国家继续包揽公共服务既是不可能的,也是没有必要的。现在,国内外有大量的资金正在寻找新的发展机会,而目前的公共事业体制却限制了各种社会资金的进入。事实上,在公共服务领域已经形成了两种不合理的局面:一是国家对现有事业机构大量资金的投入,在相当程度上是用来养人,事业机构应当给社会提供的公共服务严重不足;二是在公共卫生、农村义务教育等基本的公共产品供给和公共服务方面,国家投入的又太少,严重制约了社会事业的发展。其三,公共服务产品分配严重不均衡。面对总量不足的公共服务,我们的分配也存在失衡问题。广大的弱势群体得到的公共服务严重不足,远不能满足他们对公共服务的基本需求,与强势群体享受的公共服务存在着相当大的反差。部分农村地区由于公共服务严重短缺,出现了因教育返贫和因生病返贫的问题。

对政府行政出现的这些问题,两位委员提出的治理思路是精兵简政。这当然是有必要的,但是,无论是基于过去的经验,还是从现在着手的机构改革来看,如果单纯地精兵简政,效果是有限的。改革以来,我们一共进行了 5 轮政府机构改革,除了最近的一次外,都走不出"精简—膨胀—再精简—再膨胀"的怪圈。每次精简了一批机构和人,但由于原来的职能并未变化,过不多久,又回到原来的样子。

比如,国务院发展研究中心的专家去年对我国20多个省区的乡镇改革的情况进行了调查,结果发现,这些乡镇,机构是减了,但人并未减少,开支也增加了。个中缘由,一位乡镇党委书记向调查专家道出了实情:现在的地方政府是大包大揽,应该由市场来管的许多东西,政府都管了。人员没有减,职能没有变,当然政府财政支出只会多不会少。所以,精兵简政之余,必须转变政府职能。或者更准确地说,先转变政府职能,才能保证精兵简政不会出现反复。

根据一些学者的统计,近年来,美国财政供养人员之比为1:15,政府财政支出占当年GDP的比重超过一半。分析美国政府财政支出的结构,就可发现,原来其支出主要用于为纳税人服务的公共安全、医疗保障、社会保险、教育项目、贫困救济等领域,政府雇员的"人头费"支出和日常管理费用支出比例却较低。

目前来看,由于政府职能的设置不是更多地为公众提供公共产品和服务,因此,在我国一些党政机关中,很多人整天忙于琐碎行政事务,而社会大众迫切需要服务的公共服务人员的比例相对较低。行政人员一多,人浮于事,也就使得某些政府权力在市场中开始变异,典型的像行政审批制度,繁琐的行政审批程序不仅直接导致政府行政效率低下,行政经费开支庞大,而且也制造了公职人员的寻租机会,增加了社会的交易成本。政府过多地参与市场,尤其是直接成为市场主体,必然会与民争利。从国际经验来看,人均超过1000美元,社会消费结构将发生重大变化,人们追求生活内容的丰富、生活质量的提高、生活环境的改善的愿望更加迫切,对政府公共服务也提出了新的更高的要求。

当前我国公共服务领域的主要矛盾是传统的公共服务制度还不适应经济社会全面转型的需要。尽管我国的市场化改革已经历了20多年的发展,但在计划经济体制下形成的国家办事业,国家管事业,国家养事业和条块分割、重复建设的基本格局并没有完全打破,事业机构的建立与经济社会发展不相适应的问题比较突出,公共服务制度改革还严重滞后于经济社会发展的进程。所以,改革的目的应当是实现公共服务制度的转型和创新。

公共服务制度创新要遵循公平、有效和充分的原则。政府在公共服务方面的作用,主要不是直接提供公共服务,而是保证公共服务的提供。要改变在城乡之间和不同阶层之间在公共服务产品分配方面的不公平现象,需要逐步提高社会救助、社会保险和社会福利的覆盖率,为农民和城市弱势群体提供基本的医疗、教育、就业、养老等方面的公共服务,让多数人分享改革、发展和社会进步的成果。

公共服务制度创新要同时强化国家和市场两个方面的作用。我国特有的事业单位制度是计划经济时代提供公共服务的制度,现在需要新的制度。我们面临的不是市场多一点还是少一点的问题,而是国家和市场都需要强化。在公共服务领域,我国政府和市场的作用都没有充分的发挥出来。与建立公共服务型政府相关联,进一步谋划事业单位改革。

公共服务制度创新要不断提高公共服务方面的政府付费比例。在过去20多年的改革中,公共服务的付费由私人承担了。1986~2002年,我国的学杂费的增长远远高于教育和财政教育支出的增长速度。医疗也是这样。与此形成鲜明对比的是,发达国家在经济发展过程中是在不断提高公共服务方面的政府付费比例。在丹麦的财政支出中,与社会保障有关的项目占38.9%,瑞典用于就业服务的资金占GDP的2.7%,其中用于失业人员的占这些资金的84%。芬兰为鼓励中小企业吸纳失业人员,对其减税四个百分点;对失业人员自己创办的"微型企业"则给予减税或者补贴的照顾。

公共服务制度创新要实现中央和地方的合理分权。有学者提出,要改变中央政府谋发展、地方政府搞建设的局面,进一步处理好中央和地方的关系,划分好事权与财权,深化财税体制改革和人事干部体制改革,弱化并消除地方政府投资冲动的体制基础。

公共服务制度创新还要充分考虑到民间组织和企业的作用。国外学者在演讲中介绍了公共服务的发展历史,他们指出,世界上最早提供公共服务的是私人机构和非政府组织。民间组织是政府最有力的助手,也是政府和老百姓之间互相联系的桥梁。我国民间组织还不发达,还受到许多因素的制约。鼓励非公有资本广泛进入公共服务领域,需要打破公共服务领域目前存在的四大体制性障碍:一要打破国有为主的思想观念障碍,凡可由非公有制经济发挥作用的公共服务领域和范围,均可由其替代政府和国有经济单位或公营单位;二要消除法律政策障碍,全面清理和修订相关法律法规、政策规章,为非公有制经济全面与平等进入公共服务领域创造条件;三要打破政府监督管理障碍,政府只进行服务范围、方式、标准、质量和价格等方面的监管;四是打破行为主体及行为障碍,积极鼓励、支持和引导非公有制经济全面进入公共服务各个领域,并与国有经济享受同样政策待遇。

二、公共服务型政府的价值目标

近几年来,越来越多的经合组织国家机关根据执政环境的变化,注重对政府公共服务核心价值观念的修正与更新。在修改过程中,这些国家既强调"传统"价值,同时赋予这些"传统"价值新的内容,以反映不断发展的公共服务文化。例如,公正被最公认为公共服务的核心价值之一,它隐含着对公共服务的平等享受权,以及法律面前地位平等的含义。

在经合组织国家最经常提到的八个核心的公共服务的价值包括:公平,合法,诚实,透明,效率,平等,责任,正义。几乎所有的经合组织国家都发展了一套描述得更加详细的标准,这些标准是在存在潜在利益冲突的情况下,作为所有公务员必须遵循的基本标准。除了适用于所有政府公务人员的一般标准外,经合组织国家还为特定的集团或者敏感领域的专业工作以及存在较高利益冲突风险的地方制定了补充方针。几乎所有的经合组织成员国将各种主动和被动形式的公务员的腐败行为列为刑事犯罪,而且,经合组织反腐败公约要求所有的经合组织成员国及其五个非成员国对外国公务员的贿赂行为实施有效、适当和劝戒性的惩罚。越来越多的国家也开始惩罚违反核心公共服务价值和原则(如做决定时要求公正)以及假公济私的行为。经合组织的成员国几乎无一例外地以他们的员工在公共服务中的品质作为招聘和提升的基础。绝大部分的国家通过出版招聘规则和空缺职位法来保证他们选举的公开性,超过一半的国家在招聘和职位考核时考虑道德问题。经合组织成员国对特别容易腐败的岗位上的公务员给予特有的关注,绝大部分的这些国家要求澄清并汇报利益冲突,三分之二的国家已经在敏感领域发展了特定的反腐败措施,比如政府采购,并采用了补充的措施,如:特定的规则和方针;更严格的控制;定期的重新部署等。

经合组织成员国通过对有关私人利益的公开,力求使公共义务和私人利益之间的冲突可能性最小化。除了少数例外,一般要求透露私人的财务利益,有一半的国家还要求透露外部的职位和礼物,职位越高被要求的透明度也越高。代表性的做法是要求被选举的官员和高级公务员进行申报,一些国家要求一般的公务员也要申报,一些敏感的领域如税收和海关管理,则要求更加严格的申报。在三分之二的经合组织成员国,运用法律和组织规则推动揭发公务员的不道德行为,并采取必要的措施对揭发者实施保护,其中主要的保护措施是法律保护和匿名。在三分之二的国家,公民能够接受像控诉程序这样的服务,一个国会民间冤情调查委员会委员或巡视员和信息台或电话能使他们公开公务员的不道德行为。

经合组织成员国,对违反道德和公共服务标准的行为实施惩罚是管理者和外部调查集团的共同责任,这种惩罚措施一般在违反行为发生的组织内进行。所有的政府都发展了一套惩罚程序,这套程序允许管理人及时正确地实施制裁,并为公务员保证一个公正的程序。经合组织国家采取了非常类似的惩戒措施,从警告和训诫到实物性质的惩罚乃至暂时或最后的解聘,解聘是在所有国家里最严厉的惩罚措施。尽管公共领域的管理者们对在他们的机构内及时的采取惩罚措施负有首要责任,他们也可能从特定的外部机构接受帮助,这些外部机构是调查和揭发公共服务领域的不道德行为的首要工具。在所有的经合组织国家,这些机构有力量将有腐败嫌疑的案件提交法院。而且,三分之二的国家制定了程序和机制,使公众能够向对公共服务活动有独立审查权的机构提供不道德行为的线索。

公共服务型政府建设涉及到政府与公众利益关系的调整,为此不仅需要政府自身的再造,包括政府职能目标和组织目标的转换与更新,同时必然涉及政治、经济等方面的价值选择。各种类型的价值目标相互联系、相互促进,构成为一个完整的价值目标体系。作为现代行政文化的重要组成部分,政府对价值目标的选择必须充分体现对公众期待的理解、尊重和满足。唯有如此,公共服务的内涵才能得以充分体现,从而实际而有效地促进公共服务型政府的建设。从价值角度分析,建设公共服务型政府的核心在于贯彻"以人为本"、"执政为民"的理念,通过政府职能的转换,在政府与公众之间发展一种新型的和谐关系。这种由传统的管制型政府朝现代服务型政府转变的过程,将波及经济、政治、社会等诸多层面,并不可避免地涉及到政府自身利益的调整。可以说,公共服务型政府的建设过程,也是政府与公众相互间利益与价值的整合过程,为此,对价值的选择必将成为服务型政府建设过程中首先需要面对的现实问题。

1. 政治价值目标

公共服务型政府的政治价值目标需要相应的制度作为载体，如政务咨询制度，公开资讯制度，服务承诺制度等基本制度，并贯彻相应的文化要素，包括公仆意识、服务意识，树立以民为本、公众至上等价值观，以支撑公共服务型政府体制的有效运作。

由于政治价值目标根本上涉及政府与公众之间的关系，就此意义而言，政治目标主要体现在政府的政治合法性机制是否到位。而一个国家的政府体制、政策以及领导人的政治合法性，同政府形象状况有着密切而直接的关联。一般来说，政府形象是指在了解和经验的基础上，社会公众对于政府在运作过程中显示的行为特征和整个精神面貌的总体印象与评价。良好的政府形象是一个政府所拥有的重大资源和无形财富，也是政府获得社会认同，并有效发挥其职能的一项前提条件。任何政府要生存和发展，必须有牢固的合法性基础。虽然合法性包括法治、效率、择优、专业分工等衡量标准，但测量合法性最重要的尺度是获得和保持公民的信任。在现代公民社会，处理政府与公民的关系应当遵循体现市场经济本质特征的自由平等契约关系原则，公民对政府的认同、支持与信任，是以政府充分理解、尊重公民的利益要求、权力资格和权力地位为交换条件的。20世纪80年代开始的国际公共行政改革正是由于公民对公共行政的信任危机引起的。根据一次民意调查，1978年美国公民对其政府不信任的人数比例为58%，信任人数比例仅为34%。（左然：《当代国际公共行政的发展与改革（下）》，载《中国行政管理》1997年第10期。）

作为一种特殊的政治资源，政府形象是构成政府合法性依据的基本要素之一，而政府合法性体现着政府与公众之间双向互动的心理关系，它是政府目标、意图、倾向能否为公众所接受或在多大程度上被接受的一项重要因素，并直接影响着公众的心理、行为或行为倾向。同时，良好的政府形象还会产生出巨大的凝聚力，孕育出社会公众对政府的信任感与认同感。在良好政府形象的感召下,公众会大大增强执行政府政策、方针的自觉性,积极主动地团结在政府周围,与政府共进退。如果政府在形象方面出了问题,必然大大削弱政府的威信和影响力,导致政府的政策、方针难以得到普遍认同,从而无法有效地行使其职能。

政府形象的根本状况取决于政府的实际表现,这是政府形象的客观性基础;但这种表现必须通过公众心理上的感受才会形成一种总体印象与评价,它实际反映着某种思想情感方面的活动,因而带有相当的主观倾向。种种主客观因素的交织与相互作用,给政府形象的价值定位带来了一系列的困惑,使塑造与完善政府形象成为一项复杂的课题,涉及到对一系列相关问题与矛盾的认识、理解与处理。

培育与优化政府形象需要把握以下几个主要环节:

(1)政府整体形象与个体形象的辩证统一。政府整体形象并非一种简单的直观现象是通过政府颁布的各项具体政策、法规和每一位行政人员的行为特征作用于公众心理而体现出来的。政府的精神面貌,正是各项政策法规以及行政人员个人表现的综合反映,这就是说,社会公众对政府的形象定位,是以政府所制定、颁布的每一项法令、政策是否有利于民众,每一个行政人员是否奉行为公众服务的宗旨为基础的。良好的政府形象的基础,在于良好的个体形象的总和;个体形象发生问题,必然会影响到政府的整体形象,尤其是政府行政人员承担着同社会公众的联系和接触,他们的言行表现成为人们了解、认识政府形象的重要窗口。美国原白宫办公厅主任大卫.沃特金斯因乘坐总统专机去某度假区打了一场高尔夫球,经传媒披露后,被罚款一万多美元,并不得不引咎辞职。这一“小题大做”反映出白宫对维护政府整体形象的认识与态度。所以,塑造良好的政府形象必须从整体着眼、个别着手,重视每一项政策法规的制定与执行,重视每一个行政人员的素质优化。

一般不能离开个别而存在，但"任何一般只是大致地包括一切个别事物，任何个别都不能完全地包括在一般之中。"（列宁《哲学笔记》，《列宁全集》第 38 卷第 409 页）在政府实际运行过程中，游离于政府整体形象之外的个别情况总难免在一定程度上存在，谁也无法保证政府的每一项政策都具有广泛的合理性，或者每一个行政人员都符合对他特定的角色期待，为此要求在对政府的形象定位时，应正确认识整体与个性、一般与个别之间的辩证关系，避免过于理想化的倾向，防止以偏概全、以点盖面，以免陷于对政府形象的认识误区。

（2）政府的内在素质与外部形象的辩证统一。唯物辩证法认为，本质与现象是相互关联的，现象是本质的现象，是本质的外部表现；本质是现象的本质，是现象的内部联系作为本质而存在的政府自身的内在素质，是政府形象的根本性基础，两者应具有一致性。但实际上，政府素质与政府形象之间常可能发生误差甚至相悖。究其原因，一是各类片面的或虚假的信息所起的误导作用；二是民众自身对各类信息在认识与处理的方法及能力方面所存在的不足。鉴于此，对政府形象设计已成为当今一些国家政府公关的重要职能之一。

政府形象设计的基本原则是客观性、真实性，这种设计决不是主观、任意的创作，不能有虚假的成分，必须以事实为依据，客观地反映政府整体精神面貌。我国舆论历来强调以正面宣传为主，这当然不错，但并不排除"凡典型的官僚主义主义、命令主义和违法乱纪的事例，应在报上广为揭发。"（《毛泽东选集》第五卷第 73 页）有人认为，报上的坏事、丑事登多了，有损政府形象。其实，在传媒相当发达的现代社会，政府已难以对重大信息实施垄断性控制，而如果坏事、丑事由政府自己公开，一可起到监督、警戒作用，二可体现政府光明磊落、是非分明、主持正义、为民除害的良好形象。

政府形象设计的另一重要原则是对信息的选择与取舍。在政府形象塑造中,政府首脑的个人形象往往受到社会公众的特殊关注,并直接影响着社会公众对他所代表的政府形象的评价。西方国家一些政府首脑大都设有专门的形象设计顾问,对政府首脑活动信息的传递予以严格的选择并精心策划。我国政府历来重视树立良好的政府形象,但在有些环节如对信息的选择传递方面,还有待于进一步完善。例如,某些传媒热衷于报道政府领导人参加各类礼仪活动,出入各种庆典场合,忙于形形色色的挥毫题词等热闹场面,而对于他们如何深入基层、体察民情、支持改革、廉洁奉公等等具有实质性内容的活动在报道上并不突出,由此可能引起社会公众对政府在认识上的"形象偏差"。一般来说,现象是本质的外部表现,二者关系中,本质具有第一性的意义,但在认识过程中,人们总是首先接触到种种现象,然后才形成对本质的理解与把握。由于现象是我们认识本质的向导,故而在政府形象设计方面,政府公关系统应对有关政府行为、首脑活动的信息予以合理的选择与传递,使社会公众能够通过现象了解本质,形成对政府良好的"形象认识"。

不可否认,社会公众在对信息的接受与处理过程中,有时会表现出种种非理性的倾向。有人曾将美国总统辩论比喻为选美比赛,哪位候选人仪表越迷人,头脑反映越灵敏,口才越出众,选民就会对他产生好感,这种感情显然带有非理性的色彩。这就要求我们在形象设计过程中,应重视对社会公众的心理引导,通过有选择地提供真实而合理的信息,使社会公众从现象人手,达到对政府形象本质的认识。信息选择的不合理会有损政府形象,虚假的信息或许能带来暂时的预期效应,但这种对民众的心理伤害所带来的后果必然是沉重而深远的。

(3)政府的价值目标与公众期望的辩证统一。政府权力的运用与社会公众对政府权力的认可,本质上体现着一种特定的社会交换关系,在这一交换关系中,政府对公众的期望是遵从,而公众对政府的期望主要包含两项内容:其一,政府官员的行为符合某些"公认"的社会准则;其二,在与政府交往过程中能够满足自己的利益需求,就此而言,"遵从"是公众对政府的一项"投入",其程度同政府的"产出"给予人们所带来的期望满足程度一般成正比关系。如果人们认为,当政府行使权力时,他们从中获得的利益在价值上等同或超过了他们因服从政府要求而给自己带来的"损失",就会相互交流各自对政府良好形象的好感,通过交流形成一种共识,这种共识内化为群体压力,促使人们服从政府的政策法令,从而有利于强化政府的控制权力,使政府权威合法化。如果人们感到政府所提出的政策法令不公正,他们的"投入"没能得到充分的酬报,便会产生一种受剥夺感,并互相传递自己的不满、挫折及受侵犯的感情,这种共同的怨恨情绪可能导致对政府权力的不服从。

从因果关系方面考虑,公众的目标期望能否实现,根本上涉及到政府自身的价值倾向问题。哲学范畴的价值表征着人类对事实世界理应如此的期望,体现着人类对事实世界的一种超越意识。政府的价值倾向主要渗透于政府所确立的社会发展目标和利益目标。作为一种特殊的组织机构的政府,如果说他有自身意志的话,那么,这种意志应当同民众意志相一致,在价值倾向方面,则应将公众的价值目标作为自己唯一的价值选择。但在实际政府活动中,可能出现这样的情况,即政府的某些价值判断与选择同民众的利益需求并不一致,而政府本身却并没有意识到这一点,这种"自以为是"而导致的价值相悖会在一定程度上侵害民众利益,从而有损政府形象。就民众这方面而言,在对自身利益需求的认识上,也有可能因缺乏理智而陷于误区,例如,过于注重眼前利益、人利益、局部利益,对个人利益与国家利益之间的一致性方面认识不足,对长远利益、国家利益缺乏关心与重视,或者目标期望定位过高而难以实现,由此导致对政府政策的合理性发生怀疑,从而在对

328

政府形象的认识上发生偏差。

（4）政府实际表现与公众对政府主观评价的辩证统一。政府形象作为政府体系输出的一项综合性"产品"，自然应由"消费者"来评价，通过公众的感受予以定位。一般来说，政府的实际表现与公众对政府的主观评价应当是一致的。但实际上，这种"一致"仍属于可能性范畴。公众对政府形象的认识评价，至少受到两种因素的影响和制约：其一，由于政府的结构、层次以及事务的复杂性，由于政府对有关信息的控制，由于人们所处社会环境、受教育状况等等方面的不同，因而在对信息的接受与掌握方面，不仅有着横向的差异，并在信息的可靠性与完整性方面，难免会受到种种主观或客观因素的制约，从而导致对政府不同程度的"形象偏差"；其二，公众对政府的评价状况在很大程度上取决于政府满足他们期望的情况。值得注意的是，对政府的期望常源于直觉，直觉从潜在意识的深层涌现出来，融入意识之中，形成某种期望；同时，个人以往的经验，外界对个体的影响，都与期望的形成及其内容相关，由此而形成的公众期望多属主观性范畴，交织着理性与非理性的双重因素，稍有偏差，就会影响到对政府的合理评价。

良好的政府形象是政府有效运行的一项必不可少的条件，是政府本身需要拥有的一项重要资源。作为一种特殊的政治资源，政府形象是构成政府影响力的基本要素之一，而政府影响力体现着政府与公众之间双向互动的心理关系，它是政府目标、意图、倾向能否为公众所接受或在多大程度上被接受的一项重要因素，并直接影响着公众的心理、行为或行为倾向。如果政府在形象方面出了问题，必然大大削弱政府的威信和影响力，导致政府的政策、方针难以得到普遍认同，从而无法有效地行使其职能。

良好的政府形象还能产生巨大的凝聚力，孕育出社会公众对政府的信任感与认同感，并构成政府权威的合法性基础。在良好政府形象的感召下，公众会大大增强执行政府政策、方针的自觉性,积极主动地团结在政府周围,与政府共进退。一旦政府形象不佳,就会涣散人心,使政府工作得不到公众的有力支持。在我国,社会主义市场经济的形成与发展,对政府职能提出了新的要求,一些原来驾轻就熟的职能开始转移,而一些不熟悉的、不属于原职能范围的公共服务性事务需要承担起来,这对政府无疑是新的考验。在当前形势下,塑造良好的政府形象,关系着政府职能的有效行使与发挥,影响着政府工作的实际效益;同时,良好的政府形象还有利于优化投资环境,畅通对外开放渠道,促进我国经济的持续稳定地增长。

政府形象资源的开发主要可从以下三个方面考虑:一是注意优化政府自身素质,这是良好政府形象最重要的基础;二是加强政府工作的科学性、规范性,努力提高政府运作效率,这是优化政府形象,增强公众对政府认同感的有效途径;三是通过科学的政府公关活动,加强政府与公众之间的联系与沟通,这是塑造良好政府形象的必要环节。

(1)优化政府自身素质。政府自身素质应包括多方面的内容,就目前来看,公众最为关心的恐怕还是首推政府的清正廉洁。一方面,社会公众对政府在廉洁问题上历来比较看重,抱有相当高的期望,一旦期望破灭,会造成重大心理创伤,从而影响对政府的形象认识;另一方面,政府廉洁与否,将会影响到政府的工作效率和施政公正,这同公众有着十分密切的利益关系。

(2)提高政府运作效率。一般来说,政府运作效率指的是政府服务于公众的效果。在现代社会中,社会公众以个人的或团体的名义向政府提出各种各样的愿望与要求,政府对于公众所提出的包括物质的与精神的合理需求应当尽可能地予以满足。如果政府由于种种原因不能有效履行为人民服务的宗旨,不能在实际上满足公众的种种合理愿望与要求,必然有损政府在公众心目中的形象。

（3）开展公共关系活动，加强政府与公众之间沟通。政府与公众间的经常、直接、及时的沟通，有利于公众参政议政，也有利于公众对政府行为进行有效的监督。公众通过与政府的沟通，及时了解政府的政策、方针和各项措施，从而能对政府公共行政活动发表意见，提出建议；对政府而言，通过与公众的相互沟通，能更全面、更准确地了解公众的愿望与需求，更清晰地体察民情，由此可以加强政府公共服务决策的科学性，并能及时发现政府工作中的问题，提高政府服务效率。政府与民众之间的沟通加深了相互了解，使公众能进一步理解政府，支持政府，而政府也在这样一种双向交流过程中不断优化自我形象。

在公共行政中，民主的基本含义是多数人的统治管理，实际运行中的行政民主是在多数人同意、委托、监督和制约之下进行的少数人的管理。行政民主是公民表达利益、行使权力和保护权利的最有效的途径。哲学家罗素曾经指出，民主政府真正赖以存在的基础是民主成为人们日常行为中的无意识习惯。在行政文化建设中必须培育民主观念，推动行政民主化。一是体现民意观念。体现民意是民主的基本内涵，也是尊重公民期待的同义语。它要求一切行政活动都必须反映尊重公民利益、需求和意志。二是参与行政观念。行政参与意味着普通公民可以通过各种合法的方式参与行政生活，并影响行政体系的构成、运行规则和决策过程。改革开放以来，行政文化逐渐呈现出大众参与的特征。参与式管理也日益成为行政体制改革的主要目标。1989 年《行政诉讼法》的颁布，使公民参与行政活动，保护自身合法权利、监督行政机关的法律依据正式得以确立。只有当公民确实有了自己的权益意识，自由发言和合法参与的机会时，公民期待的满足和实现才有了可靠的保证。三是公开行政观念。公开行政是民主的本质特征，是公民参与行政的前提条件。通过公开行政，公民可以了解国家和政府的机构设置、权力结构、职能规模、运行机制和决策过程，公民可以根据自身的利益、权利对政府运行进行价值评判和效果检测,进行推动公共行政趋向公民期待。为此,要鼓励对国家的政治、经济和社会发展的基本方针、政策、法律、法规以及国家政治生活的重大问题进行广泛公开的全民辩论;政府自身要勇于针对行政过程中存在的缺点和失误,进行公开检讨。

在社会主义条件下,人民是国家的主人,公共权力经由人民代表大会,由公民委托给政府。受这种权力契约关系的支配和制约,政府必须着力于扩大社会公共利益、维护公民公正的生活秩序。在行政文化中,公共行政的核心价值在于社会公正,在于促进公民社会所拥有的以社会公正为核心的基本价值,如自由、秩序、正义、民主等。行政的公正性取决于权力的公共性程度。当行政权力不仅为受委托者所掌握而且为受委托者所占有时,这种权力可能用来为特定的利益集团服务,甚至可能被用来谋取私利。在这种情况下,不可能有真正的行政公正。所以,权力的受委托者——各级政府及其公务人员,必须自觉定位在服务行政体系之中,无差别地为社会提供服务,不允许有个人私利渗在其中。正如弗雷德里克森指出,"社会公平强调政府提供服务的公平性,社会公平强调公共管理者在决策和组织推行过程中的责任与义务;社会公平强调对公众要求做出积极回应而不是以追求行政组织自身需要满足为目的。……总之,倡导公共行政的社会公平是要推动政治权力以及经济福利转向社会中那些缺乏政治、经济资源支持,处于劣势境地的人们。"(H. Googe Frederkson:《New Public Administration 》,The university of Alabama Press 1980,6－7。)

在重视政府形象资源开发过程中,不可忽视对公众的期望目标予以合理引导。在改革开放中,人们的期望值与社会满足感呈现出一种变量关系,常常表现为期望值与满足感俱增,但非同步增长,而是期望值增速高于满足感,即人们需求期望值不断增长的同时,社会满足感总是落在后面。合理的期望值是人自身发展的重要心理因素,一般来说,它是应当得到满足的;对于由非理性思维而涌现的过高期望,则应在导向方面予以校正。当个体通过理性的思维,对自己的需要有了明确的、合理的把握,对政府功能有了实际的、深刻的认识,对种种外界的诱惑、影响持以冷静的、正确的态度,必将有助于对政府行为形成客观的、公正的评价。

完善政府形象是一个不断发展的过程,社会经济的发展与政府职能的转换,将对政府形象不断提出新的期望,公众的心理、意向会随着时间不断变化,各类信息的作用和社会舆论的发展变化,必然影响公众对政府的形象要求。良好的政府形象是一种"无形资产",作为"资产",自然需要不断"投资"才能生成与发展。同时,政府形象本身体现为复杂性、矛盾性、综合性的特点,不仅以政府自身的素质与行为表现为基础,而且受公众价值意向、主观评价的影响,并同政府对自身形象的设计又有直接联系。为此,要对政府形象资源开发进行全方位的、综合性的考虑。

2. 经济价值目标

政府在具体履行公共服务功能过程中,始终贯穿着一系列经济因素:其一,服务社会是个广泛的概念,具有众多内容,其中最重要的当首推经济职能。尽管在不同国家,政府对经济生活干预的方式和程度会有所不同,但管理经济作为政府的主要职能则基本上形成共识;其二,政府的存在应以无私地追求公共利益为自己的根本选择,把社会利益的最大化作为自己的政策目标,在经济领域,政府运用宏观经济政策调节社会经济活动,包括产业的分布、产业结构调整、资产组合、资本投入等等都由政府实行宏观调控,目的在于促进社会经济增长,降低失业率,稳定物价,提高国民生活质量。但不可否认的是,政府在代表社会利益的同时,也常常在考虑或兼顾着自身的经济利益。例如,政府对烟酒征收高额税,以控制烟酒消费,这符合社会利益,但政府财政却也可以从中获取高额税收,满足政府自身的经济利益需求;其三,政府职能的行使得有必要的财政支持。如果政府获得的财政支持比较充分,就能为政府机器的正常运转、进而满足社会需求提供必要的物质基础;如果政府获得的财政支持不充分,对于政府职能的行使就会带来一定的妨碍,从而难以满足社会需求。我国在公共支出方面主要存在以下问题:一是政府在经济建设上的支出最多。九五时期,经济建设费用支出为21870.44亿元,而社会文教费、国防费、行政管理费、其他支出分别是:15503.97亿元、4751.27亿元、8933.22亿元、5984.56亿元。这说明,政府仍然是投资的主体,居经济发展的主导地位,说明我国的一些经济建设还仍然是政府行为,不是企业行为,政府的职能还没有转变到位,没有重视政府的核心职能。二是行政管理费增长率最高。行政管理费支出,九五比八五增长了266%;社会文教费支出(含文教、科学、卫生事业、抚恤和社会救济费四项内容),九五比八五增长了247.8%;经济建设费支出,九五比八五增长了215.9%;国防费支出,九五比八五增长了204.6%;其他费用,九五比八五增长了257%。行政管理费的增长说明政府管理的成本增多。

政府的存在与运营必须有相当的经济支持,政府职能所指向的主要是经济目标,政府自身也有着特定的经济利益需求,由此而使政府不可避免地具有特定的经济性质,成为社会结构中特殊的"经济人"。

公共服务型政府经济价值目标的核心是注重经济效率,要求在政府部门树立浓厚的成本意识。它不仅指政府工作需要降低成本,节约开支,花较少的钱办更多的事,还包括降低公共服务消费者所要支付的成本。具体分析,以经济效率为价值目标必须关注以下环节:①成本与投入的比率测定。资金是公共管理的血液,但一个公共管理机构从事管理活动时直接付出的并不是金钱,而是由金钱转化而来的人力、物力、设备等等。这些要素就构成了公共组织对特定管理活动的投入,而获得和维持这些人力、物力、设备

334

所花费的资金,就是投入的成本。经济测定就需要探讨投入与成本之间的关系。从投入与成本的比率来看,所谓不经济的情况大致有两种表现,其一,因某种原因花了高于市场价的资金(成本)购买办公用品(投入);其二,为盲目追求高学历而导致雇员素质超越工作需求,这样不仅抬高了人力资源的成本,增加了财政负担,还会导致员工队伍的不稳定。②行政开支和业务开支的比率测定。对公共服务机构来说,直接用于服务对象的开支为业务开支,服务机构和人员本身的开支则为行政开支。以环境卫生部门为例,建设公共绿地、修建公共厕所等实际支出的资金是业务开支,而用于办公场所、设备、工作人员的工资收入与福利待遇等方面的支出则为行政开支。当然,对多数公共服务机构来说,由于其工作性质的复杂性,很难确定一个统一的行政开支和业务开支的理想比率来衡量各部门的经济水平,但这种测定仍然有其重要作用。如:可以比较工作性质相同或相似的不同单位的比率,比较同一工作部门在不同时期的比率,将有助于促进各部门降低成本,提高经济水平。③资源浪费状况测定。主要是计算各种形式的失误所带来的经济代价。失误可能是工作目标或工作程序设计不当,也可能表现为个人工作方面的细小失误。有些地方或基层领导为了装潢门面,不惜花费巨资搞劳民伤财的所谓"形象工程",结果不是把宝贵的钱打了水漂,就是造成一系列无法挽回的恶果。这种典型的"官场经济"往往造成资源的极大浪费。④公共服务消费者所支付的成本测定。这里所提出的成本是指公众在使用公共产品和服务过程中的费用和付出,它表现为公众所支付的货币成本与在整个过程中所消耗的时间、体力、精力等非货币成本的总和。公共服务的终极目标在于尽力将消费者成本降低为零。为此,一是要对公众的关键需求进行评估,制定、公布和实施政府的顾客服务标准和申诉处理标准,二是重视改革政府的行政流程,设定服务绩效的标杆和绩效衡量指标,设法消除使用公共产品和服务过程中影响最大的消费者成本,尽量避免如官僚主义、层次繁多、相互推诿、手续烦琐、公文旅行和乱摊派、乱收费等问题。通过政务公开、现场办公、集中办公、社会承诺制、上门服务、电子政务等产品提供和服务方式,追求实现"零"消费者成本。也就是说,通过加强政府与公众的直接接触,提供足够的信息,使用灵活的服务方式,尽力为公众提供各种方便,使购买和使用公共产品和服务的过程尽量简单、快速,以减少公众在这一过程中金钱、时间、体力、精力的消耗以及随之而来的风险,努力使公众成本最小化,提高公众的满意程度。有的国家提出政府为公众提供"一次到位的服务和项目",既可以大大减少公众不得不与政府打交道的部门和工作人员的数量,还可以让公众获得迅捷的服务。为解决公共部门办事拖拉弊病,有的国家采用"平均个案处理时间"这样一个简单的效率示标,对政府部门造成了很大的压力和推动力。办事拖拉会延长平均个案的处理时间,对雇员来说,会影响到他们的待遇、地位和职业生涯的发展;对组织来说,会影响到部门的财政拨款和领导者的前途。这样,平均个案处理时间测定和比较在组织和雇员中形成了竞争和危机意识,最终导致工作效率的明显提高。

根据公共服务型政府经济价值目标的要求,现代国家对政府经济约束的基本方式是财政预算。政府管理活动需要以相应的财力为基础,政府获取财政资金的途径、数量及支出的内容与方式,必然会涉及到经济约束问题。在"普天之下,莫非王土;率土之滨,莫非王臣"的传统社会,基本上不存在对政府外在的、主动的、制度化的、有效的经济约束,只是在有些时期,一些"开明"的政府首脑出于巩固政权的考虑,不得不对政府活动在经济上实施自我约束;在更多的情况下,由于缺乏外部的有力制约,政府开支常常漫无节制;一旦国库空虚,便通过横征暴敛以解决财政困境。然而,连续的横征暴敛必然对社会生产力带来极大的破坏,导致财政收入来源的不断萎缩;同时,由于负担的加重,又会导致普遍的政治不服从,甚至民众起义;为镇压人民起义,又需要增加财政费用,而财政费用的主要来源自然又是普通老百姓,由此,必然会进一步激起普遍的民愤。当政府的行为完全背离了民众的意愿和利益,它也就失去了其合法性的基础,政府垮台将只是时间问题。

历史经验告诉人们,对政府活动实施必要的经济约束,有利于规范政府行为,制约政府挥霍浪费社会财富、危害社会经济的内在倾向,处理好政府与民众之间的利益关系,提高政府管理效率,完善政府的合法性基础。随着资产阶级政治的确立,旨在对政府实行经济约束的财政预算制度开始建立。1787年,英国首相威廉·庇特向国会提交"统一基金法案",后由国会审核讨论通过,至此,开始有了最早的政府财政预算制度。以后,财政预算制度陆续在一些实行市场经济的国家建立起来,逐渐成为经济行政管理体系中的一个重要组成部分。

随着社会经济的发展,各国预算制度在目的和内容方面不断发生着变化。在市场经济初期,财政预算的主要宗旨是为了确保向政府提供必要的财政收入,并通过预算制度监督政府财政的收支情况,以实现立法机关对国家财力的控制,为了保证财政预算平衡,对政府财政预算的编制提出了严格的要求,包括:政府预算必须按年度编制,编制预算时必须依据可靠、准确的数据,并依其性质分门别类,一一列出,使公众能清楚了解有关政府预算信息;全部预算收支必须经由议会审查批准才具有有效性。

自20世纪30年代以来,由于政府经济功能的扩张,政府财政功能也随之得到了扩张,财政预算制度开始改变以往那种只注重控制政府机构的各项投入或投入与产出之间的平衡,而不重视其产出的预算管理方式,代之以一种既重视投入、更重视产出,把投入和产出结合起来的一种新的财政预算管理制度,以确保行政机关管理人员在实现组织目标过程中,能真正有效地使用各种必要的资源,并获得最优行政效率。原先,公共支出一般被认为是"必要的浪费",是不创造任何社会价值或所创造的社会价值相当有限的"投入",从而将财政预算的主要功能理解为只是控制政府机关的各项支出,即控制各机构的财政投入,而对投入所带来的"产出"并不抱奢望。现在,人们的观念开始发生了变化,愈来愈认识到政府部门的工作对社会带来的积极效应,从而对财政预算的配置作了革新。一些国家先后采纳绩效预算的作法,以追求资金支出的必要效益,使政府财政预算获得了在宏观范围内配置资金、维护宏观经济稳定、有计划地促进经济增长并调节收入分配等功能。

政府财政预算功能的扩张,导致政府财政预算原则开始发生变化,使政府在解决一些经济问题时,具有突破政府预算、进行预算外财政活动的权力。财政赤字政策的实行,进一步扩大了政府自由活动的空间,同时也在一定程度上弱化了财政预算对政府约束的作用。

现代财政预算制度对政府的有效制约必须要有相应的民主政治体制和健全独立的司法体制予以保障。西方一些发达国家有关财政预算管理体制在宪法中都有明确规定:各级政府的主要职责在于提供公共服务,一般不得从事赢利性活动,根据财权与事权相一致的原则,它们都有各自固定的经费来源。在不同类型统治形式的国家,各国政府间在收入分配划分方面有所不同。分权型国家各级政府财权与事权相适应,各级政府拥有各自独立的预算,预算批准权限归相应各级议会所有,上级政府不得直接干预或控制。而在集权型国家,财权、财力高度集中在中央,地方政府的财权和财力相当有限。总体来看,西方发达国家预算一经确立,在执行过程中不得任意变动。在美国,法律规定预算方案一旦通过,擅自超支或随意不支都被视为违法。德国对预算管理也建有司法监督和行政协调制度。

我国在计划经济体制时期,尽管也存在着对政府的经济约束,但这种约束主要地并不是来自于外部力量的作用,例如,并不取决于立法机关的约束或司法机关的约束。如果说能够约束的话,那么这种约束也主要来自政府的自我约束,而这种约束的动力则是源于社会所能提供的财政收入相对不足。

导致政府"自我约束"的更重要的原因其实在于集权性的计划经济体制,也就是说,在计划经济体制下,对政府的经济约束主要地只能通过政府"自我约束"体现出来。计划经济体制中的政府在理论上是一个全能的、并在管理经济的领域拥有全权的政府,只要财政条件许可,政府会竭力动用所有财力来发展经济,会将大量的资金不断地投入到它认为是应当投入的领域,自然,这种投入所产生的社会经济效益究竟如何,还有待于实践的检验。不管这种资金投入是有效投入还是无效投入,在一定时期,社会所能提供给政府的财政收入毕竟是有限的,这种财政收入的有限性客观上构成对政府的经济约束。当然,政府也可以突破财政收入的限度,开拓更广泛的资金来源,但这样做,其代价往往是恶化社会经济环境,引起民众的不满,从而对政府的存在构成威胁,这自然不是政府所愿意接受的结果。这样,在计划经济体制下,出于种种考虑,政府"不愿"突破有限的财政收入,从而形成一种"自我约束"的经济机制。当然,这种"自我约束"的能力并不是绝对可靠的,由于缺乏法律上、制度上的强有力制约,计划经济体制下的政府有可能会给自己"松绑",突破财政收入的限度,寻求更多的资金来源,从而使这种"自我经济约束"失效。

此外,政府的主体是政府公职人员,研究政府特性、政府行为以及公共服务型政府的经济价值目标,自然不能将政府公职人员排除在外,政府的经济性质最终还是要在政府公职人员身上、在他们的具体行为中表现出来。尽管社会要求政府公职人员廉洁奉公,但由于他们并不是生活在真空中,必然会受到社会上各种各样的诱惑,其中包括金钱的诱惑;他们不是不食人间烟火的圣者,同样有着七情六欲,有着生存的问题、发展的问题,有着自己的利益追求,从而难以全心全意为人民服务,表现为在自己职权范围内,自觉或不自觉地谋求个人经济利益的倾向。

其实,政府公职人员在经济上程度不同的腐败现象,是困扰各国政府的一个普遍性课题,存在这种"顽症"的原因,除了人的本性中所涵有的利己倾向及外部环境的诱惑外,对政府公职人员缺乏制度上、法律上的有效制约恐怕是一个关键性的因素,是导致由"可能性"向"现实性"转化的最重要的环节。1995年十月,在北京召开的第七届国际反贪污大会,其主题就是:通过坚决的肃贪反腐,树立廉洁高效的政府形象,创造出有利于经济发展的良性环境。从各国反腐倡廉实绩来看,发展相当不平衡,由此反映出来的实际上还是制度、法律对政府公职人员经济利己倾向和行为制约的力度问题。

政府公职人员热衷于追逐私利,必然有损政府形象,弱化政府权威,影响政府公共服务职能的有效发挥与行使,影响政府工作的实际效益;同时,还可能恶化投资环境,影响本国经济的持续发展。鉴于此,对政府公职人员这种特殊的"经济人"实行有效的约束,已成为各国政府正在设法解决的一项重要课题。

德国经济学家维利·克劳茨总结各国整治腐败的方式,将其归纳为两种:一种是对腐败现象绳之以法,如用严厉的惩治,设立层层严密的行政监督体系和举报法,搞群众运动等。从一些国家的经验来看,这种方式的威慑作用是有限的,而且代价也相当大;另一种是清除腐败的诱因,如通过放弃种种逆市场的做法,解除种种管制,取消价格双轨制,确立竞争秩序,建立公开市场等,更能有效地抑制腐败。

我国目前正处于体制转轨与制度创新的发展阶段,由于长期计划经济体制的作用,行政力量仍在相当程度上直接管制和干预市场,从而为政府公职人员的"寻租"提供了现实可能性。为此,对政府公职人员实施有效的经济约束,首先还是应当从完善市场经济体制着手。

(1)深化经济体制改革,建立和健全社会主义市场经济体制。一般来说,政府行政权力对经济的干预是造成寻租现象的基本原因,但政府对经济的行政管理又是必不可少的,即使在市场经济发展相当完善的国家也是如此,这就意味着:政府公职人员的"寻租"现象在事实上是无法彻底消除的,但却可以加以遏制,将其控制在可能性的最小范围内;而遏制的最有效方法是深化经济体制改革,建立和健全社会主义市场经济体制,将政府对经济生活的管理限制在必要的范围之内。

由于"寻租"机会的广泛存在,完善市场经济体制的努力难免会遭到在计划经济体制中有其既得利益的旧特权阶层的反抗以及在转轨过程中抓住时机,运用不法手段谋取私利的新特权阶层的阻碍,他们力图维持双重体制下充满不公平竞争和以权谋私机会的状态。为此,大力发展和培育市场,确立公平竞争的社会主义市场经济新秩序,同时将政府行政干预限制在绝对必要的范围之内,这是遏制政府公职人员寻租,对其实施经济约束的最根本途径。

(2)健全社会主义法制,规范政府公职人员行为。李光耀在介绍新加坡廉政建设方面的情况时,曾谈到这样几条值得注意的经验:其一,一切有关政府官员的权力的工作条例力求简单明确,这样一来,任何违反条例的行为都很容易引起怀疑或招来投诉;其二,尽量减少政府官员的自行处理权,例如,批准发给执照或许可证的权力;其三,实行双重检查制度,确保一个官员的决定,必须由另一个官员审查或监督。以上诸项规定,其基本原则,实质都是为了对政府官员的权力实施必要的制约,以合理规范他们的行为。实践证明,不受制约的权力必然趋向滥用;而防止滥用权力的有效途径,则是对权力进行规范与约束。

为了树立并维持廉洁的政风,不少国家都设立了专门的机构,香港有"反腐败独立委员会"(ICAC),主要针对上层贪官污吏;新加坡在内阁中设立了廉政公署,专门调查政府官员的营私舞弊行为。在我国,地位独特的廉政机构也正在一些地区陆续出现,广州设立了专门的反贪污调查局,深圳在市纪检、监察和检察机关机构编制的基础上,成立全市统一的反腐败专门机构——"深圳市廉政委员会",下设反贪污贿赂调查局,并通过廉政委员会向要害部门派驻廉政特派专员,改变以往"虚监"和同级监督不力的情况,以提高监督的实效。

对政府公职人员的经济约束必须纳入法制化轨道。就我国目前情况来看,政府公职人员在经济方面的问题主要表现为贪污贿赂、挥霍公款等,对此,应尽快制定、完善有关具体法规。新加坡政府规定:公务员不准接受任何形式的馈赠,否则一经查出,便以贪污论处。我国在对类似问题的立法力度方面尚嫌不足。除立法滞后外,执法不严也是我国法治建设中必须注意解决的一个重要问题。在执法过程中,有时确会面临情与法的矛盾,故而曾有记者问李光耀,在执法过程中,如何面对感情与理智之间的矛盾,李光耀答道,"要采取行动对付一个认识多年的密友或部长总是很困难的事。但是,如果不采取行动,任由他逍遥法外,那整个制度就会遭到损害。我们过去三十年所建立起来的廉洁制度就会很快被削弱而毁于一旦。"当然,对执法不严问题关键还是需要通过完善法制予以解决,其中包括执法机关独立司法的权力得到保障,以及对执法者违法执法情况的严厉制裁等。

(3)对政府公职人员的财产状况进行必要的监督。从一些国家反腐倡廉的实践来看,监督机关定期或不定期地对政府机关公职人员尤其是政府官员的财产、收入情况进行必要的稽查,对于约束他们的行为,防止腐败情况的发生颇有作用。实施财产申报制度需要注意以下问题:其一,依法确立财产申报制度的具体内容,主要应包括:财产申报的对象要明确,对申报者的合法收入要具体、清晰、确定,对某些有争议的收入,如兼职收入、买卖证券收入需要作出具体规定,对官员收受礼品、礼金的性质、范围、数额及如何处理应有明确规定,此外还须包括违反申报制度的处罚措施;其二,建立接受申报和稽查的机构,并赋予必要的权限,规定相应的职责。设立一个机构并不是一件难事,而要使该机构能有效运转,还须具备相应的条件,除了职责明确、权力到位外,法律保障、组织支持、工作人员具有较高的素质等在一定程度上影响着监督机关的效率。

(4)重视发挥新闻监督的作用。从一些国家的实践来看,新闻监督在遏制腐败方面常常起着非常重视的作用,与社会公众保持密切联系的新闻记者可谓是"无孔不入",官员稍有不轨,很快就会被发现并公诸于众。实际上,在一些国家,绝大多数重大案件都是首先通过新闻媒介而为社会公众所知晓。对于官员的腐败行为,新闻媒体的报道可以有两种情况:一是发现问题即予以曝光,然后由有关部门调查核实,进行处理;另一种是即使发现问题,在未作出终审处理前不得予以报道。从实际效果来看,既时报道对官员腐败行为更具威慑力,尤其是对于那些尚未触犯刑律,还没构成犯罪的腐败现象,经新闻媒介曝光,能有效将其遏制在萌芽状态。当然,这类报道就内容而言应具有一定的典型意义,不能逮住一个报道一个,否则可能产生负面效应。另一方面,如果新闻媒介对腐败现象的曝光都要经有关部门层层审批或者所能报道的都是有关机关已经作了处理的案例,这也就基本丧失了新闻监督的功能。为此,应以法律规定并保障新闻工作者的知情权和批评权,充分发挥新闻媒介在反腐败斗争中的独特作用。

3. 职能价值目标

政府的主要职责在于服务。服务的英文是 SERVICE。S – Smile for every one 微笑待客;E – Excellence in everything you do 敬业、专业、到位;R – Reaching Out to every customer with hospitality 殷勤沟通;V – Viewing every customer to return 个性化服务,视

客户为上帝; I – Inviting your customer to return 力争使每个客户成为回头客,提升客户忠诚度; C – Creating a warm atmosphere 确立以客户为中心的企业服务文化; E – Eye Contact that Shows we care 用心关注客户的所有需求。

我国行政体制改革搞了好多年,基本上都是在政府机构设置上转圈子,而职能转变未见实质性效果。历次政府机构改革之不彻底或成效甚微的原因盖出于此。说"职能转变"不如说"政府转型",后者更为深刻,因为政府转型不局限于操作层面,而且涉及观念转变。政府的主要职责在于服务,而不在于"经营",这是需要政府自己发动的一场自我革命。在这场政府革命中,政府要动员社会各个方面监督自己,要放弃自己的既得利益,树立重在服务的管理观。

建设公共服务型政府,需要深刻理解政府职能的本质。我国正处在经济社会全面转型的关键时期,政府管理职能对于建立稳定的经济、社会秩序十分重要。但管物、管人、管事既不是政府存在的理由,也不是政府存在的目的,政府管理职能的本质是提供良好的服务。许多改革的实践证明,政府有效的管理是融在良好的服务之中。建设公共服务型政府强调从管理职能的本质上去改变管理方式和管理手段。在我国,政府管理职能的本质就是保障公民的权利,为公民和社会更好的服务,以得到公民的拥护,社会的拥护。要建设公共服务型政府,就需要政府为市场、企业和人民提供服务,就需要限制政府和官员的行为,这些都与官本位等封建意识格格不入。因此,要克服"官本位",树立"民本位"的观念。

建设公共服务型政府,需要增强政府的回应性。公共服务型政府要求政府从摆脱民意的黑箱作业成为回归民意的透明作业。公众反映的意见有回音,政策执行有反馈,措施方案有改进,治理效果有改善,政府回应性程度提高,表明政府服务意识增强,"善治"程度提高。

回应性指公共管理人员和管理机构必须对公民的要求作出及时和负责的反应，不得无故拖延或没有下文。它强调应定期地、主动地向公民征询意见、解释政策和回答问题；回应性更强调在公共管理和公共服务事务中，政府与公众之间沟通协商的渠道畅通、机制健全、运转有序。回应性是政府与公众合作管理公共事务的必然要求。只有及时了解民情、把握民意，才能在最佳时机控制事态发展，赢得解决事件先机，节约人力物力财力资源，奠定长期稳定的物质和舆论基础，才能把握处置和解决问题的主动权。回应性也是建立责任政府的必然要求。责任政府意味着政府能积极地对立法机关负责，对立法机关制定的法律负责，回应、满足和实现公民的正当要求，负责任地使用权力。在责任政府之下，政府行使的每一项权力背后都连带着一份责任。责任政府的要求意味着政府从摆脱民意的黑箱作业成为回归民意的透明作业。公众反映的意见有回音，政策执行有反馈，措施方案有改进，治理效果有改善，政府回应性程度提高，表明政府责任性增强，"善治"程度的提高。

工作主动权需要良好的公共管理和服务的工作流程、工作机制、工作体制作保障，工作的主动性要以主动的工作机制为基础。社会管理是政府与公众的合作管理过程。只有合作管理、双向互动而不是权威管理、单向指令，才能及时了解到老百姓的呼声、意愿、要求，才能在行政程序和行政管理理念上，"切实把群众的利益放在首位，把群众的呼声和意愿作为指导工作的第一信号，把关心和服务群众作为各级领导的第一职责，把群众的评价作为衡量工作政绩的第一尺度"。也只有在政府管理全过程中做到"深入了解民情、充分反映民意、广泛集中民智、切实珍惜民力"，才能找到把老百姓的积极性、创造性保护好，把人民群众的利益实现好、维护好、发展好的解决社会问题的新路子。

政策施行过程中，决策可能按照预期的设想达到目标，也可能出现意想不到的问题而使政策的实施受挫。因此，必须建立和完善宏观决策的信息反馈系统,及时了解决策执行中的情况并及时反馈给决策机构,以便不断作出符合实际情况的修正方案,形成"决策—执行—反馈—调整"这样循环运行的有效机制。政府能否及时对公民的意见作出负责的反应,及时、迅速提供优质、高效的服务是衡量"善治"程度的重要内容。这种政策的回应性,对决策科学化、民主化,对妥善处理改革发展稳定的各类问题,至关紧要。

近年来各级政府在增强政府的回应性方面进行了积极探索,创造了不少有益的形式。如,市长热线实行 24 小时值班制度,方便市民反映问题;一些地方政府在媒体上开辟市府与市民栏目进行双向交流和互动,增进相互理解;公安系统设立报警服务中心,建立快速反应体系;一些政府职能部门和公共服务性行业实行首问负责制或首办负责制,实行服务承诺制等;一些地方政府实行领导干部群众接待日制度和领导干部下访制度,面对面地听取群众意见和解决问题。社情民意反映制度的实质也在于提高政府决策的回应性。

4. 文化价值目标

建设公共服务型政府,需要构建新的行政文化。应当用市场经济的理念和方法实现政府转型和构建新型的管理职能文化,包括:服务为本、公民驱动、公民取向的公民第一主义;打破垄断性的集中配置、划片服务及公民群体分割,给公民以自由选择的现实权利;引入新的内部核算机制和价格机制,推动公共服务部门之间的竞争;采用目标管理(MBO)、全面质量管理(TQM)等手段进行绩效管理,实行成本核算;加强财务控制,完善信息反馈,实行绩效预算;建设政务咨询制度,公开资讯制度,服务承诺制度等政府文化基本制度;重新提倡、灌输公仆意识、服务意识,树立以民为本、公众至上的价值观等等。

香港的服务水准素来达到国际水准,但提供优质服务并不限

346

于私营机构。自从香港特别行政区成立以来,市民对公共服务素质的要求和期望日益提高。为切合市民的需要,特区政府在公务员队伍中推广以客为本的服务文化,开展优质公共服务的多项计划,使得香港的公共服务水平不断提高。

香港特区政府公务员事务局从1999年起开展的卓越顾客服务奖励计划,通过一年一度颁发卓越顾客服务奖,在公务员队伍中进一步推广以客为本的服务文化,表扬在顾客服务方面表现优异的公务员。此外,每年还评选、颁发最佳公众形象奖。公务员事务局以公开公平的方式,由市民评选上述两个奖项的得主。该局今年初抽样选出了4万个家庭,请他们填写问卷,选出顾客服务的最佳部门。卓越顾客服务奖励计划的另一重点活动是举办展览,介绍特区政府各部门、各公共服务部门在优质服务中取得的工作成果。

另外,自1998年以来,公务员事务局已向各部门拨款约一千万港元,用于推行顾客服务措施。部门推行的措施包括,进行顾客意见调查、举办训练工作坊、制作宣传品、在特区政府及各部门层面,定期举办训练课程和研讨会,去年约有八千五百名公务员接受了顾客服务技巧训练。

为了进一步推广顾客服务文化,特区政府于1999年开始举办一年一度的公务员顾客服务奖励计划,所有部门都可以参加,让公众参与投票。目的是向公务员推广以客为本的服务文化,以应付社会的需要,满足公众对公共服务质素及水平越来越高的期望。评选小组将按参赛队伍的服务质素、工作效率及成本效益,评审他们在提供顾客服务方面的表现,得奖部门可获颁赠“杰出顾客服务奖”。

构建同公共服务型政府相适应的行政文化,需要把握好以下主要环节:(1)公共服务行政文化构建必须体现时代特征,符合公共管理现代化和社会发展的客观要求。任何文化只有根植于现实的丰厚土壤,同时又体现时代特征与发展趋向,才能显示出旺盛的生命力和特有的价值。在讨论和构建公共服务行政文化过程中,一定要立足于我国社会生产力发展的客观要求,充分研究经济体制改革的新情况,认真分析行政体制改革的具体特点及社会公众的期望要求和参与热情,不断研究新问题,总结新经验,探索新规律,使所要培育的行政文化能真正反映当今我国发展社会主义市场经济的重大实践,符合我国公共服务型建设的客观需要。(2)构建公共服务行政文化应当继承民族传统,培育具有中国特色的行政文化体系。任何一个国家的行政文化建设与创新,都不应该也无法割断同本国传统文化的联系,都必然体现着该国特有的民族传统。中国有着五千年深厚的传统文化底蕴,在长期的行政实践过程中所形成的同社会经济、政治制度相适应的系统性行政文化,在维护相关的行政管理体制、调节行政官员行为、规范行政管理活动方面曾发挥过相当重要的作用。由于传统行政文化建立于封建型经济、政治制度基础之上,其中涵有的集权型、血缘宗法型体制文化,个人权威型,个人经验型决策文化,以及具有深刻社会政治历史背景的行政人治文化等内容已不能适应社会经济、政治以及行政关系都发生了根本性变化的社会主义发展的要求。就本质而言,构建公共服务行政文化并不意味着对传统行政文化要素的全盘否定。我国在构建公共服务行政文化过程中,应当采取一种实际的态度,因为我们无法通过一般的宣传和教育来彻底清除传统行政文化中某些消极因素的影响,但我们可以借助传统行政文化中所包含的至今仍具有生命力的积极因素,通过注入新鲜内容以逐渐培育和形成适应现代社会发展需要的行政文化体系。由于这种将传统与现实有机结合起来的文化要素更贴近于中国人民的日常生活习俗与情感,因此更容易被政府和社会公众所自觉接受,并更充分地发挥出它应有的积极效应。(3)构建公共服务行政文化需要开阔胸襟,广泛吸收人类在这一领域创造的优秀成果。

348

西方国家在长期的行政改革与行政实践过程中所孕育形成的行政体制文化、行政决策文化、行政伦理文化及行政法治文化体系，不仅为维护资本主义行政机器的正常运转发挥着重要作用，其中包含的某些行政理念、行政思想、行政意识、行政原则、行政道德等等要素，对我国行政改革与构建公共服务行政文化有着一定的参考借鉴意义。在吸收、借鉴外来行政文化问题上，需要把握以下原则：第一，坚持"以我为主，为我所用"；第二，坚持"优势互补，改造利用"；第三，坚持"脚踏实地，循序渐进"。(4)构建公共服务行政文化应当坚持与时俱进原则，在行政实践中不断革新发展。行政改革本身则又是个不断创新的过程，这种创新不仅仅包括体制性要素，还必然涉及到文化性要素，即随着行政体制性要素的革新而与时俱进地推进行政文化性要素的创新。这里，体现着文化性要素同体制性要素之间的双向作用关系：前者对后者予以引导和规范；后者对前者提出革新的要求，并提供发展创新的物质性空间与基础。这就是说，行政改革的过程，也即行政文化不断创新的过程。尽管行政文化的革新与发展有其客观性的依据，受着行政实践的制约，但由于创新本身并不表现为一种纯客观性的过程，它实际上总是深深地渗透着人的主观因素的作用，这就面临着一个主客观如何协调的问题。对此，我们既要重视按照与时俱进的原则在行政改革实践中推进行政文化的创新，同时，也要注意避免好高务远的心态，不切实际地提出种种超越现实的观念、要求与口号，主观性地设计出一套缺乏指导意义的行政文化模式。(5)构建公共服务行政文化要坚持科学态度，提倡求真、讨论和争鸣的精神。作为一种集先进性、科学性与广泛性于一体的系统性文化源于深刻的历史传统与现实的社会背景，有其自身的独立性与发展规律。建设有中国特色的公共服务行政文化，必须坚持"百花齐放、百家争鸣"方针，允许各种不同观点的学术流派切磋与交流，在讨论与争鸣中不断丰富行政文化的内容，拓宽行政文化发展的领域。

三、制度与机制:建设公共服务型政府的途径

世界上没有最好的公共服务模式,各国应该根据自身特点,创造适合自己国情的公共服务体系。我国的公共服务模式和体系建设不能完全照搬西方发达国家高水平的公共服务模式,要渐进发展、稳步提高,不要急于求成、一步到位,而应采取"覆盖面广、水平适度、兼顾公平与效率"的模式,在保证最低生活保障、初级卫生保健、义务教育的基础上,以保护贫弱者为重点,扩大公共服务的覆盖面,从而实现使人人都享有基本公共服务的目标。

继续推进机构改革。这是建设服务型政府的关键所在。建设服务型政府,必须按照精简、统一、效能的原则和决策、执行、监督相协调的要求,深化机构改革,使政府组织机构更加合理、科学、高效。推进政府机构改革,应科学规范部门职能,按综合职能设置机构,将相同或者相近的职能交由一个部门承担。只有这样,才能解决好职能交叉、权责脱节、多重管理、多头执法的问题。

切实转变政府职能。这是建设服务型政府的核心问题。在社会主义市场经济条件下,政府的主要职责是宏观调控、市场监管、社会管理和公共服务,这就要求通过转变政府职能,解决好"越位"、"错位"、"缺位"问题。解决政府管理"越位"问题,应改变过去包揽一切的管理体制,缩小、分解政府的管理权限和范围,把不该由政府承担或政府管不了的职能转移出去,实现政府与企业、社会、市场之间的合理分工。特别是在经济管理上,要强化"看不见的手",弱化"看得见的手",充分发挥市场机制的作用,做到凡是市场能运作的,政府不包揽;凡是企业能自主经营的,政府不干预;凡是该社会办理的,政府不插手。解决政府管理"错位"问题,主要是理顺中央和地方之间、政府内部各部门之间的职能关系,合理界定各级政府、政府各部门的职能边界,明确各级政府、政府各部门的职责范围,避免因分工不当、责任不明导致政出多门、交叉错位。解决政府管理"缺位"问题,就是把应当由政府办的事情真正

350

抓起来,负起责任,避免管理出现"断档",公共服务出现"真空"。

大力加强公务员队伍建设。事业成败,关键在人。建设服务型政府,必须建设一支高素质的公务员队伍,当前应在控制数量、优化结构、提高素质上狠下功夫。首先,严把"入口",确保选人用人质量。其次,疏通"出口",积极推行辞职、辞退制度。第三,加强培训,搞好公务员的政治、理论、文化学习和业务培训,不断提高其整体素质和为人民服务的本领。第四,建立长效机制。依据国家公务员条例和有关规定,根据新的形势和任务,建立和完善竞争择优的选拔机制、符合社会需要的培养机制、开放灵活的流动机制、与贡献相适应的激励机制,把公务员队伍建设纳入制度化、规范化、法制化轨道。

积极创新运行机制和管理方式。科学的机制出活力、出效率、出公平。建设服务型政府,应突出制度创新,完善运行机制,靠机制和制度来保证政府行为的科学透明、协调一致和高效运行。一是完善决策机制。健全重大问题集体决策制度和专家咨询制度,完善科学化、民主化、规范化决策程序,实行社会公示和社会听证制度,充分利用社会智力资源和现代信息技术,增强透明度和公众参与度。应建立决策失误追究制度,对因盲目决策而造成重大失误、导致重大损失的,要追究责任,直至引咎辞职、责令辞职。二是完善执行机制。全面落实行政首长负责制、分管领导负责制和部门负责制,科学分工,明确责任,一级抓一级,一级对一级负责,层层抓好落实。发展目标、工作任务确定后,要按照分工和职能进行分解,由谁负责,谁去执行,怎样推进,都应十分清楚、明确。三是完善监督考核机制。这是确保决策落实到位的关键。应建立科学合理的考核体系,采取切实可行的办法,加强对各级政府及其所属部门的监督考核,公正评价其作用和贡献,督促其尽职尽责、尽心尽力。四是积极推行电子政务。改善政府管理结构和方式,重塑政府业务流程,构建适应信息时代社会发展需要的政府组织形态,以提高行政效率,降低行政成本。

1. 调整财政支出结构,加快由投资型财政体制向公共服务型
财政体制的转变

满足社会公共需要,生产或提供公共物品或服务,从事任何形
式的公共管理活动,都离不开花钱。要花钱,就必须去筹钱。这一
收一支之间,便是政府部门所从事的公共管理活动的一个领
域——公共财政。然而,作为围绕政府部门生产或提供公共物品
或服务而筹集财源、拨付经费的活动,公共财政同其他领域的公共
管理活动有所不同,它可以折射、反映政府部门所从事的所有公共
管理活动。就此而言,构建公共服务型政府,应当从构建公共财政
体制入手。只有打下了公共财政体制这个基础,构建公共服务型
政府才能获得强有力的支撑。

世界银行在 1997 年的世界发展报告中指出,每一个政府的核
心使命包括五项最基本的责任,即:①确定法律基础;②保持一个
未被破坏的政策环境,包括保持宏观经济的稳定;③投资于基本的
社会服务和社会基础设施;④保护弱势群体;⑤保护环境。上述五
项职能显然是对政府建设公共服务型财政体制的肯定。如果说政
府部门所从事的公共管理活动多种多样,可从不同的角度、基于不
同的目的加以分类的话,那么,无论从哪一角度、基于哪一种目的
而作出的分类,公共财政收支活动,或者说财政收支活动,都是全
部公共管理活动的核心内容。相对于其他领域的公共管理活动而
言,公共财政收支活动是居于"牵一发而动全身"地位的。"只有
财政收支到位之处,才是政府职能履行之地。"这既是经济学揭示
的一个规律,也是关于公共财政收支活动同其他公共管理活动之
间关系的一个科学概括。而按照市场经济的要求,政府应当把自
己在经济领域的主要资源转移到为全社会提供基本的公共产品和
公共服务方面来。因此,通过改革投资型财政体制,建立与发展公
共服务型财政体制已成为政府转型的内在要求。

马斯格雷夫在 20 世纪 60 年代末、罗斯托在 20 世纪 70 年代初提出了公共支出结构发展模型。该模型指出：由于较为严重的市场缺陷阻碍着经济增长，在经济发展早期，政府投资（经济性支出）在总投资中占有较高的比重，公共部门在提供最基本的经济基础设施特别是道路、供水、电力和通讯基础设施方面起着重要作用，并且在很大程度上替代了私人投资；在经济发展的中期，市场缺陷有所削弱，民间部门力量逐渐成长，因此总投资占 GDP 的比重继续上升，但公共投资占 GDP 的比重会下降，并且应该对私人投资起着补充作用；一旦经济达到成熟阶段，公共投资的重点将从基础设施转向教育、保健和福利等社会服务方面；在"大众消费"阶段，社会服务和收入转移显得日益重要，而且当社会服务具有保障权利的性质时，这种支出受到人口趋势的影响越来越大，并且会大大超过别的项目的公共支出，也会快于 GDP 的增长速度。

从公共支出的领域来划分，政府公共服务可分为经济性公共服务和社会性公共服务两部分。经济性公共服务是政府为促进经济发展而直接进行各种投资；社会性公共服务是指政府通过转移支付和财政手段支持教育、科技、社会保障、公共医疗卫生、环境保护等社会发展项目。世界上发达国家的普遍做法是逐步加大公共支出结构中社会性支出的比重，不断提高社会性公共服务的地位与作用。从我国的情况看，应建立健全公共财政体制，调整和优化政府公共服务结构，增加政府公共服务支出，重点是不断增加社会性公共服务支出；建立公共收入制度，逐步提高财政收入占国内生产总值的比重。同时，调整公共支出的范围，把生产投资型财政转变为公共服务型财政。财政支出应坚持以人为本，普遍提高全体人民特别是低收入群体的社会保障水平，将财政支出的重点转向公共教育、社会保障、公共卫生、公共安全和公共基础设施等方面。就目前我国实际情况来看，政府在公共产品和公共服务的供应方面，还存在很大缺口。这有两种原因：一是整个财政能力不足；二是将有限的财政资金过多地运用在投资国有企业形成国有资产上，以及过多地投资于基础领域和竞争性行业，而公共产品和服务方面所需要的财政资金没有被配置到位。国外发达国家的政府用于经济建设的支出只占财政支出的2%左右，而我国则高达38～40%。为加强政府公共服务的核心职能，必须进行公共财政体制改革，调整财政支出结构，大力压缩非公共性的财政支出，坚决杜绝政绩工程、首长工程、献礼工程等与本地经济社会发展关系不大的项目支出，从那些不属于社会公共需要的领域抽身，同时在社会公共需要的领域加大国家资源的投入，将财政支出的重点转向公共安全、公共卫生、公共教育、社会保障和基础设施建设方面，逐步把经济建设型财政转变为公共服务型财政。

建立公共财政，还应逐渐提高政府在公共服务方面的付费比例。在过去20多年的改革中，社会私人所承担的公共服务费用比例过高。1986～2002年，我国私人支付学杂费的增长远远高于教育和财政教育支出的增长速度，医疗领域也是如此。与此形成鲜明对照的是，发达国家在经济发展过程中是在不断提高公共服务方面的政府付费比例。在丹麦的财政支出中，与社会保障有关的项目占38.9%，瑞典用于就业服务的资金占GDP的2.7%，其中用于失业人员的占这些资金的84%。芬兰为鼓励中小企业吸纳失业人员，对其减税四个百分点；对失业人员自己创办的"微型企业"则给予减税或者补贴的照顾。可以说，相应减少公众接受公共服务时所支付的成本，也是建设公共服务型政府的指标之一。

近几年来，伴随着市场化取向的改革进程，我国的公共财政体制建设已经取得突破性进展。以1998年底举行的全国财政工作会议提出构建公共财政体制框架的目标为契机，我国财政收支的理念及其体系的运作在迅速发生变化。以满足社会公共需要为原则和标准界定财政职能，凡是属于或可以纳入社会公共需要领域的事项，财政就应全力涉足或应创造条件积极进入；凡是不属于或

354

不可纳入社会公共需要领域的事项,财政就不能介入或创造条件逐步撤离,这已经在相当程度上为人们所认可,作为一种与市场经济相适应的理念写入党和政府的文献之中,并进入财政收支的具体运作层次。比如,在今天的国家财政收入中,国有制经济单位缴款的占比已经下降到不足一半,非国有制经济单位缴款的占比则上升至多数地位,从而发生了由"取自家之财"到"取众人之财"的变化;再如,在今天的国家财政支出中,投向国有经济单位的份额已经大幅度下降,取而代之的是社会保障支出、国防支出、科教文卫支出等公共性支出项目的占比迅速攀升,从而发生了由"办自家之事"到"办众人之事"的变化。又如,谈起今天的财政政策取向,"区别对待"已成为不合时宜的理念;而给所有的企业和居民以"国民待遇",已在相当程度上成为人们的共识。

所有这些,都是我们通向构建公共服务型政府之路的重要基础。今后的任务是在继续推进公共财政体制构建的过程中,将公共财政的理念和运行规则融入政府职能转变的全过程,在公共财政体制和公共服务型政府的互动中逐步实现公共服务型政府的目标。

2. 加快预算管理体制改革,建设以公共服务为导向的政府绩效审计制度

公共服务型政府的建设,体现着社会公众对政府的一系列期望,其中包括以下两方面的基本要求:其一,希望政府能够更多地承担公共服务职能,通过各种有效的途径提供自己所需要的各项公共服务;其二,由于政府为公众所提供的各项公共服务最终都必须由公众自己"买单",即支付所需成本,因此,公众又期望政府能够以最经济的手段,花最少的钱,提供更优质的服务。上述两项对政府服务的要求能否得到落实,需要有一整套行之有效的制度保证,而绩效审计制度则是达到上述目标的有效途径之一。国外有句名言总结审计的责任:审计是对纳税人负责——纳税人交给财

政部门的钱,怎么花得向纳税人有个交代。可以说,提出对公共服务进行绩效审计的要求,其用意在于促进政府"花最少的钱,使公众获得最需要的服务。"

就目前总体情况分析,我国一些地方政府在提供公共服务方面,距中央的要求和广大社会公众的期望还存在着明显的差距,主要表现在:对公共服务职能认识不清、重视不够,公共服务投入严重不足,公共产品分配不公,公共服务体制僵化、质量不高,乱收费现象严重。以教育为例,2001 年,我国财政性教育投入占 GDP 的 3.19%,即使是与 1998 年巴西、马来西亚、泰国等发展中国家 4.63%、4.49%、4.27% 的财政投入相比,也存在着巨大差距。

尤其是中国的行政成本一直是引人关注的问题。我国行政事业单位人员由财政供养,2002 年统计人数达 4500 多万,也就是平均 28 人养一个"吃皇粮的"。吃饭财政成为人们关注的焦点。以中美税收为例,2005 年中国税收收入是 1.5 万亿元,税务人员是 100 万人,而美国税收远高于中国,税务人员仅 10 万人。据有关资料,我国历史上需要财政供养的人与普通百姓之比,两汉为 1:946,唐朝为 1:500,清朝康熙时期为 1:91,新中国成立之初为 1:600,1978 年为 1:50。按平均每人每年至少一万元工资标准计算,现有的财政供养人员一年就需要财政供给工资开支 4500 亿元,占国家总财力的比例很大。财政供养人员还要提供办公设施、住房、医疗保障、养老保险等,若将这些考虑进去,每增加一个人,一年至少需要增加财政支出二万元以上,财政负担更为沉重。

由于长期以来,行政机关人头只见增,不见减,许多部门工资发放都有困难,更不用说办公经费时常拮据的窘迫了。然而,就是在这样一种情况下,机关仍然源源不断地在进人添口。行政编制满了,便弄事业编制;事业编制满了,便招临时人员。一个人的活两个人干,一个人的饭两个人吃,只够发一个人的工资,两个人领。对此,英国学者帕金森在其被称为"帕金森定律"的"官场现象"之中,提到:行政首长多喜欢增加用人,以便显示出自己的优势,但实际工作并不需要如此众多的人,而所有的工作是人员相互制造出来的,对机关事务本身并无需要,如此,人员日益庞大。

公务员辞职辞退制度自1996年实施至2003年的8年间,据人事部统计共有1.9374万名不合格公务员被辞退,年均不到2500人。按照全国近500万公务员计算,公务员年辞退率仅约0.05%。北京市公务员辞退的比例更低一些,截至去年统计时为止,北京10万公务员仅辞退300多人。

鉴于上述情况,人员精减便成为我国历次行政体制改革的一项重要内容。1998年至2001年的机构精简,是中国行政体制改革进程中力度最大的改革之一。当时的指标是:国务院直属机构削减1.5万人,地方政府则按40%的比例减;其中北京市政府最后的精简指标达到了49%;全国有20万~30万机关人员被分流。但许多专家对这次改革的"成本问题"提出了不同的看法。这次改革成本的准确数字无法提供,但政府支付的代价无疑是巨大的。如货币化"工龄买断"、住房无偿拥有、政府为其中一大批人支付昂贵的学位深造费等等。如果花几十个亿人民币减掉一个政府部门,从表面看机关人员是减少了,可支付如此大的成本代价值不值得?精简机构的目标到底是人数还是费用?《财经时报》获知,就在去年中央政府决定将某事业单位"按照市场化原则推向市场"时,有关职能部门为此花费了100亿元人民币的"改革费用"。把事业单位推向市场没有错,但支付这么高的行政成本,原因在于"推"的方式有问题。由此反映出我们的政府职能部门在行政改革中依然沿用行政命令方式,做行政文章,这种形式主义的文章当然最好做。

其实,比中国"官民"比高的国家多的是。如近年来,美国财政供养人员与民众之比为1:15,政府财政支出占当年GDP的比重超过一半。单从数字上来看,美国的情况似乎比中国严重,虽然美国百姓经常抱怨政府收税太多,但美国的民众为什么很少抱怨政府吃财政饭的人多了?分析美国政府财政支出的结构,就可以发现,原来美国财政支出主要用于为普通民众服务的公共安全、医疗保障、社会保险、教育项目、贫困救济等领域,政府雇员的"人头费"支出和日常管理费用支出比例却较低,而中国的情况却是"人头费"支出和日常管理费用支出在政府年度财政支出中所占比例奇高,用于普通公民和公共服务方面的财政支出比例却非常低。比如,中国目前每年公务用车耗费3000亿元,超过了一年的国防费用。可见,财政支出的模式和政府职能的转变才是解决问题的关键。为此,如何加快预算管理体制改革,建设以公共服务为导向的政府绩效审计制度,是建设公共服务型政府的重要途径之一。

对政府绩效审计需要从公共预算开始。《中华人民共和国预算法》第十二条规定:全国人民代表大会审查中央和地方预算草案及中央和地方预算执行情况的报告;批准中央预算和中央预算执行情况的报告。这意味着,政府各部门的每一分钱支出,都需要经过人大的审议批准后方可支出,各部门的各个具体预算科目,应当事先由各级人大的各个专门委员会进行详尽的审议。事实上,这也正是人大作为最高国家权力机关的当然职权。但是,每年"两会"在3月召开,中央预算已经实行了两月之久,上述规定自然难以完全落实。而且,目前全国人大所审计的预算报告,存在两大问题:一是过于粗略。在每年的人代会上,由财政部门代表政府向各级人大所作的预算报告大多过于笼统,各部门只有总体数字,缺乏部门内部的详尽预算,不仅老百姓看不懂,很多专业人士也不甚明了,代表们只知道教育要用多少钱、医疗要用多少钱,却不知道它们分别要花在哪里。而在发达的市场经济国家,类似的报告细分化程度很高。每一笔财政支出用途何在以及相关的细节问题,在报告中都列得很详细。二是执行中弹性太大。尽管按照法律规定,预算案中各个科目的支出,应当是"铁预算",基本上是不

358

应留任何弹性的,各部门必须严格按预算合理安排支出,只有人大或其常委会本身能够对预算案进行修正,包括追加预算或改变拨款用途。但实际上,政府各部门预算执行的各个环节弹性却很大,几亿、甚至数十亿巨资,可以仅仅根据某些官员的意见而随意改变用途,甚至都没有通知一声人大。在预算之外,财政往往还要预留大量的资金用于临时性支出,领导一句话,就能支配大笔钱款。各种形形式式的预算外支出,因为没有被纳入国家预算,几乎成了一个"黑洞",人们根本搞不清楚它们是怎么使用的。这样的"灵活性"给各部门挤占挪用财政专项拨款、财政收支不列入预算等违法违规行为提供了非常便利的条件。

预算管理体制改革的基本思路应当是淡化决算,强化预算编制。承担公共服务的预算大体包括两个方面的开支:直接用于服务对象的开支即业务开支,服务机构和人员本身的开支即行政开支。就经济效率考虑,行政开支在总开支中的比重不应过大。政府履行公共服务职能需要一定的条件如财政资源、物质条件和技术保证等等,但寻求改善的努力超过限度就成为自利行为,如英国学者帕金森在其被称为"帕金森定律"中所揭示的英国官场的一个定律:办公大楼愈堂皇,设备愈精致,往往管理愈腐败无能。这意味着,政府部门对自身利益的过度追求会损害它的公益精神与责任意识。即使对公共服务项目,也需要根据经济性、效率性、效果性的指标进行科学论证,以减少可以避免的失误。在公共项目投资上,不该投的投了,就会背上包袱。比方机场建设,不该建的建了,花了 5 个亿、10 个亿,那还只是第一笔钱,它建起来以后还要运转,运转可能每年都要亏损,那就远远不止 5 个亿、10 个亿的数目。从预算编制一开始就对政府部门实施硬约束,有助于使它们从"要求"心态转向"可能性"心态,遏止政府部门对自身利益(包括政治利益与经济利益)过度追求的内在冲动,使政府部门在申请与接受财政拨款的同时,深切感受到在使用这些款项时必须承担的法律责任。

　　就我国目前预算管理体制来看，各个部门的各个具体预算科目，事先都要由人大的各个专门委员会进行详尽的审议。事实上，从人大所扮演的角色来看，这些专门委员会的主要职能，就应当是审议政府各部门的预算，并对其执行情况予以监督。预算监督的内容主要体现在三个方面：一是财政资金分配是否合理，是否把钱花在社会发展最需要的地方；二是财政资金的使用是否绩效最佳，有没有发挥最大效益；三是防止财政腐败，财政资金有没有被贪污、挪用。因此，绩效审计的关键就是要从最上游建立合理的架构，这里包括两个主要环节：首先是对于预算编制要建立科学严格的审议和批准制度，其次是对预算执行的监督机制及违规后的纠错和问责机制。令人鼓舞的是，在 2004 年岁末，出席十届全国人大常委会第十三次会议的常委会组成人员的案头，都摆上了一份国务院办公厅提交的关于审计查出问题纠正情况的报告。这份长达 26 页的整改报告将审计"清单"里的每个问题几乎给予了"说法"，向司法机关和纪检、监察部门移送各类案件线索 222 起，已有 754 人次受到党纪政纪处分或被移送司法机关处理。同时，级别高的有如国家林业局等国家部委的问题得到整改，相关责任人也正在追究。

　　为加强绩效审计的操作性与公平性，需要建立一套科学可行的公共服务绩效指标评价体系，指标内容包括对经济效益的评价和社会效益的评价。由于社会效益是一个很难用定量指标来衡量的，而定性指标有时难以保证公平。因此，在制定社会效益评价指标时，可以作出一些原则性较强的定性规定。另外，针对弹性较大的、容易使公平性受到损害的项目或领域，可通过总结经验增加一些补充性质的规定，以不断完善制度建设和规范化建设，努力形成"事事都在制度中，时时都在规范中，人人都在监督中"的绩效审计法制工作环境，2004 年 8 月，国家人事部《中国政府绩效评估研究》课题组提出的一套适用于中国地方政府绩效评估指标体系出台。社会保障、社会稳定、廉洁状况和行政效率等 33 个指标都被纳入考核范围。评估的重点放在了整体管理水平和生活改善水平,而非单的 GDP 增长率和就业机会率。尽管该评估体系所包含的项目还可作进一步的推敲,但新考核体系毕竟意味着我国政府职能转变已经迈上了一个新台阶,政府逐渐在从单纯地注重经济指标向注重公共服务与社会全面发展转变。

3. 完善面向社会大众的公共服务信息公开制度,加强对公共服务的社会监督

公众的知情权与政府信息公开化,是建设公共服务型政府的基础。离开了知情权,公众不了解政府服务信息,官员便有可能进行暗箱操作、营私舞弊,公众便可能受欺骗,也无法对政府进行监督,这样,所谓公共服务型政府就会变形,变得名不副实。为适应开放社会和履行公共职能的要求,首先应确立以人为本、公众导向、民主参与的机制,重视建立公共服务决策项目的预告制度和重大事项的社会公示制度,完善在社会各阶层广泛参与基础上的公共政策听证制度,逐步从封闭型的公共决策向公开、透明的公共决策转变。

除国家秘密和依法受保护的商业秘密与个人隐私之外,凡是运用行政权力办理的与人民群众利益相关的各类事项,都要主动向社会公开,政务公开的性质和目的,决定了公开要采用无条件的"排除法"(除极少数外必须公开),而不是有条件的"列举法"(主事者可以选择性地决定哪些公开,哪些不公开),也决定了公开是要主动公之于众,而不是被动"答记者问"。在相对广义的层面,政务公开不但包括政府事务的公开,还应该包括党务公开、人大事务公开、法(院)务公开、检(察)务公开等内容,因为这些内容不只是执政党、人大机关、司法机关、检察机关的内部事务,而且也是与人民群众利益密切相关的事项,理当在公开之列。

在现代社会的政治构架中，与政府权力相对应的是公民权利，民主国家制定宪法，目的之一就是为了限制政府的权力，保障公民的权利。政府事务依法实现公开化，是对政府依法行政能力的公开考验，也从廉洁、高效、创新等方面对政府行为提出了更高的要求。一些政府部门和工作人员会发现，实行政务公开不但有利于防止腐败和暗箱操作，而且能够有效地推动政府决策的科学化和施政的理性化。所以，尽管政务公开是对政府权力的一种限制，但除了少数人出于某些原因不愿公开、害怕公开或大搞"虚假公开"以外，大多数政府部门和工作人员对政务公开是能够理解的，是持欢迎态度的。

与此相对的是，政务公开反映了保障公民权利的内在要求。公民是国家社会政治生活的主体，社会政治生活无论是与公民眼前的切身利益息息相关，还是事关国家命运和社会发展的大局，公民对此都享有知情权。知情权是一项原生性的基本权利，是公民运动和社会进步的产物。只有在对与自己权益相关的各种事务充分知晓的情况下，公民才能真正把握自己的生活，并对社会承担责任。公民在现代社会里享有知情权，这是在"民可使由之，不可使知之"的传统社会里的臣民、子民不可企及的"待遇"。可以这样说，如果没有知情权，公民的其他权利就无从谈起，而如果没有政务公开，公民的知情权也无从谈起。

政府公共服务的对象是社会，是广大人民群众。建立公开、透明的制度才能把政府的公共服务置于社会和公众的监督之下；同时，公开政务、公开政情也是政府有效履行公共服务职能的重要保障。在公共服务信息公开方面，顾客满意度的测定与公示是一项重要的环节。顾客满意度可以直接测定，也可以间接测定。直接测定即通过民意调查形式了解公民对特定公共部门和特定服务的主观感受和评价；间接测定即设计一些标准或使用特定的方法来测定顾客满意程度，这种测定不是简单地依赖顾客的主观感受，因

362

而具有相对的客观性。具体方法大致包括:(1)公众知晓度测定。指公众对公共服务内容的知晓程度和获得有关信息的便利程度。它是政府部门服务质量的一个有效显示,也是顾客满意程度的一个间接标。公众知晓度测定可通过调查方法,确定目标群体中知道特定服务内容的对象所占的比例。由于不了解服务内容和条件而没能享受到公共部门提供的服务,应被视作服务质量不高的一个表现。特别在那些社会保障服务中,最需要服务的人往往处于文化水平低,信息不灵的状态,因而对公众服务的知晓程度对改善他们的生活状况至关重要。(2)公共服务便利程度测定。便利度即公众获取和享受公共服务的方便程度。便利度的测量标准主要有两个:第一,公共服务网点的集中或分散程度和服务半径。服务网点越大越集中,每个网点的服务半径就越大,公众所获得的服务就越不便利,公共服务部门小规模化是目前西方行政改革的一个趋势。第二,公共部门工作程序的简化和合理程度。政府的程序过于复杂必然增加公民办事的困难。如果各部门之间缺乏协调,公民办起事来就会更加困难。(3)社会成本测定。服务网点的数量和分散程度、服务网点的服务半径、工作程序的简化和合理程度等,都是便利度的示标。便利度低必然会增加公众办事的时间、精力和费用。如果把公民办事平均花费的时间、精力等折算成金钱,就形成了公共服务机构的社会成本。社会成本越高,说明公民获得服务的付出越大,满意度也就越低。通过对顾客满意度的测定与公示,有助于加强政府服务部门同公众之间的信息交流与沟通,加强社会对政府公共服务职能的监督,不断优化政府公共服务的质量。

在落实公共服务信息公开化方面,一些地方政府结合具体情况正在进行各种有益的尝试,包括建立统一的政府数据中心和政府公共服务信息目录管理系统,实现对政府基础性、全局性服务信息的集中管理,以及对政府各部门服务信息资源的统一分布管理;

积极推进政府信息资源的开发利用,创新建立政府部门间信息资源交换与共享机制,形成政府信息资源的基本框架,实现政府基础信息和公共信息资源的统一管理、实时交换、广泛共享、政务公开;充分利用电视、广播、报刊、互联网络等各种媒体,采取互动的方式,让市民参与评议政府公共服务信息化项目;启动市民卡工程,逐步使市民在享用各种公共服务(社保、医保、劳动就业、网上缴税、住房公积金、医疗卫生、社区服务、图书馆等)时一卡通行,方便市民办事和得到各种公共服务,等等。

政府公共服务信息公开需要加强法律保障与规范。目前,世界上已有几十个国家制定了信息公开法,如美国就有《情报自由法》、《阳光下的政府法》、《电子情报自由法》等。我国应尽快出台信息公开的相关立法,包括制定《政府信息公开法》;早些年制定的《保护国家秘密法》内容已滞后于政府信息公开发展的趋势,也需要修订和细化。

在公共服务信息公开方面,新闻媒体可以发挥主渠道的信息传递作用。新闻媒体是党的耳目喉舌,也是人民的耳目喉舌,大众传媒经营的主旨就是为公众知情权服务。不管是党报、政府报还是民间报纸,都应该成为传送公共服务信息的工具,以形成多元化的信息传递网络。要切实发挥新闻媒体的公共服务信息传递功能,必须从法律上保护新闻媒体的信息披露权,通过新闻立法,规定事关公众利益的事务一定要报道,不能谎报和瞒报;对新闻违法行为要依法进行处罚。

4. 大力推进社群组织的健康发展,营造政府与社会的协作机制,拓宽公共服务的社会空间

在计划经济时代,拥有庞大自然资源与社会资源的政府独自有计划、全方位、单向性地承担着向广大社会公众提供"从摇篮到坟墓"的各项服务。随着市场经济体制的建立及资源的重新分配与调整,随着由"单位人"向"社会人"身份转变的社会发展趋势,

公众逐渐不再满足于传统的服务格局,开始对公共服务的内容、质量以及服务方式与途径提出了新的、更高的要求。由此,形成了一个基本的悖论:一方面,政府承担着越来越复杂的公共服务职能及其成本,另一方面,政府职能转变与机构改革的发展,要求打破"全能政府"的概念,而政府对经济资源垄断地位的消除也在一定程度上约束着政府能力发展的空间。为此,如何发展社会的自我组织、自我治理、自我救助、自我服务,完善社会公共服务体系,便成为建设公共服务型政府一项新的内容。

各类社群组织的出现是我国社会转型期的一个重要变化,也是政府职能转化、"小政府、大社会"发展的必然选择。一个秩序良好的社会,需要一个民主、法治的政府权威,也需要一个广泛的社会自治与合作网络。通过变革社会治理方式,最充分地动员和借助社会各方面的力量,实现公共服务的社会性供给,使有限的政府财政支出发挥最大的效力。在行政改革中,我们一直强调要转移政府职能,这部分需要转移的职能转移到哪里去呢?最佳的去处就是社会组织,这样不仅有利于发挥广大社会成员的积极性和创造性,也有助于政府集中精力抓好本职工作,实现"小政府,大社会"的发展目标。"大社会"就是要培育社群组织,发挥社群组织公共服务的功能。"大社会"大不了,"小政府"自然小不了。

其实,世界上最早提供公共服务的就是私人机构和非政府组织。各类社群组织可以成为政府最有力的助手,成为政府和公众之间互相联系的桥梁。一些国家的实践证明,社群组织的正常与健康发展,有助于关怀弱势群体,填补政府"职能缺位",在关怀弱势群体、提供社会服务、维护社会公正等方面发挥积极的作用。社会改革必然涉及利益分化与重新组合,在打破原有分配不公的同时,孕育出一些新的社会不公平。而"小政府"的改革发展趋势,使得政府忙于职能与机构的调整,以致出现某种程度的"职能缺位",包括在对弱势群体利益的维护方面,政府可能一时无暇顾及。面对庞大的国家机器，单独的个体力量实在是太微弱了，常常难以切实维护本属于自己的自由、平等、公正等权益，在国家利益的正当理由下，个人利益常常找不着应有的空间。只有通过公民社群联结在一起，弱小的个体才能变得强大。以社会公益为己任的各类社群，可以在这些领域发挥独特的作用，例如，对社会弱势群体给予实际而贴切的关怀，为他们提供所需的社会服务；对那些离乡背井进城务工的边缘群体，通过社群的作用，给予他们一种家的感觉，满足他们在新的生活环境中所迫切需要的安全感与归属感。实践证明，社群组织是实现是人与人、人与社会和谐的基本单元与重要环节，作为处于个人与国家之间的"中介组织"，社群能起到一种纽带作用，实现与政府工作良性互动；将传统体制下由政府承担的许多事务转由社群组织去做，既可以稳定社会，缓解矛盾，又可以大大节省行政成本。

此外，由于信息不对称，政府在推行公共服务的实践中需要开拓更多的信息渠道，以增强制度设计、法律与政策制定的科学性与合理性。作为民间组织的社群虽不拥有立法或执法的职能，但在制度、法律的制定过程中具有表达民意、提供政策建议的作用，如零点研究集团每年都有全国性的施政议程研究，研究每个地区的老百姓希望政府如何分配有限的资源，集中精力做好百姓最关注、对区域发展最重要的事情。该研究集团于2003年形成的《中国居民评价政府及政府公共服务研究报告》，就有关"中国城乡公众认为政府应当提升的工作"、"中国公众对于不同层级的政府满意度比较"等作了广泛调查，为政府及时了解民情提供了有价值的实际资料；不同领域的社群可提供社会各方面的信息，反映广大公众的诉求，有利于公共政策的合理性；拥有广泛成员的社群积极参与，能更有效地发挥社会监督作用，使政府公共服务职能沿着正确的方向与轨道发展。

在建设公共服务型政府过程中，重视社群的发展与服务功能

366

的发挥,不仅有助于弥补政府能力的不足,还能在协调政府、社会、公众之间关系方面发挥特有的功能。目前,社群组织发达的国家按人口计算平均每一百人就有一个社群组织。拥有社群组织的多寡早已成为衡量一个国家社会化程度的重要标志。中国的社群从纵向比,改革开放以来发展很快,但就横向比,在数量与功能发挥方面还存在较大差距,千人拥有社团的数量只抵法国的九十分之一。由于社群组织的根本精神是自治,是市民或村民按照自愿的意志自发组织起来并为其成员或其他人们提供服务的团体。这种自治与服务的特性,是社群形成与发展的基础。一旦赋予社群以官方色彩,自主、服务便会让位于依附、管理与控制,社群活动只能依赖于政府的命令,任何非国家规定的项目或未经官员允准的活动都只能停顿下来,这就从根本上改变了社群固有的性质,必然导致社群的萎缩,并使之丧失应有的功能。为使社群更多体现出服务和自治的性质,政府对社群的管理应由指令式向引导和辅助式转化,为社群保留其自主发展与活动的空间,使其服务社会的功能得到最大程度的发挥。

由于社群种类的多样性与成员的复杂性,客观上存在着朝积极的或消极的方向发展的两种潜在可能性。在缺乏制度与法律约束的情况下,一些社群组织的成员特别是其领导人,可能将其作为捞取政治资本甚至权力寻租的途径,追求利益最大化,导致社群组织的性质、宗旨和运作模式在现实中产生严重的变异,蜕变成极少数人争权夺利的宗派主义和谋取名利的工具,对社会造成一定的危害。为此,需要进一步完善社群组织健康发展的制度与法律环境,从制度与法律方面对社群的性质、活动方向与空间予以明确规范,尤其需要防止社群组织"政府化"或"江湖化"、社群领导"官员化"、社群宗旨"利益化"的倾向。

5. 改革我国公共服务单一的供给制度,将竞争机制引入公共服务领域,优化公共服务质量美国公共行政学会前会长马克·霍哲曾对当代公共管理改革的主线做了这样的评论:我们的社会处在一个关键的交叉路口。公众对政府的生产力低下正在失去耐心。两条变革途径似乎正在交叉:一是高举民营化大旗,利用民间部门高效率、低成本的优势,向公众提供必需的公共服务;另一条是公共部门提出一系列创新方案,改善对公众的服务并重新获得公众的信任。他提出的公共部门的创新方案中,建立伙伴关系是核心要素之一。所要建立的伙伴关系包括社区伙伴(公民与志愿者)、私营部门伙伴、非营利组织伙伴等。在奥斯本等人看来,导致公营部门普遍低效率的关键性因素在于缺乏竞争,鉴于此,他们将"竞争性政府"作为公共管理新范式和根本原则之一,强调"商界总是比政府更富有效率的老生常谈并不正确。主要的区别不在于公营还是私营,而在于垄断与竞争。哪里有竞争,哪里就会取得较好的结果,增强成本意识,提供优质服务"。对公众来说,"维护自己作为消费者利益的关键实际上不是所有制,而是竞争。"(奥斯本等著:《改革政府:企业精神如何改革着公营部门》第57、61页,上海译文出版社1996年版)考察一些国家公共服务实践可以发现,政府部门所提供的服务通常成本高而质量差,究其原因并非政府部门工作人员的素质比民营部门差,而是同经营方式即垄断还是竞争密切相关。为此,在公共服务的供给上,应该而且可以采取各种竞争方式,因为竞争不仅影响到政府向公众提供服务的效率与效果,也能为改善政府内部的服务工作提供思路。将民营化引入公共服务领域,可为政府部门和社会公众提供更多自由选择的机会,这种自由选择能够推进竞争,而竞争又能带来更多成本收益比高的公共服务。就此而言,民营化意味着在公共服务领域清除垄断,引进竞争,使服务提供者与接受者均能受益。

在新西兰,近年来进行了大范围的公共管理改革,政府贸易性企业被取消管制并参与竞争,将一些职能转移给非政府部门性的代理机构,取消政府对投入品供应方面的垄断,让竞争力量发挥作用。改革的好处是:强化和提高了产品的生产效率,增强了财务方面的可问责性,改善了整体的财政控制。荷兰公共服务改革的核心在于强调提供服务的绩效,注重公共服务的最优化。其主要举措是:设置非营利的公共行政部门和部门代理机构,引入权责机制,打造稳定的组织基础,提高管理层人员及专业人士的素质,等等,以最低成本提供符合质量要求的成品。英国是由中央政策确立基本框架,除医疗卫生服务外,其他环境事务社会服务和教育都由地方政府管理。公共服务的提供常常发包给私人或志愿机构。近年来,英国政府加大了公共服务的改革力度,其主要内容是:标准和责任——制定全国性的标准与责任框架,指导地方进行有绩效的公共服务;分权——向地方政府分权,允许地方政府有更大的自由和服务空间;灵活性——提倡快捷灵活的方式,促使地方机构更好地提供现代化的公共服务;选择性——使中小学生、患者或特殊消费者有更多的服务选择,得到更多的公共服务。

从一些国家建设公共服务型政府的实践来看,由于政府能力与所拥有资源的有限性,要满足公众日益增长的公共服务需求,不能一味依靠扩大政府规模、增加财政开支、增加税收,而是可以通过引进竞争来开放公共服务领域,在政府与社会的通力协作的基础上,发挥各自的优势,更全面、更切实地了解公众所需服务的内容以及对各项服务的迫切程度,有针对性地、适时地为他们提供必要的公共服务,提高公共服务的效率与效果。

公共选择理论认为,没有任何逻辑理由证明公共服务必须由政府官僚机构来提供。私人企业、非赢利性公共机构,半独立性公共公司等各种类型的组织,也可以提供必要的公共服务。就主体而言,公共服务的提供者应当是由包括政府,但又不限于政府的一整套社会公共部门和行为者所组成的系统,这也是摆脱"政府失灵"或"政府职能困境"的最好出路。西方一些国家公共服务制度